AF541859

आचार्य रामचन्द्र शुक्ल

आलोचना के नए मानदंड

भवदेव पांडये

राजकमल प्रकाशन

ISBN : 978-81-267-0799-7

मूल्य : ₹795

पहला संस्करण : 2003
तीसरा संस्करण : 2022

प्रकाशक : राजकमल प्रकाशन प्रा.लि.
1-बी, नेताजी सुभाष मार्ग, दरियागंज
नई दिल्ली-110 002

शाखाएँ : अशोक राजपथ, साइंस कॉलेज के सामने, पटना-800 006
पहली मंजिल, दरबारी बिल्डिंग, महात्मा गांधी मार्ग, प्रयागराज-211 001
36 ए, शेक्सपियर सरणी, कोलकाता-700 017

वेबसाइट : www.rajkamalprakashan.com
ई-मेल : info@rajkamalprakashan.com

मुद्रक : बी.के. ऑफसेट
नवीन शाहदरा, दिल्ली-110 032

AACHARYA RAMCHANDRA SHUKLA :
AALOCHANA KE NAYE MANDAND
by Bhavdeo Pandey

क्रम

आचार्य रामचन्द्र शुक्ल

आलोचना के नए मानदंड

प्रामाणिक जीवन-वृत्त

यहाँ यह जानना बेहद दिलचस्प होगा कि किस प्रकार मिर्जापुरी परिवेश ने रामचन्द्र शुक्ल के आचार्य-व्यक्तित्व का गढ़ैया बनकर उन्हें सर्जना और आलोचना के शिखर तक पहुँचाने में अपनी नियामक भूमिका निभाई ? वास्तव में शुक्लजी के परिवार, पड़ोस, स्कूल, गुरु-वृन्द, मित्र-मंडली और अग्रज साहित्यकारों ने ही उन्हें साहित्य-पथ का दृष्टि सम्पन्न अन्वेषी बनाया। शुक्लजी के अग्रज साहित्यकारों में निर्माता-व्यक्तित्व के धनी थे—पं. केदारनाथ पाठक। इन्हीं के निर्देशन का अनुसरण करते हुए शुक्लजी चौधरी बदरीनारायण उपाध्याय 'प्रेमघन' के साहित्य-दरबार तक पहुँचे थे। इन्हीं पाठकजी ने इन्हें रामप्रसन्न घोष और बंग महिला से भी परिचित कराया था। इन नए-नए परिचयों ने शुक्लजी को बांग्ला भाषा और साहित्य के प्रति आकृष्ट किया। बंग महिला के पिता रामप्रसन्न घोष द्वारा स्थापित मेयो मेमोरियल लाइब्रेरी शुक्लजी के भाषाई और साहित्यिक अध्ययन की सान्ध्यकालीन-कक्षा बनी। यहीं बैठकर उन्होंने अंग्रेजी तथा बांग्ला भाषा-साहित्य का गहन अध्ययन किया। लाइब्रेरी से अंग्रेजी और बंगला की मनचाही पुस्तकें और पत्रिकाएँ तो मिलीं ही, लाइब्रेरी के संस्थापक घोष द्वारा उन्हें बांग्ला भाषा का विधिवत ज्ञान भी कराया गया। इसी दरम्यान घोष की पुत्री राजेन्द्रबाला घोष (बंग महिला) से रप्त-जप्त भी बढ़ा। फिर क्या था केदारनाथ पाठक, बंग महिला और रामचन्द्र शुक्ल का लेखकीय त्रिकोण बना जो शुक्लजी के लिए अत्यन्त उत्पादक सिद्ध हुआ। मेयो मेमोरियल लाइब्रेरी की स्थापना के कुछ ही दिनों बाद पाठकजी ने मित्रों की सहायता से सरस्वती सदन नामक हिन्दी पुस्तकालय संचालित किया था जिसमें हिन्दी की तद्‌युगीन सभी साहित्यिक पत्रिकाएँ आने लगीं। इस पुस्तकालय में संस्कृत तथा हिन्दी से सम्बद्ध भाषा और साहित्य की प्रत्येक विधा की पुस्तकें खरीदी गईं। पुस्तकालय के संचालक बने शुक्ल-मंडली के बदरीनाथ शर्मा गौड़, भगवानदास हासना और मित्र-मंडली के कुछ अन्य सदस्य। इसी पुस्तकालय में बैठकर रामचन्द्र शुक्ल ने रचनात्मक नोंक-झोंक शुरू की जिसने मिर्जापुर को तद्‌युगीन साहित्यिक केन्द्र बनाने में उल्लेखनीय योगदान किया।

यह सच है कि शुक्लजी में जन्मजात रचनात्मक प्रतिभा थी, परन्तु उन्हें हिन्दी-साहित्य का सूत्रकार बनाने का माहौल सृजित किया उनके मिर्जापुरी परिवार तथा पड़ोस ने। हालाँकि रामचन्द्र शुक्ल का जन्म बस्ती जिला के अगोना गाँव में शरद् पूर्णिमा

के मध्याह्न सन् 1884 में हुआ था, परन्तु पारिवारिक सुख-दुख की अनुभूति उन्हें मिर्जापुर में ही हुई। वे चार वर्ष की अवस्था तक अगोना में रहे। सन् 1888 में इनके पिता पं. चन्द्रबली शुक्ल हमीरपुर की राठ तहसील में सुपरवाइजर कानूनगो होकर गए। वे अपने साथ ही अपना परिवार भी लेते गए। परिवार में तीन वर्ष का एक छोटा भाई, माँ, दादी और पिता। यहीं सन् 1890 यानी छः वर्ष की अवस्था में इनका अक्षराम्भ संस्कार सम्पन्न हुआ। अक्षराम्भ करानेवाले थे पंडित गंगाप्रसाद जो संस्कृत, फारसी, हिन्दी, उर्दू और अंग्रेजी के अच्छे विद्वान थे। उस समय आर्य समाज के प्रवर्तक स्वामी दयानन्द सरस्वती का आर्यभाषा आन्दोलन ज़ोरों पर था जिसके कारण शुक्लजी के प्रथम गुरु पंडित गंगाप्रसाद हिन्दी को अधिक महत्त्व देने लगे थे। प्रथम गुरु का प्रभाव शुक्लजी पर न पड़ता, यह सम्भव नहीं था। प्रथम गुरु की कृपा और प्रकृति-प्रदत्त प्रतिभा के कारण शुक्लजी दो ही वर्ष यानी 1992 में चौथी कक्षा में पहुँच गए। आठ वर्ष के शुक्लजी धीरे-धीरे परिवार और पड़ोस का अर्थ समझने लगे। इनकी दादी घर में प्रतिदिन रामचरितमानस और सूरसागर का पाठ करती थीं। पिता को केशवकृत रामचन्द्रिका और भारतेन्दु के नाटकों में विशेष रुचि थी। वे 'सत्य हरिश्चन्द्र' नाटक का पाठ बड़े मनोयोग से करते थे। धीरे-धीरे बालक रामचन्द्र पर इसका प्रभाव पड़ने लगा, परन्तु इसी वर्ष अर्थात् सन् 1992 में इनके पिता की नियुक्ति सदर कानूनगो के पद पर मिर्जापुर में हो गई। उसी समय बीस दिन पहले चन्द्रबली शुक्ल को तीसरा पुत्र-रत्न प्राप्त हुआ था। वे परिवार को राठ में छोड़कर आवास की व्यवस्था करने मिर्जापुर आए। इसी बीच आठ वर्ष के बालक रामचन्द्र शुक्ल को अन्दर से बाहर तक झकझोर देनेवाली ऐसी दुखद घटना घटी जिसने उसके जीवन का रास्ता ही बदल दिया। यह दुखद घटना थी माता की मृत्यु। मातृ-स्नेह की मधुमयी धारा से वंचित होनेवाले रामचन्द्र शुक्ल अवसन्न हो गए। बीस दिन के बालक, इनके छोटे भाई कृष्ण चन्द्र पर माता की मृत्यु का भले ही प्रत्यक्ष प्रभाव न पड़ा हो, परन्तु रामचन्द्र शुक्ल तो अन्दर-अन्दर टूट गए। जीवन और मृत्यु, सुख और दुख तथा हास्य और रुदन की समानान्तर भावनाएँ उद्वेलित हुईं परन्तु इनकी दादी ने इन्हें सँभाला। वे दादी-माँ बन गईं। शुक्लजी के गुरु पंडित गंगाप्रसाद ने भी सान्त्वना दी। इन्हीं परिस्थितियों में वे मिर्जापुर आए। पिता ने शहर से बाहर पूरब की ओर रमईपट्टी मुहल्ले में भाड़े पर मकान लिया। कुल मिलाकर चार-पाँच घरों का टोला, परन्तु इन्हीं घरों ने बालक रामचन्द्र शुक्ल को आचार्य के शिखर तक पहुँचाने के लिए सोपान निर्मित किए। सन् 1893 में इनके पिता पंडित चन्द्रबली शुक्ल ने अपना दूसरा विवाह कर लिया। परिवार में विमाता का प्रवेश हुआ। विरुद्धा माता की उपस्थिति रामचन्द्र शुक्ल की दिनचर्याओं को धीरे-धीरे प्रभावित करने लगी। अगर शुक्लजी की दादी उस समय तक जीवित न होतीं तो शायद वे बेघर तो हुए ही होते, बेअसर हो जाने का खतरा भी उठाते। परन्तु दादी उन्हें महात्मा तुलसीदास और उनकी कृति रामचरितमानस की संजीवनी पिलाती रहतीं इससे शुक्लजी को ढाँढ़स के साथ आत्मबल मिला एवं आगे बढ़ने की प्रेरणा भी।

जब रामचन्द्र शुक्ल केवल बारह वर्ष की कच्ची उम्र के किशोर थे तभी पिता ने सन् 1896 में इनका विवाह काशी निवासी पंडित रामफल पांडेय ज्योतिषी की कन्या से कर दिया। युवती विमाता और किशोरी पत्नी दोनों पर इनकी दादी का नियन्त्रण था। परन्तु शुक्लजी के विवाह के चार वर्षों बाद ही दादी की मृत्यु हो गई। घर में सौतेली माँ का साम्राज्य बना। यहीं से प्रारम्भ हुआ विमाता चरित्र का विषधर अध्याय। घर में दो विरोधी पक्ष बने। पहले में ढलती उम्र के चन्द्रबली शुक्ल और नई उम्र की उनकी द्वितीय पत्नी। दूसरे पक्ष में रामचन्द्र शुक्ल और उनके दो छोटे भाई। वशवर्ती पति के साथ शुक्लजी की सौतेली माँ यातनाओं का उद्‌गम बन गई। वे शुक्लजी के साथ उनके सहोदरों को भी सताने लगीं। तीनों भाई विमाता के व्यवहार से तंग आकर उनसे खुलकर लड़ने लगे। शब्दों का नियन्त्रण टूटकर बिखर गया। जब पंडित चन्द्रबली शुक्ल ब्रिटिश सरकार की ड्यूटी बजाकर देर शाम घर लौटते तो धर्मपत्नी द्वारा रचे गए रामचन्द्र शुक्ल विरोधी 'प्लाट' से अवगत होते, बौखलाहटें बढ़ जातीं और दाँत पीसते हुए रामचन्द्र शुक्ल को फारसी अलफ़ाज़ के तीखे चाबुक से घायल कर देते। वे एक ही साँस में पुत्र रामचन्द्र को 'कमबख़्त, बद्अक़्ल, बद्ज़ात, बद्माश, बद्सलीक़, बद्तमीज़, बद्बख़्त, नामाक़ूल, नामुराद, नालाइक और बेहूदा कह जाते थे। इनमें से एक-एक लफ़्ज शुक्लजी को तीखे काँटे की तरह चुभते थे। दादी-माँ की याद आती। आँसू आते परन्तु आँखों में ही सूख जाते। लताड़ खाकर भी शुक्लजी पिता के प्रति प्रतिशोध-भाव में उत्तेजित होने से अपने को बचा ले जाते। घर से निकल जाते। पड़ोस या मित्र-मंडली में जाकर अपने को ही सँभालते।

शुक्लजी की विमाता ने पं. चन्द्रबली शुक्ल को इतना अधिक उत्तेजित कर दिया था कि उन्होंने इनके स्कूल की फीस तक बन्द कर दी। घर जंगल हो गया। जब चन्द्रबली शुक्ल सन् 1892 में राठ से मिर्जापुर आए थे उन्होंने रामचन्द्र शुक्ल का नाम मुहल्ले के प्रसिद्ध स्कूल ए.एस. जुबली स्कूल में लिखा दिया था। अंग्रेजी और फारसी की शिक्षा आरम्भ हुई थी। असाधारण प्रतिभा के कारण शुक्लजी केवल कक्षा में ही नहीं, बल्कि पूरे स्कूल में विख्यात हो गए। पिता चन्द्रबली शुक्ल ने इन्हें फारसी और अंग्रेजी में अव्वल बनाने की दृष्टि से एक विख्यात मौलवी को फ़ारसी और अंग्रेजी के बहुत बड़े विद्वान पंडित रामगरीब चौबे को अंग्रेजी पढ़ाने के लिए घर पर नियुक्त किया। परिणाम सार्थक निकला। सन् 1898 में शुक्लजी ने मिडिल की परीक्षा प्रथम श्रेणी में उत्तीर्ण की। अगली पढ़ाई के लिए मध्य शहर में स्थित लन्दन मिशन स्कूल में भर्ती कराया गया जहाँ से उन्होंने सन् 1901 में एंट्रेंस परीक्षा पास की परन्तु इस परीक्षा में उन्हें द्वितीय श्रेणी से ही सन्तोष करना पड़ा। नव परिणीता पत्नी और विमाता का कुछ प्रभाव तो पड़ना ही था।

शुक्लजी द्वारा ऐंट्रेंस परीक्षा पास करने के बाद इनके पिता ने इनका नाम एफ.ए. की पढ़ाई के लिए इलाहाबाद की कायस्थ पाठशाला में लिखा दिया। उस समय मिर्जापुर में एंट्रेंस के बाद पढ़ने की व्यवस्था नहीं थी। इसके लिए यहाँ के छात्रों को बनारस अथवा

इलाहाबाद जाना पड़ता था। जब इसी स्कूल में काशीप्रसाद जायसवाल ने ऐंट्रेंस उत्तीर्ण किया था तो उनके पिता महादेव प्रसाद जायसवाल ने उनका नाम बनारस में लिखवाया था। हालाँकि रामचन्द्र शुक्ल के पिता ने एंट्रेंस की परीक्षा क्वींस कॉलेज बनारस से ही उत्तीर्ण की थी, परन्तु पुत्र को आगे की परीक्षा के लिए बनारस भेजने का निर्णय उन्होंने नहीं किया।

जब शुक्लजी आगे की शिक्षा प्राप्त करने के लिए इलाहाबाद गए थे तब विमाता का तेवर ज्यादा कठोर हो गया था। फीस चुकाने के लाले पड़ने लग गए। उनकी आगे की पढ़ाई को लेकर गृह-विवाद इतना अधिक बढ़ गया कि उन्हें पढ़ाई स्थगित कर देनी पड़ी। यहाँ तक कि मिर्जापुर छोड़कर जन्मस्थान अगोना भागना पड़ा। विमाता चाहती थी कि वे आगे की पढ़ाई छोड़कर नौकरी करें परन्तु पिता उन्हें अफसर या वकील बनाना चाहते थे। पारिवारिक संघर्ष के कारण एफ.ए. की परीक्षा में उन्हें सफलता नहीं मिली। पच्चीस वर्षों बाद निराला ने एक बहुत ही कटु व्यंग्य करते हुए शुक्लजी को चिढ़ाने की कोशिश की थी लेकिन तब तक तो शुक्लजी समीक्षा के क्षेत्र में इतनी ख्याति पा चुके थे कि निराला के व्यंग्य का कहीं कोई प्रभाव नहीं पड़ सका था। निराला ने रामचन्द्र शुक्ल को लक्ष्य करके लिखा था :

जब से एफ.ए. फेल
हमारा कॉलेज बचुआ...
भंग छानकर रोज रात को
खाता मालपुआ।
हिन्दी का लिक्खाड़ बड़ा वह
जब देखो तब अड़ा-पड़ा वह
छायावाद रहस्यवाद के
भावों का बटुआ। इत्यादि (नि.)

अगर सन् 1928 में छायावाद-रहस्यवाद को लेकर शुक्लजी ने निराला पर असंगत व्यंग्य न किया होता तो शायद निराला भी इतने अधिक कटु न हुए होते। रामचन्द्र शुक्ल का एफ.ए. फेल होना उनकी बौद्धिक कमजोरी का परिणाम नहीं था, बल्कि विमाता द्वारा सृजित प्रतिकूल परिस्थितियों का दबाव था।

शुक्लजी अगोना से वापस आने के कुछ दिनों बाद कानून की पढ़ाई करने पुनः इलाहाबाद गए। दो वर्षों तक कानून का अध्ययन करने के बाद वे रमईपट्टी (मिर्जापुर) लौट आए। मिर्जापुर में कुछ विशेष तैयारी करने के बाद उन्होंने प्रयाग से कानून की परीक्षा दी, परन्तु कृतकार्य न हो सके थे। परीक्षा में दूसरी बार असफल होने की यह घटना सन् 1906 की है। इसके लगभग एक वर्ष पहले सन् 1905 में इनकी नियुक्ति लन्दन मिशन स्कूल में ड्राइंग मास्टर के पद पर हो गई थी।

हालाँकि रामचन्द्र शुक्ल को एक दशक तक पारिवारिक विग्रह का जहर पीना पड़ा था, परन्तु उनकी मानसिक दुनिया में उस जहर का रंचमात्र प्रभाव नहीं पड़ा। सही अर्थों

में 'चन्दन विष व्यापै नहीं, लिपटे रहत भुजंग' का कथन चरितार्थ हुआ। हालाँकि विमाता उनसे ईर्ष्या और द्वेष करती थी और पिता क्रोध, परन्तु शुक्लजी के मन में पिता के प्रति श्रद्धा और भक्ति का भाव बना रहा। जब उन्होंने 'हंस' (सम्पादक—प्रेमचन्द) के 'आत्मकथा' विशेषांक में अपनी जीवन-गाथा का विवरण दिया तो अपने रचनात्मक निर्माण में बड़ी श्रद्धा के साथ पिता की देन को स्वीकार किया। उन्होंने लिखा, 'नवीन साहित्य का प्रथम परिचय नाटकों और उपन्यासों के रूप में था जो मुझे घर पर ही कुछ न कुछ मिल जाया करते थे। बात यह थी कि भारत जीवन के स्वर्गीय रामकृष्ण वर्मा मेरे पिता के क्वींस कॉलेज के सहपाठियों में थे इससे भारत जीवन प्रेस की पुस्तकें मेरे यहाँ आया करती थीं।' (प्रेमघन सर्वस्व, प्रथम भाग, पृ. 6 में संकलित) हालाँकि उनके पिता उन पुस्तकों को छिपाकर रखते थे, परन्तु किसी न किसी प्रकार उन्हें पढ़ने का उपाय शुक्लजी कर लिया करते थे। पिता के प्रति श्रद्धा व्यक्त करते हुए उन्होंने यह स्वीकार किया है कि 'मेरे पिताजी जो हिन्दी-कविता के बड़े प्रेमी थे प्रायः रात को रामचरितमानस, रामचन्द्रिका या भारतेन्दुजी के नाटक बड़े चित्ताकर्षक ढंग से पढ़ा करते थे।' (वही) पिता के पढ़ने के प्रति इनके चित्त का जो आकर्षण उन पुस्तकों के प्रति हुआ, उसने ही इनमें रचनात्मक अंकुरण किया।

रामचन्द्र शुक्ल की दादी भी रामचरितमानस और सूरसागर का पाठ अत्यन्त भावुकता के साथ करती थीं। मानस के मार्मिक प्रसंगों को पढ़ते हुए बूढ़ी दादी के आँखों में आँसू आ जाते थे। अपनी दादी, जिन्हें शुक्लजी 'दूधू' कहते थे, की गोद में बैठकर वे उनके आँसू पोंछते थे। 'मानस' पढ़ती 'दूधू' की आत्म-विस्मृति भाव दशा को वे कभी नहीं भूल पाए। अपने परवर्ती लेखन में उन्होंने रचना में मार्मिकता की पहचान का जो उल्लेख बार-बार किया, वह अपनी 'दूधू' को बार-बार दोहराने के क्रम में ही किया।

रामचन्द्र शुक्ल को अपने परिवार में अगर अपार स्नेह मिला तो उन्हें ईर्ष्या, द्वेष और क्रोध का भी सामना करना पड़ा। विमाता की ईर्ष्या और पिता का क्रोध—दोनों से रू-ब-रू हुए थे शुक्लजी। इसके विरुद्ध इनके मन में श्रद्धा थी अपने जनक के प्रति। वे पिता से बाहर से नहीं अन्दर से जुड़े हुए थे। पिता का क्रोध प्रकृतिजन्य नहीं, परिस्थिति-जन्य था। पुत्र-पिता मानस धर्म थे जबकि पत्नी (दूसरी) ऐन्द्रिय धर्मी थी। रामचन्द्र शुक्ल इससे अनभिज्ञ नहीं थे। ये ही परिस्थितियाँ उनके 'विरुद्धों का सामंजस्य' जैसे चिन्तन का कारक बनीं। इन्हीं परिस्थितियों ने उन्हें मनोविकारों पर निबन्ध लिखने के लिए विवश किया—श्रद्धा-भक्ति, घृणा, ईर्ष्या, भय और क्रोध। थोड़ा बहुत, परिवार में, सबका व्यक्तिगत अनुभव हुआ था। श्रद्धा और भक्ति के प्रतीक वे स्वयं थे, पिता क्रोध और विमाता घृणा तथा ईर्ष्या के प्रतिनिधि थे। परिवार क्या था, 'विरुद्धों का सामंजस्य'।

यह कम आश्चर्य की बात नहीं है कि जो रामचन्द्र शुक्ल मिर्जापुर में रहकर 'मनोहर छटा' (अक्तूबर 1901, सरस्वती), 'रानी दुर्गावती' (सरस्वती, जून, 1903), 'वसन्त' और 'शिशिर पथिक' (सरस्वती, मार्च, 1904), 'देशद्रोही की दुत्कार' (आनन्द कादम्बिनी,

जुलाई, 1907) और 'फूट' (आनन्द कादम्बिनी, नवम्बर, 1907) जैसी कविताएँ लिख रहे थे, 'ग्यारह वर्ष का समय' शीर्षक कहानी और 'हिन्दी भाषा' 'साहित्य' (अनुवाद) 'कविता क्या है ?' (लिखा मिर्जापुर में जो बनारस जाने के बाद प्रकाशित हुआ) जैसे लेख और 'बाबू काशीनाथ खत्री' जैसी जीवनी तथा आलोचना लिख रहे थे, वे बनारस जाते ही मनोविकारों पर लेख लिखने लगे। साहित्य से अकस्मात् मनोविज्ञान में पहुँच जाने के पीछे कुछ न कुछ कारण तो रहे ही होंगे। सम्भवतः कारणों में एक कारण शुक्लजी का मिर्जापुरी परिवार का जीवन भी हो सकता है।

हालाँकि शुक्लजी ने परिवार में तमाम मनोविकारों की प्रताड़ना झेली थी, परन्तु जब वे इन पर लिखने लगे तो उन्हें परिवार के दायरे से अलग ही रखा। लेखों को सैद्धान्तिक अधिक बनाया व्यावहारिक कम। यह दूसरी बात है कि सैद्धान्तिक समीक्षा करते-करते कहीं व्यावहारिक अनुभव की एक-दो रेखाएँ खिंच गई हैं मसलन 'ईर्ष्या' शीर्षक निबन्ध में। लिखा 'ईर्ष्या इतनी कुत्सित बुद्धि है कि सभा-समाज में, मित्र-मंडली में, परिवार में, एकान्त कोठरी में कहीं भी स्वीकार नहीं की जाती।' (चिन्तामणि-1, पृ. 167) शुक्लजी ने ईर्ष्या के अस्वीकारवाद का व्यक्तिगत अनुभव उन सभी आस्थानों में प्राप्त किया जिनके नाम उन्होंने उक्त उद्धरण में गिनाए हैं।

शुक्लजी के मनोविकारों पर निबन्ध 'नागरी प्रचारिणी पत्रिका' में छपे। मनोविकारों पर लेख लिखने के पहले उन्होंने मनोविज्ञान, दर्शन और आचारशास्त्र की अनेक पुस्तकें पढ़ी थीं, परन्तु साक्ष्य अथवा उदाहरण उन्होंने अपने अनुभवों की किताब से दिए थे। अगोना, राठ और मिर्जापुर में से मिर्जापुर ही उनके अनुभव-ज्ञान का महास्रोत था क्योंकि 'अगोना' में वे अबोध थे, राठ में परिवेश नहीं मिला था, परन्तु मिर्जापुर आकर उन्हें इच्छित-अनिच्छित तमाम खट्टे-मीठे प्रसंगों से जुड़ना पड़ा। यहीं शुक्लजी चेहरा पहचानने के साथ-साथ मन भी पहचानने लगे। यहीं स्वीकार-निषेध, ग्रहण-त्याग और नए-पुराने में अन्तर करने की बुद्धि विकसित हुई। 'चिन्तामणि' प्रथम भाग में संकलित मनोभावों पर लिखे निबन्धों में मिर्जापुरी परिवार और मित्र-मंडली से ग्रहीत अनुभवों का योगदान कम नहीं है। इस पुस्तक के 'निवेदन' में शुक्लजी ने लिखा था, 'इस बात का निर्णय मैं विज्ञ पाठकों पर ही छोड़ता हूँ कि यह निबन्ध विषय-प्रधान है या व्यक्ति-प्रधान।' यहाँ शुक्लजी 'विज्ञ पाठक' में केवल उन लोगों को ही नहीं सम्मिलित कराना चाहते जिन्हें पाठ के विषय का विशेष ज्ञान हो बल्कि विशेष रूप से उन लोगों को सम्मिलित करना चाहते थे जो उनके मिर्जापुरी परिवार के कटु आख्यानों से परिचित थे। केवल ऐसे ही लोग इन निबन्धों को 'व्यक्ति-प्रधान' कह सकते थे। कहने का अर्थ यह है कि विडम्बनापूर्ण घटनाओं से भरा हुआ शुक्ल-परिवार भी उनकी रचनात्मक प्रेरणा का एक कारण बना था।

अपने पारिवारिक जीवन में रामचन्द्र शुक्ल को अपनी वेशभूषा और संगति-साथ का भी विरोध झेलना पड़ा था। उनके पहनावा और उनकी संगति का विरोध विमाता नहीं बल्कि उनके पिता पंडित चन्द्रबली शुक्ल किया करते थे।

रामचन्द्र शुक्ल ने अपनी वेशभूषा और पहनावों में न तो अपने पिता पंडित चन्द्रबली शुक्ल की विरासत स्वीकार की, न ही उनके उपदेश का पालन किया। पिता की इच्छा थी कि रामचन्द्र 'अंग्रेज बहादुर के राज' में पैंट, शर्ट और मोजा-बूट पहने, टाई लगाए तथा अंग्रेजी कैप धारण करे। वे सदर कानूनगो थे। जिला के कलक्टर विंढम साहब की सेवा में हमेशा उपस्थित रहते थे इसलिए अंग्रेजों जैसी पोशाक उनकी विवशता थी। वे अपने बड़े पुत्र रामचन्द्र को भी यही पोशाक-संस्कृति अपनाने के लिए विवश करना चाहते थे, परन्तु पुत्र ने इसको मानने से इनकार कर दिया। उन्हें मिर्जापुरी पंडितों की धोती पसन्द आई। धोती के साथ कमीज। नंगे सिर परन्तु पैरों में पम्प-शू। शुक्लजी की वेश-भूषा पर उनके पिता परिहास मिश्रित आक्रोश से भर जाते थे। कहते थे, 'हरामजादा बेहूदों के साथ वशिष्ठ बना घूमता है।' उनका यह छोटा सा वाक्य उनके आक्रोश, व्यंग्य और चेतावनी की मिश्रित अभिव्यक्ति थी। 'हरामजादा बेहूदों के साथ' में आक्रोश, 'वशिष्ठ' में व्यंजनामूलक व्यंग्य और 'घूमता है' में भविष्य के प्रति चेतावनी के भाव निहित होते थे। पंडित चन्द्रबली आक्रोश में ही अपने पुत्र रामचन्द्र को हरामजादा कह देते थे, क्योंकि यह शब्द पुत्र से अधिक पिता को अपमानित करनेवाला था। 'बेहूदा' शब्द वे शुक्लजी के साथियों के लिए प्रयुक्त करते थे। इसमें भी आक्रोश का मनोभाव काम करता था। 'वशिष्ठ' शब्द बहुत अधिक व्यंजक था। इस शब्द द्वारा वे अपने पड़ोस में रहनेवाले पंडित विन्ध्येश्वरी प्रसाद त्रिपाठी—जिनके यहाँ रहकर रामचन्द्र संस्कृत भाषा का अध्ययन करते और विन्ध्य वीथिकाओं में विचरते थे—की ओर इंगित करते थे। वशिष्ठ की तरह पंडित विन्ध्येश्वरी प्रसाद तिवारी पुरोहिती का काम करते थे। वशिष्ठ की तरह ही ये 'रामचन्द्र' को पढ़ाते थे और वे चेतन-अचेतन उपादानों तथा उपकरणों से प्रत्यक्षतः परिचित कराते थे। भारतवर्ष की सनातन संस्कृति के प्रति रामचन्द्र शुक्ल की अटूट आस्था पर व्यंग्य करने के लिए वशिष्ठ शब्द ही ज्यादा प्रासंगिक था।

पंडित चन्द्रबली शुक्ल नहीं चाहते थे कि उनका पुत्र अवांछित मित्रों के साथ गाँवों, पहाड़ों और जंगलों में घूमा करे। इनकी इच्छा थी कि प्रतिभाशाली रामचन्द्र अफसर बने, मिर्जापुर के कलक्टर मित्र विंढम को आदाब बजाए और जी-हजूरी करे। इन्हीं आचरणों में पिता को पुत्र का भविष्य सुरक्षित प्रतीत होता था। इसलिए 'बेहूदों के साथ घूमता है' द्वारा वे रामचन्द्र शुक्ल को समय का दुरुपयोग न करने की चेतावनी दिया करते थे।

मिर्जापुरी समवयस्कों के साथ घूमने-फिरने और विभिन्न मुद्दों पर गपबाजी करने के क्रम में रामचन्द्र शुक्ल ने मिर्जापुर ढंग की जो वेश-भूषा अपना ली थी उससे पिता चन्द्रबली शुक्ल को इसलिए भी नफरत थी कि उनके मित्र अथवा उनके साथ काम करनेवाले लोग इसकी आलोचना करते थे। मित्रों की आलोचना से वे लज्जित हो जाते। दूसरी शादी कर लेने के बाद उनमें पुत्र पर कठोर नियन्त्रण लगाने का साहस नहीं रह गया था। उन्हें डर था कि युवावस्था के द्वार पर पैर रखता उनका पुत्र कहीं विद्रोही तेवर न अपना ले। विमाता के लाख भड़काने-चढ़ाने के बाद भी उनके मन में पुत्र-मोह बना हुआ था।

पंडित चन्द्रबली शुक्ल को रामचन्द्र शुक्ल की धोती से चिढ़ थी। उन्हें उनके नंगे सिर रहना भी पसन्द नहीं था। परन्तु रामचन्द्र शुक्ल का यह पहनावा स्कूल वक्त में नहीं होता था। स्कूल जाते वक्त वे पैंट, शर्ट और कोट पहनते थे। वे ऐंग्लो संस्कृत जुबली स्कूल में पाँच वर्षों तक सन् 1893 से सन् 1898 तक पढ़ते रहे। इस स्कूल की स्थापना ही ब्रिटिश शासन की जी-हजूरी में की गई थी, इसलिए स्कूल की सांस्कृतिक गतिविधियाँ पश्चिमी मान्यताओं के आधार पर ही चल रही थीं। शुक्लजी के भर्ती होने के आठ वर्ष पहले सन् 1885 में क्वीन विक्टोरिया के राज्यारोहण की पचीसवीं वर्षगाँठ की (जुबली) पर इस स्कूल की स्थापना हुई थी। संयुक्त प्रान्त आगरा और अवध में तीन जुबली स्कूल स्थापित किए गए—लखनऊ, गोरखपुर और मिर्जापुर में लेकिन केवल मिर्जापुर का जुबली स्कूल रामचन्द्र शुक्ल जैसे साहित्यकार से जुड़ सका।

अगर गौर किया जाए तो रामचन्द्र शुक्ल के दोनों मिर्जापुरी स्कूलों ने (ऐंग्लो संस्कृत जुबली और लन्दन मिशन स्कूल) उनमें संस्कृति की भारतीय विचारधारा का अंकुरण करने में महत्त्वपूर्ण भूमिका निभाई थी। पहले स्कूल में ब्रिटिश सत्ता को सहर्ष स्वीकार करने और दूसरे में लन्दन के मिशन को मिर्जापुरियों के कन्धे पर लादने की गन्ध आ रही थी। यह अंग्रेजों की संस्कृति का मौन प्रस्ताव था जिसे दूसरे छात्र न सुन सके थे और न पढ़ सके थे। रामचन्द्र शुक्ल ने अपने लेखन में इस प्रस्ताव का विरोध करना शुरू किया। लन्दन मिशन स्कूल में सेवा करते हुए उन्होंने अंग्रेजी में एक लेख लिखा। शीर्षक था 'व्हाट हैज इंडिया टु डू' (what has India to do) इसका प्रकाशन मि. सच्चिदानन्द सिंह बैरिस्टर एट ला द्वारा सम्पादित 'Hindustan Review' (हिन्दुस्तान रिव्यू) में हुआ। इस लेख में शुक्लजी ने अंग्रेजों द्वारा देश में किए जानेवाले सांस्कृतिक प्रदूषण का जोरदार विरोध किया। साथ ही उन्होंने भारतीयों को साहस दिखाने और अपने सांस्कृतिक पथ को सुरक्षित रखने का सुझाव भी दिया। 'जुबली' और 'मिशन' स्कूलों में अध्यापकों और छात्रों के व्यवहारों का व्यक्तिगत अनुभव करने तथा अंग्रेजी संस्कृति को दिनचर्या बना लेनेवाले पिता की विवशताओं से क्षुब्ध होने के बाद उन्होंने उक्त लेख लिखा था।

अज्ञात नहीं है कि शुक्लजी के पिता मिर्जापुर के सदर कानूनगो थे। वह ऐसा समय था कि हर सरकारी मुलाजिम के लिए यह जरूरी था कि वह हाकिमों को खुश रखने के लिए वह सबकुछ करे जो हाकिम चाहते थे। अंग्रेज हाकिमों के तो वे सभी फरमान मानने पड़ते थे जो वे लिखित-अलिखित जारी करते थे। नैतिक-अनैतिक का प्रश्न ही नहीं उठ सकता था। उस समय मिर्जापुर में मि. विंढम (Wynethom) कलक्टर थे। वे जिले के आदिवासियों के बीच बड़े लोकप्रिय थे। आदिवासियों के बीच जाने, उनके साथ नाचने-गाने और कभी-कभी आंशिक रूप से उनकी पूर्वोचित वेश-भूषा धारण कर लेने में उन्हें हिचक न थी। वे शुक्लजी के पिता पं. चन्द्रबली शुक्ल को बेहद पसन्द करते थे। पक्का पोखरा के पंडित ब्रह्मादत्त मिश्र (शुक्लजी के मित्र) का कहना था कि मि. विंढम यदा-कदा अपने सदर कानूनगो के घर भी आ जाते थे। कलक्टर की आत्मीयता

का लाभ उठाकर शुक्लजी के पिता ने अपने पुत्र रामचन्द्र का नाम नायब तहसीलदार के लिए सरकार में अग्रसारित करा लिया था। मि. विंढम रामचन्द्र शुक्ल से भी प्रभावित थे क्योंकि वे अंग्रेजी बोलने और नक्शा नवीसी के माहिर कामिल थे। नायब तहसीलदारी के लिए नाम 'रिक्मेंड' हो जाने के बाद पंडित चन्द्रबली शुक्ल अपने पुत्र को मि. विंढम के बँगले पर ले जाने लगे। आला अफसरों को 'हुजूर' कहना उस समय अनिवार्य धर्म था। पंडित चन्द्रबली शुक्ल इसके अभ्यस्त थे परन्तु पुत्र रामचन्द्र शुक्ल सिर काफी नीचे तक झुकाकर इस प्रकार की हुजूरदारी से आहत हो उठे। कलक्टर के यहाँ जाना बन्द कर दिया। दिल पर लगी चोट को व्यक्त करने के लिए उक्त लेख 'व्हाट हैज इंडिया टु डू ?' लिखा जिसमें अपनी 'स्वतन्त्र और खरी प्रकृति' की अभिव्यक्ति जोरदार शब्दों में की। हिन्दुस्तानियों द्वारा अंग्रेजों की खुशामदी जी-हुजूरी करने की तीखी आलोचना की। उन्होंने अपना लेख अंग्रेजी भाषा में इसलिए लिखा ही था कि जिले के कलक्टर मि. विंढम उसे पढ़ सकें। इस लेख पर वे खफा हुए, चन्द्रबली शुक्ल को बुलाकर डाँटा और नायब तहसीलदारी के लिए भेजा गया शुक्लजी का नाम वापस ले लिया। इस घटना से बेटे को आत्मतुष्टि मिली परन्तु बाप को खीझ, क्रोध और अपमान। उसी दिन से रामचन्द्र शुक्ल सरकारी नौकरी के लिए अयोग्य घोषित कर दिए गए लेकिन न उन्हें कोई ग्लानि हुई और न ही असन्तोष।

मिर्जापुर में रहते और पढ़ते हुए रामचन्द्र शुक्ल की महत्त्वपूर्ण उपलब्धि थी मनोनुकूल मित्र-मंडली की प्राप्ति। हालाँकि मित्र-मंडली बनाने और उसके साथ रहने-घूमने की ललक उनमें अगोना (बस्ती) से ही पैदा हुई परन्तु उस समय के मित्र किसी निश्चित उद्देश्य के साधक नहीं थे। अगोना में वे अपने समवयस्क लड़कों के साथ खेतों-टीलों और बगीचों में भटकते हुए घूमते थे। यहीं पेड़ों पर चढ़ने की आदत पड़ी। कुछ अधिक उम्र के पेड़चढ़वा बालकों की मदद से उनमें पेड़ों पर चढ़ने तथा आम-जामुन तोड़कर खाने-खिलाने की उत्कंठा जागी जो राठ, मिर्जापुर और बनारस तक बनी रही। जब इनके पिता का स्थानान्तरण सन् 1891 में इटावा से राठ के लिए हुआ, तब इन्हें बुन्देलखंड की पहाड़ी प्रकृति ने लुभा लिया। राठ में ही शुक्लजी का नाम पहली बार स्कूल में लिखाया गया था। वह उर्दू-फारसी का स्कूल था। जन्मजात प्रतिभावान होने के नाते इन्होंने अन्य छात्रों का ध्यान अपनी ओर आकृष्ट किया था। इनमें स्वच्छन्द प्रकृति के छात्र शुक्लजी के मित्र बने। मित्रों के साथ शुक्ल पहाड़ियों, तलहटियों तथा वन-प्रान्तों में घूमने निकल जाते। तालाबों और उनमें खिले कमल के फूलों को देखकर शुक्लजी किसी अवर्णनीय सौन्दर्य में खो जाते। प्रत्यक्षतः तो नहीं परन्तु अप्रत्यक्ष रूप से ये प्रकृति की पाठशाला के मौन पाठ पढ़ने लगे। इसी पर्यटन के दौरान ये आल्हा गीत और गायकों से परिचित हुए। राठ में बचपन का निर्द्वन्द्व आनन्द लेने और आल्हा गीत के प्रति आकृष्ट होने के कारण ही जब उन्होंने 'हिन्दी साहित्य का इतिहास' लिखा तब वीर गाथा काल में देश भाषा काव्य का परिचय देते समय पृथ्वीराज रासो के बाद सबसे अधिक परिचय और उदाहरण के पद्य आल्ह खंड के दिए। प्राकृतिक मौज-मस्ती

का यही आलम लेकर रामचन्द्र शुक्ल आठ वर्ष की अवस्था में सन् 1892 में मिर्जापुर आए थे।

मित्र-मंडली की दृष्टि से शुक्लजी को मिर्जापुर जिला अन्य ज़िलों की अपेक्षा अधिक उर्वर और रचनात्मक सिद्ध हुआ। वे लगभग चार वर्ष अगोना (बस्ती) में, चार वर्ष राठ (हमीदपुर) में, सोलह वर्ष मिर्जापुर शहर में और लगभग बत्तीस वर्ष गुरुधाम बनारस में रहे, परन्तु मित्रों की असली, उमंगपूर्ण और सर्जक साहचर्य केवल मिर्जापुर में मिला। हालाँकि बनारस में शुक्लजी मिर्जापुर से दूने समय तक रहे परन्तु मिर्जापुर की तुलना में वहाँ मित्रों की संख्या कम थी। हालाँकि लाला भगवानदीन, शान्तिप्रिय द्विवेदी और केशवप्रसाद मिश्र जैसे कुछ मित्र अवश्य मिले परन्तु सब अपने-अपने गौरव में खोए हुए। बनारस की प्रकृति है कि वह अनुगमन नहीं करता, किसी भी क्षेत्र में। साहित्य का क्षेत्र इसका अपवाद कैसे हो सकता था ? आगम, निगम, कल्प, निरुक्त, व्याकरण, ज्योतिष, आयुर्वेद, दर्शन, अध्यात्म, धर्म-कर्म, तन्त्र-मन्त्र और पंडा-पुरोहिती से लेकर साहित्य तक बनारस अगुवई करनेवाला था। बनारस जीवन के वैविध्य का महासागर था। यहाँ जो भी आते नदी की तरह इसमें मिल जाते थे। बनारस 'लिफ्ट' देने में भी अगुवा था। इसने रामचन्द्र शुक्ल को भी 'लिफ्ट' दिया। वे ऊँचे-दर-ऊँचे उठे, परन्तु रचनात्मक सत्ता की प्राप्ति तो मिर्जापुर में ही की थी, मिर्जापुर के मित्रों के साथ रहकर की थी। इसी मिर्जापुरी साहित्य-सत्ता को उन्होंने बनारस में माँजा-चमकाया। वहाँ उन्हें संरक्षक भी मिले और मार्गदर्शक भी। मिर्जापुर में वे बाह्यमुखी जीवन जिए, बनारस जाकर धीरे-धीरे अन्तर्मुखी होते गए। मिर्जापुर में मुक्त साहित्य के प्रणेता थे, बनारस में अनुशासित साहित्य रचने लगे। मिर्जापुर का समीक्षा-शिल्प व्यावहारिक था, बनारस में सैद्धान्तिक बना। शुक्लजी के साहित्य का ताना था मिर्जापुर, बाना हुआ बनारस।

मिर्जापुर में शुक्लजी की दो मित्र-मंडलियाँ थीं। पहली थी युवा होते साहित्यकारों की मित्र-मंडली। इस मित्र मंडली में काशीप्रसाद जायसवाल, पंडित बदरीनाथ गौड़, भगवानदास हालना, उमाशंकर द्विवेदी, पं. लक्ष्मीशंकर, पंडित लक्ष्मीनारायण चौबे, बाबू भगवानदास मास्टर, पंडित केशवप्रसाद उपाध्याय, राजेन्द्र बाला घोष बंग महिला, पंडित वेणीमाधव शुक्ल जैसे एक दर्जन युवक और किशोर कविताएँ और कहानियाँ लिख रहे थे और इनमें से अधिकांश 'मर्यादा', 'सरस्वती', 'अभ्युदय', 'नवजीवन' और 'गंगा' जैसी ख्यातिलब्ध पत्रिकाओं में छप भी रहे थे। इन सभी साहित्यकारों में नई शताब्दी की उमंगें थीं। 20वीं शती का प्रथम दशक मिर्जापुर में संकल्प-काल के रूप में उभरा था। संकल्प के उपादान थे देशभक्ति, सामाजिक नवजागरण, सांस्कृतिक अस्मिता की रक्षा, नागरी लिपि और हिन्दी भाषा का नवप्रवर्तन, व्यक्ति स्वातन्त्र्य का अन्वेषण मिर्जापुर का सौन्दर्योत्पादक भूगोल और सनातन धर्म की मर्यादा के प्रति आस्था। इन सभी रचनाकारों में मिर्जापुर के रामायणी अतीत और चौधरी बदरीनारायण उपाध्याय 'प्रेमघन' के कविता दरबार का भी गौरव भरा हुआ था। इन सभी का दृढ़ विश्वास था कि बनारस के बिना मिर्जापुर पूरा नहीं पड़ सकता था। इसीलिए सभी में भारतेन्दु बाबू हरिश्चन्द्र और कुछ

ही वर्षों पूर्व स्थापित नागरी प्रचारिणी सभा, काशी के प्रति विशेष आकर्षण था। सभी को इस बात पर गर्व था कि नागरी प्रचारिणी सभा, काशी का राष्ट्रभाषा पुस्तकालय मिर्जापुर की देन था। रामचन्द्र शुक्ल की इस मित्र-मंडली में पंडित केदारनाथ पाठक कुशल मार्गदर्शक और रचनात्मक परिवेश के सर्जक माने जाते थे। इन्हीं पाठकजी की सलाह पर ठाकुर गदाधर सिंह (मिर्जापुर के डिप्टी कलक्टर) ने अपना समृद्ध पुस्तकालय नागरी प्रचारिणी सभा को दान किया था। यही कारण था कि बाबू राधाकृष्ण दास ने पाठकजी को ही 'सभा' के पुस्तकालयाध्यक्ष के पद पर नियुक्त किया था।

रामचन्द्र शुक्ल की मित्र-मंडली रफ्ता-रफ्ता जुड़कर बड़ी हुई थी। इनके पहले साहित्य-मित्र थे पंडित लक्ष्मीनारायण चौबे जो शुरू से ही इनके सहपाठी थे। जब शुक्लजी ऐंग्लो संस्कृत जुबली स्कूल से मिडिल की परीक्षा उत्तीर्ण कर लन्दन मिशन स्कूल में भर्ती हुए तब इस स्कूल में उनकी भेंट काशीप्रसाद जायसवाल से हुई। दोनों एक-दूसरे की सृजन-प्रतिभा से प्रभावित हुए जो शीघ्र ही मित्रता में बदल गई। अगर जायसवाल धनी व्यवसायी परिवार से आए थे तो रामचन्द्र शुक्ल साहब परिवार से। उस समय सामन्ती और साहबी परिवारों में मित्रता हो जाना स्वाभाविक प्रक्रिया थी। अगर पैसे में जायसवाल बीस थे तो शासकों तक पहुँच में रामचन्द्र शुक्ल। अगर कविता लिखने में रामचन्द्र शुक्ल बीस थे तो गद्य लिखने में काशीप्रसाद जायसवाल। मित्रता के लिए तुला के दोनों पलड़े लगभग समान। हालाँकि काशीप्रसाद जायसवाल उम्र में शुक्लजी से तीन वर्ष बड़े थे और कक्षा में दो वर्ष सीनियर परन्तु दोनों में जब साहित्यिक मित्रता हुई तो जायसवालजी ने सर्जक सीनियारिटी का सेहरा रामचन्द्र शुक्ल के सिर बाँध दिया।

लन्दन मिशन स्कूल में रामचन्द्र शुक्ल को प्रखर सर्जक प्रतिभा के दो मित्र और मिले। संयोग से दोनों नाम से भगवानदास थे परन्तु जाति और रचना-प्रतिभा में भिन्न। एक थे बाबू भगवानदास मास्टर और दूसरे भगवान दास हालना। भगवान दास मास्टर कहानीकार थे। इन्होंने 'उर्दू बेगम' नाम की अत्यन्त विनोदपूर्ण पुस्तक लिखी थी। इसमें उन्होंने उर्दू भाषा की जीवनी लिखी थी। भगवान दास हालना हिन्दी-अंग्रेजी भाषाओं के साथ बांग्ला भाषा भी जानते थे। मास्टर भगवान दास (अग्रवाल) का उल्लेख शुक्लजी ने अपने 'हिन्दी साहित्य का इतिहास' में शताब्दी के प्रथम दशक के मौलिक कहानीकारों में करते हुए इनकी कहानी 'प्लेग की चुड़ैल' (1902) की प्रशंसा की है। (पृ. 481) बंग महिला को छोड़कर शुक्लजी के शेष साहित्यिक मित्र भी उनके स्कूल के ही साथी थे।

राजेन्द्र बाला घोष 'बंग महिला' से रामचन्द्र शुक्ल की मित्रता कराने में पंडित केदारनाथ पाठक ने मध्यस्थता की थी। बंग महिला के पिता बाबू रामप्रसन्न घोष पंडित केदारनाथ पाठक के मकान में भाड़ेदार थे। वे नगरस्थ चपड़ा की कम्पनी 'मार्टिन एंड को' के मैनेजर होने के साथ ही बंगला और अंग्रेजी भाषा-साहित्य के अच्छे विद्वान थे। एक ही मकान में साथ-साथ रहने के कारण घोष साहब और पाठकजी में आत्मीयता बढ़ी। रामचन्द्र शुक्ल पंडित केदारनाथ पाठक के सम्पर्क में आने और उनके साहित्यिक

प्रोत्साहन से प्रभावित होने के बाद घोष परिवार में आने-आने लगे। इसी अवधि में उनकी मित्रता प्रगाढ़ हुई राजेन्द्र बाला घोष से जो 'बंग महिला' उपनाम से बांग्ला और हिन्दी की प्रतिष्ठित साहित्यिक पत्रिकाओं में प्रकाशित होने लगी थी। इस दोस्ती का आलम यहाँ तक बढ़ा कि रामचन्द्र शुक्ल ने सन् 1910 में बंग महिला की रचनाओं का संकलन और सम्पादन किया। अपनी एक विशिष्ट भूमिका के साथ बंग महिला की विविध विधाओं के संकलन का नाम रखा 'कुसुम संग्रह'।

अगर आज के साहित्य-समीक्षक रामचन्द्र शुक्ल द्वारा दिए गए नाम 'कुसुम संग्रह' की पाठ-मीमांसा करें तो अज्ञात नहीं रह जाएगा कि इसमें संकलित रचनाएँ तो 'कुसुम' नहीं है परन्तु लेखिका अवश्य कुसुमवत थी। सन् 1910 में बंग महिला की उम्र अट्ठाईस वर्ष और रामचन्द्र शुक्ल की उम्र छब्बीस वर्ष की थी। परन्तु बंग महिला और रामचन्द्र शुक्ल की साहित्यिक मित्रता पंडित केदारनाथ की पहल पर आठ वर्ष पहले सन् 1902 में ही हो गई थी। उस समय बंग महिला बीस वर्ष की थी और शुक्लजी अठारह वर्ष के थे। इन्हीं बंग महिला के प्रयास से उनके पिता रामप्रसन्न घोष ने अपने मकान के पास मेयो मेमोरियल लाइब्रेरी की स्थापना की थी। यह पुस्तकालय ही रामचन्द्र शुक्ल के अंग्रेजी और बंगला अध्ययन का सुनिश्चित केन्द्र बना। इस प्रकार मिर्जापुर में रामचन्द्र शुक्ल का बंग महिला-मैत्री-संयोग सबसे अधिक सिद्धिदायक साबित हुआ।

यह कहा जा चुका है कि रामचन्द्र शुक्ल और बंग महिला की मैत्री-साधना के कारण थे पंडित केदारनाथ पाठक। आश्चर्य ही था कि मिर्जापुर में रहते हुए न केदारनाथ पाठक रामचन्द्र शुक्ल को जानते थे, न ही रामचन्द्र शुक्ल केदारनाथ पाठक को। इन दोनों की संयोगात् मुलाकात बनारस में भारतेन्दु हरिश्चन्द्र के मकान के नीचे हुई थी। ऐसे ही अवसरों को संयोग-फल कहते हैं। पंडित केदारनाथ पाठक भारतेन्दु की हस्तलिपियों की तलाश में गए थे। रामचन्द्र शुक्ल भारतेन्दु-भवन की दर्शन-उत्कंठा से प्रेरित होकर। बनारस की यह मुलाकात संक्षिप्त थी जो मिर्जापुर आने पर अत्यन्त विस्तृत हो गई। पांडुलिपियों की खोज करने और किसी नए साहित्यकार को हर तरह की मदद देकर आगे बढ़ाने के ऋषि थे पंडित केदारनाथ पाठक। इसी ऋषि ने रामचन्द्र शुक्ल को मिर्जापुरी रामचन्द्र बनाया और इसी ने काशी में बनारसी रामचन्द्र।

रामचन्द्र शुक्ल को रचनात्मक, समीक्षात्मक और शोधात्मक शुक्लता मिर्जापुर में मिली। हालाँकि शुक्लजी में बोध और विमर्श की नैसर्गिक प्रतिभा थी परन्तु उसे कुरेदने और स्फुरित करने का काम पंडित केदारनाथ पाठक और पंडित विन्ध्येश्वरी प्रसाद तिवारी ने किया था। पाठकजी ने पांडुलिपियों की खोज करने का प्रथम प्रस्थान मिर्जापुर को बनाया था। इस काम में उन्होंने रामचन्द्र शुक्ल को भी हिस्सेदार बनाया था। सन् 1906 में उन्होंने कवि नूर मुहम्मद की रचना 'इन्द्रावती' की हस्तलिपि मिर्जापुर के घुनियाने टोला के निवासी अब्दुल्लाह मौलवी के घर से प्राप्त की थी। मौलवी साहब ने फारसी में लिखी 'इन्द्रावती' का अनुवाद सन् 1900 में 'कैथी' में किया था। कवि नूर मुहम्मद के पौत्र मौलवी तसछुक ने 'इन्द्रावती' की फारसी प्रति मौलवी अब्दुल्लाह को

दी थी। मौलवी अब्दुल्लाह अपने समय के बहुत बड़े लावनीबाज थे, दूर-दूर तक उनकी शोहरत थी। स्वाभाविक था कि साहित्य पथ के यात्री पाठक उनसे परिचय प्राप्त करते। इसी परिचय के दरम्यान उन्हें 'इन्द्रावती' की कैथी प्रति देखने को मिली जिसे 1906 में ही नागरी प्रचारिणी सभा, काशी ने प्रकाशित किया। 'इन्द्रावती' की प्रकाशित भूमिका में यह पूरा विवरण दिया गया है। आश्चर्य है कि 'इन्द्रावती' की चर्चा करते हुए शुक्लजी ने अपने 'हिन्दी साहित्य का इतिहास' में इसका उल्लेख नहीं किया। जायसी की सैद्धान्तिक किताब 'अखरावट' की प्रथम पांडुलिपि भी मिर्जापुर के घुनियाने टोला में ही मिली थी। इसके शोधकर्ता केदारनाथ पाठक ही थे। यह किताब भी नागरी प्रचारिणी सभा द्वारा ही प्रकाशित की गई। भूमिका में इसके प्राप्त होने का विवरण दिया गया है परन्तु 'हिन्दी साहित्य का इतिहास' लिखते समय शुक्लजी ने इसका भी जिक्र नहीं किया। पाठकजी ने पांडुलिपियों की खोज में अधिक काम किया था परन्तु शुक्लजी ने उसे भी महत्त्व नहीं दिया। परन्तु अपने एक लेख 'प्रेमघन की छाया स्मृति' में पाठकजी का आभार अवश्य स्वीकार किया था। लिखा था, 'उन दिनों पंडित केदारनाथ पाठक ने एक अच्छा हिन्दी पुस्तकालय मिर्जापुर में खोला था। मैं वहाँ से पुस्तकें लाकर पढ़ा करता था। अतः हिन्दी के आधुनिक साहित्य का स्वरूप अधिक विस्तृत होकर मन में बैठता गया। रामचन्द्र शुक्ल के लिए केदारनाथ पाठक ने और भी बहुत कुछ किया था परन्तु शुक्लजी ने लिखित रूप से इसे स्वीकार करना जरूरी नहीं समझा।

यहाँ यह कहा जाना जरूरी है कि केदारनाथ पाठक ने शुक्लजी और बाबू रामप्रसन्न घोष की लेखिका बेटी बंग महिला से मैत्री-प्रगाढ़ करने में सेतु की भूमिका निभाई थी। पाठकजी ने शुक्लजी को प्रेमघन के कवि-दरबार तक पहुँचाया था और पाठकजी के ही सुझाव पर प्रेमघन ने शुक्लजी को 'आनन्द कादम्बिनी' में कुछ लिखने-पढ़ने का अधिकार दिया था। शुक्लजी ने 'आनन्द कादम्बिनी' के प्रकाशन-सम्पादन में अपनी क्षमता के अनुसार सहायता अवश्य की थी, परन्तु वे उस पत्रिका के सम्पादक नहीं बनाए गए थे।

भारतेन्दु हरिश्चन्द्र के प्रिय मित्र चौधरी बदरीनारायण उपाध्याय 'प्रेमघन' की कोठी सड़क के किनारे बदलीघाट तिबराने टोला में थी। मिर्जापुर में आने के साथ ही भारतेन्दु-मंडल के किसी जीते-जागते अवशेष के प्रति शुक्लजी की अपार उत्कंठा थी। शुक्लजी ने अपनी उत्कंठा के सन्दर्भ में लिखा था, "मैं नगर से बाहर रहता था। अवस्था थी बारह या तेरह वर्ष की। एक दिन बालकों की एक मंडली जोड़ी गई, जो चौधरी के मकान से परिचित थे अगुआ हुए। मील-डेढ़ मील का सफर तय हुआ। पत्थर के एक बड़े मकान के सामने हम लोग जा खड़े हुए। नीचे का बरामदा खाली था। ऊपर का बरामदा सघन लताओं के जाल से आवृत था। बीच-बीच में खम्भे और खुली जगह दिखाई पड़ती थी। उसी ओर देखने के लिए मुझसे कहा गया। कोई दिखाई न पड़ा। सड़क पर कई चक्कर लगे। कुछ देर पीछे एक लड़के ने उँगली से ऊपर की ओर इशारा किया। लता-प्रतान के बीच एक मूर्ति खड़ी दिखाई पड़ी। दोनों कन्धे पर बाल बिखरे हुए थे। एक हाथ खम्भे पर था। देखते-ही-देखते वह मूर्ति दृष्टि से ओझल हो गई। बस,

यही पहली झाँकी थी।'' (प्रेमघन-सर्वस्व, प्रथम भाग, पृ. 6)

अज्ञात नहीं है कि प्रेमघन की प्रथम झाँकी ने रामचन्द्र शुक्ल की उत्कंठा शान्त न करके और अधिक बढ़ा दी थी। अब उनके मन में नई उत्कंठा यह जागी कि वे प्रेमघन के कवि दरबार में किस प्रकार पहुँचें। इसके लिए उन्हें कुछ वर्षों तक इन्तजार करना पड़ा। उन्हें प्रेमघन का दर्शन हुआ था सन् 1897 में। प्रेमघन से इनका साहित्यिक रिश्ता जोड़नेवाले थे पंडित केदारनाथ पाठक जिनसे शुक्लजी की प्रथम मुलाकात सन् 1899 में हुई थी। इसके दो वर्षों बाद सन् 1901 के अक्तूबर में इनकी मनोहर छटा शीर्षक कविता 'सरस्वती' में छपी। मिर्जापुरी परिवेश और मित्र-मंडली में कविता का भरपूर स्वागत हुआ। उस समय 'सरस्वती' में प्रकाशित होना तद्‌युगीन कवि होने का प्रमाणपत्र प्राप्त करना था। इस सन्दर्भ में शुक्लजी ने लिखा था, 'मैं भी अब अपने को एक कवि और लेखक समझने लगा था।' (उपर्युक्त) प्रेमघन के दरबार में पहुँचने की यह पहली सीढ़ी थी। प्रेमघन के यहाँ केदारनाथ पाठक का आना-जाना पहले से ही था। शुक्लजी ने पाठकजी को दूसरी सीढ़ी के रूप में प्रयुक्त किया। शुक्लजी ने प्रेमघन के 'आनन्द कादम्बिनी' प्रेस के मैनेजर काशीप्रसाद शुक्ल से भी परिचय स्थापित कर लिया था। शुक्लजी की एक कविता 'रानी दुर्गावती' पुनः 'सरस्वती' (जून, 1903) में छपी। उसी वर्ष 'सरस्वती' के सम्पादक महावीरप्रसाद द्विवेदी हुए थे। उन्होंने 'सरस्वती' में किसी ऐरे-गैरे को न छापने का नियम बना लिया था। 'सरस्वती' में कविता प्रकाशित होने के कठोर माहौल में भी शुक्लजी छपे। इतना ही नहीं द्विवेदीजी ने मार्च, 1904 में पुनः शुक्लजी की कविता 'वसन्त' प्रकाशित की। प्रेमघन के दरबार में पहुँचने के लिए इतना पर्याप्त था। ऐसे ही परिवेश में वे केदारनाथ पाठक और काशीप्रसाद शुक्ल के साथ प्रेमघन के कवि-समाज में सम्मिलित हुए।

चौधरी बदरीनारायण उपाध्याय 'प्रेमघन' दरबार पसन्द तबीयतदार आदमी थे। भारतेन्दु हरिश्चन्द्र के मित्र रूप में ही इनकी ख्याति नहीं थी बल्कि वे उस युग के एक बड़े रचनाकार और सम्पादक-रूप में भी प्रसिद्ध थे। इनके यहाँ भारतेन्दु-मंडल के प्रायः सभी सदस्य आते रहते थे। शुक्लजी को यहाँ एक बड़ा साहित्यिक परिवेश मिला। यहीं उन्हें उस युग की सारी साहित्यिक पत्रिकाओं को देखने-समझने का अवसर उपलब्ध हुआ। प्रेमघन के यहाँ मिर्जापुर के साहित्य प्रेमियों और रचनाकारों का जमावड़ा शाम को नियमित रूप से होता था। इनमें पंडित इन्द्रनारायण शैगूल, महन्त जयराम गिरि और वामानाचार्य गिरि की उपस्थिति विशेष उल्लेखनीय थी। भारतेन्दु-मंडल के प्रतापनारायण मिश्र, अम्बिका दत्त व्यास, राधाचरण गोस्वामी, कार्तिक प्रसाद खत्री, काशीनाथ खत्री, रामकृष्ण वर्मा, गोपीनाथ पाठक, बालमुकुन्द गुप्त, कृष्ण देवशरण सिंह, श्रीधर पाठक जैसे अनेक साहित्यकार कई-कई दिनों तक प्रेमघन का आतिथ्य-सत्कार लेते हुए टिके रहते थे। बनारस के साहित्यकारों का आधा घर प्रेमघन का घर था। शुक्लजी यहाँ सन् 1904 से 1908 के पूर्वार्ध तक आते-जाते रहे। इस दरम्यान जो भी साहित्यकार वहाँ पहुँचे, वे युवा कवि रामचन्द्र शुक्ल से भी परिचित हुए। इन्हीं परिचयों के दरम्यान

शुक्लजी को हिन्दी के पुराने साहित्य और नए साहित्य का भेद भी समझ पड़ने लगा और नए की ओर झुकाव बढ़ता गया। इन आनेवालों में बालमुकुन्द गुप्त और श्रीधर पाठक उम्र में तो नए नहीं थे, परन्तु सामाजिक विचारधारा बिल्कुल नई थी। ये लोग रचना के विषय और शिल्प दोनों में परिवर्तन कर रहे थे। प्रेमघन की छाया-स्मृति में शुक्लजी ने प्रेमघन के सृजन-दरबार के पड़नेवाले प्रभाव का वर्णन करते हुए लिखा था, ''जिन्हें अपने स्वरूप का संस्कार और उस पर ममता थी जो अपनी परम्परागत भाषा और साहित्य से उस समय के शिक्षित कहलानेवाले वर्ग को दूर पड़ते देख मर्माहत थे, उन्हें यह सुनकर बहुत कुछ ढाढ़स होता था कि आधुनिक विचारधारा के साथ अपने साहित्य को बढ़ाने का प्रयत्न जारी है और बहुत से नवशिक्षित मैदान में आ गए हैं।'' शुक्लजी ने इन नवशिक्षितों में अपने नाम के साथ काशीप्रसाद जायसवाल, भगवान दास हालना, बदरीनाथ गौड़, लक्ष्मीशंकर और उमाशंकर द्विवेदी के नाम मुख्य रूप से गिनाए थे। ये सभी इनके मिर्जापुरी मित्र थे। शुक्लजी ने लिखा है कि 'ये सभी मित्र गर्मी के दिनों में छत पर बैठे चौधरी साहब से बातचीत करते थे।'

रामचन्द्र शुक्ल ने एक दिन की एक मनोरंजक घटना का जिक्र करते हुए लिखा था, ''चौधरी साहब के पास ही एक लैम्प जल रहा था। लैम्प की बत्ती एक बार भभकने लगी। चौधरी साहब नौकरों को आवाज़ देने लगे। मैंने चाहा कि बढ़कर बत्ती नीचे गिरा दूँ; पर पंडित लक्ष्मीनारायण ने तमाशा देखने के लिए धीरे से मुझे रोक लिया। चौधरी साहब कहते जा रहे हैं, 'अरे जब फूट जाई, तबै चलत जाबह'। अन्त में चिमनी ग्लोब के सहित चकनाचूर हो गई; पर चौधरी साहब का हाथ लैम्प की तरफ आगे नहीं बढ़ा।'' (उपर्युक्त, पृ. 8)

रामचन्द्र शुक्ल की मौलिक प्रतिभा ने प्रेमघन को वश में कर लिया। उन्होंने शुक्लजी से चाहा कि वे एक घंटा 'आनन्द कादम्बिनी' प्रेस और पत्रिका में उनकी मदद करें। शुक्लजी ने प्रेस प्रबन्धन और पत्रिका प्रकाशन में अकल्पित भूमिका निभाई। इनके कार्यों से प्रेमघन आश्चर्यचकित रह गए। प्रूफ रीडिंग्स से लेकर 'आनन्द कादम्बिनी' के समय से प्रकाशन की बड़ी अच्छी व्यवस्था हो गई। प्रेमघन ने चाहा कि रामचन्द्र शुक्ल उनके सम्पादकीय लेखन में भी उनकी सहायता करें। इसके लिए उन्होंने शुक्लजी की दो परीक्षाएँ लीं—एक गद्य-लेखन और दूसरा पद्य-लेखन परीक्षा। एक दिन शुक्लजी के मित्रों की उपस्थिति में प्रेमघन ने देश-दशा पर एक छोटी-सी कविता लिखने का निर्देश दिया। शुक्लजी जानते थे कि वे कलम की कारीगरी के कायल थे। तुक, अनुप्रास और शब्द-विन्यास की वक्रता के अभाव में वे किसी भी पद्य को कविता नहीं मानते थे। शुक्लजी ने कविता की पहली पंक्ति लिखी, 'विकल भारत, दीन आरत, स्वेद गारत गात' इस पंक्ति के बाद वे थोड़ी देर रुककर कुछ सोचने लगे—मात्रा, यति विराम, तुक, अनुप्रास सबकी रक्षा अगली पंक्तियों में भी जरूरी थी। प्रेमघन ने उनके हाथ से काग़ज़ ले लिया और उन्हें आश्वस्त करते हुए कहा, 'आपने पहले ही चरण में ज्यादा घना काम कर दिया है।' आज यह कहना कठिन है कि प्रेमघन ने शुक्लजी के इस 'चरणारम्भ'

की प्रशंसा की थी या इस पर व्यंग्योक्ति की थी ? परन्तु शुक्लजी ने इसे व्यंग्योक्ति के रूप में ही लिया क्योंकि उन्होंने न कभी इस कविता को पूरा ही किया और न ही किसी दूसरी कविता में इस चरण का प्रयोग ही किया। कैसी विडम्बना थी जिसे प्रसन्न करने के लिए ऐसा चरण-न्यास करना पड़ा था, उसी ने इसे व्यंग्य का विषय बना दिया। एक भोजपुरी कहावत चरितार्थ हुई, 'जेकरे खातिर चोरी कइलीं ऊहे कहलैं चोरबा'।

प्रेमघन ने रामचन्द्र शुक्ल की दूसरी परीक्षा गद्य-लेखन की ली। सन् 1907 की सूरत कांग्रेस में पालिसी मैटर को लेकर फूट पड़ गई थी। विचारधारा को लेकर कांग्रेस दो खेमों में बँट गई थी। भारतवर्ष की एक भी पत्रिका ऐसी नहीं थी जिसने इस घटना को लेकर सम्पादकीय लेख न लिखा हो। प्रेमघन ने 'आनन्द कादम्बिनी' के लिए सम्पादकीय लिखने का भार रामचन्द्र शुक्ल पर डाला। एक पन्थ दो काज। परीक्षा की परीक्षा और दूसरे सम्पादकीय में युवा चिन्तन उभारने की ललक।

शुक्लजी ने प्रेमघन द्वारा सौंपे इस दायित्व को स्वीकार कर लिया। सम्पादकीय का पहला पैराग्राफ लिखकर प्रेमघन को देखने के लिए दिया। गद्य को भी कविता की दृष्टि से देखने के अभ्यस्त प्रेमघन ने आलेख को परिवर्तित करके बाणभट्ट शैली का रूप दे दिया। शुक्लजी ने इस घटना का उल्लेख करते हुए, 'हिन्दी साहित्य का इतिहास' में लिखा, "एक बार उन्होंने मुझसे कांग्रेस के दो दल हो जाने पर एक नोट लिखने को कहा। मैंने जब लिखकर दिया तब उसके किसी वाक्य को पढ़कर वे कहने लगे कि इसे यों कर दीजिए, 'दोनों दलों की दलादली में दलपति का विचार भी दलदल में फँस रहा।' " (हि.सा.इ. पृ. 449)

रामचन्द्र शुक्ल पर प्रेमघन के सम्पर्क में आने के सकारात्मक और नकारात्मक दोनों प्रभाव पड़े। शुक्लजी को त्याज्य और ग्राह्य की बहुत बड़ी समझदारी प्रेमघन-दरबार में ही प्राप्त हुई। मसलन प्रेमघन अपने प्रथम आलेख को कई-कई बार पढ़ते और उसमें संशोधन, परिवर्धन या कटौती कर उसे अन्तिम रूप दे देते। शुक्लजी ने भी इसको ग्रहीत किया। उदाहरण के तौर पर उनके प्रसिद्ध लेख 'कविता क्या है ?' को लिया जा सकता है। उन्होंने इसको कई-कई बार संशोधित और परिवर्धित किया। संशोधन और परिवर्तन के सन्दर्भ में शुक्लजी ने 'हिन्दी साहित्य का इतिहास' में प्रेमघन के विचार का उल्लेख करते हुए लिखा था, 'वे (प्रेमघन) कोई लेख लिखकर जब तक कई बार उसका परिष्कार और मार्जन नहीं कर लेते थे तब तक छपने नहीं देते थे। भारतेन्दु के वे घनिष्ठ मित्र थे परन्तु लिखने में उनके 'उतावलेपन' की शिकायत अक्सर किया करते थे।' (पृ. 447) अज्ञात नहीं है कि शुक्लजी ने लेखन में 'उतावलेपन' से बचने की कोशिश हमेशा की। परन्तु वे प्रेमघन की 'कलम की कारीगरी' से प्रभावित नहीं हुए।

रामचन्द्र शुक्ल ने प्रेमघन के काव्य-लेखन के कुछ विचारों को भी स्वीकृति नहीं दी। उन्होंने लिखा कि प्रेमघन के छन्दों में यतिभंग प्रायः मिलता था। एक बार जब इस विषय पर मैंने उनसे बातचीत की तब उन्होंने कहा, 'मैं यति भंग को कोई दोष नहीं मानता पढ़नेवाला ठीक चाहिए।' (हि.सा.इ., पृ. 567) परन्तु शुक्लजी ने अपनी कविताओं में

पढ़नेवालों को सुधार करने की गुंजाइश कभी नहीं दी। उन्होंने लगभग तीन दशक तक (सन् 1900 से 1928 तक) कविताएँ लिखीं, परन्तु न किसी में यति भंग और न ही असंगत शब्दों का विन्यास।

यहाँ इस बात पर ध्यान देना अपेक्षित है कि 22 वर्ष के रामचन्द्र शुक्ल 62 वर्ष के प्रेमघन से रचना शिल्प पर किस प्रकार खुलकर बातें करते थे। प्रेमघन की रचनात्मक त्रुटियों पर बोलने और सुझाव देने का साहस भारतेन्दु-मंडल के सदस्यों में भी नहीं था, परन्तु शुक्लजी उनसे खुलकर विचार-विमर्श करते थे। इसे हिन्दी साहित्य के इतिहास में एक असाधारण घटना कही जा सकती है जो सिद्ध करती है कि सृजन के क्षेत्र में उम्र का महत्त्व नहीं होता। कालिदास ने कुमार सम्भव में ज्ञान और तपस्या में 'वयः न समीक्षते' का जो सिद्धान्त निरूपित किया था प्रेमघन ने रामचन्द्र शुक्ल के साथ उसी का पालन किया। इससे यह साबित होता है कि बाईस वर्ष के शुक्लजी में साहित्य का असाधारण ज्ञान था। जो प्रेमघन भारतेन्दुजी की राय को भी अस्वीकार कर देते थे, वे रामचन्द्र शुक्ल से अपनी कविताओं में आई त्रुटि की सफाई देते थे। यहाँ शुक्लजी का यह कथन बिल्कुल सही साबित हो रहा है, 'उनके (प्रेमघन) यहाँ मेरा जाना एक लेखक की हैसियत से होता था।' (प्रेमघन सर्वस्व-1, पृ. 7), शुक्लजी ने अपने लेख, 'प्रेमघन की छायास्मृति' में लिखा था, 'मुझे चौधरी साहब के सत्संग का अवसर उस समय प्राप्त हुआ था जब वे वृद्ध हो गए थे और लेखनी ने बहुत कुछ विश्राम ले लिया था। फिर भी उनकी एक-एक बात का स्मरण मुझे किसी अनिर्वचनीय भावना में मग्न कर देता है। साहित्य में उनका स्मरण आधुनिक हिन्दी साहित्य के प्रथम उत्थान का स्मरण है।' रामचन्द्र शुक्ल ने यह लेख प्रेमघन की मृत्यु के अठारह वर्षों बाद और अपनी मृत्यु के दो वर्ष पहले लिखा था। स्पष्ट है कि शुक्लजी की समीक्षात्मक अवधारणा की निर्मिति में प्रेमघन के सत्संग का भी योगदान था।

रामचन्द्र शुक्ल ने अपनी साहित्यिक मित्र-मंडली में कुछ कड़वे प्रसंग भी झेले। सबसे ज़्यादा कड़वा प्रसंग था शुक्लजी और काशीप्रसाद जायसवाल के बीच अकस्मात् उद्भूत विरोध-भाव। शुक्लजी के किसी जीवनी-लेखक ने इस प्रसंग का कोई जिक्र नहीं किया है। वास्तव में इस विरोध का कोई सांक्ष्यगत प्रामाणिक उल्लेख नहीं मिलता, परन्तु रामचन्द्र शुक्ल के यदा-कदा के एक मित्र ब्रह्मादत्त मिश्र, शुक्लजी की विमाता के पुत्र जगदीश चन्द्र शुक्ल तथा 'प्रेमघन' के एक पड़ोसी सत्यनारायण मिश्र ने आज से (सन् 2001) लगभग तीस वर्ष पहले जायसवाल-शुक्ल विवाद का जिक्र एक ही तरह से किया था जो आज भी मिर्जापुर में किंवदन्ति रूप में कहा-सुना जाता है। लोगों का कहना था कि काशीप्रसाद जायसवाल ने अपने से उम्र में तीन वर्ष छोटे मित्र रामचन्द्र शुक्ल से अपनी सद्यः परिणीता पत्नी के सौन्दर्य-सन्दर्भ में कोई कविता लिखने के लिए कहा। ब्रह्मादत्त मिश्र के कथनानुसार शुक्लजी ने रीतिकालीन शैली के चार कवित्त लिखे। जायसवालजी शुक्लजी से अतिक्रमित लेखन पर क्षुब्ध हो उठे। सामन्तशाही परिवेश में पले जायसवाल का क्षोभ विवाद में बदल गया। आना-जाना, मिलना-जुलना बन्द हो

गया। सन् 1898-1899 में जायसवालजी रामचन्द्र शुक्ल से किसी भी रूप में छोटे नहीं थे। उम्र में तीन साल बड़े जायसवाल ने लन्दन मिशन स्कूल से ऐंट्रेस की परीक्षा प्रथम श्रेणी में उत्तीर्ण की थी, शुक्लजी ने द्वितीय श्रेणी में, धन-दौलत में जायसवालजी आसमान थे और शुक्लजी ज़मीन, नवजागरण के सन्दर्भ में रचना करने की क्षमता में जायसवालजी शुक्ल से बीस, जिस नागरी प्रचारिणी सभा में 'हिन्दी शब्द-सागर' के सहायक सम्पादक बने रामचन्द्र शुक्ल सन् 1908 में, उसी नागरी प्रचारिणी सभा के उपमन्त्री बने थे काशीप्रसाद जायसवाल सन् 1899 में। अगर शुक्लजी 'सरस्वती' में छपने लगे थे तो जायसवाल भी उनसे पीछे नहीं थे। उनके शोधपरक लेख कौशाम्बी, लार्ड कर्जन की वक्तृता, बक्सर आदि लेख नागरी प्रचारिणी पत्रिका में छप चुके थे। उस समय 'सरस्वती' में रचनाओं का प्रकाशित होना लेखकों की सामाजिक स्वीकृति की सनद थी। यह सनद दोनों को मिल चुकी थी। आचार्य महावीरप्रसाद द्विवेदी के सम्पादक बनते ही सन् 1903 में काशीप्रसाद जायसवाल के चार लेख, एक कविता और उपन्यास शीर्षक से एक सचित्र व्यंग्य सरस्वती में छपे। कहने का अर्थ कि काशीप्रसाद जायसवाल और रामचन्द्र शुक्ल दोनों में 'युग का प्रतिनिधित्व' करने की क्षमता थी परन्तु, 'सौन्दर्य-चित्रण' घटना ने दोनों को इतना अधिक दूर कर दिया कि दोनों ने मुख्य अवसरों पर एक-दूसरे का नाम लेना भी उचित नहीं समझा। हालाँकि सन् 1933 में 'प्रेमघन की छायास्मृति' ('हंस' का आत्मकथांक) और 'परिचय' (प्रेमघन सर्वस्व-1) में रामचन्द्र शुक्ल ने काशीप्रसाद जायसवाल को अपने साहित्यिक मित्रों में विशेष महत्त्व दिया था, परन्तु अपने 'हिन्दी साहित्य का इतिहास' में काशी नागरी प्रचारिणी सभा अथवा पत्रिका का विवरण देते हुए काशीप्रसाद जायसवाल का नाम नहीं लिया।

जायसवाल-शुक्ल विवाद के अंजाम का विवरण देते हुए रमईपट्टी के पड़ोसी गाँव पक्का पोखरा निवासी ब्रह्मादत्त मिश्र का कहना था कि एक बार रामचन्द्र शुक्ल अपने अंतरंग मित्रों के साथ पंचमी भरत-मिलाप की झाँकियाँ देखने के लिए कोतवाली रोड पर खड़े थे। अकस्मात् किसी गुंडे ने शुक्लजी पर ज्यों ही लाठी का प्रहार करना चाहा, उमाशंकर द्विवेदी ने लाठी पकड़ ली। शुक्लजी घायल होने से बच गए। गुंडा भी द्विवेदीजी से लाठी छुड़ाकर भीड़ में समा गया। भीड़ में इसलिए पहचाना नहीं जा सका कि उस समय मिर्जापुर में ज्यादातर लोग लाठी लेकर चलने में शान समझते थे। ब्रह्मादत्त मिश्र का विश्वास था कि प्रहारक गुंडा काशीप्रसाद जायसवाल द्वारा नियत किया गया था। इस घटना में कितना सच है या कितना झूठ, यह तो नहीं बताया जा सकता, परन्तु मिर्जापुर में यह जनश्रुति आज भी बरकरार है।

मिर्जापुर में काशीप्रसाद जायसवाल और रामचन्द्र शुक्ल के दैहिक विरोध पर चाहे जितने भी प्रश्न-चिह्न लगाए जाएँ, परन्तु दोनों के रचनात्मक विरोध से इनकार इसलिए नहीं किया जा सकता कि इसके कई-कई साक्ष्य अब भी शेष हैं। इतना सभी जानते हैं कि 19वीं सदी के आखिरी और 20वीं सदी के प्रथम दशक में ही जायसवाल और शुक्ल दोनों रचना और आलोचना के क्षेत्रों में नई दृष्टि के संवाहक के रूप में उभर रहे

थे। जायसवाल पुरातत्त्व, इतिहास और सनातन-संस्कृति की पक्षधरता के साथ रचना के क्षेत्र में उतरे थे तो रामचन्द्र शुक्ल दर्शन, मनोविज्ञान, प्राचीन काव्यशास्त्र, प्रकृति-सौन्दर्य, समाज और राजनीति में होनेवाले युगीन परिवर्तनों को आधार बनाकर लिख रहे थे। दोनों अपने-अपने क्षेत्र के युग-निर्माता बने और दोनों अपने-अपने कृतित्व के आधार पर आज भी बेजोड़ बने हुए हैं।

यह कहना ठीक नहीं होगा कि काशीप्रसाद जायसवाल और रामचन्द्र शुक्ल की प्रारम्भिक मित्रता में बड़ी दरार, मिर्जापुर के साहित्य-परिवेश के लिए ऋणात्मक थी। सच तो यह है कि इस दरार ने दोनों में रचनात्मक नोक-झोंक पैदा किया। भाषाई और साहित्यिक नोक-झोंक द्विवेदी-युग की एक खास प्रवृत्ति थी। यह भारतेन्दु-युग में भी थी। हिन्दी की उस प्रारम्भिक अवस्था में भारतेन्दु हरिश्चन्द्र सर्वमान्य व्यक्तित्व के साहित्यकार थे। यह अकारण नहीं था कि उस युग में भारतेन्दु-मंडल बना परन्तु द्विवेदी-युग में द्विवेदी-मंडल नहीं बन सका। इसका मुख्य कारण था भाषा और सृजन के क्षेत्र में उभरती नोक-झोंक की प्रवृत्ति। द्विवेदी-युग के प्रथम-चरण में बालमुकुन्द गुप्त और महावीरप्रसाद द्विवेदी का भाषा-विवाद न वैयक्तिक था, न ही ध्वंसात्मक। यही स्थिति ब्रजभाषा और खड़ी बोली के विवाद की भी थी। देव-बिहारी विवाद का भी कम महत्त्व नहीं आँका जा सकता। इसी प्रकार जायसवाल-शुक्ल विवाद भी कम से कम मिर्जापुर के लिए तो महत्त्वपूर्ण था ही। इस विवाद ने मिर्जापुर में दो साहित्यिक खेमे बनाए। एक के अगुआ रामचन्द्र और दूसरे के अगुआ काशीप्रसाद। रामचन्द्र पहले इलाहाबाद गए, बाद में काशी पहुँचे; काशीप्रसाद पहले काशी गए फिर इलाहाबाद पहुँचे। जायसवाल के खेमे पर इलाहाबादी रंग चढ़ा, परन्तु शुक्ल के खेमे पर बनारसी रंग। दोनों खेमों में एक दूसरे की भाषाई त्रुटियाँ ढूँढ़ने की जबर्दस्त होड़ शुरू हुई। उस समय मिर्जापुर में सरस्वती, मर्यादा और नागरी प्रचारिणी पत्रिका के पाठकों की संख्या बहुत अधिक थी। जायसवाल खेमे के प्रथम सदस्य थे बाबू महादेव प्रसाद सेठ। ये सबसे अधिक छपते थे 'मर्यादा' में। कविताएँ और लेख दोनों। उस समय 'भारत भास्कर श्री व्यासजी के स्मारक में स्थापित सरस्वती भवन' पुस्तकालय की स्थापना केदारनाथ पाठक, बदरीनाथ गौड़, भगवानदास हालना और रामचन्द्र शुक्ल के सम्मिलित प्रयास से की जा चुकी थी। मूलतः यह हिन्दी-साहित्य का पुस्तकालय था, परन्तु संस्कृत वाङ्मय को भी विशेष महत्त्व दिया गया था। छिटपुट बंगला-भाषा के उपन्यास और नाटक भी क्रय कर लिए जाते थे। इस पुस्तकालय में अंग्रेजी की न पुस्तकें आती थीं और न पत्र-पत्रिकाएँ। इसी पुस्तकालय में बैठकर मर्यादा और सरस्वती में प्रकाशित जायसवाल और महादेवप्रसाद सेठ की रचनाओं में होनेवाली भाषा की त्रुटियों को लाल पेंसिल से रेखांकित किया जाता था और किसी वाहक द्वारा जायसवाल और सेठजी को पढ़ने के लिए भेज दिया जाता था। यही काम जायसवाल खेमे में भी किया जाता था। शुक्ल खेमे में भी सभी रामचन्द्र शुक्ल नहीं थे। इसलिए इस खेमे के लेखकों में भी भाषा की गलतियाँ मिल जाती थीं। इस त्रुटि-तलाश-द्वन्द्व ने मिर्जापुरी रचनाकारों में भाषाई शुद्धता का सकारात्मक परिवेश तैयार

किया। बालमुकुन्द गुप्त और महावीरप्रसाद द्विवेदी के बीच शुरू भाषा की 'अनस्थिरता' द्वन्द्व का ही एक छोटा-सा हिस्सा था। काशीप्रसाद जायसवाल और रामचन्द्र शुक्ल के बीच भाषा-शुद्धता का साहित्यिक विवाद। इस द्वन्द्व का परिणाम था कि जब बाबू महादेवप्रसाद सेठ ने 'मतवाला' साप्ताहिक का प्रकाशन किया तब उसमें 'भाषा-त्रुटि-तलाश' के लिए एक स्तम्भ निर्धारित किया, 'चाबुक'। इस प्रकार शुक्लजी का मिर्जापुरी भाषा-शुद्धि-आन्दोलन कलकत्ता (कोलकाता) जा पहुँचा। प्रत्यक्षतः नहीं तो अप्रत्यक्षतः सही। कहने का अर्थ यह है कि मिर्जापुर में रामचन्द्र शुक्ल द्वारा हिन्दी भाषा और रचना के क्षेत्र में छेड़े गए द्वन्द्व के अनुभवों को सकारात्मक रूप मिला।

अगर काशीप्रसाद जायसवाल और रामचन्द्र शुक्ल की मित्रता और उसमें पड़नेवाली दरार के सम्पूर्ण घटना-क्रम की मीमांसा करके किसी एक बिन्दु की खोज की जाए तो यह कहे बिना नहीं रहा जा सकता कि वह मूल बिन्दु है, 'सौन्दर्यानुभूति की काव्याभिव्यक्ति'। इस घटना ने शुक्लजी के प्रसिद्ध निबन्ध 'कविता क्या है ?' में भी कुछ जोड़ा-घटाया था। शुक्लजी 'जोसेफ एडिसन' के 'प्लेज़र ऑफ इमैजिनेशन' का अनुवाद, 'कल्पना का आनन्द' सन् 1901 में, डॉ. राजेन्द्र लाल मित्र के लेख का अनुवाद 'प्राचीन भारतीयों का पहनावा' सन् 1902 (सरस्वती, दिसम्बर, पृ. 371) में, 'व्हाट हैज इंडिया टु डू ?' सन् 1903 में और 'बाबू काशीनाथ खत्री' (सरस्वती, नवम्बर, पृ. 464) सन् 1906 में लिखने और प्रकाशित होने के बाद भी सन्तुष्ट नहीं थे। मिर्जापुर में काशीप्रसाद जायसवाल ने मौलिक लेखन की स्पर्धा पैदा कर दी थी। यह स्पर्धा मुख्यतः रामचन्द्र शुक्ल को लक्ष्य बनाकर शुरू हुई थी। हालाँकि शुक्ल का निबन्ध 'बाबू काशीनाथ खत्री' मौलिक था परन्तु कुल मिलाकर जीवनी पर आधारित था। बीच-बीच में खत्रीजी के नाटकों की समीक्षा भी थी परन्तु शुक्लजी के दिमाग में मौलिक लेखन की जो अवधारणा बनी थी, वह प्रायः किसी भी लेख में नहीं था। यही असन्तोष और लेखकीय तनाव 'कविता क्या है ?' के जन्मदाता बने। उन्हें कविता सम्बन्धी कुछ व्यक्तिगत अनुभव प्रेमघन और काशीप्रसाद जायसवाल-कांड से प्राप्त हो चुके थे। बम्बई (मुम्बई) के 'बालबोध' की 22वीं जिल्द के पाँचवें अंक में 'कविता' पर बालमुकुन्द गुप्त का लेख भी शुक्लजी ने पढ़ा था। पहली ही पंक्ति में कविता की परिभाषा दी गई थी, 'अन्तःकरण की वृत्तियों के चित्र का नाम कविता है।' पूरे लेख में कविता के स्वरूप और उसके उद्देश्य की मौलिक स्थापना की गई थी। ये सभी प्रेरक तत्त्व शुक्लजी को मथ रहे थे। सन् 1907 से ही उन्होंने 'कविता क्या है ?' पर सोचना-लिखना प्रारम्भ किया। प्रेमघन का सुझाव, 'पहली बार के लेख में अच्छी तरह संशोधन और परिवर्तन करने के बाद ही छपने के लिए देना चाहिए' याद आया; शुरू हो गई संशोधन की प्रक्रिया। संशोधन और परिवर्तन महीनों चले। शुक्लजी 'कविता क्या है ?' को सैद्धान्तिक विचारधारा का मौलिक लेख बनाना चाह रहे थे। अक्तूबर, 1908 तक तो इस लेख को मिर्जापुर में माँजते रहे, फिर बनारस चले गए। तीन महीने तक बनारस में भी माँजते रहे। आखिरकार 'सरस्वती' में प्रकाशनार्थ भेजना ही पड़ा जो अप्रैल, 1909

की सरस्वती में प्रकाशित हो गया। इस पर बालमुकुन्द गुप्त के लेख का प्रभाव तो पड़ा ही था, साथ ही प्रेमघन की शागिर्दी और काशीप्रसाद जायसवाल की मित्रता के अनुभवों का भी प्रभाव पड़ा था। लेख के आखिरी खंड में यह लिखने, 'श्रीमानों के शुभागमन पर पद्य बनाना, बात-बात में उनको बधाई देना कवि का काम नहीं' में प्रेमघन और जायसवाल दोनों शामिल थे। यहाँ 'श्रीमानों के शुभागमन' में श्रीमतियों का शुभागमन भी सम्मिलित है। जायसवालजी की मित्रता के कारण शुक्लजी 'श्रीमती' के शुभागमन पर पद्य बनाकर फल भोग चुके थे। इसी प्रकार प्रेमघन की 'राज राजेश्वरी जयति', 'हार्दिक हर्षादर्श', 'भारत बधाई' और 'आर्याभिनन्द' जैसी रचनाएँ पढ़ चुके थे जिनमें श्रीमानों-श्रीमतियों के शुभागमन पर लिखे पद्य और बात-बात में दी गई 'बधाई' के विवरण थे। शुक्लजी पर इनका नकारात्मक प्रभाव पड़ा था, जिसे 'कविता क्या है ?' में सिद्धान्त रूप में निरूपित किया था।

अगर मिर्जापुर की साहित्यिक मित्र-मंडली के प्रभाव का आकलन किया जाए तो शुक्लजी के लेखन में यह मित्र-मंडली जगह-जगह उभरी हुई है। शुक्लजी की मिर्जापुरी मित्र-मंडली में रामप्रसन्न घोष की पुत्री राजेन्द्र बाला घोष (बंग महिला) का नाम सबसे अधिक महत्त्वपूर्ण है। दूसरे सभी मित्रों की अपेक्षा बंग महिला और शुक्ल के रचनात्मक सम्बन्ध उच्चतर भाव-भूमि पर स्थित थे। 'बंग महिला' शुक्लजी की अकेली स्त्री-मित्र थी। 20वीं शताब्दी के पहले-दूसरे दशकों में किसी रचनाकार को लेखिका स्त्री-मित्र शायद ही मिलती रही हो। रामचन्द्र शुक्ल ने बंग महिला की मित्रता का रचनात्मक मूल्य अकल्पित सीमा तक चुकाया। मन में लाभ अथवा शोषण का कोई भाव न होते हुए भी शुक्लजी बंग महिला की मित्रता के लिए थोड़ा बदनाम भी हुए।

रामचन्द्र शुक्ल पं. केदारनाथ पाठक के माध्यम से बंग महिला से परिचित हुए। वे बंग महिला के पिता, रामप्रसन्न घोष द्वारा स्थापित घंटाघर के मेयो मेमोरियल लाइब्रेरी में अंग्रेजी भाषा और साहित्य की पुस्तकों के अध्ययन के लिए प्रतिदिन जाया करते थे। स्वाभाविक था कि वे घोष और घोष के परिवार से परिचित होते। 'आनन्द कादम्बिनी' में आने के बाद वे रोजाना अपने रमईपट्टी निवास से प्रेमघन की कोठी आते। कोठी से थोड़ा पहले सुन्दर घाट की मुख्य सड़क पर बंग महिला का घर था। कभी-कभी वे बंग महिला के घर घंटे-दो घंटे बैठ जाते। जब बंग महिला भी 'आनन्द-कादम्बिनी' प्रेस आने लगीं तब परिचय मित्रता में परिणत हुआ। सन् 1905 तक बंग महिला के भी अनूदित लेख और कहानियाँ छप चुके थे। इसके बाद इनकी एक कहानी 'कुम्भ में छोटी बहू' सरस्वती (भाग-7, सं. 9, पृ. 342) में छपी। सन् 1904 में 'समालोचक' में दो किस्तों में प्रकाशित इनका लेख 'हिन्दी के ग्रन्थकार' छपते ही विवाद में फँस गया था। इस तरह रामचन्द्र शुक्ल से उम्र में दो वर्ष बड़ी बंग महिला की रचनात्मक ख्याति शुक्लजी से कम नहीं थी, परन्तु दर्जा इसलिए कम था कि शुक्लजी पुरुष थे और बंग महिला नारी।

बंग महिला और रामचन्द्र शुक्ल की मिर्जापुरी मित्रता का हरा-भरा बिरवा बनारस में आकर फलवान हो गया। सन् 1908 तक बंग महिला और शुक्ल दोनों बनारस आ

गए थे। सन् 1909 में शुक्लजी ने भारतेन्दु हरिश्चन्द्र की स्मृति में पुस्तक प्रकाशन की एक योजना बनाई। नाम रखा 'भारतेन्दु स्मारक ग्रन्थ मालिका'। इस ग्रन्थ-मालिका का समारम्भ किया बंग महिला की पुस्तक 'कुसुम-संग्रह' से जिसका सम्पादन स्वयं उन्होंने (रामचन्द्र शुक्ल) किया था। शुक्लजी ने विभिन्न पत्र-पत्रिकाओं में प्रकाशित बंग महिला के लेख और कहानियों को एकत्र किया और उन्हें फिर से पढ़ा। आवश्यकतानुसार पाद-टिप्पणियाँ लगाईं, फिर भूमिका लिखी और 28 नवम्बर, 1910 को प्रकाशनार्थ इंडियन प्रेस, प्रयाग को दे दिया। बड़े गौरव के साथ लिखा, 'भारतेन्दु स्मारक ग्रन्थ मालिका' का प्रथम पुष्प। इतनी बड़ी पुस्तक-प्रकाशन योजना का शुभारम्भ बंग महिला के रचना-संग्रह 'कुसुम-संग्रह' द्वारा करने के पीछे रामचन्द्र शुक्ल के दो उद्देश्य थे। सनातन धर्म की कर्मकांडी परम्परा इस बात को स्वीकार नहीं कर सकती थी कि किसी योजना का आरम्भ एक विधवा औरत द्वारा किया जाता। साहित्य के पंडितों के लिए यह शुभारम्भ नहीं अशुभारम्भ था। परन्तु भारतेन्दु द्वारा नारियों को महत्त्व दिए जाने को ध्यान में रखकर रामचन्द्र शुक्ल ने 'ग्रन्थ मालिका' का प्रथम कुसुम बंग महिला को बनाया। यह हिन्दी नवजागरण का क्रान्तिकारी कदम था। व्यावहारिक उद्देश्य की तरह शुक्लजी ने 'कुसुम-संग्रह' के सम्पादन द्वारा रामप्रसन्न घोष, केदारनाथ पाठक और राजेन्द्रबाला घोष 'बंग महिला' का ऋण चुकाया था।

शुक्लजी ने 'कुसुम-संग्रह' के भूमिका-लेख में तद्युगीन हिन्दी-साहित्य की प्रवृत्तियों का उल्लेख सर्जनात्मक गद्य में किया था। वह लेख अभी तक असंकलित पड़ा है। यहाँ उस लेख के आंशिक उद्धरण द्वारा भी शुक्लजी के व्यक्तित्व को समझने में आसानी होगी। भूमिका लेख में शुक्लजी ने कहा था, 'आज के पचास वर्ष पहले हमारी स्थिति बड़ी बेढब हो रही थी। हमारे चिर पोषित साहित्य से हमारा नाता टूटने पर था। हमारे राजनीतिक जीवन में तो हमारी भाषा टोडरमल की कृपा से मुसलमानों के ही समय से अलग हो चुकी थी। इधर जब अंग्रेजी का प्रकाश हम पर पड़ा और हमें संसार की गति का ज्ञान हुआ, तब हम सामयिक प्रवाह की ओर एक विदेशी भाषा के सहारे दौड़ पड़े। हमारा साहित्य जहाँ का तहाँ छूट जाता था। इसी बीच से भारतेन्दु बाबू हरिश्चन्द्र ने उसे उठाकर सशक्त किया और हमारे साथ उसे फिर लगा दिया। भिन्न-भिन्न मार्गों पर हमारे विचार जा रहे थे। उनकी ओर हमारे साहित्य को बड़ी सफाई के साथ उन्होंने मोड़ दिया। किसी जाति का साहित्य जब बराबर उसके विचारों और व्यापारों के साथ लगा हुआ चलता है, तभी जीवित रह सकता है। अतः भारतेन्दु ने हिन्दी को बड़ी बुरी दशा में पड़ने से बचाया। यदि कहीं हमारे साहित्य का हमसे वियोग हो जाता जिसके सब सामान इकट्ठे थे तो क्या हम सभ्य संसार में अपना मुँह दिखाने लायक रह जाते ? सोचिए तो कि हिन्दी भाषा का राष्ट्रभाषा के नाते सारे भारत पर इनका कितना उपकार है ?

"आज जो हम नए-नए विचारों को मँजी हुई भाषा में प्रकट करते हैं और चारों ओर हिन्दी पुस्तकों और पत्रों को उमड़ते देखते हैं, वह भारतेन्दु बाबू हरिश्चन्द्र की

बदौलत है। हिन्दी को उन्नति के आधुनिक मार्ग पर लाकर खड़ा करनेवाले यही थे। अतः हमें चाहिए कि राजनीतिविज्ञान, दर्शन, कला आदि के जो-जो भाव हम अपनी संसार-यात्रा में प्राप्त करते जाएँ, उन्हें अपनी मातृ-भाषा हिन्दी को बराबर सौंपते जाएँ क्योंकि यही उन्हें हमारी भाषा सन्तति के लिए संचित रखेगी। साथ ही हमारा यह भी कर्त्तव्य है कि उस महात्मा को जिसका यह उपदेश था—विविध कला, शिक्षा अमित, ज्ञान अनेक प्रकार; सब देशन से ले काहु भाषा माँहि प्रचार' न भूलें और न भरसक किसी को भूलने दें।''

भूमिका-लेख काफी लम्बा है यहाँ इसका आखिरी अनुच्छेद देना इसलिए जरूरी है कि इसमें 'कुसुम-संग्रह' के सम्पादन करने का उद्देश्य निहित है। आखिरी अनुच्छेद में उन्होंने लिखा, 'यों तो वर्तमान हिन्दी में जो कुछ देखा जाता है वह भारतेन्दु की प्रभा का स्मारक है, पर किसी वस्तु को निर्दिष्ट किए बिना जी भी नहीं मानता। जिस कार्य के लिए किसी महान पुरुष ने प्रयत्न किया हो उसमें प्रवृत्त होकर उसे आगे बढ़ाना ही उसका सच्चा स्मरण है। अतः जिस वृक्ष को भारतेन्दु लगा गए उसके पत्र-पुष्प से बढ़कर उनका और क्या स्मारक हो सकता है। यही विचार कर यह ग्रन्थ मालिका आप लोगों के सामने रखी जाती है।'

स्पष्ट है कि रामचन्द्र शुक्ल ने बंग महिला के 'कुसुम-संग्रह' को भारतेन्दु द्वारा लगाए वृक्ष का प्रथम पुष्प माना। उन्होंने बंग महिला के साथ अपनी मिर्जापुरी मित्रता को तद्युगीन रचनाशील आन्दोलन के रूप में प्रवर्तित किया। हालाँकि उनके मिर्जापुरी साहित्यिक मित्र-मंडली में भगवानदास हालना और बदरीनाथ गौड़ की भी पांडुलिपियाँ तैयार थीं, परन्तु उन्होंने वरीयता दी बंग महिला को। इसके दो कारण थे—पहला कारण था कि वह युग नारी-जागृति की माँग कर रहा था। इसके बिना भारतेन्दु द्वारा प्रवर्तित हिन्दी नवजागरण अधूरा था। 'सरस्वती' से लेकर सुदर्शन, वसुन्धरा, छत्तीसगढ़ मित्र, लक्ष्मी, हितवार्ता, हिन्दी बंगवासी और अभ्युदय जैसी पत्रिकाएँ नारी जागरण की आवाज छिटपुट रूप में उठाती तो थीं परन्तु नारी-रचनाकारों को प्रोत्साहन देना उचित नहीं मानती थीं। यहाँ तक स्त्रियों के लिए 'समर्पित' की घोषणा करनेवाली पत्रिका 'गृहलक्ष्मी' के सम्पादक पंडित सुदर्शनार्च, बी.ए. ने भी अपनी पत्नी श्रीमती गोपाल देवी को सम्पादक न बनाकर उप-सम्पादक बना दिया था। सुदर्शनार्च ने ज्यादातर रचनाएँ पुरुषों से आमन्त्रित की। इसमें भी नारी-लेखिकाएँ गौण बनी रहीं। रामचन्द्र शुक्ल ने 'कुसुम-संग्रह' के सम्पादन द्वारा नारी नवजागरण के लिए एक नए मार्ग का प्रवर्तन किया।

'भारतेन्दु स्मारक ग्रन्थ मालिका' के लिए पहले पुष्प के रूप में 'कुसुम-संग्रह' के सम्पादन और प्रकाशन के पीछे केवल मिर्जापुरी मित्रता का ऋण चुकाया जाना मात्र नहीं था, बल्कि हिन्दीतर भाषियों द्वारा हिन्दी में लिखने का वातावरण तैयार करना था। पचीस वर्षीय युवक रामचन्द्र शुक्ल का मत था कि हिन्दी को राष्ट्रभाषा के रूप में देश-स्तर पर स्वीकृति दिलाने का उद्देश्य तब तक सफल नहीं हो सकता था जब तक

अहिन्दी-भाषी हिन्दी-लेखकों को भरपूर महत्त्व नहीं दिया जाता। अपने इसी मत को पुरस्सर करने के लिए उन्होंने बंग महिला के हिन्दी-लेखन को स्थायी बनाने का संकल्प किया। अगर रामचन्द्र शुक्ल ने अपने इस संकल्प को ठोस आकार नहीं दिया होता तो आज भी बंग महिला समय के कूड़ेदान में दबी अज्ञात रह गई होतीं। न नागरी प्रचारिणी के वर्तमान प्रधानमन्त्री सुधाकर पांडेय द्वारा 'बंग महिला सर्वस्व' का प्रकाशन किया गया होता और न डॉ. भवदेव पांडेय द्वारा 'बंग महिला—नारी मुक्ति का संघर्ष' नामक पुस्तक लिखी गई होती।

रामचन्द्र शुक्ल द्वारा 'भारतेन्दु स्मारक ग्रन्थ मालिका' के लिए राजेन्द्रबाला घोष 'बंग महिला' की रचनाओं को प्रथम पुष्प के रूप में प्रकाशित करने के पीछे एक सांकेतिक कारण की सम्भावना से इनकार नहीं किया जा सकता। अज्ञात नहीं है कि भारतेन्दु हरिश्चन्द्र की भी एक बंग महिला मित्र हिन्दी लेखिका थी। नाम था मल्लिका। भारतेन्दु हरिश्चन्द्र ने अपने कुछ काव्य-संकलनों में मल्लिका की रचनाएँ अवश्य संकलित की थीं, परन्तु उसे स्वतन्त्र रचनाकार के रूप में स्थापित करने का कोई प्रयत्न नहीं किया। इसका परिणाम आज सामने है। रचनाकार के रूप में मल्लिका गुम तो हो ही गई है, साथ ही भारतेन्दु के जीवनी लेखक शिवनन्दन सहाय ने उसे 'गुलाब में काँटा' के तहत याद किया है। उन्होंने लिखा कि मल्लिका के कारण भारतेन्दु के उज्ज्वल चरित्र में धब्बा लग गया। रामचन्द्र शुक्ल ने 'भारतेन्दु स्मारक ग्रन्थ मालिका' के लिए बंग महिला की रचनाओं को पहली पुस्तक का रूप देकर भारतेन्दु के उज्ज्वल चरित्र में लगे धब्बे का प्रक्षालन किया था। धब्बावाली भोंडी बात सन् 1905 में लिखी गई थी। इसके पाँच ही वर्ष बाद रामचन्द्र शुक्ल ने भारतेन्दु के धब्बेदार चरित्र को पूर्णतः उज्ज्वल कर दिया। साबुन लगाया बंग महिला के संकलन प्रकाशन ने।

भारतेन्दु के जीवनी लिखनेवालों का कहना है कि मल्लिका के कारण भारतेन्दु की बड़ी बदनामी हुई थी। क्या जब 'समालोचक' मार्च, सन् 1904 में बंग महिला का लेख 'हिन्दी के ग्रन्थकार' प्रकाशित हुआ था तो रामचन्द्र शुक्ल की कम बदनामी हुई थी ? 'वैश्योपकारक' के सम्पादक शिवचन्द भरतिया ने अपनी पत्रिका के वर्ष 1, सं. 3 (पृ. 65 से 69) में लिखा था, ''नागरी भवन के गत उत्सव में जिस रमणी (बंग महिला) की कविता पर मोहित होकर मिर्जापुर के किसी बाबू ने उन्हें 'रामायण' समर्पण किया था, कदाचित् ये वही (बंग महिला) हैं। संकेत प्रायः शुक्लजी की ओर था। परन्तु इसी भरतियाजी ने, जब बंग महिला के चरित्र पर विभिन्न हिन्दी पत्रिकाओं द्वारा खुलकर आरोप लगाया गया तब लिखा, 'हमें विदित नहीं है बंग महिला के पूज्य सतीत्व पर गर्हित आक्रमण किसने किया ? निःसन्देह ऐसा करनेवालों को 'जरद्गव' या फिर किसी आवश्यक शब्द से याद करना उचित है।' (वर्ष 1, सं. 7, पृ. 193)

सन् 1910 में रामचन्द्र शुक्ल 26 वर्ष के थे और बंग महिला 28 की। ऊपर से विधवा। बदनामी के लिए स्थितियाँ मुकम्मल थीं। परन्तु बदनामी को लात मारते हुए रामचन्द्र शुक्ल ने चार वर्ष बाद ही बंग महिला को तमाम अन्य लेखकों की अपेक्षा बहुत

अधिक महत्त्व दिया। अगर वे अपने समय के कुदृष्टि पातकों से डर गए होते तो युगानुव्यापी अपनी तमाम सृजन योजनाओं को मूर्त रूप देने से वंचित हो गए होते। शुक्लजी का अपना अनुभव था। वे अपने समय के जरद्गवों को भली-भाँति पहचानने लगे थे जो अकारण नए लेखकों पर सींग चलाते रहते थे। बुढ़ापा के कारण इनका समय से मेल नहीं खा रहा था। कुछ नया सोचना और लिखना तो इनके वश में था नहीं, इसलिए ये लोग निन्दा-आलोचना के गन्दे शब्दों से नए रचनाकारों को आहत करना चाह रहे थे। शुक्लजी ने आहत न होने का अभ्यास मिर्जापुर में ही विकसित कर लिया था। बनारस तो उनके मिर्जापुरी अभ्यासों की द्वितीय प्रयोगशाला था, अधिक साधन-सम्पन्न तथा अधिक अवसरदाता। उन्होंने बनारस की प्रयोगशाला में मिर्जापुर को ही सिद्ध किया। उनके उद्देश्य, सिद्धान्त-प्रेक्षण, निष्कर्ष और परिणाम में मिर्जापुर और बनारस आधा-आधा था। पूर्ण पद मिर्जापुरी और दो उत्तर पद बनारसी थे। मध्य में भी आधा-आधा उन्होंने तद्युगीन साहित्य-सृजन के उद्देश्य मिर्जापुर में ही निर्धारित किए थे, सिद्धान्त-निरूपण और प्रेक्षण का आधा काम भी यहीं किया था। शुक्लजी का प्रेक्षण-धर्म सूक्ष्म होने के साथ व्यापक और बहुमुखी भी था। उन्होंने आत्म-प्रेक्षण, पर-प्रेक्षण और शेष चराचर का प्रेक्षण मिर्जापुर में किया था। बनारस में भी। जन्मदायी माँ बचपन में ही मर गई थी, फलतः मिर्जापुर की स्नेहमयी प्रकृति को ही माँ बना लिया था और यहीं प्रेक्षण की दीक्षा ली थी जिसे पुख्ता किया बनारस में। बनारस में प्राप्त निष्कर्षों और परिणामों का विवेचन आगे किया जाएगा, शुक्लजी के बनारसी 'जीवन-वृत्त' के साथ।

रामचन्द्र शुक्ल ने 'हंस' के 'आत्मकथांक' (1933) और प्रेमघन-सर्वस्व प्रथम भाग के 'परिचय' (1939) में मिर्जापुरी मित्र-मंडली के नामोल्लेख में बंग महिला का नाम नहीं गिनाया है। उस समय मिर्जापुर में युवती विधवा को मित्र कहे जाने का माहौल नहीं था। यहाँ के बांग्ला समाज को तो यह कतई गवारा नहीं था। शुक्लजी जब भी बंग महिला के घर गए तब परदे की ओट से ही उनसे बात होती थी। सामाजिक और पारिवारिक मान्यताओं में शुक्लजी विद्रोही प्रकृति के लेखक नहीं थे। मिर्जापुर ने उन्हें मर्यादाओं के पालन करने का आचरण दिया था। कर्मवाद, वर्णाश्रमवाद और लोक मंगलवाद के सिद्धान्त भी मिर्जापुर में अर्जित किए थे। इसमें बहुत कुछ योगदान था रमईपट्टी के निकटतम पड़ोसी पंडित विन्ध्येश्वरी प्रसाद तिवारी, ठाकुर बलभद्र सिंह और इन लोगों के यहाँ मिली पर्यटक-रुचि की द्वितीय मित्र-मंडली।

शुक्लजी ने आत्मकथा लिखते हुए बतलाया था कि जिस रमईपट्टी मुहल्ले में इनके पिता रहते थे, वह पढ़ा-लिखा मुहल्ला था। इसमें वकील, मुख्तार, कचहरी के अफसर और अमले रहते थे। सभी खाँटी उर्दू बोलते थे। शुक्लजी की मित्र मंडली शुद्ध हिन्दी बोलने की अभ्यस्त थी। इसलिए इनकी भाषा मुहल्लेवालों के कानों में खटकती थी। मुहल्लेवालों ने शुक्लजी और उनकी मित्र मंडली का नाम 'निस्सन्देह' रख दिया था, क्योंकि ये लोग 'यकीनन' और 'ऑफकोर्स' के स्थान पर बार-बार 'निस्सन्देह' कहा करते

थे। शुक्लजी ने तद्‌युगीन शिक्षित समाज में अप्रत्यक्ष और अघोषित भाषा-द्वन्द्व की चर्चा करते हुए आत्मकथा में एक घटना का उल्लेख किया था, 'मेरे मुहल्ले में एक मुसलमान सब जज आ गए थे। एक दिन मेरे पिता खड़े-खड़े उनके साथ कुछ बातचीत कर रहे थे। इसी बीच में मैं उधर जा निकला। पिताजी ने मेरा परिचय देते हुए कहा, 'इन्हें हिन्दी का बड़ा शौक है। चट जवाब मिला, आपको बताने की ज़रूरत नहीं है, मैं तो इनकी सूरत देखते ही इस बात से वाकिफ़ हो गया।' मेरी सूरत में ऐसी क्या बात थी यह इस समय नहीं कहा जा सकता। आज से चालीस वर्ष पहले की बात है।' (प्रेमघन सर्वस्व-प्रथम भाग, 'परिचय', पृ. 7)

शुक्लजी ने हिन्दी बोलने के कारण उनकी सूरत में आए परिवर्तन का खुलासा तो नहीं किया था, परन्तु उक्त घटना से यह अस्पष्ट नहीं रह गया था कि नवजागरण के द्वितीय उत्थान में राष्ट्रभाषा के उभरते अस्तित्व ने अंग्रेजी-उर्दू परस्तों को कितना परेशान कर रखा था। हिन्दी बोलने के कारण शुक्लजी की सूरत में व्यक्त होती राष्ट्रीय अस्मिता ने मुहल्ले के मुसलमान सब जज को अन्दर से क्षुब्ध कर दिया था। उसके व्यंग्य ने फारसी जबानवाले शुक्लजी के सदर कानूनगो पिता चन्द्रबली शुक्ल को कड़ी चेतावनी दी थी। मुसलमान सब जज नहीं चाहता था कि अफसरों और सरकारी अमलों के मुहल्ले से भाषा, वेशभूषा और आकृति-प्रकृति की मुक्ति का आन्दोलन छिड़े। उसने सदर कानूनगो चन्द्रबली शुक्ल के सामने एक दूर की कौड़ी फेकी थी।

रामचन्द्र शुक्ल के बड़े पुत्र केशवचन्द्र शुक्ल ने अपने पितामह चन्द्रबली शुक्ल के पहनावा, व्यवहार और भाषा के सन्दर्भ में लिखा था, "ब्राह्मण होते हुए भी उनकी चाल-ढाल तथा वेशभूषा तत्कालीन फारसी-शिक्षा-सम्पन्न किसी मौलवी से कम न थी। काली घनी दाढ़ी, गोल मुहरी के पाजामे, पट्टेदार बालों तथा अल्पका की शेरवानी ही तक बात न थी, उनकी ज़बान भी 'सरसैयद' की जुबान थी तथा उनके विचार उस समय के फारसी पढ़े हुए 'शिष्ट' कहलानेवाले मुसलमानों के साधारण व्यवहार की बहू-सी बातों में अधिकतर मिलते-जुलते थे। संस्कृत तथा हिन्दी बेहूदा जबान थी। धोती पहनकर बाहर निकलना या नंगे सिर रहना जुर्म था।" (दूर्वादल : आचार्य रामचन्द्र शुक्ल, अंक बस्ती—'जीवन परिचय', पृ. 9)

ज्येष्ठ पौत्र गोकुलचन्द्र शुक्ल द्वारा दिए गए पितामह के विवरण से अज्ञात नहीं रह जाता कि रामचन्द्र शुक्ल की सूरत में मुहल्ले के मुसलमान सब जज ने क्या देखा था। रामचन्द्र शुक्ल धोती पहनते थे, नंगे सिर रहते थे, पाजामा और कैप का परित्याग कर दिया था। उनकी मित्र मंडली की भी यही वेशभूषा थी। मित्रगण चन्दन-टीका लगाते थे, गले में दुपट्टा लटकाते थे, यहाँ तक कि कायस्थ मित्र जैजै लाल भी जो अभिजात कुल मुंशी जगदम्बाप्रसाद श्रीवास्तव जिला के प्रसिद्ध वकील के पुत्र थे। शुक्लजी की पर्यटक मित्र-मंडली में पंडित माताप्रसाद तिवारी के युगल पुत्र रामानन्द और परमानन्द अत्यन्त मजाकिया स्वभाव के बालक थे। पूरे व्यंग्यकार। सजीव और जिन्दादिल। बात की काट में पटु, हाजिर जवाब। इस विलक्षण जोड़ी ने शुक्लजी को भीतर तक प्रभावित

किया था। इस प्रकार के स्वभाव के कारण उन्हें सरकारी अफसरों-अमलों के रस्म-रिवाज और दस्तूर पसन्द नहीं आते थे। शुक्लजी के पिता ने इन वशिष्ठों की मित्र-मंडली से प्रतिभावान पुत्र को बाहर निकालने की भरपूर कोशिश की, परन्तु सफल न हुए। विमाता की दूरी ने पिता के उपदेशों को भी रामचन्द्र से दूर कर दिया था। गोकुलचन्द्र ने लिखा था, 'पंडित रामचन्द्र शुक्ल को बाबू बालभद्र सिंह तथा पंडित विन्ध्येश्वरी प्रसाद के यहाँ का वातावरण अपने पिता के सान्निध्य से कहीं अधिक प्रिय प्रतीत होने लगा।' (उपर्युक्त, पृ. 13)

पुत्र रामचन्द्र शुक्ल और पिता पंडित चन्द्रबली शुक्ल में सांस्कृतिक दूरियाँ बढ़ती गईं। भाषा भिन्न, पहनावा-ओढ़ावा भिन्न, खान-पान भिन्न और आचार-विचार भिन्न। रामचन्द्र शुक्ल शाकाहारी बने। मित्रों के साथ भाँग-बूटी और ठंडाई छानने लगे। रबड़ी, मलाई और मिठाई को मुँह लगाया। मिर्जापुर में बनारसी मगही पान मिलता था, गिलौरियाँ लगती थीं। रामचन्द्र शुक्ल भी आकर्षित हुए। बाना से लेकर खाना तक से मिर्जापुरी हुए। बाप था नवाबी चाल-ढाल का, बेटा प्रतिवादी बना। यह था रमईपट्टी का पर्यावरण जिसमें ढलकर शुक्लजी विधेयवादी भी बने और निषेधवादी भी। ये दोनों अन्तर्विरोधी धाराएँ थीं। परन्तु शुक्लजी ने इन्हें सकारात्मक बनाया। विरुद्धों का सामंजस्यीकरण किया। मित्र-मंडली में वे धोती में रहते, परन्तु स्कूल-मंडली में पैंट, शर्ट, कोट, कैप और मोजा-जूता में होते। मित्र-मंडली में वे नंगे सिर धोती में इसलिए होते कि उन्हें अंग्रेजों या नवाबों द्वारा थोपी गई संस्कृति का निषेध करना था। शुक्लजी के लिए कम हैरानी की बात नहीं थी कि अंग्रेज शासकों ने मुसलमानी शासन की भाषा और भूषा तो अफसरों और दफ्तरों के लिए स्वीकृत कर ली थी, परन्तु भारत की परम्परागत भाषा और भूषा को कोर्ट-कचहरियों के लिए प्रतिबन्धित कर दिया था। शुक्लजी ने अंग्रेजों द्वारा अपनाई जा रही भेदमूलक भाषा-भूषा नीति का सक्रिय विरोध किया—रमईपट्टी मुहल्ले से लेकर अपने लेखन तक में। स्कूल में वे अंग्रेजी भूषा इसलिए धारण करते कि उन्हें पढ़ाना था। उस समय के स्कूलों में धोती पहनकर जाना सम्भव नहीं था।

रामचन्द्र शुक्ल मित्रों के साथ भाँग जमकर छानते थे। आज जो रिश्ता शराब और साहित्य का है, वही रिश्ता शुक्ल-युग में भाँग और साहित्य का था। मिर्जापुरी विश्वास था कि गहरी छनी भाँग से नई-नई कल्पनाएँ जन्म लेती थीं, उन्मेषशाली विचारों का उदय होता था और चमत्कारपूर्ण भावों की शृंखलाएँ बनती थीं। शुक्ल-युग की एक मिर्जापुरी कहावत थी, 'भाँग साहित्य की जननी है'। यहाँ पांडेय बेचन शर्मा 'उग्र' भी इसी कहावत का अनुगमन करते थे। भाँग सम्बन्धी आदतें और मान्यताएँ पिता में नहीं थीं। उनका पीना और खाना बड़े अफसरों की तर्ज पर था। पिता शुक्लजी के भँगेड़ीपन से सख्त नाराज होते, परन्तु अपने मित्रों की चाल चलते हुए उन्होंने पिता की नाराजगी को जरा भी महत्त्व नहीं दिया।

रमईपट्टी में शुक्लजी के निकटतम पड़ोसी थे पंडित बिन्ध्येश्वरी प्रसाद तिवारी और

बाबू बलभद्र सिंह। शुक्लजी के जीवन-दर्शन और लेखन—दोनों पर पड़ोसियों का बहुत अधिक प्रभाव पड़ा था। शुक्लजी के मकान के ठीक पिछवाड़े दक्षिण की ओर पंडितजी का मकान था। थोड़ा दक्षिण लिए पश्चिम की ओर बाबू साहब का। पंडितजी और बाबू साहब पद और प्रतिष्ठा में काफी भिन्न थे, परन्तु विचारधारा दोनों की समान थी। पंडितजी कर्मकांडी पुरोहित थे, परन्तु बाबू साहब डिप्टी कलक्टर। पंडितजी, पिता-पितामह के समय से ही मिर्जापुरी थे, परन्तु बाबू साहब जिला आगरा से आकर मिर्जापुरी बने थे। पंडितजी पर्यटनवादी थे परन्तु बाबू साहब चौपालवादी। रामचन्द्र शुक्ल ने इन दोनों में असमानताएँ नहीं समानताएँ ढूँढ़ीं। पंडितजी और बाबू साहब में समानताएँ भी कम नहीं थीं। दोनों धार्मिक-प्रवृत्ति के थे, दोनों वर्णाश्रम-व्यवस्था के जबर्दस्त समर्थक थे, दोनों को वेद-पुराण, रामायण, महाभारत, स्मृति-ग्रन्थ, रामचरित मानस और सूर सागर में विश्वास था। दोनों पूरे वैष्णव कीर्तन-भजन प्रेमी, कर्म सिद्धान्त, पुनर्जन्म और नियति-विश्वासी। शुक्लजी के मन में दोनों के प्रति समान आस्थाएँ जागीं। उन्होंने पंडित विन्ध्येश्वरी प्रसाद तिवारी को वशिष्ठ और विश्वामित्र दोनों रूपों में ग्रहण किया। बाबू बलभद्र सिंह में महाराज दशरथ की मूर्ति उभरी। शुक्लजी में इन दोनों के जीवन-दर्शन और दोनों की वाणियों का समान रूप से स्फुरण हुआ। 'तज्यो मातु पिता हू' की पीड़ा शमित हो गई।

जिस प्रकार रामचन्द्र शुक्ल एक पुरोहित (पं. विन्ध्येश्वरी प्रसाद तिवारी) और एक बड़े अफसर को जोड़ने के लिए नवनिर्मित सेतु सिद्ध हुए उसी प्रकार पंडितजी और बाबू साहब को भावात्मक रूप से जोड़ने के लिए दोनों के भवनों के बीच एक पुराना वटवृक्ष था। इसी की छाया में कथा-पुराण-वाचन और धार्मिक प्रवचन के चौपाल लगते थे, वेद-वेदांग, पुराणेतिहास, व्याकरण, ज्योतिष और काव्य के विभिन्न पहलुओं पर विमर्श होते थे, पुरानी सभ्यता और नई सभ्यता के बीच सामंजस्य बैठाने के उपाय सोचे जाते थे, अंग्रेजी सत्ता के गुणगान किए जाते थे, दबी जबान राष्ट्रीय कांग्रेस द्वारा की जानेवाली माँगों के औचित्य-अनौचित्य पर चर्चाएँ होती थीं और साथ ही मुहल्ले की बालक-मंडली के खेल-तमाशे तथा बरोह-ढोला के मनोरंजन होते थे। रामचन्द्र शुक्ल वट-वृक्ष तले होनेवाली सारी गतिविधियों में शरीक होते। कहने का अर्थ यह कि शुक्लजी के चिन्तन, मनन, मीमांसा और सृजा मानसिकता का निर्माण पं. विन्ध्येश्वरी प्रसाद तिवारी और बाबू बलभद्र सिंह ने सम्मिलित रूप में किया था। बनारस तो शुक्लजी का विस्तार था जहाँ उन्होंने रमईपट्टी को समयानुसार परिवर्तित, परिष्कृत और परिवर्धित किया था। शुक्लजी के लिए रमईपट्टी एक मुहल्ला नहीं था बल्कि एक विचारधारा था जिसका प्रयोग उन्होंने सन् 1929 तक लगातार किया। सन् 1924 से लेकर सन् 1928 तक उनकी जो कविताएँ 'माधुरी' में छपीं, वे रमईपट्टी, वहाँ के वटवृक्ष, पं. विन्ध्येश्वरी प्रसाद तिवारी और बाबू बलभद्र सिंह, मित्र मंडली, पड़ोसी गाँव, हरे-भरे खेत तथा पर्यटन-पथ के प्रकृति-सौन्दर्य की झलक-शृंखलाएँ थीं। इन कविताओं में शुक्लजी ने अनेक व्यक्तिवाचक संज्ञाओं का प्रयोग किया, परन्तु अर्थ-गर्भ के सन्दर्भ में उन व्यक्तिवाचक

संज्ञाओं में भाववाचकता का अनुप्रवेश कराया। इनकी एक कविता का शीर्षक था 'प्रकृति-प्रबोध' (माधुरी : अप्रैल, 1924) जिसमें उन्होंने दर्शन और विज्ञान के उन सभी सिद्धान्तों की सांकेतिक विनियोजनाएँ कीं जिनका विस्तार 'विश्वप्रपंच की भूमिका में किया। मसलन 'प्रकृति-प्रबोध' में, 'शक्ति-सिन्धु के बीच भुवन को खेनेवाले, गोचर गण्य स्वरूप काल को देनेवाले। विश्व विभाजक के आगम आभास मात्र पर।' 'दृश्य भेद हैं लीन जगत के जिसमें सारे'। 'चेतन-वृत्ति समेट सृष्टि है जड़ता धारे।' 'विराट रूप', 'वर्ण-भेद', 'चित', 'ज्ञान-द्वार', 'सारी पशुता, नरता, खगता आदि अधूरी', 'व्यक्त रूप', 'परम भावमय' के भावों की अंश छाया', 'भूतवाद', 'जागृति', 'स्वप्न', 'यह दो रंगी छटा नित्य शाश्वत अभंग है', 'छाया और ज्योति' 'तृण, कृमि, पशु, नर आदि इसी जागृति के क्रम हैं', 'गति-प्रसार', 'जीवन-घट' आदि ऐसे सन्दर्भ हैं, जिनका सम्यक् विस्तार, 'विश्व-प्रपंच' की भूमिका में उपलब्ध है। 'विश्व-प्रपंच' की भूमिका लिखने के चार वर्षों बाद 'प्रकृति-प्रबोध' कविता छपी थी, परन्तु मिर्जापुरी तथ्य बतलाते हैं कि शुक्लजी को पंडित विन्ध्येश्वरी प्रसाद तिवारी ने यह प्रबोध सायंकालीन विन्ध्य-पर्यटन के दरम्यान कराया था। पंडितजी केवल व्याकरण, साहित्य-शास्त्र, ज्योतिष और कर्मकांड के ही विद्वान नहीं थे बल्कि भारतीय दर्शन-शास्त्र में भी पारंगत थे। शुक्लजी और उनकी मित्र-मंडली को वे प्रकृति के विभिन्न उपकरणों में विद्यमान काव्य-संवेदना और दार्शनिक आध्यात्मिक तत्त्वों से भी परिचित कराते चलते थे। उन्होंने शुक्लजी को ज्ञान-ग्रहीता पात्र समझकर ही प्रबोधित किया था। 'विश्व प्रपंच' की भूमिका के चार वर्ष बाद ही उनकी 'हृदय का मधुर भार' शीर्षक कविता भी छपी थी। दोनों कविताएँ 'प्रकृति-प्रबोध' और 'हृदय का मधुर भार' सन् 1924 में 'माधुरी' (लखनऊ) ने प्रकाशित की थी। ये दोनों कविताएँ मिर्जापुर की देन थीं। सम्भवतः शुक्लजी ने इन्हें सन् 1904 से 1907 के बीच लिखी थीं। इस सम्भावना से इनकार नहीं किया जा सकता कि प्रकाशन-हेतु भेजते समय इनमें कुछ परिवर्तन-परिवर्धन कर दिया गया हो। इन कविताओं की रचना करते समय शुक्लजी की उम्र बीस-बाईस वर्ष की थी परन्तु जब इनका प्रकाशन हुआ तब वे चालीस वर्ष के थे। यह समय शुक्लजी के लेखन-प्रकाशन का तृतीय यानी अन्तिम चरण था। इसी चरण में उन्होंने 'हिन्दी साहित्य का इतिहास' (प्रथम संस्करण, 1929) लिखा जिसका संशोधित और परिवर्धित संस्करण 1940 में उत्पन्न हुआ। इसी अवधि में कोश-सम्पादन का दायित्व भी पूरा किया था (1929)। शुक्लजी के लेखन की यह वह अवधि थी जिसमें उन्हें 'आचार्यत्व' की प्राप्ति हुई थी। अज्ञात नहीं है कि उनकी मानस-भूमि में आचार्यत्व-प्राप्ति का बीज उनके निकटतम पड़ोसी पंडित विन्ध्येश्वरी प्रसाद तिवारी ने बोया था। भेड़ी के शुक्ल-वंश में जन्म लेने के कारण 'पंडित' उपपद तो इन्हें स्वतः मिल गया था।

मिर्जापुर में रहते हुए पंडित रामचन्द्र शुक्ल को जीवन का सबसे अधिक जीवन-रस अपनी पर्यटक मित्र-मंडली के साथ मिला। ऊपर कहा जा चुका है कि उनकी घुमन्तू मंडली उनकी साहित्यिक मित्र-मंडली से प्रायः भिन्न थी। इसमें उनके मुहल्ले रमईपट्टी

के समवयस्क लड़कों के अलावा आसपास के गाँवों के भी लड़के थे। पक्का पोखरा, खज़ुरी, अधौली आदि कई गाँवों के लड़के अपनी-अपनी प्रकृति के निराले थे। कोई हँसी-मजाक करनेवाला कोई सुरीला लोकगीत गानेवाला, कोई अखाड़ेबाज, कोई उत्साहधर्मी, कोई निठल्ला और कोई बिगड़ैल-झगड़ैल। शुक्लजी सबके केन्द्र में थे। आज से सौ वर्ष पहले के सदर कानूनगो के पुत्र को यह 'केन्द्रता' स्वाभाविक रूप से प्राप्त थी। इनके पिता प्रतिदिन अंग्रेज साहबों के घर जाकर सलामी ठोकते थे, शानदार घोड़ा बाँधकर ताँगा से चलते थे और गाँवों की जमीन और उसके लगान का हिसाब-किताब करनेवाले पटवारियों से दो दर्जा ऊपर के सरकारी मुलाजिम थे यानी सदर कानूनगो। यों तो रामचन्द्र शुक्ल को सदर कानूनगो के पुत्र होने का कोई गौरव-बोध नहीं होता था, परन्तु गाँववालों के लिए तो वे गौरवशाली पिता के पुत्र थे ही। शुक्लजी के मन में सदर कानूनगो के पुत्र होने का कोई गौरवबोध नहीं था, इसका प्रमाण इससे मिल जाता है कि 'हिन्दी शब्द सागर' का सम्पादन करते हुए उन्होंने 'पटवारी' और 'कानूनगो' शब्दों को तो 'सागर-सूची' में शामिल किया परन्तु 'सदर कानूनगो' शब्द को कोई स्थान नहीं दिया। कानूनगो का अर्थ अवश्य दिया जिसमें लिखा, 'माल के एक कर्मचारी जो दो प्रकार के होते हैं, गिरदावर और रजिस्ट्रार।' (हिन्दी शब्द सागर, प्रथम खंड, पृ. 535) यहाँ भी सदर कानूनगो शब्द से परहेज कर गए।

पंडित रामचन्द्र शुक्ल के पर्यटक सहचरों में जैजै लाल श्रीवास्तव अपने को शुक्लजी से कम महत्त्वपूर्ण नहीं मानते थे। उनके बड़े पिता धन-दौलत से लेकर ख्याति-व्याप्ति में भी पं. चन्द्रबली शुक्ल से पीछे नहीं थे। पं. चन्द्रबली शुक्ल सरकारी कर्मचारी थे परन्तु जैजै लाल के पिता बड़े नामी वकील थे। इसलिए शुक्लजी की इस घुमक्कड़ मंडली में जैजै लाल उनसे बात-बात में होड़ लेता था। दोनों की स्पर्धा में शुक्लजी को दबना पड़ता। फिर भी शुक्लजी की सबसे अधिक प्रगाढ़ता इसी से थी। प्रगाढ़ता का मुख्य कारण था हमउम्र पड़ोसी होना। शुक्लजी विमाता की कटूक्तियों से आहत होते थे, इसलिए अनिवार्य अवस्थाओं में ही घर पर रहते। पिता के प्रति उनके हृदय में सम्मान का भाव कम नहीं था, परन्तु वे (पिता) स्वयं भी ज्यादातर समय बाहर रहते। नौकरी का दायित्व था। आला अफसरों के यहाँ सलामी की हाजिरी भी देनी पड़ती। घर पर भी होते तो भी विपथ होते पुत्र (रामचन्द्र) को भरपूर स्नेह नहीं दे पाते। इसलिए शुक्लजी या तो गुरु-गृह पर रहना पसन्द करते या वयःधर्मी मित्र जैजै लाल के यहाँ। जैजै लाल का कमरा शुक्लजी का मनःआस्पद था। आचार्य रामचन्द्र शुक्ल के बड़े पुत्र केशवचन्द्र शुक्ल ने लिखा है, 'पंडित रामचन्द्र शुक्ल को बाबू बालभद्र सिंह तथा पंडित विन्ध्येश्वरी प्रसाद के यहाँ का वातावरण अपने पिता के सान्निध्य से कहीं अधिक प्रिय होने लगा। वहाँ उनके सहचर रामानन्द और परमानन्द (पंडित माताप्रसाद के लड़के) तथा जैजै लाल (मुंशी जगदम्बा प्रसाद के भतीजे) बराबर मिलते।' (दूर्वादलः 1984, सम्पादक-परमात्मानाथ द्विवेदी, बस्ती, पृ. 13)

पंडित रामचन्द्र शुक्ल की पर्यटक मित्र-मंडली में विभिन्न प्रकृति के बालक थे। इस

मित्र मंडली के केन्द्र थे शुक्लजी। अगर मित्रों में तू-तू, मैं-मैं या रूठना-मनाना होता तो उन्हें मान-मनौवल द्वारा सम-भाव भूमि पर लाना शुक्लजी का काम था। इस स्थिति का वर्णन उन्होंने 'हृदय का मधुर भाव' में करते हुए लिखा है :

देखो यह टोली जो कुमारों की निकली अब
बोली औ ठठोली के निकालती अनेक ढंग,
युगल 'प्रमोद बन्धु' और 'वृक' आगे चले,
पीछे मैं 'अरुण' जी को लाता हूँ ढकेल संग।
फिर वे न जाने किस बात पर लौट पड़े,
मुँह को लटकाते झुँझलाते किए, भ्रूभंग
हँस-हँस लोटते हैं, उधर 'प्रमोद बन्धु'
बीच में मैं रहता हूँ देख यह दृश्य दंग।

स्पष्ट है कि कुमारों की पर्यटक टोली को समान भाव-भूमि पर विचरण कराने का दायित्व पंडित रामचन्द्र शुक्ल को निभाना पड़ता क्योंकि दूसरे कुमारों पर इनका प्रभाव था। शुक्लजी ने अपने पर्यटक मित्रों और स्वयं अपने को भी 'कुमार' लिखा है। 'कुमार' शब्द प्रायः कुँवारों के लिए प्रयुक्त होता है। प्रायः दस से बारह वर्ष के बीच की अवस्था के बालक 'कुमार' कहे जाते हैं। शुक्लजी का विवाह 'कुमार-वय' बीतते-बीतते हो गया था। श्यामसुन्दर दास ने शुक्लजी का परिचय देते हुए लिखा था, 'परम्परागत कुरीति के अनुसार पंडित रामचन्द्र का विवाह भी 12 वर्ष की अवस्था में काशी निवासी पंडित रामफल पांडे ज्योतिषी की कन्या से हुआ।' (हिन्दी कोविद रत्नमाला भाग-2, सन् 1914, पृ. 112) इसका सीधा अर्थ यह है कि वे रमईपट्टी में बनी मित्र-मंडली के साथ प्रकृति-पर्यटन का स्वच्छन्द आनन्द सन् 1894 से 1898 तक उठाते रहे थे। यानी जब तक ए.एस. जुबली स्कूल में पढ़ते थे। उस समय तक शुक्लजी 'कुमार' ही थे।

शुक्लजी ने कुमारों की पर्यटक टोली की व्यवहार-विविधता के साथ ही पंडित विन्ध्येश्वरी प्रसाद तिवारी की निर्देशक-भूमिका का भी उल्लेख, 'हृदय का मधुर भाव' झलक-(1) में किया था। इसके अनुसार वे मधुर भाषी, राष्ट्रभक्त और माँ सरस्वती के वरद-पुत्र थे। शुक्लजी ने इनके प्रति सम्मान समर्पित करते हुए लिखा, पंडित श्री विन्ध्य जी की मधुर सरस वाणी भारत की भारती की ज्योति को जगाती है, विधियों में स्वच्छ शुभ्र शिष्यों की फिरती हुई मंडली पुराना दृश्य सामने फिराती है। (झलक-1)

पंडित विन्ध्येश्वरी प्रसाद तिवारी की शिष्य-मंडली में थे तो एक दर्जन से अधिक लड़के, परन्तु सभी नियमित रूप से पर्यटन टोली में शामिल नहीं होते थे। पंडितजी के घर के पश्चिम पुरानी परम्परा की एक संस्कृत पाठशाला थी। इसमें व्याकरण, साहित्य, ज्योतिष और कर्मकांड पढ़ने के लिए शिष्य उपस्थित होते थे। पड़ोस से कुछ दूर के भी छात्र। इन्हीं शिष्यों में से आठ-दस पंडितजी के साथ घूमने के लिए निकलते थे। रामचन्द्र शुक्ल भी पाठशाला में सन्दर्भों के ज्ञानार्थ जाते थे। अपनी प्रखर प्रतिभा के कारण वे सभी छात्रों के आकर्षण-केन्द्र थे। इसलिए वे पंडितजी के प्रगाढ़ स्नेह के

भाजन बन गए थे। पंडितजी की शायद ही कोई प्रकृति-अवलोकन-यात्रा होती जिसमें शुक्लजी न होते।

रामचन्द्र शुक्ल ने अपनी कविता 'हृदय का मधुर भाव' में मित्र-मंडली के साथ अपनी प्रकृति-निरीक्षण-यात्रा का ब्यौरेवार वर्णन किया है। यात्रा के प्रारम्भ से लेकर मार्ग में पड़नेवाले गाँवों, सरोवरों (पुष्कर) मन्दिरों, शिला पट्टों, नालों, उपत्यका, वृक्षों, लताओं, गुल्मों, झाड़-झंखाड़ों और महत्त्वपूर्ण व्यक्तियों के उल्लेख व्यक्तिवाचक संज्ञा के प्रयोग के साथ किए। प्रथम स्तर पर जो प्रकृति-अवलोकन यात्रा थी, दूसरे स्तर पर उसी को मिर्जापुरी काव्य-यात्रा के रूप में प्रस्तुत किया।

उनकी सारस्वत रचना-प्रतिभा का प्रस्फुटन भावमयी प्रकृति के उपादानों के बीच हुआ। उन्होंने विविधरूपिणी प्रकृति के साथ भाव-तादात्म्य स्थापित किया। फिर एक दूसरी मित्र-मंडली बनाई। यह पश्यन्ती मित्र-मंडली थी, भाषा की निश्शब्द उवाचिका, कविता का मूक पाठ करती हुई, और सार-निस्सार-विवेक का प्रबोधन करती हुई। उन्होंने अपना तन रमईपट्टीवाली मित्र-मंडली के साथ किया परन्तु मन दूसरी मित्र-मंडली के साथ। अपने मन को सम्बोधित करते हुए कहा, 'निरखि लेहु एक बेर चहूँ दिशि नैन पसारी, मन महँ अंकित करहु माधुरी छवि अति प्यारी। इतही चिन्ता, तजत आय जग के नर नारी, इतहीं अनुभव करत सुक्ख सब दुःख बिसारी।' (मनोहर छटा)

'मनोहर छटा' शुक्लजी की प्रथम कविता थी जो 'सरस्वती' में छपी (अक्तूबर, 1901)। प्रकृति के मुक्त सौन्दर्य में सोलह वर्षीय शुक्लजी के समक्ष सद्यः विवाहिता पत्नी का चेहरा उभरा। घर में विमाता की दुखद उपस्थिति के कारण वे अपने प्रेमी मन को स्वच्छन्द नहीं कर पाते थे। प्रेम की पिपासा अतृप्त थी। प्रेयसी-मिलन की उत्कंठा भी सबन्ध थी। प्रकृति के मिलन-कक्ष में बैठकर उन्होंने घर की प्रेयसी का आवाहन किया और लिखा, 'इतही प्रेम पियास बुझत प्रेमी गण की अति, आय मिलत जब प्रेमी प्रेयसी मन्द मधुर गति।' (मनोहर छटा) सारी प्यास बुझ गई। मधुर गति से धीरे-धीरे मिलन की उत्कंठा में डूबी प्रेयसी का आगमन हुआ। घर के सभी दुःख भूल गए, चिन्ता दूर हो गई, पुनर्मिलन हुआ, दैहिक नहीं भावमय।

'मनोहर छटा' के दो ही वर्षों बाद शुक्लजी ने 'ग्यारह वर्ष का समय' शीर्षक कहानी लिखी। इसमें वैसी यात्रा शुरू की जैसी पंडित विन्ध्येश्वरी प्रसाद तिवारी के निदर्शन में मित्र-मंडली के साथ किया करते थे। लिखा, 'मित्र आज तुम बहुत उदास जान पड़ते हो। चलो थोड़ी दूर घूम आवें।...हमने नगर से पूर्व की ओर का मार्ग लिए। फिर दक्षिण की ओर चल पड़े पहाड़ी भूमि, जंगली बेर मकोय, कटीली झाड़ियाँ।' देखा जा सकता है कि सबकुछ वही जिसका वर्णन अपनी प्रकृति-निरीक्षण-यात्रा के सन्दर्भ में किया था। 'मनोहर छटा' में प्रेयसी का मिलन प्रकृति-सौन्दर्य की कल्पना में हुआ था, 'ग्यारह वर्ष का समय' में उस काल्पनिक प्रेयसी को सशरीर मूर्त किया। मानसिक बिम्बों को दैहिक परिणति मिली। सुन्दरी चौदह वर्ष की थी और शुक्लजी की ससुराल काशी की थी। इसे भी क्रूर स्वभाववाली जेठानी ने प्रताड़ित किया था। माता (सास) का पहले ही देहान्त

हो गया था। यानी 'ग्यारह वर्ष के समय' में शुक्लजी ने अपने निजी अनुभवों को कहानी का वस्तु-विषय बनाया। सबकुछ लगभग समान जो शुक्लजी या उनकी पत्नी द्वारा झेला गया था।

शुक्लजी ने प्रथम मौलिक कहानी 'ग्यारह वर्ष का समय' के बाद प्रथम मौलिक निबन्ध लिखा 'कविता क्या है ?' (सरस्वती : अप्रैल, 1909) इसमें भी अपनी मिर्जापुरी 'बहरी तरफ' यात्रा के संस्मरण सुनाए। उन्होंने कविता के चिर सहचर के रूप में, 'वन, पर्वत, नदी, नाले, निर्झर, कछार, पटपर, चट्टान, वृक्ष, लता, झाड़ी, फूल, शाखा, पशु, पक्षी, आकाश, मेघ, नक्षत्र आदि को उन्हीं रूपों में याद किया जैसा अपनी मित्र-मंडली के साथ 'रमईपट्टी' से लेकर 'बरघाट' तक की यात्राओं में देखा था। उन्हें इस मौलिक निबन्ध में खेत, ढुर्री, हल, झोंपड़े, चौपाए भी याद आए। ये सभी उपकरण शुक्लजी की मिर्जापुरी कविताओं के हेतु थे। काव्य-हेतुओं का आकलन-मूल्यांकन उन्होंने व्यावहारिक स्तर पर किया। इनके निवेशन के बाद 'कविता क्या है ?' के प्रश्न को हल नहीं किया जा सकता था। शुक्लजी ने 'बाह्य प्रकृति के साथ अन्तः प्रकृति के सामंजस्य' को उपादेय उपादान मानते हुए लिखा, 'मनुष्येतर प्रकृति के बीच के रूप व्यापार भीतरी भावों की व्यंजना करते हैं।' (चिन्तामणि-1, पृ.207) उन्होंने इसे कविता का भावात्मक सत्ता माना। इस काव्य-मत का निरूपण यों ही नहीं कर दिया था। उन्होंने सन् 1894 से लेकर 1898-99 तक 'चहूँ दिशि नैन पसारी' यानी पसारकर प्रकृति का सूक्ष्म निरीक्षण किया था, निरीक्षण से प्राप्त ज्ञानात्मक-भावात्मक सत्ता का 'मन महँ अंकित' किया था और तब जाकर अपने निरीक्षित-उपार्जित परिणामों को कविता की कसौटी बनाई थी।

'मनोहर छटा' (1901) लिखने के लगभग बीस वर्ष बाद (1922) शुक्लजी ने 'गोस्वामी तुलसीदास' पुस्तक लिखी। उस समय वे 'बनारस हिन्दू विश्वविद्यालय' में हिन्दी के प्रवक्ता थे। उम्र थी 38 वर्ष की यानी प्रौढ़ ज्ञानार्जित अवस्था, परन्तु इससे भी उन्होंने बारह-चौदह वर्षीय अपने मिर्जापुरी रामचन्द्र को याद किया, लिखा कि सीता जब राम के साथ वन गईं तब उन्हें प्रिय के साथ सहयोग से अधिक अवसर ('तुलसी की भावुकता' पृ. 57) मिले। पंडित रामचन्द्र शुक्ल को जिस प्रकार अपने रमईपट्टीवाले घर की अपेक्षा अधिक सुख प्रकृत्ति-पर्यटन करते हुए कल्पित प्रेयसी के साहचर्य से मिलता था, लगभग वैसा ही सुख वन में राम और सीता को मिलता था। तुलसीदास ने लिखा था, 'अवध सहस सम वन प्रिय लागा'। इसी पर शुक्लजी ने प्रश्न किया, 'अयोध्या से अधिक सुख का रहस्य क्या है ?' स्वयं उत्तर देते हुए लिखा, 'प्रिय के साथ सहयोग के अधिक अवसर।' यहाँ तुलसीदास और रामचन्द्र शुक्ल के अनुभव पूरी तरह समान थे। तुलसीदास की तरह शुक्लजी ने भी प्रकृति की सुन्दरता को प्रेयसी रूप में ग्रहण किया था। यही किसी रचनाकार का सबसे बड़ा ग्रहीता-धर्म होता है।

रमईपट्टी में रहते हुए रामचन्द्र शुक्ल पर्यटक मित्र मंडली के साथ लगभग आठ किलोमीटर की यात्रा करते थे—घर से लेकर बरघाट तक गमनागमन मिलाकर लगभग सोलह कि.मी.। उन्होंने अपने जाने-आने के मार्ग का स्पष्ट नक्शा बना दिया। रास्ते में

पड़नेवाले गाँव, पोखर, देवालय, नाले-झरने और प्रकृति की अन्यान्य सत्ता की काव्यात्मक टिप्पणी देते हुए। यह उनकी प्रथम और अन्तिम काव्य-यात्रा थी। पंडित विन्ध्येश्वरी प्रसाद तिवारी इस यात्रा के दौरान उन्हें कुमारसम्भव, रघुवंश, उत्तर रामचरित और मेघदूत से मोहक श्लोक सुनाते और विधिवत पढ़ाते भी। जिस प्रकार कालिदास ने 'मेघदूत' के यात्रा-पथ का विवरण दिया था, कुछ वैसा ही वर्णन शुक्लजी ने अपने काव्य-पथ के सन्दर्भ में किया। 'कविता क्या है ?' में शुक्लजी ने कालिदास की अन्य रचनाओं से अधिक महत्त्व 'मेघदूत' को दिया था। उन्होंने लिखा था, 'मनुष्येतर बाह्य प्रकृति को जो प्रधानता मेघदूत में मिली है वह संस्कृत के और किसी काव्य में नहीं। 'पूर्वमेघ' तो यहाँ से वहाँ तक प्रकृति की ही एक मनोहर झाँकी या भारतभूमि के स्वरूप का ही मधुर ध्यान है।' (चिन्तामणि-1, पृ. 203) यहाँ शुक्लजी 'मनोहर' और 'मधुर' शब्दों का प्रयोग करना नहीं भूले। ये शब्द उनकी काव्य-यात्रा के सिलसिले में लिखी गई कविताओं के शीर्षकांश थे–'मनोहर छटा' और 'हृदय का मधुर भाव'। भूलना सम्भव भी नहीं था क्योंकि 'कविता क्या है ?' का कच्चा माल मिर्जापुर में ही एकत्र किया गया था और कच्चा 'ड्राफ्ट' भी यहीं बनाया था जिसे बनारस जाने के बाद माँजा-सँवारा। वे मिर्जापुर में कवि, कहानीकार, निबन्धकार और आलोचक के रूप में उभर चुके थे। इन रूपों को पूर्णता मिली 'प्रेमघन' के यहाँ क्योंकि उनका विमर्श-केन्द्र प्रेमघन की कोठी था, न कि रमईपट्टी। रमईपट्टी का घर प्राचीन ज्ञान का अर्जन केन्द्र था। अर्जित से क्या लिया जाए, क्या छोड़ा जाए इसकी प्रक्रिया प्रेमघन के यहाँ शुरू हुई।

शुक्लजी ने रमईपट्टी के ज्ञान-वैविध्य से परिपूर्ण वातावरण का स्पष्ट उल्लेख 'झलक (1)' में किया, लिखा :

बैठते हैं नित्य यहाँ धर्म के धुरीण एक
क्षत्रिय कुलीन बृद्ध 'भद्र' भीष्म के समान
नाना इतिहास औ पुराण के प्रसंग यहाँ
छिड़े हुए रहते हैं करते पवित्र कान।

परम पुनीत रीति नीति-भरी 'भद्र' जी की
द्वापर की छाया वट छाया बीच छाती है।
यों इस भूखंड की निराली आर्य माधुरी का
नूतन करालता न लोप कर पाती है। (हृदय का मधुर भाव)

रामचन्द्र शुक्ल ने आगरा निवासी बलभद्र सिंह को पं. विन्ध्येश्वरी प्रसाद की तुलना में कम महत्त्व नहीं दिया। इन्होंने शुक्लजी के कान पवित्र किए थे और शुक्लजी ने उनको जीवनपर्यन्त बनाए रखा। उन्हीं की शिक्षाओं और पुराण-प्रसंगों ने शुक्लजी में भीष्म के समान चारित्रिक दृढ़ता भरी थी, आर्य माधुरी दी थी और रीति-नीति के उपदेश दिए थे। शुक्लजी ने बलभद्र सिंह और पंडित विन्ध्येश्वरी प्रसाद तिवारी से प्राप्त सभी ज्ञानावयवों का समाहार और सन्तुलन करके आलोचनात्मक दृष्टि बनाई। इस प्रकार

'रमईपट्टी' उनके बनारसी जीवन को भी प्रभावित करती रही।

रामचन्द्र शुक्ल को हँसी-मजाक, चुहलबाजी, व्यंग्य और भोजपुरी मुहावरों में निहित व्यंजना-शक्ति का बोध मिर्जापुर की मित्र-मंडली के साथ घूमने के दरम्यान हुआ था। उनके लिए मिर्जापुरी पर्यटन-यात्रा गम्भीर विचार और हास-परिहास, दोनों के उपार्जन का माध्यम बनी। जो रामचन्द्र घर के परिवेश में गम्भीर रहते थे वे ही मित्रों के साथ परिहास-प्रिय हो जाते हैं। उन्होंने 'बोली और ठिठोली के अनेक ढंग' अपनाए। छेड़ किसी खूसट को अट्टहास करते थे, 'बातचीत में हास्य रस बरसाते' थे, गाँव के एक वृद्ध भगत को 'सीताराम', 'सीताराम' कहकर चिढ़ाते थे, बातों की नोक-झोंक भिड़ाते थे और हँस-हँसकर लोटते थे। यह मित्रों की मंडली थी, पूरी पर्यटन-यात्रा में हास-परिहास करती रहती थी। शुक्लजी इस मंडली के सरगना थे। हँसने, चिढ़ाने, व्यंग्य बोलने और किसी को बनाने में किसी से पीछे नहीं पड़ते। यह उनके पर्यटन की सतत प्रक्रिया बन गई। शुक्लजी ने इन हास-परिहासों को किसी कारीगर के औजारों की तरह मन में सहेजा। आगे चलकर इन्हें निबन्ध गढ़ने अथवा व्यावहारिक आलोचना करने में औजार की भाँति प्रयुक्त किया।

शुक्लजी ने चिन्तामणि के 'निवेदन' में अपने निबन्धों को अन्तर्यात्रा का प्रतिफल बताया था। इस यात्रा पर वे बुद्धि और हृदय दोनों को लेकर निकलते थे। अगर उनके मिर्जापुरी जीवन की छान-बीन बारीकी के साथ की जाए तो उनकी अन्तर्यात्रा उनकी बाहरी यात्रा के बीच-बीच होती रही थी। मिसाल के तौर पर उनका प्रसिद्ध निबन्ध 'श्रद्धा और भक्ति' पर विचार किया जा सकता है। इस निबन्ध में पक्के संगीत गायकों की तस्वीर प्रस्तुत करते हुए लिखा, 'संगीत के पेंच-पाँच देखकर भी हठयोग याद आता है।...कोई कलावन्त पक्का गाना गाने के लिए आठ अंगुल मुँह फैलाता है।...एक खर-श्वान के गले से भी इस लम्बी कवायद को ठीक उतारते देख उनके मुँह से 'वाह-वाह', 'आहो हो' निकलने लगा। (चिन्तामणि भाग-एक) शुक्लजी को पक्के संगीत-गायन का दृश्य प्रेमघन के संगीत-दरबार से लेकर मिर्जापुरी सेठ बिहारीलाल द्वारा आयोजित संगीत गोष्ठियों में देखने को मिला था। अपनी मिर्जापुरी पर्यटन-यात्रा का वर्णन करते हुए उन्होंने लिखा, 'कई एक कुक्कुर भी मुँह को उठाए साथ लगे-लगे कंठस्वर अपना मिलाते हैं।' (हृदय का मधुर भार) 'वाह-वाह' और 'ओहो' जैसे फिकरों का अनुभव यहीं मिर्जापुर में हुआ था। इन फिकरों का प्रयोग वे मिर्जापुरी कविता में पहले ही कर चुके थे, जैसे 'झूठे-झूठे सैकड़ों ही स्वांग' 'ओह-ओह' के। 'श्रद्धा और भक्ति' में एक वाक्य रचा, 'बहुत-सा काम गिचपिच किया हुआ दिखाई देगा।' इसमें प्रयुक्त 'गिचपिच' शब्द ने मिर्जापुर की उपस्थिति दर्ज की थी। इसी प्रकार शब्द 'मुस्टंडा' के स्थान पर मिर्जापुर 'मुसंडा' (लोभ और प्रीति) 'कुक्कुर-समाज' और 'कोल-भीलों' के वासनाओं (श्रद्धा और भक्ति) मिर्जापुरी लहजे हैं। 'उत्साह' में अपने पिता पंडित चन्द्रबली शुक्ल के 'रोजनामचा' से एक वाक्य दोहराया, 'सलाम साधक लोग हाकिमों से मुलाकात करने के पहले अर्दलियों से उसका मिजाज पूछ लिया करते हैं।' इसी वाक्य

से निबन्धान्त किया। यह उनका व्यक्तिगत मिर्जापुरी अनुभव था। पिता के साथ मिर्जापुर के कलक्टर विंढम साहब को सलाम ठोंकने इन्हें भी कई बार जाना पड़ा था। इस तरह 'चिन्तामणि' में शायद ही कोई निबन्ध हो जिसमें मिर्जापुर प्रत्यक्षतः हाजिर न हो। 'पशु, पक्षी, लता, गुल्म, पेड़, पत्ते, वन, पर्वत, नदी, निर्झर, (लोभ और प्रीति) तो अधिकांश निबन्धों में बिन बुलाए उपस्थित हो गए थे। कहने का अर्थ यह है कि रामचन्द्र शुक्ल को 'पद' तो बनारस में मिले थे परन्तु उनके आस्पद मिर्जापुर के थे। यहाँ का आस्पद ही बनारस में 'आचार्य रामचन्द्र शुक्ल' की संज्ञा बना। पूरा हिन्दी-साहित्य का इतिहास इस बात का साक्षी है कि 'संज्ञा' देने में बनारस की तुलना किसी दूसरे नगर से नहीं की जा सकती। बनारस ने जिस प्रकार चौधरी बदरीनारायण उपाध्याय को 'प्रेमघन' बनाया था और बेचन पांडेय को 'उग्र' का पद दिया था उसी प्रकार पंडित रामचन्द्र शुक्ल को आचार्य रामचन्द्र शुक्ल की गरिमा से विभूषित किया था।

रामचन्द्र शुक्ल 1908 में मिर्जापुर से बनारस चले गए। इस सन्दर्भ में बाबू श्यामसुन्दर दास ने 'हिन्दी कोविद रत्नमाला' के दूसरे भाग की भूमिका 7 अक्तूबर, 1913 को लिखी थी। इसके कुछ ही दिनों पूर्व शुक्लजी का संक्षिप्त परिचय देते हुए लिखा था, 'अन्त में कानून पढ़ने के लिए प्रयाग गए। वहाँ दो वर्ष पूरे कर घर पर रहकर परीक्षा देने के विचार से ये मिर्जापुर आए। कुछ दिनों के बाद यहाँ के मिशन स्कूल के मास्टर हुए और 1906 में वकालत का इम्तहान दिया पर कृतकार्य न हुए। तीन वर्ष अर्थात् सन् 1908 तक ये मिशन स्कूल में ही रहे। इसके उपरान्त काशी नागरी-प्रचारिणी सभा का हिन्दी कोश आरम्भ हुआ और ये उसके सहायक सम्पादक के रूप में बुलाए गए।' (पृ. 113-14) आज तक शुक्लजी के जीवनी-लेखकों ने लगभग यही बात दोहराई है कि शुक्लजी मिर्जापुर से नागरी प्रचारिणी सभा, काशी द्वारा सम्पादित होनेवाले कोश के सहायक सम्पादक के रूप में बनारस गए, परन्तु ना.प्र. पत्रिका, सभा का कार्य-विवरण 1908, पृ. 9 पर दिए अभिलेख से ऐसा ज्ञात होता है कि शुक्लजी कोश में सहायक सम्पादक नियुक्त होने के कुछ पहले ही ना.प्र. सभा, काशी में चले गए थे। बाबू श्यामसुन्दर दास ने ही 'मेरी आत्मकहानी' में लिखा था, '1893 ई. में ना.प्र. स. की स्थापना हो चुकी थी। 23 अगस्त, 1907 को सभा के परम हितैषी सदस्य रेवरेंड ग्रीव्स ने सभा की 'प्रबन्धकारिणी समिति' में यह प्रस्ताव उपस्थित किया था कि 'सभा हिन्दी का एक वृहद और सर्वांगपूर्ण कोश बनाने का भार अपने ऊपर ले।' (पृ. 146) सभा के कार्य-विवरणों से ज्ञात होता है कि इसके लिए सम्पादक के नामों पर विचार करने के लिए एक समिति बना दी गई। इस सन्दर्भ में समिति ने जो आख्या प्रस्तुत की थी, उस पर विचार करने के लिए सभा-भवन में प्रबन्धकारिणी सभा की बैठक वृहस्पतिवार, 9 जुलाई, 1908 को हुई थी। इस बैठक का सभापतित्व किया था पंडित सुधाकर द्विवेदी ने और मन्त्री थे श्यामसुन्दर दास। इस बैठक में पंडित केदारनाथ पाठक के साथ पंडित रामचन्द्र शुक्ल भी उपस्थित थे। (ना.प्र. पत्रिका, सभा का कार्य-विवरण, पृ. 9) इस रिपोर्ट में यह भी दर्ज है कि 'उस वर्ष हिन्दी भाषाकोश के लिए 6367।।≡/ ।।

(यानी छः हजार तीन सौ सड़सठ रुपए, ग्यारह आने और दो पैसे) खर्च किए गए।' प्रबन्धकारिणी सभा ने कोश के सम्पादन का दायित्व निभाने के लिए सर्वसम्मति से बाबू श्यामसुन्दर दास के नाम का अनुमोदन किया। इसके लिए उन्हें पाँच हजार रुपए देने का प्रस्ताव भी पारित किया, परन्तु उन्होंने इसे लेने से इनकार किया। यद्यपि दास साहब ने सम्पादन का दायित्व किसी और को देने का आग्रह किया परन्तु उनका यह प्रार्थनापत्र स्वीकार नहीं किया गया। (पृ. 13-14) सभा ने पहले एक ही सम्पादक की स्वीकृति दी थी परन्तु श्यामसुन्दर दास ने चार या पाँच अन्य सहायकों की माँग की। चौबीस दिन बाद 3 अगस्त, 1908 को रेवरेंड एलविन ग्रीव्स के सभापतित्व में श्यामसुन्दर दास के पत्र पर विचार करने के लिए सभा की पुनः बैठक हुई। इस बैठक में तय किया गया कि कोश के सम्पादक बाबू श्यामसुन्दर दास ही रहेंगे। इसी बैठक में सहायकों की संख्या में वृद्धि करने का भी प्रस्ताव पारित हुआ। (पृ. 20-21) फिर तो अगले दो महीनों के भीतर ही पं. बालकृष्ण भट्ट, पं. रामचन्द्र शुक्ल, बाबू जगमोहन वर्मा, बाबू अमीर सिंह और लाला भगवान दीन को सहायक सम्पादक के रूप में नियुक्त कर लिया गया।

ऊपर के अभिलेखीय लक्ष्यों से अज्ञात नहीं रह जाता कि पंडित रामचन्द्र शुक्ल हिन्दी के बृहद् शब्दकोश, 'हिन्दी शब्द-सागर' में सहायक सम्पादक नियुक्त होने के कुछ पहले ही काशी नागरी प्रचारिणी-सभा में चले गए थे अन्यथा 9 जुलाई, 1908 को सभा की बैठक में उन्हें उपस्थित होने का अवसर न मिला होता। यद्यपि शुक्लजी सन् 1904 में लन्दन मिशन स्कूल में मास्टर नियुक्त हो गए थे। परन्तु उनका मन उस स्कूल की मास्टरी में नहीं लगता था। इसके कई कारण थे। स्कूल में ड्राइंग टीचर के काम में रुचि न होना, अंग्रेज हेडमास्टर (एफ.एफ. लांगमैन) की अधीनता से मुक्ति का युवा विचार और साहित्यिक परिवेश से कट जाने की आशंका जैसे कई और उल्लेखनीय कारण थे। वे साहित्य-सृजन के वातावरण की तलाश करने के क्रम में प्रेमघन के रचना-दरबार में गए थे। बड़ी सम्भावना है कि पंडित केदारनाथ पाठक ने इन्हें सन् 1906 में बाबू श्यामसुन्दर दास से काशी में मिलवाने और नागरी प्रचारिणी-सभा में कोई काम देने की संस्तुति करने की कोशिश भी इसी क्रम में की हो। तद्‌युगीन मिर्जापुर के कुछ लोगों का कहना था कि शुक्लजी 'हिन्दी शब्द-सागर' में सहायक सम्पादक नियुक्त होने के कुछ पहले से ही काशी नागरी प्रचारिणी-सभा के पुस्तकालय में पंडित केदारनाथ पाठक के साथ सहायक के रूप में काम करने लगे थे। उस समय पाठकजी पुस्तकालयाध्यक्ष थे और वे पांडुलिपियों की खोज में अक्सर बाहर ही रहते थे।

मिर्जापुर में रहने के दरम्यान शुक्लजी ने हिन्दी-साहित्य-जगत में अपने को तेज-तर्रार, प्रतिभाशाली और आक्रामक युवा साहित्यकार के रूप में स्थापित कर लिया था। 'आनन्द कादम्बिनी' और 'सरस्वती' में प्रकाशित होने के साथ ही वे अंग्रेजी भाषा के साप्ताहिकों में लिखने लगे थे। 'हिन्दुस्तान रिव्यू', 'माडर्न रिव्यू' और 'इंडियन पीपल' में इनके विद्रोही तेवर के लेख प्रकाशित होने लगे थे। 'हिन्दुस्तान रिव्यू' में प्रकाशित 'व्हाट हैज इंडिया टु डू ?' शीर्षक इनका अंग्रेजी लेख राष्ट्रीय नवजागरण के सन्दर्भ में

चर्चित हुआ था। 'इंडियन पीपुल' में छपे लेख ने तो तद्‌युगीन हिन्दी साहित्य क्षेत्र में तूफान खड़ा कर दिया। शुक्लजी ने मेयो मेमोरियल लाइब्रेरी, घंटाघर (मिर्जापुर) में अंग्रेजी साहित्य की पुस्तकों का विस्तार से अध्ययन किया था। वे अधिकांश बड़े रचनाकारों की प्रमुख रचनाओं से परिचित थे। उनके युग में हिन्दी के तमाम रचनाकार अंग्रेजी रचनाओं की नकल कर उसे अपनी मौलिक रचना के रूप में प्रकाशित करवा रहे थे। सम्पादकों के पास न जाँच-परख के लिए पर्याप्त समय था और न ही अपेक्षित स्रोत। शुक्लजी ने अपने समय के साहित्यिक नकलनवीसों की खबर आक्रामक शैली में ली। इस विषय पर लिखे उनके लेखों का धारावाहिक प्रकाशन किया 'इंडियन पीपुल' ने। इलाहाबाद में छपे लेखों ने बनारस के साहित्यकारों को भी आहत किया। इन धारावाहिक लेखों से रामचन्द्र शुक्ल के व्यापक अध्ययन और बेबाक लेखन-शैली की धाक जम गई। बाबू श्यामसुन्दर दास को ऐसे मौलिक लेखकों की विशेष आवश्यकता थी। अपनी इन्हीं विशिष्टताओं के कारण शुक्लजी काशी की नागरी प्रचारिणी सभा में पहुँचे थे और शीघ्र ही 'हिन्दी शब्द-सागर' में सहायक सम्पादक बने थे। इस सन्दर्भ में स्वयं बाबू श्यामसुन्दर दास ने लिखा था, '1896 में हिन्दी लेखकों में बहुत-सी कुप्रथाओं (जैसे अनुवाद को स्वरचित ग्रन्थ बतलाना) के विरुद्ध इन्होंने प्रयाग के Indian people नामक अंग्रेजी पत्र में एक लेखमाला निकाली थी जिसके कारण हिन्दी संवाद पत्रों में बहुत दिनों तक बड़ा कोलाहल रहा। ये समय-समय पर गुप्त या प्रकट रूप में, हिन्दी के सम्बन्ध में अंग्रेजी पत्रों में भी लिखा करते थे। (हिन्दी कोविद रत्नमाला-भाग-2, पृ. 114)

अक्तूबर, 1908 में रामचन्द्र शुक्ल 'हिन्दी शब्द-सागर' में सहायक सम्पादक नियुक्त हुए। यह उनके 24वें जन्मदिवस का सबसे बड़ा उपहार साबित हुआ क्योंकि चौबीस वर्षीय इस युवा लेखक को सहायकों के क्रम-निर्धारण में दूसरा स्थान दिया गया। पहले नम्बर पर बालकृष्ण भट्ट थे जो भारतेन्दु-युग के अत्यन्त ख्यातिलब्ध लेखक थे। उम्र में भी शुक्लजी से चालीस वर्ष बड़े। संस्कृत भाषा और साहित्य के ओरियंटल विद्वान और बत्तीस वर्षों से 'हिन्दी प्रदीप' के संघर्षशील सम्पादक। शेष चार सहायकों में भी शुक्लजी कनिष्ठ थे, परन्तु दिया गया दूसरा स्थान। इससे भी बड़ा तहलका मचा। उदाहरणस्वरूप लाला भगवानदीन को लिया जा सकता है। ये भी शुक्लजी से अठारह वर्ष बड़े थे। सन् 1903 से ही 'लक्ष्मी' साहित्यिक मासिक का सम्पादन कर रहे थे। इलाहाबाद और छतरपुर के तीन स्कूलों में अध्यापन का कार्य करते हुए सन् 1907 में काशी सेंट्रल हिन्दू स्कूल में टीचर नियुक्त हुए थे, परन्तु सहायक सम्पादकों में इन्हें दूसरा स्थान नहीं दिया गया। कविता और लेख प्रकाशन में भी ये शुक्लजी से बीस थे, परन्तु प्रश्न था मौलिक ज्ञान का जो शुक्ल जैसा किसी का नहीं था, न जगमोहन वर्मा का और न ही अमीर सिंह का। संयोग यह भी था कि शुक्लजी संस्कृत, फारसी, अंग्रेजी, हिन्दी और देशज शब्दों की दृष्टि से 'शब्द-सागर' के सभी सम्पादकों से आगे थे। जगमोहन वर्मा, अमीर सिंह और लाला भगवानदीन, सभी फारसी के विद्वान थे यहाँ तक कि अंग्रेजी की जानकारी में भी शुक्लजी से पीछे ही थे। इतना अवश्य था कि अमीर सिंह भूगोल-ज्ञान में शुक्लजी

से आगे थे। उन्हें जन्तु विज्ञान की जानकारी भी शुक्लजी से अधिक थी। लेकिन कोश सम्पादन में बहु विषय-ज्ञान-विश्रुति की जरूरत थी जो केवल पंडित रामचन्द्र शुक्ल में थी। इसीलिए सहायक सम्पादकों के वरीयता क्रम-निर्धारण में इन्हें दूसरा स्थान दिया गया था। अगर वरीयता-क्रम-निर्धारण में अकेले बाबू श्यामसुन्दर दास को ही निर्णय करना होता तो शुक्लजी प्रथम स्थान पर होते, परन्तु उनके लिए बासठ वर्षीय संस्कृत-पंडित और पुराने लेखक-सम्पादक पंडित बालकृष्ण भट्ट की उपेक्षा करना सम्भव नहीं था।

यह अज्ञात तथ्य नहीं है कि जब 9 जुलाई, 1908 (वृहस्पतिवार) को कोश-निर्माण समिति की बैठक पंडित सुधाकर द्विवेदी की अध्यक्षता में हुई थी, तब उसमें केवल एक सहायक सम्पादक नियुक्त करने का निर्णय लिया गया था। इसके लिए पंडित सुधाकर द्विवेदी पंडित बालकृष्ण भट्ट को चाहते थे, परन्तु बाबू श्यामसुन्दर दास को यह मान्य नहीं था। वे सर्वसम्मत प्रधान सम्पादक नियुक्त किए गए थे। उन्होंने सभा को एक पत्र लिखकर आग्रह किया था कि यह गुरुतर दायित्व किसी अन्य को सौंपा जाए। परन्तु 3 अगस्त, 1908 की बैठक में दास साहब का आग्रह स्वीकार नहीं किया गया। इस स्थिति का लाभ उठाते हुए, उन्होंने चार या पाँच सहायकों की माँग की। वे हर मूल्य पर पंडित रामचन्द्र शुक्ल का नाम सहायक सम्पादकों में सम्मिलित करना चाह रहे थे। एडविन ग्रीव्स के सुझाव पर सहायकों के चुनाव करने का अधिकार दास साहब को दे दिया गया। वे पंडित सुधाकर द्विवेदी की इच्छा की अवहेलना नहीं कर सकते थे, इसलिए शुक्लजी को दूसरे नम्बर पर रखना पड़ा, परन्तु हिन्दी शब्द सागर का पहला भाग समाप्त होते-होते बाबू श्यामसुन्दर दास ने संयोगों की सहायता से ऐसी परिस्थितियाँ रच दी कि पंडित बालकृष्ण भट्ट ने शब्द-सागर के सम्पादन-दायित्व से अपने को अलग कर लिया और आगे के सभी खंडों में पंडित रामचन्द्र शुक्ल प्रथम सहायक सम्पादक हो गए।

'हिन्दी-शब्द-सागर' के प्रथम सहायक-पद से पं. बालकृष्ण भट्ट के अलग होने की घटना भी बड़ी कारुणिक है। 'शब्द-सागर' के प्रथम खंड का सम्पादन-कार्य लगभग चार वर्षों तक चला परन्तु भट्टजी पूरे चार वर्ष सम्पादन सेवा में नहीं रह पाए। कोश को समय से प्रकाशित किए जाने के प्रयास में 96-96 पृष्ठों की किस्तें बनाकर पहले खंड को कुल छः किस्तों में तैयार किया गया। अभी तीन किस्तें भी तैयार नहीं हुई थीं कि बाबू श्यामसुन्दर दास को अपनी नौकरी का भार ग्रहण करने काश्मीर जाना पड़ा। उन्हीं के साथ कोश का सम्पादन-कार्यालय भी काश्मीर चला गया। लाला भगवानदीन को छोड़कर सभी सहायक-सम्पादक भी वहीं चले गए। काश्मीर पंडित बालकृष्ण भट्ट के लिए दुर्भाग्य साबित हुआ। जिस भवन में कोश का दफ्तर चल रहा था, उसमें लकड़ी की सीढ़ियाँ लगी हुई थीं। एक दिन नीचे से ऊपर के दफ्तर में जाते समय भट्टजी सीढ़ियों से फिसलकर नीचे आ गिरे। उनके एक पैर में फैक्चर हो गया। पैर की हड्डी टूटने के कारण चलना-फिरना तो रुका ही, दिन-रात कराहने लगे। बाबू श्यामसुन्दर दास ने कोई विशेष ध्यान नहीं दिया, परन्तु रामचन्द्र शुक्ल को भट्टजी की पीड़ा ने द्रवित कर दिया। मिर्जापुरी रामचन्द्र भट्टजी के उपचार के लिए काश्मीर में बहुत कुछ नहीं

कर सकते थे, इसलिए उनको साथ लेकर इलाहाबाद चले आए और उन्हें उनके परिवारवालों को सौंपकर पुनः काश्मीर वापस चले गए।

यद्यपि पंडित बालकृष्ण भट्ट ने हिन्दी शब्द-सागर के पहले खंड के सर्वांश का सम्पादन नहीं किया था, परन्तु इस खंड का प्रकाशन करते वक्त प्रथम सहायक सम्पादक के रूप में इन्हीं का नाम जाने दिया गया। दूसरे खंड से प्रथम सहायक सम्पादक शुक्लजी हो गए। नए सहायक सम्पादक नियुक्त हुए रामचन्द्र वर्मा जिनको पाँचवें स्थान पर रखा गया। पहले ही खंड के सम्पादन के मध्य पं. बालकृष्ण भट्ट के हट जाने से सम्पादन का वृहत्तर दायित्व पंडित रामचन्द्र शुक्ल को उठाना पड़ा। उन्होंने कोश को सर्वांगीण बनाने के लिए अपने पूर्व अर्जित ज्ञान का निर्भ्रान्त उपयोग तो किया ही, साथ ही नए अध्ययनों का दायरा भी बढ़ा दिया।

कोश सम्पादन के कार्य को समय से पूरा करने तथा सम्पादित अंशों को प्रकाशित करते रहने के लिए पंडित रामचन्द्र शुक्ल के सुझाव पर छानबे-छानबे पृष्ठों की क्रमवार किस्त मुद्रणालय में भेजते रहने की योजना बनी। यह भी निश्चय किया गया कि प्रत्येक खंड में छः किस्त यानी कुल 576 पृष्ठ रहें। पहले खंड का प्रकाशन सन् 1912 में हो सका। इसमें कुल 12,511 शब्द सम्पादित हुए। प्रधान सम्पादक बाबू श्यामसुन्दर दास ने पहले खंड के प्रकाशन के बाद कोश के सम्पादन की योजना, सम्पादन में आनेवाली कठिनाइयों और त्रुटियों के लिए क्षमा-प्रार्थना करते हुए लगभग 700 शब्दों में 'निवेदन' प्रस्तुत किया। (काशी, जुलाई, 1912) श्यामसुन्दर दास ने अपने सभी सहायकों के प्रति समान रूप से आभार व्यक्त करते हुए लिखा, 'इस समय पंडित बालकृष्ण भट्ट, पं. रामचन्द्र शुक्ल, बाबू अमीर सिंह, बाबू जगन्मोहन वर्मा और लाला भगवानदीन की सहायता और सहकारिता से इस ग्रन्थ का सम्पादन हो रहा है, परन्तु परिणाम बतलाते हैं कि अधिकांश शब्दों की खोज रामचन्द्र शुक्ल ने ही की थी। लगभग साढ़े तीन वर्षों तक उन्होंने जी तोड़ परिश्रम करके प्रथम खंड के प्रकाशन का स्वप्न साकार किया था। इस अवधि में उनकी अपनी कोई रचना प्रकाशित नहीं हो सकी थी। लगभग 384 पृष्ठों तक जाते-जाते बालकृष्ण भट्ट को सम्पादन का कार्य स्थगित करना पड़ा। शुक्लजी ने उनकी भी भूमिका सँभाल ली। चुनौतियों से पीछे हटना उन्हें नहीं आता था। जो जैसे ठाना उसे वैसे ही पूरा किया। भट्टजी के जाने के बाद उन्होंने वेद, पुराण, दर्शन, विज्ञान, प्राचीन साहित्य शास्त्र और पूर्वांचल के क्षेत्रीय शब्दों का दायित्व अकेले ही सँभाल लिया। इसके लिए उन्हें जहाँ भी आवश्यकता पड़ी बनारस और मिर्जापुर के तत्क्षेत्रीय विद्वानों से विचार-विमर्श किया और तब जाकर शब्दार्थों को पूर्ण बनाया।

शुक्लजी ने कोश को अपने दायित्व का सबसे वरीय अंश बनाया। जब चौथे खंड के बाद अमीर सिंह ने और पाँचवें खंड के बाद जगन्मोहन वर्मा ने सम्पादन के दायित्व से अपने को मुक्त करके इस्तीफा दे दिया तो शुक्लजी ने साहस नहीं छोड़ा। वे रामचन्द्र वर्मा को साथ लेकर जी जान से काम में लग गए। तीसरे खंड से ही अमीर सिंह शिथिल पड़ने लगे थे। प्रधान सम्पादक श्यामसुन्दर दास और प्रथम सहायक रामचन्द्र शुक्ल को

लेकर जगन्मोहन वर्मा के मन में भी वैचारिक फाँस चुभने लगी थी। इस वैचारिक विरोध के दो प्रमुख कारण थे। पहला कारण था जातियों से सम्बन्धित शब्दों के अर्थ देने में प्रयुक्त शब्दावली। 'शब्द सागर' के प्रथम खंड के प्रकाशन के बाद सन् 1915 से ही पाठकों की ओर से कठोर प्रतिक्रिया व्यक्त करते हुए नागरी प्रचारिणी सभा के अध्यक्ष और मन्त्री के नाम पत्र आने लगे थे। दूसरे खंड के छपने के बाद तो प्रतिक्रियाएँ और तीखी हो गईं। गोष्ठियों और सभाओं में भी गुस्सा व्यक्त किया जाने लगा। इसलिए तीसरे खंड में सम्पादक बाबू श्यामसुन्दर दास को लिखित सफाई देनी पड़ी। इस खंड में दो अलग-अलग पृष्ठों पर एक 'सूचना' प्रसारित की गई।

'इस कोश में स्थान-स्थान पर जाति सम्बन्धी शब्द आए हैं। उनका जो वर्णन किया गया है उसके सम्बन्ध में कई लोगों ने अनेक अवसरों पर आपत्ति उपस्थित की है। हमारा उद्देश्य किसी जाति को ऊँचा या नीचा बनाना नहीं है और न यह कोश इस सम्बन्ध में कोई व्यवस्था ही दे सकता है। अतएव जहाँ-जहाँ 'नीच' या 'उच्च' शब्द किसी जाति के साथ में आए हैं, वहाँ जाति विशेष बना लेना चाहिए।' (हिन्दी शब्द-सागर, तीसरा भाग की 18वीं संख्या के बाद के दो अलग-अलग पृष्ठों पर एक ही सूचना, सन् 1919)

देखा जा सकता है कि इस सूचना की दलीलें विश्वसनीय नहीं थीं, क्योंकि आगे के खंडों में भी 'एक नीच जाति' लिखने का क्रम बना रहा। श्यामसुन्दर दास का यह कहना कि शब्द-सागर 'कोई व्यवस्था नहीं दे सकता है।' प्रश्न उठना स्वाभाविक था कि जो शब्द सागर 'सर्वांग-पूर्ण कोश' होने का दावा प्रस्तुत कर रहा था, अगर वह व्यवस्था नहीं दे सकता था, तो शब्दों का परिचय पाने के इच्छुक पाठक और किस जगह जाते और कौन किताब ढूँढ़ते ? इसी प्रकार जब कोश में 'एक नीच जाति' लिख दिया गया था तो पाठक उसे 'जाति विशेष कैसे बना लेते ?'

सम्पादक मंडल में बाबू अमीर सिंह और बाबू जगन्मोहन वर्मा जातियों के सन्दर्भ में 'नीच' और 'उच्च' विशेषणों के पक्षधर नहीं थे। वे यह भी जानते थे कोश-सम्पादन में वे पंडित रामचन्द्र शुक्ल की तरह अनिवार्य नहीं थे। सम्पादकों में एक भी ऐसा कोई नहीं था जो शुक्लजी के ज्ञान को चुनौती देता अथवा उनके ज्ञान विस्तार की लघु त्रिज्या भी बन सकता था। स्वयं बाबू साहब भी शुक्लजी का लोहा मानते थे इस तथ्य से सभी अवगत हैं कि जगन्मोहन वर्मा, अमीर सिंह और लाला भगवानदीन तक शब्दार्थों को अन्तिम रूप देने के पहले शुक्लजी से संशोधन कराते थे। अरबी और फारसी के शब्द-ज्ञान में वे लोग भले शुक्लजी से आगे थे लेकिन ज्ञान की शेष शाखाओं में निर्णायक प्रवेश केवल शुक्लजी का ही था। मिर्जापुर का जी-तोड़ अध्ययन उनके साथ था। पं. विन्ध्येश्वरी प्रसाद द्वारा संस्कृत भाषा और साहित्य, दर्शन, ज्योतिष, पौरहित्य; पं. माधवप्रसाद तिवारी द्वारा तन्त्र-मन्त्र-यन्त्र, आगम-शास्त्र, शैव-शाक्त के भिन्न-भिन्न सम्प्रदायों के साथ व्यावहारिक जादू-टोना एवं झाड़-फूँक, पं. रामगरीब चौबे द्वारा अंग्रेजी भाषा और साहित्य, बाबू बलभद्र सिंह द्वारा वेद, ब्राह्मण, पुराण, इतिहास स्मृति-ग्रन्थ, गृहसूत्र तथा प्रशासनिक क्षेत्र, चौधरी बदरीनारायण उपाध्याय द्वारा प्राचीन-नवीन

साहित्य-शास्त्र, लोक-संस्कृति, संगीत, नाटक, पत्रकारिता, आमोद-प्रमोद, सामन्तशाही आदि के दिए गए सैद्धान्तिक अथवा व्यावहारिक ज्ञान ने कोश सम्पादन में शुक्लजी को सिरमौर बना दिया था। शुक्लजी गम्भीर अध्येता होने के साथ ही श्रुतिधर विद्वान थे। सहायक सम्पादकों में लाला भगवानदीन उनके ज्ञान के प्रतिद्वन्द्वी नहीं थे। इसलिए वे आखिरी खंड तक उनके साथ बने रहे।

'हिन्दी शब्द सागर' सन् 1927 तक प्रकाशित कर दिया गया। इसके कुल छः भागों में कुल 78,405 शब्दों के अर्थ दिए गए। शब्दों के मूल स्रोत, व्युत्पत्ति और उनके व्याकरणिक रूपों का भी परिचय दिया गया। विश्वकोश की तर्ज पर अनेक शब्दों के लम्बे विवरण दिए गए। सन् 1907 में नागरी प्रचारिणी सभा में एक प्रस्ताव पारित करके इन्साइक्लोपीडिया ब्रिटानिका भी मँगवाया गया। इसके अतिरिक्त शुक्लजी ने संस्कृत तथा हिन्दी के प्रकाशित अन्य कोशों का भी अध्ययन किया। सन् 1870 में सीतापुर के मंगलीलाल कायस्थ ने 'मंगल कोश' का सम्पादन किया था। उन्होंने हिन्दी के केवल एक पूर्ववर्ती कोश 'हिन्दी कोश पादरी आदम कृत' का उल्लेख किया था। इसके बाद सन् 1884 में मेरठ के पं. गौरीदत्त शास्त्री का 'गौरीनागरी कोश' सन् 1896 में मुरादाबाद के शालिग्राम वैश्य 'औषध शब्द-सागर' सन् 1898 में लखनऊ के पंडित श्रीधर त्रिपाठी का 'श्रीधर भाषा कोश' नाम के हिन्दी कोश प्रकाशित हो चुके थे। इन कोश ग्रन्थों की भूमिकाओं में फैलन साहेब का 'हिन्दुस्तानी अंग्रेजी कोश', 'फार्व साहेब का हिन्दुस्तानी अँगरेजी कोश', 'बेट साहेब का हिन्दी अँगरेजी कोश', 'पंडित तारानाथ वाचस्पति का शब्द महानिधि' और 'बाबू राधालाल साहेब का शब्दकोश' जैसे कोश-पुस्तकों के उल्लेख हुए थे। पंडित रामचन्द्र शुक्ल ने इन कोश-ग्रन्थों का अध्ययन न किया हो, ऐसी सम्भावना नहीं की जा सकती। प्रमाण तो ऐसे मिलते हैं कि शुक्लजी ने इन सभी कोशों का अवलोकन किया था। इस सन्दर्भ में कहा जा सकता है कि 'श्रीधर भाषा कोश' में 'अंशक' शब्द का अर्थ देते हुए 'बाँटनेवाला' और 'हिस्सेदार' को ज्यों का त्यों दोहरा दिया गया। इसके बाद 10 अर्थ और भी दिए गए। यह अवश्य कहा जा सकता है कि जहाँ 'मंगल कोश' में केवल 20,000 शब्दों और 'श्रीधर भाषा कोश' में 15,000 शब्दों के अर्थ दिए गए, वहाँ 'हिन्दी शब्द-सागर' में 78,000 शब्दों के अर्थ विवरण और विस्तार के साथ दिए गए। लेकिन यह बढ़ोतरी विस्मयकारी इसलिए नहीं कही जा सकती कि पूर्व के सभी हिन्दी कोशकार प्राइमरी या नॉर्मल स्कूलों के मास्टर थे। उन लोगों ने तत्कालीन शिक्षा-विभाग के अँगरेज अधिकारियों के आदेश से प्राइमरी और नॉर्मल स्कूलों में पढ़नेवाले विद्यार्थियों के लिए कोश-सम्पादन का दायित्व निभाया था, जबकि पूरे भारत में हिन्दी भाषा के प्रचार-प्रसार तथा साहित्य के गहन अध्ययन के लिए स्थापित संस्था, 'काशी नागरी प्रचारिणी सभा' (16 जुलाई, 1893) हिन्दी के विद्वानों के लिए 'हिन्दी शब्द सागर' का निर्माण कर रही थी। इसके सम्पादक युग-संस्थापक विद्वानों में गिने जाते थे। मसलन रामचन्द्र शुक्ल ने हिन्दी भाषा और साहित्य के सन्दर्भ में नौ दशक पूर्व जो व्यवस्थाएँ कर दी थीं उनका अतिक्रमण करना आज भी सम्भव नहीं हो पा रहा है।

'हिन्दी शब्द सागर' का सम्पादन कर लेने के बाद उसकी सर्वांगीणता और पूर्णता का दावा किया गया था, वह तब भी अधूरा था और अब भी अधूरा है। आचार्य महावीर प्रसाद द्विवेदी ने श्यामसुन्दर दास और रामचन्द्र शुक्ल द्वारा किए गए दावे को खोखला कहा था। वे 'शब्द-सागर' के अपूर्णता पर प्रायः व्यंग्य करते थे। इस सन्दर्भ में एक घटना का उल्लेख करना अप्रासंगिक न होगा। मार्च 1933 में हिन्दी के विद्वानों ने आचार्य महावीरप्रसाद द्विवेदी के अभिनन्दन के लिए प्रयाग में एक साहित्यिक मेले का आयोजन किया था। अपने आभार-भाषण में आचार्य द्विवेदी ने व्यंग्यार्थ में एक ऐसे शब्द का प्रयोग किया जो 'हिन्दी शब्द सागर' में अनुपस्थित था। वह शब्द था 'विभोर'। उन्होंने कहा, 'सन्तोष क्या होता है, कहना चाहिए कि मैं आनन्द-विभोर हो उठता हूँ। मेरे पास संस्कृत भाषा का एक छोटा सा कोश है इसमें इस 'विभोर' शब्द का कहीं भी पता मुझे नहीं मिला। परन्तु, बहुत सम्भव है, हिन्दी के किसी न किसी नवीन कोश में इसे अवश्य स्थान मिला होगा। तभी तो हिन्दी के अनेक प्रतिष्ठित कवि, लेखक और समालोचक इसका प्रयोग धड़ल्ले के साथ कर रहे हैं। अतएव इस प्रयोग के सम्बन्ध में वही मेरे गुरु हैं।' (सुधा, अगस्त, 1933, पृ. 28-29)

देखा जा सकता है कि आचार्य द्विवेदी द्वारा 'हिन्दी शब्द सागर' पर सीधा व्यंग्य-प्रहार था। ऐसा नहीं था कि उन्होंने 'हिन्दी शब्द-सागर' नहीं देखा था। रामचन्द्र शुक्ल ही उनके व्यंग्य-लक्ष्य पर थे। जिस रामचन्द्र शुक्ल को उन्होंने प्रतिभाशाली शिष्य की मान्यता देकर 'विख्यात' बनाया था, वही अब 'दास' खेमे के ध्वज-वाहक बन गए थे। द्विवेदीजी ने हिन्दी के किसी नवीन कोश द्वारा 'हिन्दी शब्द-सागर' की ओर ही संकेत किया था जो पाँच वर्ष पूर्व 1927 में छपकर तैयार हुआ था।

सन् 1933 वाले प्रयाग-साहित्य मेला में आचार्य महावीरप्रसाद द्विवेदी द्वारा 'हिन्दी शब्द-सागर' पर की गई फब्ती ने थोड़े से लोगों को हँसाया तो अवश्य था, परन्तु रामचन्द्र शुक्ल के मर्यादा-रथ की गति में जरा भी अवरोध नहीं बन सका था और न ही हिन्दी-साहित्य-जगत में 'हिन्दी शब्द-सागर' की उपलब्धियों को नकारने में समर्थ हो सका था। अज्ञात नहीं है कि महामना मदन मोहन मालवीय ने 'हिन्दी शब्द-सागर' के सम्पादकों के सराहनीय कार्य के लिए 4 फरवरी, 1928 को बनारस में 'सम्मान-सभा' का आयोजन किया था। इसमें उस युग के लगभग सभी हिन्दी-विद्वानों ने भाग लिया था। बाबू श्यामसुन्दर दास से भी अधिक सराहना पंडित रामचन्द्र शुक्ल को मिली थी। अयोध्या सिंह उपाध्याय 'हरिऔध' और सोहनलाल द्विवेदी ने मंगल-कविताएँ पढ़ी थीं। शिवप्रसाद गुप्त के भाषण की प्रशंसा उस समय के सभी पत्र और पत्रिकाओं द्वारा की गईं। सम्मान के केन्द्र में थे बाबू श्यामसुन्दर दास और पंडित रामचन्द्र शुक्ल, परिधि में थे लाला भगवानदीन और अमीर सिंह, उप परिधि में थे बाबू रामचन्द्र वर्मा परन्तु वृद्ध साहित्यकार पंडित बालकृष्ण भट्ट और जगन्मोहन वर्मा को सम्मान की परिधितर रेखा पर भी स्थान नहीं दिया गया। साहित्यकारों का एक वर्ग इससे क्षुब्ध भी हुआ और समारोह-विरोधी प्रतिक्रियाएँ भी छपीं। मिसाल के तौर पर 'मतवाला' के 23 फरवरी वाले

अंक में 'काशी में अभिनव साहित्य-समारोह–कोशोत्सव का विराट आयोजन' शीर्षक के तहत मालवीयजी, श्यामसुन्दर दास और शुक्लजी की प्रशंसाएँ की गईं और कोशोत्सव के अवसर पर 'काशी नाट्यशाला' के शिलान्यास को अभिनव कदम बताया गया। परन्तु 'मतवाला' ने अपने अगले अंक (2 मार्च) में बालकृष्ण भट्ट और जगन्मोहन वर्मा (स्वर्गीय) का सम्मान न करने पर तीखा रोष व्यक्त किया। (पृष्ठ-5) 'मतवाला' में साहित्यकारों के फोटो विशेष परिस्थितियों में ही छपते थे, परन्तु इसने भी अपना सम्मान व्यक्त करने के लिए बाबू श्यामसुन्दर दास का चित्र पूरे पृष्ठ के लगभग तिहाई आकार में प्रकाशित किया।

सन् 1928, 1929 में 'मतवाला' द्वारा 'हिन्दी शब्द-सागर' और इसके सम्पादकों का किया गया स्वागत अभूतपूर्व था, क्योंकि मतवाला 'चाबुक' फटकारने में तेज था। उसकी 'कसौटी' भी कठोर थी। उसके निरालापन के कारण बड़े-बड़े मात खा जाते थे। 'मतवाला' की 'कसौटी' श्यामसुन्दर दास को केवल रगड़ना जानती थी। रामचन्द्र शुक्ल को तो वह अपने दायरे के योग्य तक नहीं मानती थी। इसलिए दो अंकों के दो-दो पृष्ठों पर कोशोत्सव को अभिनव-कदम के रूप में स्वीकार करना बड़ी बात थी। ऐसा लगता है कि 'मतवाला' ने भी पंडित रामचन्द्र शुक्ल के कोश सम्पादन-कौशल को उसी प्रकार की स्वीकृति दी थी जैसी बाबू श्यामसुन्दर दास ने दी थी।

बाबू श्यामसुन्दर दास ने कोश-सम्पादन के 'आभार-शीर्षक' में लिखा था, "यदि कहा जाए कि 'शब्द-सागर' की उपयोगिता और सर्वांगपूर्णता का अधिकांश श्रेय पंडित रामचन्द्र शुक्ल को प्राप्त है तो इसमें कोई अत्युक्ति न होगी। एक प्रकार से यह उन्हीं के परिश्रम, विद्वता और विचारशीलता का फल है। इतिहास, दर्शन, भाषा विज्ञान, व्याकरण, साहित्य आदि के सभी विषयों का समीचीन विवेचन प्रायः उन्हीं का किया हुआ है। यदि शुक्लजी सरीखे की सहायता न प्राप्त होती तो केवल एक-दो सहायक सम्पादकों की सहायता से यह कोश प्रस्तुत करना असम्भव ही होता। कोश को शुक्लजी ने बनाया और कोश ने शुक्लजी को।"

छठें खंड के प्रकाशित हो जाने के बाद आभार-प्रदर्शन करते हुए बाबू श्यामसुन्दर दास ने स्पष्ट कर दिया कि सम्पूर्ण कोश रामचन्द्र शुक्ल की ज्ञान-गरिमा की देन था क्योंकि वे जानते थे कि अमीर सिंह, लाला भगवानदीन और रामचन्द्र वर्मा नागरी प्रचारिणी सभा के पुराने और सम्मानित सभासद होने के कारण कोश में सहायक सम्पादक नियुक्त कर दिए गए थे। रामचन्द्र वर्मा तो 'सभा' के प्रकाशन मन्त्री ही थे। केवल रामचन्द्र शुक्ल ऐसे सम्पादक थे जिन्होंने शब्दों की खोज की, उनके अर्थों का अन्वेषण किया, उनके प्रकृति और विन्यास की पहचान की उनके साथ जुड़े पुराणेतिहास एवं लोक विश्वासों का खुलासा किया और कोश को केवल शब्दों का ही नहीं बल्कि समूची विद्या का 'निर्णय सिन्धु' बना दिया।

कोश को 'सर्वांगपूर्ण' बनाने के लिए शुक्लजी ने कितना परिश्रम किया था, इसकी एक श्रुति-कथा मिर्जापुर में आज भी दोहराई जाती है। जब 'मेहँदी' शब्द के बारे में

बनारस के विद्वानों में मतैक्य नहीं हो सका था, तब शुक्लजी मिर्जापुर आए और यहाँ के संस्कृत भाषा-विशेषज्ञों से विमर्श किया। बनारस का एक वर्ग 'मेहँदी' शब्द को फारसी मूल का कह रहा था, और दूसरा वर्ग भारतीय मूल का। शुक्लजी उलझन में पड़ गए, इसलिए मिर्जापुर आए और यहाँ के आचार्यों से उन्होंने इस पर तर्क-वितर्क किए। निर्णय संस्कृत-मूल के पक्ष में गया। सन्तुष्ट होकर वे बनारस गए और कोश में इसके स्रोत का उल्लेख किया—(संस्कृत मेन्धी)। बाबू जगन्मोहन वर्मा इसके पक्ष में नहीं थे, परन्तु प्रधान सम्पादक श्यामसुन्दर दास ने शुक्ल-पक्ष का समर्थन किया और शब्दार्थ वही दिया गया जो शुक्लजी चाहते थे। शुक्लजी ने 'विरुद्धों के सामंजस्य' का मार्ग अपनाते हुए 'मेहँदी' शब्द का अर्थ दिया—'संज्ञा स्त्री. (सं. मेन्धी) पत्ती झाड़नेवाली एक झाड़ी जो बिलोचिस्तान के जंगल में आप से आप होती है और सारे हिन्दुस्तान में लगाई जाती है। इसमें मंजरी के रूप में सफेद फूल लगते हैं जिनमें भीनी-भीनी सुगन्ध होती है। फल गोल मिर्च की तरह होते हैं और गुच्छों में लगते हैं। इसकी पत्ती को पीसकर चढ़ाने से लाल रंग आता है, इसी से स्त्रियाँ इसे हाथ-पैर में लगाती हैं। बगीचे आदि के किनारे भी लोग शोभा के लिए एक पंक्ति में इसकी टट्टी लगाते हैं। पर्य्या-नखरंग। कोकदन्ता। रागगर्भा।' इसके बाद मुहावरे दिए, 'क्या पैर में मेहँदी लगी है ? मेहँदी रचना, मेहँदी बाँधना और मेहँदी लगाना।' ('हिन्दी शब्द-सागर', पाँचवाँ भाग, पृ. 2815) इतना अवश्य कहा जा सकता है कि शुक्लजी ने 'मेहँदी' के लिए जिन तीन पर्यायों को व्यवस्था दी, उन शब्दों को कोश में स्थान नहीं दे सके थे क्योंकि उनके (नख-रंग, कोक-दन्ता, राग-गर्भा) अर्थों का स्रोत ढूँढ़ना सहज नहीं था। ये सभी शब्द नहीं बल्कि 'समस्वित पद' थे और मिर्जापुरी पंडितों द्वारा सुझाए गए। 'अमरकोश' अथवा 'अष्टाध्यायी' में इनकी तलाश व्यर्थ थी।

'हिन्दी शब्द-सागर' का सम्पादन करते हुए पंडित रामचन्द्र शुक्ल ने 'आचार्यत्व' की भूमिका निभाई थी। अगर गौर किया जाए तो काशी हिन्दू विश्वविद्यालय में जाकर एक सफल अध्यापक सिद्ध होने के बाद ही ये आचार्य बने हों ऐसी बात नहीं थी। यह काम तो श्यामसुन्दर दास और अयोध्या सिंह उपाध्याय आदि भी कर रहे थे, परन्तु आचार्य उपाधि की वरेण्यता नहीं प्राप्त कर सके। शुक्लजी 'कोश' के सम्पादन में प्राचीन ऋषि-वर्ग की तरह सफल हुए थे, चालीसा सन् 1924 में ही पार कर गए थे। संस्कृत के विद्वानों ने 'चटवारो दशकः परिमाणमस्य' को काफी महत्त्वपूर्ण माना था। शुक्लजी के लिए आचार्य बनने के सभी वैचारिक उपकरण एकत्र हो गए थे, फलतः वे 'आचार्य' भी बन गए।

आचार्य रामचन्द्र शुक्ल ने 'हिन्दी शब्द-सागर' को केवल 'शब्दार्थ' विवरण तक सीमित नहीं रखा। भारत की सांस्कृतिक नगरी 'काशी' में हिन्दी का प्रथम कोश निर्मित हो रहा था। अभी तक जितने भी हिन्दी कोश निष्पन्न हुए थे, वे पश्चिमी संयुक्त प्रान्त में बने थे। इसका परिणाम यह हुआ था कि उनमें संयुक्त प्रान्त के पूर्वांचल क्षेत्र यहाँ तक कि काशी की भाषा-संस्कृति का प्रतिनिधित्व नहीं हो सका था। आचार्य रामचन्द्र

शुक्ल ने इस कमी का अनुभव किया और भोजपुरी भूमि के साथ मगही और मैथिली भूमियों का भी अन्वेषण किया। अन्वेषण में वे शब्दानुसन्धान तक सीमित नहीं रहे बल्कि उसे सांस्कृतिक अभियान का हिस्सा बनाया। इस दायित्व का निर्वाह वह व्यक्ति नहीं कर सकता था जो महज कोशकार होता। शुक्लजी के कारण कोश में अनेक ऐसे शब्दों का समावेश हुआ जो पूर्वांचल के कृषि उत्पाद, दयनीय अर्थ-व्यवस्था और विपन्न सामाजिक स्तर के द्योतक तो थे ही साथ वहाँ के सांस्कृतिक जीवन की परिभाषा भी थे। मिसाल के तौर पर अँकटा, अँकरा, आजा, इन्नर, ऊँचन, उकठा, ऊझिला, एक हत्थी, ओलना, कड़हन जैसे अनेक शब्दों को लिया जा सकता है।

'हिन्दी शब्द-सागर' के 97 पृष्ठों (2229 शब्द) की पहली किस्त तैयार करने में कुल 3 वर्ष, 9 महीने लग गए यानी एक पृष्ठ तैयार करने में लगभग 15 दिन। यह छः सम्पादकों के शब्द-ज्ञान की गति थी। श्यामसुन्दर दास कोश-निर्माण की इस कच्छप-गति से सन्तुष्ट नहीं थे, परन्तु करते भी तो क्या क्योंकि 'सभा' के प्रति तो केवल वही जिम्मेदार थे। सहायक सम्पादकों का चयन तो उन्होंने ही किया था। 'सभा' ने उन्हें यह अधिकार दिया था कि वे जब चाहें सम्पादकों में बदलाव कर लें। उन्होंने जल्दबाजी करने में कोई परिवर्तन नहीं किया बल्कि पंडित रामचन्द्र शुक्ल में भरपूर आस्था व्यक्त की और उनके हाथों में शब्दकोश रचने को सारे सूत्र समर्पित कर दिए। पंडित रामचन्द्र शुक्ल ने इसे अपने अध्ययन और अनुभव ज्ञान के लज्जा सूत्र के रूप में स्वीकार किया और इसी का फल था छः खंडों का हिन्दी शब्द सागर।

बाबू श्यामसुन्दर दास ने शुक्लजी के प्रति आभार व्यक्त करते हुए निचोड़ ही रख दिया 'कोश को शुक्लजी ने बनाया और कोश ने शुक्लजी को।' यह अत्यन्त सांकेतिक वाक्य था। आगे चलकर यह वाक्य हिन्दी-साहित्य-क्षेत्र में 'सूक्ति' के रूप में गृहित हुआ, मसलन, 'मतवाला ने निराला को बनाया और निराला ने मतवाला को'। कभी-कभी यह सूक्ति 'सरस्वती' और 'महावीरप्रसाद द्विवेदी' के सन्दर्भ में भी प्रयुक्त हुई। इस सूक्ति से यह प्रश्न उठना अत्यन्त स्वाभाविक है कि 'कोश ने शुक्लजी को कैसे बनाया था ?' इस प्रश्न का उत्तर देना बहुत दुरूह नहीं है। अगर शुक्लजी ने कोश-निर्माण को अपनी प्रतिष्ठा का प्रश्न न बनाया होता तो कोश के लिए आवश्यक हिन्दी भाषा में सम्पूर्ण संचित और उपार्जित ज्ञान-शाखाओं से परिचित न हुए होते। कोश योजना में सम्पादक होते ही उन्होंने अपने अध्ययन की परिधि का व्यापक विस्तार किया। उनकी गहन पठनाकांक्षा का एक उदाहरण देखा जा सकता है।

पंडित रामचन्द्र शुक्ल ने नागरी प्रचारिणी सभा के मन्त्री को एक प्रार्थनापत्र देकर आग्रह किया था कि उन्हें पुस्तकालय के अंग्रेजी-विभाग से एक से अधिक पुस्तकें एक साथ लेने की अनुमति दी जाए। जब 9 नवम्बर, 1908 सोमवार को सन्ध्या 6 बजे सभा की बैठक हुई तब एजेंडा 5 के तहत उनका प्रार्थनापत्र सभा के सामने प्रस्तुत किया गया। उनके प्रार्थनापत्र पर सभा ने निश्चय किया कि "पं. रामचन्द्र शुक्ल को पुस्तकालय के अंग्रेजी विभाग से एक समय में केवल एक ही पुस्तक दी जाए।" (सभा का कार्य

विवरण, पृ. 29)

इस घटना से यह स्पष्ट हो जाता है कि रामचन्द्र शुक्ल अधिक से अधिक पढ़ने और जानने के प्रति कितने अधिक उत्सुक थे। कहा जाता है कि जिस प्रकार भारतेन्दु बाबू हरिश्चन्द्र 'राइटिंग मशीन' थे, उसी प्रकार पंडित रामचन्द्र शुक्ल 'रीडिंग मशीन' थे। उन्हें एक रात में एक पुस्तक पढ़ने में कम पड़ जाती थी। नागरी प्रचारिणी सभा के प्रस्ताव से उन्हें धक्का लगा था, परन्तु उनका पढ़ना कम नहीं हुआ। उनके लिए पुस्तकों के अभाव की पूर्ति पं. केदारनाथ पाठक किसी न किसी प्रकार करते रहते। आवश्यकता पड़ने पर इसमें बाबू श्यामसुन्दर दास भी सहायक बनते।

'हिन्दी शब्द-सागर' ने पंडित रामचन्द्र शुक्ल को कम ख्याति नहीं दी। यह आश्चर्यजनक बात थी कि 'हिन्दी शब्द-सागर' को पं. रामचन्द्र शुक्ल की विचारधारा का प्रवक्ता माना गया। इसी क्रम में उन पर कुछ आरोप भी लगाए गए। 'कोश' के तीसरे भाग के अन्त में इसके निराकरण के लिए एक लिखित सूचना प्रकाशित कर दी गई थी, परन्तु इतने से क्षुब्ध-वर्ग सन्तुष्ट नहीं हुआ था। सन्तुष्ट न होने का कारण यह था कि 'सूचना' प्रकाशित कर देने के बाद भी अगले खंडों में कुछ जातियों के लिए 'नीच' विशेषण का प्रयोग ज्यों का त्यों जारी रहा। मिसाल के तौर पर चौथे खंड का पृष्ठ 2107 पर 'पासी' शब्द। परन्तु यह कहना सच नहीं हो सकता कि शुक्लजी में नमनीयता नहीं आई। उन्होंने चौथे खंड के बाद अपने को काफी बदल लिया। उदाहरण के लिए छठे खंड में शूद्र, शूद्रता, शूद्रा, शूद्राणी, शूद्रसुत, शूद्री जैसे शब्दों के अर्थ देने में वे पर्याप्त विनम्र हो गए। उन्होंने अपने समय के नवजागरण के विचारों की प्रस्तुति करते हुए शूद्रों को भी सामाजिक संव्यूहन का आवश्यक अंग माना। शूद्र से सम्बन्धित किसी भी शब्द का अर्थ या टिप्पणी देते हुए 'नीच' विशेषण का प्रयोग उन्होंने नहीं किया। यह उनके परिवर्तनशील व्यक्तित्व की स्पष्ट पहचान थी। उन्होंने समय की भूमिका में अपने को बदलने की भरपूर कोशिश की। पहले के खंडों में शुक्लजी ने जो शब्द-टिप्पणियाँ दी थीं उनमें कट्टर मर्यादावाद की अभिव्यक्ति हुई थी, परन्तु अन्तिम खंड में, उन्होंने महज मर्यादावाद का मार्ग अपनाया। उनमें यह परिवर्तन आरोप लगानेवाले व्यक्तियों के दबाव के कारण कम, काल-चेतना के दबाव के कारण अधिक हुआ था। आरोपों में सच्चाई का अनुभव करना और उसके परिप्रेक्ष्य में अपने में परिवर्तन करना, सबसे बड़ा रचनाधर्म होता है। शुक्लजी ने इस सच्चाई को अपने लेखकीय कर्म का अनिवार्य्र हिस्सा बनाया। उनके कालजयी साहित्यकार को गढ़ने में इस सचाई ने बड़ी भूमिका निभाई थी। अगर ध्यान दिया जाए तो 'हिन्दी शब्द-सागर' का आखिरी खंड केवल शब्दार्थों का आखिरी खंड नहीं था, बल्कि रामचन्द्र शुक्ल के कट्टर मर्यादावाद का भी आखिरी खंड था। 'हिन्दी शब्द-सागर' में दो 'रामचन्द्र शुक्ल' दिखलाई पड़ते हैं। पहले रामचन्द्र शुक्ल मिर्जापुरी रामचन्द्र थे, परन्तु दूसरे बनारसी रामचन्द्र शुक्ल। हालाँकि पांडित्य-परम्परा और शास्त्र-मर्यादा को यथावत बनाए रखने में बनारस मिर्जापुर से बीस था, परन्तु शुक्ल-युगीन बनारस महज स्थान नहीं रह गया था, बल्कि नवजागरण की विचारधारा

बन गया था। इसी समय बनारस में प्रेमचन्द लिख रहे थे, जयशंकर प्रसाद लिख रहे थे, पांडेय बेचन शर्मा 'उग्र' लिख रहे थे, परिपूर्णानन्द लिख रहे थे, इनके अतिरिक्त रचनाकारों का एक पूरा मंडल था जो अपने समय को वाणी देने में लगा था। यद्यपि महावीरप्रसाद द्विवेदी कानपुर में रह रहे थे, 'सरस्वती' इलाहाबाद से प्रकाशित हो रही थी, परन्तु 'द्विवेदी-युग' बनारस में बन रहा था। कहने का अर्थ यह कि युग-साहित्य का प्रतिनिधित्व बनारस कर रहा था। द्विवेदी-युग से प्रेमचन्द, रामचन्द्र शुक्ल और कामताप्रसाद गुरु को निकाल देने पर कितना शेष बचेगा, इसे बताने की आवश्यकता नहीं। अगर जयशंकर प्रसाद को निकाल दिया जाए तो केवल द्विवेदी-युग ही नहीं छायावाद-युग भी विपन्न हो जाएगा। ऐसे ही परिवेश में रामचन्द्र शुक्ल भी अपने समय की साहित्यिक दृष्टि के रूप में अपनी प्रत्यभिज्ञा सिद्ध कर रहे थे।

रामचन्द्र शुक्ल सन् 1907 में ही नागरी प्रचारिणी सभा के सम्पर्क में आए थे। इस सन्दर्भ में पंडित अम्बिकादत्त वाजपेयी का एक कथन विचारणीय है। वाजपेयीजी ने लिखा है, 'सन् 1896 में 'नागरी प्रचारिणी पत्रिका' सभा ने त्रैमासिक प्रकाशित की थी। इसके सम्पादक बाबू श्यामसुन्दर दास, महामहोपाध्याय पंडित सुधाकर द्विवेदी, श्री कालीदास और श्री राधाकृष्ण दास थे। यह मासिक 1907 में हुई। तब इसके सम्पादक सर्वश्री श्यामसुन्दर दास, रामचन्द्र शुक्ल, रामचन्द्र वर्मा और वेणीप्रसाद बनाए गए। सन् 1920 में फिर त्रैमासिक हुई। उस समय सम्पादक थे गौरीशंकर, हीराचन्द ओझा, श्यामसुन्दर दास, चन्द्रधर शर्मा गुलेरी और मुंशी देवीप्रसाद। आजकल भी त्रैमासिक ही है। सम्पादक श्रीयुत् कृष्णानन्द और सहायक सम्पादक श्री पुरुषोत्तम हैं।' (समाचारपत्रों का इतिहास, बनारस ज्ञान-मंडल लिमिटेड, सन् 1943, पृ. 228-29)

इतना तो मानकर चलना पड़ेगा कि समाचार पत्रों के इतिहास लेखन में अम्बिका दत्त वाजपेयी का व्यक्तित्व अत्यन्त प्रामाणिक माना जाता है। सन् 1907 में शुक्लजी को नागरी प्रचारिणी पत्रिका का सहायक सम्पादक बनाया जाना न तो अप्रामाणिक कहा जा सकता है और न ही स्वप्न-कल्पना। नागरी प्रचारिणी पत्रिका में सम्पादकों के नामों के उल्लेख पूर्णतया अनियमित थे। मिसाल के तौर पर पत्रिका के चौथे भाग (सन् 1900) में किसी भी सम्पादक का नाम नहीं दिया गया। 'भूमिका' लिखने के बाद महज 'सम्पादक' शब्द लिखा गया। पाँचवें भाग में भी न सम्पादक का नाम, न ही भूमिका। आठवें भाग में बाबू श्यामसुन्दर दास का नाम सम्पादक के रूप में दिया गया। नौवें भाग में सहकारी सम्पादक के रूप में किशोरीलाल गोस्वामी का नाम जोड़ दिया गया। यह भाग सन् 1905 में छपा था। पत्रिका के छठे भाग से ही सम्पादक के रूप में बाबू श्यामसुन्दर दास का नाम दिया जाने लगा। सहायक सम्पादक नागरी प्रचारिणी सभा के सभासद होते थे। इसलिए उनके नाम के उल्लेख नहीं हुए।

जुलाई, सन् 1907 से पत्रिका को मासिक बना दिया गया। मासिक पत्रिका में भी केवल श्यामसुन्दर दास का ही नाम दिया गया। पंडित रामचन्द्र शुक्ल सहित अन्य सहकारी सम्पादकों के नाम अनुल्लिखित ही रहे। लेकिन मासिक होते ही कुछ नए

परिवर्तन कर दिए गए। इन परिवर्तनों में शुक्लजी का चेहरा साफ झलक मारता है। प्रत्येक महीने 'सम्पादकीय' अथवा 'भूमिका' के स्थान पर 'विविध विषय' कर दिया गया। यह 'सरस्वती' प्रचलन का अनुकरण था। सन् 1904 से ही वे 'सरस्वती' और उसके सम्पादक महावीरप्रसाद द्विवेदी से काफी दूर हो गए थे। वे पत्रिका और 'भारत मित्र' में लेख लिखकर 'सरस्वती' पर हमला करने लगे थे। 'सरस्वती' में प्रकाशित कविताओं की संज्ञा दी थी 'भद्दी कविता'। इसलिए यह सम्भव नहीं था कि पत्रिका के मासिक होने पर वे 'सरस्वती' का अनुकरण करते। परन्तु 'सरस्वती' शुक्लजी का आदर्श थी। इसी प्रकार संख्या दो (भाग-12, अगस्त, 1907) के 'विविध-विषय' शीर्षक के अन्तर्गत जो दूसरा विषय लिया गया ('भारतवर्ष में एक भाषा का प्रचार') उसकी भाषा-शैली ही नहीं बल्कि कथ्य भी शुक्लजी का है। बहुत पुष्ट प्रमाण तो नहीं दिया जा सकता, परन्तु प्रमाण स्वरूप यह अवश्य कहा जा सकता है कि सन् 1910 में बंग महिला की रचनाओं का संकलन तथा सम्पादन करते हुए उन्होंने जो भूमिका लिखी वह 'नागरी प्रचारिणी पत्रिका' के इस अंक में लिखे विषय से बहुत अधिक मेल खानेवाला था। यह तो सम्भव ही नहीं था कि शुक्लजी किसी दूसरे का अनुसरण करते और उसे अपना घोषित करते। हिन्दी-लेखकों की इस प्रवृत्ति के विरुद्ध वे Indian People में करारा आक्रमण कर चुके थे। इस सन्दर्भ में नागरी प्रचारिणी पत्रिका के अक्तूबर, 1907 के अंक का भी अवलोकन किया जा सकता है। इसमें सभा के वार्षिकोत्सव (चौदहवाँ वार्षिकोत्सव, शनिवार, 26 अक्तूबर, सन्ध्या 6 बजे, सभा भवन में) का साहित्यिक विवरण प्रस्तुत किया गया था। हर विवरण रामचन्द्र शुक्ल के चेहरे का आईना था। इस विवरण में संयुक्त प्रदेश के लेफ्टिनेंट गवर्नर के सभा में पहली बार पधारने के उपलक्ष्य में पढ़े गए अभिनन्दन-पत्र की प्रतिच्छाया और लेफ्टिनेंट गवर्नर के लिखित भाषण का हिन्दी-अनुवाद प्रस्तुत किया गया। दोनों में शुक्लजी उपस्थित हैं।

नागरी प्रचारिणी पत्रिका को 'मासिक' करते ही पहले पृष्ठ के शीर्ष पर भारतेन्दु हरिश्चन्द्र द्वारा प्रयाग की हिन्दीवर्धिनी सभा में पढ़े गए दोहों में से चार दोहे छपने लगे। पहला दोहा 'निज भाषा उन्नति अहै, सब उन्नति को मूल। बिन निज भाषा ज्ञान के, मिटत न हिय को सूल।' था। यह पंडित रामचन्द्र शुक्ल के साहित्यिक प्रस्थान का प्रथम मंगल-श्लोक था जो उनके पत्रिका-प्रवेश के साथ ही छपने लगा। शुक्लजी के आगमन के बाद अंग्रेजी और बंग भाषा के अनुवाद भी छपने लगे। शुक्लजी का ही यह प्रयत्न था कि सभा की गवेषणात्मक पत्रिका में अनूदित नाटक छपने लगे, जैसे बंकिमचन्द के 'पुष्प नाटक' का अनुवाद और शुक्लजी के अभिन्न मित्र लाला भगवानदीन की लम्बी कविता। (भाग-12, सं. 6, दिसम्बर, 1907)

पत्रिका में सहयोगी सम्पादक के रूप में अपना नाम न दिए जाने पर भी शुक्लजी ने पत्रिका के कथ्य-कलेवर को चमकाकर पूरी तरह नया कर दिया। 'महाकवि मिल्टन और उनका काव्य' पत्रिका के दो अंकों में प्रकाशित किया गया। (अप्रैल और मई, सन् 1908) हालाँकि लेख शुक्लजी का नहीं था, परन्तु चयन और प्रस्तुति उन्हीं की प्रतीत

होते हैं। शुक्लजी के पक्ष में ऊपर जो कुछ कहा गया है उसके बहिः साक्ष्य न उपलब्ध होने पर भी अन्तः साक्ष्य कम महत्त्व के नहीं हैं।

यह सप्रमाण नहीं कहा जा सकता कि शुक्लजी किस वर्ष, किस महीने मिर्जापुर से पूरी तरह बनारस चले गए। सन् 1907 में वे मिर्जापुर में थे। सन् 1908 के जनवरी महीने में भी वे मिर्जापुर थे। इसका प्रमाण शुक्लजी के एक कथन में ही मिल जाता है। उन्होंने लिखा था, 'एक बार उन्होंने (प्रेमघन) मुझसे कांग्रेस के दो दल हो जाने पर एक नोट लिखने को कहा'। (हिन्दी साहित्य का इतिहास, पृ. 448) सर्वविदित है कि कांग्रेस का दलों में विभाजन 'सूरत की कांग्रेस' में हुआ था जो दिसम्बर 1907 में हुआ था। महीने के आखिरी दिनों में। स्पष्ट है कि प्रेमघन ने जनवरी, 1908 की आनन्द कादम्बिनी के लिए उनसे 'नोट' लिखने के लिए कहा होगा। स्वयं शुक्लजी की कविता 'फूट' 'आनन्द कादम्बिनी' जनवरी, 1908 में छपी थी जिसमें उन्होंने सूरत कांग्रेस के दो दलों में विभाजित होने पर गहरी चिन्ता व्यक्त की थी। लिखा था :

हुए फूटकर दो दल उसके, चौंका देश हमारा
किन्तु बिगड़ता तब तक कुछ भी हमने नहीं विचारा।
यही समझते थे दोनों दल पृथक पन्थ अनुयायी
होकर भी उद्देश्य हानि को सह न सकेंगे भाई।
किन्तु देख सूरत की सूरत भगे भाव यह सारे
आशंका तब तरह-तरह की मन में उठी हमारे।

(आनन्द कादम्बिनी, पूस-माघ, सम्वत् 1964)

कहना न ड़ोगा कि यह कविता शुक्लजी के मन में प्रेमघन की पत्रिका के लिए 'नोट' लिखने के समय फूटी होगी। 'किन्तु देख सूरत की सूरत' प्रेमघन की शब्दावली थी। परन्तु हिन्दी क्षेत्र में राष्ट्रीय नवजागरण के भावान्दोलन शुक्लजी के थे। शुक्लजी चौधरी प्रेमघन की तरह साहित्य-सृजन अथवा राष्ट्रीय विचारधारा में द्विधा जीवन नहीं जी रहे थे। प्रेमघन के सामने 'चौधरी' उपाधि बचाए रखने की सतर्कता थी बरक्स इसके रामचन्द्र शुक्ल में क्रान्तिकारी लेखक बनने की आकांक्षा थी। वे 'ब्रिटिश न्याय की अनल शिखा' का जवाब अनल शिखा से देना चाहते थे। उन्होंने 'फूट' को धिक्कारते हुए लिखा, 'पकड़ हाथ लक्ष्मी का तूने सिन्धु पार पहुँचाया', स्पष्ट है कि इसमें भारतेन्दु हरिश्चन्द्र की 'पैधन विदेश चलि जात इहै अति ख्वारी' की चिन्ता थी। इसी प्रकार उन्होंने आर्थिक विपन्नता से जूझते भारतीय 'जन' की पीड़ा से उद्वेलित होते हुए लिखा 'भूखे भारतवासी जन को उनकी धूल फँकायो।' अज्ञात नहीं है कि शुक्लजी ने हमउम्र बालकों की टोली बनाकर मिर्जापुरी गाँवों की यात्रा की थी, किसानों के दुख-दारिद्र्य का साक्षात्कार किया था और भूख से छटपटाते खेतिहर मजदूरों का दर्द बँटाया था। 'फूट' कविता में उनका सारा 'अनुभूत' धैर्य का बाँध तोड़कर बह चला था। यह थी मिर्जापुरी शुक्ल की नवजागृत अवधारणा। साल-भर बाद जब उन्होंने 'कविता क्या है ?' लिखा उसमें अपनी पर्यटन-यात्राओं के अनुभवों के साथ 'प्रेमघन-दरबार' के अनुभवों को भी

जोड़ा और लिखा, 'कविता ही मनुष्य के हृदय को स्वार्थ-सम्बन्धों के संकुचित मंडल से ऊपर उठाकर लोकसामान्य भाव भूमि पर ले जाती है।' शुक्लजी का यह 'लोक सामान्य भाव भूमि' किताबी ज्ञान नहीं था और न ही था बड़े-बड़े उपदेशकों द्वारा 'सिद्धान्त-बघार' ज्ञान। यह उनका स्वतः साक्षात्कार द्वारा उपार्जित ज्ञान। उन्होंने 'पक्की हवेली में बैठ कर हलवा पूरी' खाने और इसी के समानान्तर 'झोंपड़ी में बैठकर सूखे चने चबाने' को प्रत्यक्षतः देखा था। हवेली थी प्रेमघन की, यहाँ तक कि लाल अंग्रेजी खपड़ैलों से छाए 'पिता' का रमईपट्टीवाला मकान भी इसमें सम्मिलित था। 'सूखे चने चबाते दलितों और पिछड़ी जातियों' को उन्होंने पक्का पोखरा, पांडेपुर, बरकछा और भोड़सर के मिर्जापुरी गाँवों में देखा था। 'कविता क्या है ?' में इन्हें ज्यों-का-त्यों दोहरा दिया। कहा तो यहाँ तक जा सकता है कि 'कविता क्या है ?' में आधा मिर्जापुर का प्रत्यक्ष जीवन है और आधा है काव्यगत अवधारणा जो प्रत्यक्ष अनुभवों के आधार पर निर्मित हुई थी।

सन् 1907 में शुक्लजी नागरी प्रचारिणी पत्रिका के सहकारी सम्पादक हो गए थे, परन्तु वे उस वर्ष मिर्जापुर से सपरिवार बनारस नहीं गए थे। मिर्जापुर और बनारस उनके दो कदम थे, पिछला था मिर्जापुर, अगला था बनारस। अभी तक इसका कोई साक्ष्य नहीं मिल पाया है कि 23 वर्षीय मिर्जापुरी रामचन्द्र शुक्ल 'नागरी प्रचारिणी पत्रिका' जैसी शोध पत्रिका के सहायक सम्पादक कैसे हो गए। 'सभा' के संस्थापक बाबू राधाकृष्ण दास, बनारस के बौद्धिक जगत के व्यवस्थापक महामहोपाध्याय पंडित सुधाकर द्विवेदी तथा 'सभा' के अति सम्मानित सभासद बाबू कालीप्रसाद की कोटि में मिर्जापुर के युवा रामचन्द्र शुक्ल का सम्मिलित होना उस समय का एक साहित्यिक आश्चर्य था। परन्तु यह तथ्य है कि वे सम्मिलित हुए। माध्यम चाहे प्रेमघन रहे हों, चाहे केदारनाथ पाठक, चाहे रामचन्द्र शुक्ल की तब तक प्रकाशित मौलिक रचनाएँ। विवेचन करने से ज्ञात होता है कि प्रथम माध्यम शुक्लजी का प्रातिभ लेखन, द्वितीय प्रेमघन और तृतीय केदारनाथ पाठक। इन तीनों के योग का फल था उनका 'पत्रिका' का सहायक सम्पादक होना। शुक्लजी की रचनात्मक प्रतिभा का ही फल था कि जब 26 जुलाई, 1909 सोमवार को नागरी प्रचारिणी सभा की कार्यकारिणी की बैठक सभाभवन में हुई तब 'नागरी प्रचारिणी पत्रिका' को अधिक रोचक बनाने के लिए उपायों पर विचार किया गया। कहा गया कि अगले अंक से हिन्दी से सम्बन्धित समाचारों पर टिप्पणियाँ लगाई जाएँ। 'सभा' के सभासदों द्वारा की जानेवाली हिन्दी-सेवा का उल्लेख किया जाए, साहित्य सम्बन्धी छोटे-छोटे लेख दिए जाएँ और पत्रिका के पाठकों की रुचि पर विशेष ध्यान दिया जाए। इन प्रस्तावों पर विशेष विचार करने के बाद निश्चय किया गया कि आगामी सितम्बर से एक वर्ष के लिए पत्रिका के सम्पादक पंडित रामचन्द्र शुक्ल को बना दिया जाए।

सभा द्वारा 26 जुलाई, 1909 की बैठक में किया गया निर्णय शुक्लजी की सम्पादन प्रतिभा का स्थायी प्रमाण पत्र था। साफ जाहिर होता है कि शुक्लजी ने 1 जुलाई, 1907 से लेकर 26 जुलाई, 1909 तक अपनी असाधारण सम्पादन-योग्यता का परिचय दिया था। इसी योग्यता का परिणाम या अनियमित सहकारी सम्पादन के पद से नियमित

सम्पादक के पद पर आरोहण। शुक्लजी बढ़ती ख्याति की व्यापक स्वीकृति का एक और उदाहरण 26 जुलाईवाली बैठक से प्राप्त होता है। इसी बैठक में सन् 1908 की सर्वश्रेष्ठ साहित्यिक पांडुलिपि पर ललिता पारितोषिक देने के लिए सर्वोत्तम नाम का निर्णय करने की एक समिति बना दी गई। इस समिति में कुल तीन सदस्यों को नामित किया गया—पंडित रामचन्द्र शुक्ल, लाला भगवानदीन और बाबू अमीर सिंह। ज्ञातव्य है कि ये तीनों सदस्य हिन्दी-शब्द-सागर के सहायक सम्पादक थे।

शुक्लजी बड़े वेग के साथ नागरी प्रचारिणी सभा में अपनी कीर्ति पताका फहराने लगे थे। उस समय ललिता-पारितोषिक की निर्णायक समिति का 'अगुआ' सदस्य होना साधारण बात नहीं थी। इसके डेढ़ वर्ष पहले 24 नवम्बर, 1908 को शुक्लजी ने नागरी प्रचारिणी सभा में एक प्रार्थना पत्र देकर निवेदन किया था कि उन्हें 'लाइट ऑफ एशिया' के हिन्दी पद्यानुवाद पर सभा द्वारा आर्थिक सहायता दी जाए। शुक्लजी के प्रार्थना पत्र पर 7 दिसम्बर, 1908 सोमवार की बैठक में विचार किया गया। बैठक में निर्णय हुआ कि शुक्लजी के पद्यानुवाद के गुण-दोष पर विचार करने के लिए एक समिति बनाई जाए। अगर समिति सर्वसम्मति से अनुकूल संस्तुति देती है तो उन्हें 200 रुपए की सहायता दी जाएगी। बैठक में यह भी निर्णय किया गया कि शुक्लजी से कहा जाए कि वे सभा की शर्तें मानने की लिखित सूचना दें। शुक्लजी ने 25 दिसम्बर, 1908 को लिखित रूप से सभा की शर्तें स्वीकार कर लीं और अगले महीने सभा द्वारा उन्हें 200 रुपए की आर्थिक सहायता कर दी गई। अभी तक के उनके लेखकीय जीवन की सबसे बड़ी आर्थिक उपलब्धि यही 200 रुपए की धनराशि थी।

नागरी प्रचारिणी सभा, काशी में जाकर रामचन्द्र शुक्ल कई उत्तरदायित्वों को साथ-साथ निभाने लगे। इन दायित्वों में प्रथम था कोश-ग्रन्थ का सम्पादन, दूसरा था सभा की पत्रिका का सम्पादन और तीसरा था भिन्न-भिन्न समितियों में निर्णायक के कर्त्तव्य का तटस्थ निष्पादन। अपने बदलते प्रभाव के बल वे अपने मिर्जापुरी मित्रों का भी यथासम्भव उपकार करने लगे। जब 29 अगस्त, 1908 शनिवार को नागरी प्रचारिणी सभा की कार्यकारिणी की बैठक हुई तो उन्होंने अपने मिर्जापुरी साहित्यिक मित्र बाबू भगवानदास हालना द्वारा लिखित पुस्तक 'विधवा-विवाह भ्रम निवारक' और बंग महिला का अनूदित उपन्यास 'राई से पर्वत' को पुरस्कारार्थ स्वीकृत कराया।

पंडित रामचन्द्र शुक्ल के मिर्जापुरी मित्रों का मानना था कि नागरी प्रचारिणी सभा, काशी की भूमि में उनकी प्रतिभा का स्वस्थ बीज उनके लेख 'कल्पना का आनन्द' (अनूदित) ने बोया था। यह लेख 18वीं शताब्दी के अंग्रेजी निबन्धकार जोसेफ़ एडिसन के 'प्लेज़र्स ऑफ इमैजिनेशन' का अनुवाद था, परन्तु शुक्लजी ने ग्रहण और त्याग-न्याय द्वारा इस लेख को मौलिक जैसा रूप दिया था। अंग्रेजी साहित्य के पारिभाषिक शब्दों के लिए हिन्दी में एक से अधिक शब्दों के प्रयोग द्वारा अपने समय के विद्वानों से विकल्पचयन करने का आवाहन किया था। न्यूमैन के 'आइडिया ऑफ ए यूनिवर्सिटी' के 'लिटरेचर' निबन्ध का 'साहित्य' शीर्षक अनुवाद करते समय उन्होंने अंग्रेजी डिक्शनरी

का अधिक सहारा लिया था। उस समय शुक्लजी में शब्दों के विकल्पवाद के दर्शन का अभाव था। इस कमी को उन्होंने 'कल्पना का आनन्द' में पूरा किया। शुक्लजी का यह लेख सन् 1905 की नागरी प्रचारिणी पत्रिका के 'नवाँ भाग' में पृष्ठ 55 से 95 तक एक साथ प्रकाशित हुआ था। 199 पृष्ठों की इस पत्रिका में कुल पाँच लेख छपे थे। शुक्लजी का दूसरा लेख था। पहला था ठाकुर सूर्यकुमार वर्मा का लेख 'धम्मपद' (पृ. 1 से 54 तक)। ठाकुर सूर्यकुमार वर्मा सन् 1900 से ही सभा के सम्मानित सदस्य थे, उम्र में शुक्लजी से आठ वर्ष बड़े, आगरा में भदौरिया राजवंश के कुलभूषण और विश्रुत कवि ठाकुर गणपति सिंह के पुत्र। इनकी पाँच पुस्तकें छप चुकी थीं। 'बाल भारत' की बड़ी प्रशंसा 'सरस्वती' सम्पादक आचार्य महावीरप्रसाद द्विवेदी ने की थी। ये 'राजपूत पत्र' और 'अभ्युदय' में सम्पादन-कार्य भी कर चुके थे। सर्विस वह छोड़ चुके थे जो पंडित रामचन्द्र शुक्ल के पिता कर रहे थे। इसलिए पत्रिका में इनका पहला लेख देना अस्वाभाविक नहीं था।

जब शुक्लजी का लेख 'कल्पना का आनन्द' छपा तो शीर्षक के नीचे कोष्ठक में (पंडित रामचन्द्र शुक्ल द्वारा अनुवादित) लिखा गया। लेख के मूल स्रोत का कोई विवरण नहीं दिया गया। नागरी प्रचारिणी पत्रिका के 'आठवाँ भाग' (1904) में पंडित गणपत जानकीराम दूबे का 'मनोविज्ञान' शीर्षक से 95 पृष्ठों का एक लेख छप चुका था। इस लेख में उपशीर्षकों के रूप में 'कल्पना स्वप्न और उसका कल्पना साहचर्य से सम्बन्ध' जैसे माध्यमों से कल्पना और कल्पना के आनन्द और कल्पना-सौन्दर्य जैसे अनेक तत्त्वों पर विचार किया गया था। लेख के अन्त में मनोविज्ञान से सम्बन्धित एक लम्बी शब्द-सूची भी दी गई थी। शुक्लजी 'कल्पना का आनन्द' लिखते समय जहाँ भी पं. गणपत जानकीराम दुबे के हिन्दी शब्द-निरूपण से सहमत नहीं हुए वहाँ उनके द्वारा प्रयुक्त शब्दों के साथ उन्होंने अपने नए 'शब्द' गढ़े। यह उनके शब्द शास्त्रीय मनोबल और दृढ़ता का द्योतक था न कि 'शुक्लजी की वय और शिक्षा' की कमी का। इसे 'अनिर्दिष्ट दिशा में रास्ता टटोलने' की स्थिति भी नहीं कहा जा सकता। यह मीमांसा के तहत 'व्यवस्था युक्त विकल्प-दर्शन' का सिद्धान्त था जिसमें 'दो' देकर एक के चयन की अभिज्ञा सृजित की जाती है। यहाँ एक उदाहरण देना जरूरी है। पं. गणपत जानकी राम दुबे ने 'इमेज' का अनुवाद 'प्रतिभा' किया कहीं-कहीं 'स्वरूप' भी लिखा। रामचन्द्र शुक्ल ने दुबे के शब्दों को ग्रहण करते हुए भी 'प्रतिरूप' का प्रयोग किया। इसमें सर्वश्रेष्ठ का चुनाव कर लेने की परिस्थितियाँ सृजित करने का उद्‌देश्य निहित था। कालिदास ने विकल्प के सन्दर्भ में लिखा था, 'उपपन्नम् एतद् अस्मिन् विकल्पे राजन-शकुन्तला (2)। स्पष्ट है कि 'साहित्य' अनुवाद ज्ञान से 'कल्पना का आनन्द' अनुवाद-ज्ञान कई कदम आगे का था।

शुक्लजी ने नागरी प्रचारिणी सभा से सम्बद्ध होने के बाद सृजन और सम्पादन में अपने व्यक्तित्व की अर्थवत्ता तथा अनिवार्यता सिद्ध कर दी। श्यामसुन्दर दास के बाद केवल शुक्लजी सभा के अनिवार्य धर्म बने। कहने को तो सभा के अनेक सभासद उस

युग के जाने-माने और उम्रदराज लेखक थे, परन्तु अनिवार्य बने सबसे कम उम्र के पंडित रामचन्द्र शुक्ल। बालकृष्ण भट्ट, प्रेमघन, महामहोपाध्याय, पं. सुधाकर द्विवेदी, हरिऔध, पं. दुर्गाप्रसाद मिश्र, पं. रामनारायण मिश्र, मिश्र बन्धु, माधवराव सप्रे, गौरीशंकर हीराचन्द ओझा, मुंशी देवीप्रसाद, मोहनलाल विष्णुलाल पंड्या, हरिदास माणिक, कालिदास, भगवान दीन, पुरोहित गोपीनाथ, पं. नवरत्न गिरिधर शर्मा, पं. रामावतार पांडे, पं. रामशंकर व्यास, पं. सूर्यनारायण दीक्षित, कामता प्रसाद गुरु जैसे चार दर्जन से अधिक सभासद थे जो शुक्लजी से अधिक अनुभवी और सम्पादन तथा लेखन में अधिक स्थापित थे, परन्तु पत्रिका को नए कलेवर में ढालकर उस युग की आवश्यकताओं से रू-ब-रू करने में सबसे कुशल और उद्यमी लेखक-सम्पादक शुक्लजी समझे गए। महावीरप्रसाद द्विवेदी और श्यामसुन्दर दास के बीच वर्चस्व द्वन्द्व छिड़ने के कारण 'सरस्वती' और नागरी प्रचारिणी पत्रिका का भी द्वन्द्व क्षेत्र में आना अस्वाभाविक नहीं था। 'सरस्वती' के पास 'पत्रिका' की तरह साधनों की कमी नहीं थी। आ. द्विवेदी की युग-दृष्टि की तुलना बाबू श्यामसुन्दर दास से करना बड़बोलेपन के अतिरिक्त और कुछ नहीं था। इसलिए सभा के सामने यह प्रश्न खड़ा हुआ कि 'पत्रिका' को किस प्रकार पाठकों के लिए अनिवार्य बनाया जाए। ऊपर कहा जा चुका है कि इस प्रश्न के समाधान के लिए 26 जुलाई, 1909 को सभा की बैठक की गई और लगभग एक घंटे के विचार-विमर्श के बाद सर्वसम्मति से पंडित रामचन्द्र शुक्ल को सितम्बर, 1909 से पत्रिका का पूर्ण सम्पादक बनाने का निर्णय किया गया।

पं. रामचन्द्र शुक्ल एक सक्रिय हिस्सेदार के रूप में नागरी प्रचारिणी सभा से जुलाई, 1907 में जुड़े। उन्होंने केवल दो वर्षों में अपने ज्ञान और अपनी कार्यक्षमता का डंका बजा दिया। उन पर 'हिन्दी शब्द-सागर' के प्रथम सहायक सम्पादक का दायित्व तो था ही, पत्रिका के सम्पादन का दोहरा दायित्व सौंपा गया। शुक्लजी ने इन दोनों दायित्वों को हस्तामलकवत स्वीकार किया। उन्होंने 'पत्रिका' को लोक-ख्याति तक पहुँचा दिया। उनके सम्पादन के केवल चार महीने बीते थे कि 'हिन्दी प्रदीप' में पंडित बालकृष्ण भट्ट ने टिप्पणी लगाई, 'नागरी प्रचारिणी पत्रिका' के सम्पादक महाशय की कुशाग्र बुद्धि को हम अवश्यमेव सराहेंगे जिनका यह मन्तव्य है कि वैज्ञानिक तथा शिल्प सम्बन्धी विषय जब तक अपनी भाषा में न कर लिए जाएँगे तब तक वे हमारी पूँजी न होंगे।' (जनवरी, 1910, पृ. 36) लगभग यही अवधि थी जब शुक्लजी 'कविता क्या है ?' लिख रहे थे। इसमें भी उन्होंने 'विचारों की क्रिया से, वैज्ञानिक विवेचन और अनुसन्धान द्वारा उद्‌घाटित' परिस्थितियों और तथ्यों के मर्मस्पर्शी पक्ष का मूर्त और सजीव चित्रण आवश्यक माना। नवजागरण के द्वितीय चरण में वस्तुओं और घटनाओं को वैज्ञानिक दृष्टि से देखने और राष्ट्रीय धरातल पर उनका विवेचन करने की निहायत जरूरत थी यानी द्विवेदी-युग की पुरजोर माँग। शुक्लजी ने युग की आवश्यकताओं को गहनतापूर्वक समझने की कोशिश की। उन्होंने 'नागरी प्रचारिणी पत्रिका' को समय का प्रतिनिधि बनाने की कोशिश की।

'नागरी प्रचारिणी सभा' में आने के बाद से पं. रामचन्द्र शुक्ल 'कोश' और 'पत्रिका' सम्पादन की दोहरी जिम्मेदारी उठा ही रहे थे कि इसी बीच बाबू श्यामसुन्दर दास ने 'सभा' की ओर से 'हिन्दी साहित्य सम्मेलन' का अधिवेशन करने का निर्णय किया। उन्होंने 1 मई, 1910 को सभा का अधिवेशन बुलाकर सर्वसम्मत निर्णय लिया कि इस वर्ष से हिन्दी साहित्य-सम्मेलन का अधिवेशन आयोजित करके देश में हिन्दी भाषा और साहित्य को व्यापक रूप देने के उपायों पर विचार किया जाए। 'सम्मेलन' को सफल बनाने और व्यवस्था के सुचारु प्रबन्धन के लिए स्वागतकारिणी समिति बना दी गई जिसमें शुक्लजी को भी सम्मिलित किया गया। बाबू श्यामसुन्दर दास ने पंडित रामचन्द्र शुक्ल के आग्रह पर हिन्दी साहित्य सम्मेलन के अधिवेशन के लिए आश्विन नवरात्र यानी 10 अक्तूबर, 1910, सोमवार को उपयुक्त समय बतलाया, परन्तु सभा में इसका सख्त विरोध किया गया। कुछ लोगों ने तो यहाँ तक आरोप लगाया कि दास साहब और शुक्लजी ने कुछ लोगों को सम्मेलन में उपस्थित होने से वंचित रखने के लिए आश्विन नवरात्र का समय निर्धारित किया था। इन लोगों का कहना था कि हिन्दी के कई बड़े विद्वान व्यक्तिगत रूप से 9 दिनों तक विधिवत उपासना करते थे, इसलिए वे चाहकर भी सम्मेलन में नहीं उपस्थित हो सकते थे। लेकिन बहुमत द्वारा श्यामसुन्दर दास और शुक्लजी द्वारा प्रस्तावित समय स्वीकार कर लिया गया। याद करें कि शुक्लजी का जन्म आश्विन शुक्लपक्ष में ही हुआ था। वे प्रथम हिन्दी-साहित्य सम्मेलन को अपने 26वें जन्म-पक्ष का उपहार बनाना चाहते थे। फलतः हिन्दी साहित्य सम्मेलन का प्रथम अधिवेशन आश्विन शुक्ल सप्तमी से नवमी तक अर्थात् 10 अक्तूबर से 12 अक्तूबर तक (1910) सम्पन्न हुआ।

'हिन्दी साहित्य सम्मेलन' के प्रथम अधिवेशन में 200 से अधिक महाशय बाहर से सम्मिलित होने के लिए आए और सब मिलाकर 500 प्रतिनिधि उपस्थित थे और दर्शकों की संख्या किसी भी अवस्था में एक हजार से कम न थी। (भूमिका पृ. कार्य विवरण पहला भाग) 'पहला दिन' के विवरण की शुरुआत करते हुए बाबू श्यामसुन्दर दास ने लिखा, 'सब महाशयों के यथास्थान बैठ जाने पर स्वागतकारिणी समितिं के सभापति राय शिवप्रसाद ने सभापति का आसन ग्रहण किया और बाबू हरिदास माणिक ने सुन्दर स्वर में पंडित रामचन्द्र शुक्ल रचित निम्नलिखित मंगलमय प्रार्थना की। (प्रथम हिन्दी साहित्य-सम्मेलन, काशी (1910) कार्य-विवरण, पहला भाग, पृ. 1)

दादा साहब की टिप्पणी के बाद शुक्लजी की पद-शैली में कविता दी गई है। इस कविता का गायन बाबू हरिदास माणिक ने भैरवी राग में किया था। यह शरद ऋतु के प्रातःकाल का प्रतिनिधि राग था। शुक्लजी की कविता नीचे दी जा रही है :

जय जय जग नायक करतार।
करत नाथ कर जोरि आज हम विनती बारम्बार।
प्रात समीर सरिस भारत मँह हिन्दी करै प्रसार॥
जय.जय. ॥

खोलै परखि उनीदे नयनन दरसावैं संसार।
बुध हिय सागर बीच उठावै भाव तरंग अपार॥
जय.जय. ॥
देश देश के मृदु सुमनन सों भरि सौरभ को थार।
बगरावै यदि भूमि बीच जो हरै समाज विकार॥
जय.जय.॥
भेटे सब असान ताप करि शीतलता संचार।
विविध कला फिसलय कल रणदरावै प्रति द्वार॥
जय.जय. ॥ (पृ. 1-2)

शुक्लजी की यह कविता नागरी प्रचारिणी सभा वाराणसी द्वारा संकलित (1971) उनके कविता संकलन 'मधुस्रोत' में नहीं सम्मिलित की जा सकी। शुक्लजी के जीवनी लेखकों ने भी इसकी चर्चा नहीं की है। यह कविता हिन्दी नवजागरण की शुक्ल चिन्ता का प्रामाणिक साक्ष्य थी। पूरी कविता भारतेन्दु के राष्ट्रीय नवजागरण-भाव से मेल खानेवाली थी। हिन्दी को राष्ट्रभाषा बनाने के लिए किए जानेवाले संघर्ष के मृदु तूर्यनाद की तरह 10 अक्तूबर से 12 अक्तूबर तक अधिवेशन में अनुगुंजित होती रही। 'हिन्दी साहित्य सम्मेलन' के प्रथम अधिवेशन का प्रारम्भ रामचन्द्र शुक्ल से हुआ। यह हिन्दी भाषा और साहित्य के इतिहास का सबसे महत्त्वपूर्ण क्षण था। शुक्लजी की कविता त्रि-दिवसीय सम्मेलन का ऐतिहासिक प्रारूप थी। सम्मेलन के पहले सत्र के अन्त में 'विषय निर्धारिणी कमेटी' का चुनाव हुआ। शुक्लजी सर्वसम्मति से जम्मू के प्रतिनिधि चुने गए। बाबू श्यामसुन्दर दास भी जम्मू के प्रतिनिधि बने। यद्यपि ये दोनों कोश-सम्पादन के सिलसिले में जम्मू गए थे, परन्तु देश के धुर उत्तरांचल का प्रतिनिधित्व करना अपने आप में अत्यन्त महत्त्वपूर्ण था। अगर 1907 से लेकर 1918 तक की नागरी प्रचारिणी सभा के इतिहास का मूल्यांकन किया जाए तो यह 'दास और शुक्ल' का इतिहास कहा जाएगा। सच तो यह था कि बाबू श्यामसुन्दर दास पं. रामचन्द्र शुक्ल के बिना और पं. रामचन्द्र शुक्ल बाबू श्यामसुन्दर दास के बिना अधूरे थे। दोनों में शरीर और आत्मा का सम्बन्ध था। बाबू श्यामसुन्दर दास में 'प्रशासनिक' शक्ति निहित थी और पंडित रामचन्द्र शुक्ल में 'कृतित्व' की शक्ति।

सम्मेलन में पंडित रामचन्द्र शुक्ल के प्रभाव का लोहा सभी मानने लगे थे। यह अकारण नहीं था। मई से सितम्बर तक के पाँच महीनों में सम्मेलन को सफल बनाने के लिए शुक्लजी ने अथक परिश्रम किया। देश के कोने-कोने में रहनेवाले हिन्दी विद्वानों और सभा के प्रतिनिधियों से पत्राचार किया। सम्मेलन को सफल अंजाम देने के लिए छोटी-बड़ी योजनाएँ बनाईं। इन्हीं प्रयासों के कारण सम्मेलन को सम्पूर्ण सफलता मिली। यहाँ तक जब मिर्जापुर से विषय-निर्धारिणी कमेटी से प्रतिनिधियों का चयन किया गया तब उनके उन्हीं मिर्जापुरी मित्रों को लिया गया जिनके नाम उन्होंने प्रस्तावित किए। बाबू ज्वालाप्रसाद, एम.ए. डिप्टी कलेक्टर थे जो शुक्लजी के मुहल्ले रमईपट्टी में रहते थे।

इनके अतिरिक्त पंडित बदरीनाथ शर्मा वैद्य और बाबू भगवानदास हालना इनके साहित्यिक मंडली के सदस्य थे। जिनके नामों के उल्लेख इन्होंने अपने लेख 'प्रेमघन की छाया स्मृति' (हंस, जनवरी-फरवरी, 1931) में किए थे।

'हिन्दी साहित्य सम्मेलन' (अक्तूबर 1910) के सभापति थे पंडित मदनमोहन मालवीय जो रामचन्द्र शुक्ल और उनके युवा-दल की व्यवस्था, कार्य कुशलता और विद्वत्ता से अत्यन्त प्रभावित हुए थे। 12 अक्तूबर को सम्मेलन की समाप्ति-घोषणा करते हुए उन्होंने कहा, "काशी नागरी प्रचारिणी सभा की स्वागतकारिणी सभा का धन्यवाद है। इसके उत्साही बालकों ने अपने नगर में आए सज्जनों की अच्छी सेवा की है। इनकी यह सेवा, इनका यह उत्साह इनके भावी उदय का सूचक है। इनमें कई बालक जिन्होंने मुझ जैसे सामान्य व्यक्ति की सेवा की है उस ऊँचे पद को पावेंगे जिसकी कल्पना नहीं की जा सकती।" (प्रथम हिन्दी साहित्य सम्मेलन कार्य-विवरण, तीसरा दिन, पृ. 77)

मालवीयजी के समाप्ति भाषण में स्वागतकारिणी कमेटी के 'बालकों' की सराहना की गई थी और उन्हें उस ऊँचे पद पर पहुँचाने का आश्वासन दिया गया था जिसकी कल्पना वे कर ही नहीं सकते थे। स्वागतकारिणी समिति में कुल 26 सदस्य थे। उनमें सही अर्थों में केवल दो ही 'बालक' थे पंडित रामचन्द्र शुक्ल और बाबू गंगाप्रसाद गुप्त। शुक्लजी की अवस्था थी 26 वर्ष की और गुप्त की 27 वर्ष की। शेष सभी सदस्य प्रौढ़-युवा थे। इस प्रकार युवा थे केवल शुक्लजी जिन्हें सेवा-व्यवस्था का दायित्व बाबू श्यामसुन्दर दास और पंडित रामनारायण मिश्र ने सौंपा था। स्पष्ट है कि मालवीयजी की 'वक्तृता' के केन्द्र में पंडित रामचन्द्र शुक्ल थे। मालवीयजी ने सम्मेलन के सभापति-रूप में दिए गए अपने भाषण को चरितार्थ किया सन् 1919 में यानी नौ वर्षों बाद पं. रामचन्द्र शुक्ल को काशी हिन्दू विश्वविद्यालय के हिन्दी-विभाग में अध्यापक बनाकर।

अगर गौर किया जाए तो ज्ञात होगा कि मालवीयजी ने जब पंडित रामचन्द्र शुक्ल को हिन्दू विश्वविद्यालय में हिन्दी-अध्यापक नियुक्त करने का निश्चय किया तब शुक्लजी में अपेक्षित शैक्षिक योग्यता नहीं थी। इसलिए उस समय शैक्षिक योग्यताधारियों तथा शुक्ल-विरोधियों ने उनकी नियुक्ति न होने देने के लिए तमाम षड्यन्त्र रचे। इन षड्यन्त्रों के विषय में शुक्लजी ने बाबू रायकृष्ण दास को एक पत्र लिखकर अवगत कराया था। इस पत्र का उल्लेख लक्ष्मीदत्त व्यास ने अपने एक लेख, 'आचार्य रामचन्द्र शुक्ल : एक दूसरा पहलू' ('दस्तावेज' सम्पादक विश्वनाथ प्रसाद तिवारी, अक्तूबर, 1983-जनवरी 1984 अंक 21-22, पृ. 21) में किया है। व्यासजी ने लिखा है, "शुक्लजी द्वारा राय साहब (रायकृष्ण दास) को प्रेषित एक और महत्त्वपूर्ण पत्र है जिसमें उनके द्वारा काशी हिन्दू विश्वविद्यालय के हिन्दी अध्यापक हेतु किए गए प्रयास की सूचना देता है। साथ ही इस पत्र में उन्होंने, अपने विरुद्ध हो रहे कायस्थों के कुचक्र की ओर भी संकेत किया है।" (पृ. 30/दस्तावेज)

हिन्दू विश्वविद्यालय में शुक्लजी की नियुक्ति का चाहे जितना भी विरोध क्यों न

हुआ हो, मालवीयजी ने 'प्रान जाँहि बरु बचन न जाहीं' का परिचय दिया था। मालवीयजी को डिग्री की नहीं 'विद्वत्ता' की जरूरत थी। उन्होंने हिन्दी साहित्य सम्मेलन में रामचन्द्र शुक्ल की विद्वत्ता और प्रबन्धन क्षमता का व्यक्तिगत अनुभव किया था, इसलिए तमाम विरोधों को अमान्य करते हुए, उन्होंने रामचन्द्र शुक्ल को विश्वविद्यालय के हिन्दी विभाग में अध्यापक रख लिया। इतना ही नहीं उन्होंने युगानुरूप हिन्दी का पाठ्यक्रम निर्धारित करने का दायित्व भी दिया। शुक्लजी की नियुक्ति में बाबू श्यामसुन्दर दास ने भी अनुकूल परिवेश-सृजन की भूमिका निभाई थी।

पंडित रामचन्द्र शुक्ल में विद्वत्ता के साथ विवेक और विमर्श की अद्भुत क्षमता थी। अध्यापक होने के साथ ही वे विवेक और विमर्श के कारण सफलता के शिखर पर पहुँच गए। उनकी सफलता का प्रत्यक्ष प्रमाण यह था कि जब बाबू श्यामसुन्दर दास हिन्दू विश्वविद्यालय के हिन्दी-विभागाध्यक्ष के पद से रिटायर हुए तब शुक्लजी को ही अध्यक्ष का कार्यभार सौंपा गया। हालाँकि उस समय हिन्दी-विभाग में डॉ. पीताम्बर दत्त बड़थ्वाल भी अध्यापक थे और उन्होंने बाबू श्यामसुन्दर दास के निर्देशन में डी.लिट् की उपाधि प्राप्त कर ली थी परन्तु मालवीयजी ने पुनः ज्ञान की गरिमा को महत्त्व दिया न कि उपाधि की गरिमा को। डॉ. बड़थ्वाल और उनके समर्थकों के सभी दाँव-पेंच अरण्य-रोदन साबित हुए। इन सारी घटनाओं को समय के आईने में देखने से अज्ञात नहीं रह जाता कि महामना मालवीयजी के मन में रामचन्द्र शुक्ल उसी समय बस गए थे जब प्रथम हिन्दी साहित्य सम्मेलन में उन्होंने स्वागत-समिति के सदस्य के रूप में अपनी क्षमता का परिचय दिया था।

प्रथम हिन्दी साहित्य सम्मेलन के कार्य-विवरण के दूसरे खंड में 22 विद्वानों के लेख प्रकाशित हुए जिनमें चन्द्रशेखर धर मिश्र की निवेदन शीर्षक कविता प्रथम पृष्ठ पर दी गई। इसी मिश्रजी ने जब द्वितीय हिन्दी साहित्य सम्मेलन के कार्य-विवरण में प्रकाशनार्थ 'भाषा' शीर्षक कविता लिखी तब 'वयः न समीक्ष्यते' के सिद्धान्त के तहत अपने से 26 वर्ष छोटे रामचन्द्र शुक्ल को गौरव देते हुए लिखा :

ऐसे भाषा-प्रेमियों का रामचन्द्र भला करें,
काम दोनों लोक के उनके सहर्ष चला करें।
और ऐसे सुजन दिन-दिन भारतीय बढ़ा करें,
जिनका यश संसार-भर सादर सदैव पढ़ा करें।

(सम्मेलन की रिपोर्ट, पृ. 12)

इस कविता में प्रेमघन, बालकृष्ण भट्ट, महावीरप्रसाद द्विवेदी और सम्मेलन के सभापति पं. गोविन्द नारायण मिश्र का भी प्रशस्ति गायन किया गया है। यहाँ यह कहा जाना जरूरी है कि चन्द्रशेखर धर मिश्र ने 'रामचन्द्र' शब्द का प्रयोग दोहरे अर्थ में किया था। मिर्जापुर में ऐसी जनश्रुति थी कि रामचन्द्र शुक्ल की पहल पर किसी व्यक्ति ने 'नागरी प्रचारिणी सभा' के 6000 रुपए के ऋण को चुका देने का वादा किया था। मिश्र

ने इसी सन्दर्भ के तहत वादा करनेवाले व्यक्ति को आशीर्वाद देते हुए 'ऐसे भाषा प्रेमियों का रामचन्द्र भला करें' पंक्ति का प्रयोग किया था। उन्होंने लिखा था :

एक भाषा के हितैषी ने भी नाम नहीं लिया
नागरी के नाम के दिन छ हजार चुका दिया।

(वही, पृ. 8)

पं. चन्द्रशेखर धर मिश्र ने 'चुका दिया' शब्दों का प्रयोग किया था परन्तु नागरी प्रचारिणी सभा के अगले बजट में यह ऋण ज्यों का त्यों दिखाया गया था। मिश्रजी की कविता का प्रतिवाद करते हुए बाबू श्यामसुन्दर दास ने टिप्पणी लगाई थी कि शायद लेखक को यह मालूम नहीं है कि वह ऋण अभी तक चुकाया नहीं गया। (वही, पृ. 8)

यहाँ इस कविता के उल्लेख का महज इतना तात्पर्य है कि रामचन्द्र शुक्ल नागरी प्रचारिणी सभा को केवल अपनी प्रतिभा का लाभ नहीं दे रहे थे, बल्कि उसकी आर्थिक बेहतरी के लिए भी जी तोड़ परिश्रम कर रहे थे। इसका प्रमाण उन्होंने प्रथम हिन्दी साहित्य सम्मेलन के अधिवेशन (1910) में ही दे दिया था। इस सम्मेलन में 'सहायतार्थ चन्दा' काशी को छोड़कर केवल मिर्जापुर से ही प्राप्त हुआ था। शुक्लजी के प्रयास से मिर्जापुर से पैसा फंड में 228 रुपए मिले थे, प्रयाग से 61 रुपए आठ आने, कलकत्ता से 49 रुपए, छतरपुर से 54 रुपए, पूरे बिहार से 57 रुपए और पूरे मध्य प्रदेश से छतरपुर सहित 91 रुपए ही मिल सके थे। काशी से 600 रुपए आठ आने अवश्य मिले थे परन्तु इसमें 200 रुपए काशी में रहनेवाले राजाओं के, 50 रुपए नागरी प्रचारिणी सभा के 50 रुपए स्वागतकारिणी समिति के अध्यक्ष के थे। अगर गौर किया जाए तो शुक्लजी के प्रयास के कारण चन्दा देनेवाले शहरों में सबसे ऊपर मिर्जापुर ही था। सम्मेलन प्रारम्भ होने के कुछ दिन पहले शुक्लजी ने मिर्जापुर निवासियों से सभा के लिए चन्दा की याचना की थी और 161 रुपए यहाँ के निवासियों की ओर से स्वयं जमा किया था। आज यह नहीं कहा जा सकता कि वे स्वयं कुछ नहीं दे सके थे जबकि वे अपने मिर्जापुरी साहित्य मंडली के सदस्यों से एक-एक रुपया दिलवाया था।

प्रथम हिन्दी साहित्य सम्मेलन की सफलता में शुक्लजी के योगदान के सन्दर्भ में एक ऐसे तथ्य का भी जानना जरूरी है। इस सम्मेलन के कार्य-विवरण के दूसरे भाग में कविताओं और लेखों का प्रकाशन किया गया जिसमें 'निवेदन' शीर्षक से लम्बी भूमिका लिखी गई है। हालाँकि 'निवेदन' श्यामसुन्दर दास के नाम से छपा है परन्तु उसकी भाषा और शैली रामचन्द्र शुक्ल की है। सबसे पहले भूमिका के शीर्षक 'निवेदन' को ही लिया जा सकता है। भूमिका के लिए 'निवेदन' शब्द का प्रयोग बाबू श्यामसुन्दर दास नहीं, बल्कि रामचन्द्र शुक्ल करते थे। जब उनका प्रथम निबन्ध संग्रह सन् 1939 में 'चिन्तामणि' (पहला भाग) प्रकाशित हुआ, तब भी शुक्लजी ने भूमिका के स्थान पर 'निवेदन' शब्द का प्रयोग किया था। उनकी अन्य कई कृतियों की भूमिका 'निवेदन' शीर्षक में लिखी गई थी।

'निवेदन' शीर्षक से लिखे सम्पादकीय में प्रयुक्त शब्दों, वाक्यों और लहजों को देखने से अस्पष्ट नहीं रह जाता कि यह 'निवेदन' शुक्लजी ने लिखा था। मिसाल के तौर पर बार-बार 'विलक्षण', 'निस्सन्देह', 'कहने की आवश्यकता नहीं है', 'सुन्दर कविता करते हैं' और 'कई बेर' आदि दर्जनों शब्द और लहजे रामचन्द्र शुक्ल द्वारा 'हिन्दी साहित्य का इतिहास' में पुनः-पुनः दोहराए गए हैं जैसे पृ. 432, 541, 573 आदि। 'कई बेर' तो शुक्लजी की मिर्जापुरी कविताओं में 'बेर-बेर' प्रयुक्त हुआ है। आज हिन्दी के शैली-विज्ञानियों, रीति-विज्ञानियों, पाठालोचकों और समीक्षकों को पंडित रामचन्द्र शुक्ल के उन लेखों और भूमिकाओं का उद्धार किया जाना चाहिए जिन्हें उन्होंने किन्हीं विवशताओंवश दूसरे के नाम से जाने दिया।

शुक्लजी की बौद्धिक सक्रियता के कारण नागरी प्रचारिणी सभा में आयोजित प्रथम हिन्दी साहित्य सम्मेलन को जितनी अधिक सफलता मिली उतनी सफलता द्वितीय सम्मेलन को नहीं मिल सकी। द्वितीय में भी शुक्लजी की काफी हिस्सेदारी थी। उन्हें इस सम्मेलन में काशी नागरी प्रचारिणी पत्रिका के सम्पादक की हैसियत से विषय-निर्धारिणी समिति का सदस्य बनाया गया। (द्वितीय हि.सा.सम्मे., प्रयाग का कार्य-विवरण, पहला भाग, पृ. 36) इसके अलावा 27वें प्रस्ताव के तहत (दूसरा दिन 26 सित. 1911) इन्हें आगामी वर्ष के लिए बनी स्थायी समिति का सभासद नियत किया गया। (वही पृ. 54) अधिवेशन के दूसरे ही दिन 'हिन्दी को राष्ट्रभाषा बनाने में पत्र सम्पादकों का सहयोग' प्रस्ताव 17वाँ के समर्थन कर्त्ता के रूप में बोलना भी पड़ा था। (वही पृ. 46) उन्होंने अपने मिर्जापुरी 'मित्र नाटक मंडली' की ओर से सम्मेलन को 17 रुपए का चन्दा भी दिया था। परन्तु वे इसमें पहले सम्मेलन की तरह दायित्व-वाहक के रूप में नहीं उभरे थे। यह भूमिका पुरुषोत्तम दास टंडन ने वहन की थी। टंडनजी को अगले वर्ष के लिए चुनी गई स्थायी समिति का मन्त्री बना दिया गया था। (वही, पृ. 54)

प्रयाग में होनेवाले दूसरे साहित्य सम्मेलन में राजनीतिक दाँव-पेंच जमकर प्रयुक्त हुए। इसमें महावीरप्रसाद द्विवेदी और बाबू श्यामसुन्दर दास का वैयक्तिक विरोध प्रयाग बनाम काशी के रूप में उभरा। आचार्य द्विवेदी के साथ टंडनजी खड़े हुए और बाबू श्यामसुन्दर दास के साथ रामचन्द्र शुक्ल। प्रयाग और काशी का यह विरोध तृतीय हिन्दी साहित्य सम्मेलन के आयोजन को लेकर सतह पर आ गया। श्यामसुन्दर दास के निर्देश पर लाला भगवानदीन ने कलकत्ता में आयोजित होनेवाले तृतीय हिन्दी साहित्य सम्मेलन को 'स्वांग' कहा तथा इलाहाबाद और कलकत्ता के सभासदों पर तीखे आरोप लगाए। सम्मेलन के सभापति के रूप में 'प्रेमघन' का निर्णय किया गया था जिसे लालाजी ने षड्यन्त्र का परिणाम बताया। उन्होंने 'सम्मेलन है या स्वांग' शीर्षक से एक लेख लिखा जिसमें कहा, 'साहित्य सेवा का अहंकार रखनेवाले व्यक्तियों को अकपट हृदयता से काम करना चाहिए। पर देखते हैं कि इस हिन्दी साहित्य सम्मेलन में गत वर्ष से ही कपटमय चाल चली जा रही है। इलाहाबादवाले और कलकत्तेवाले साहित्य सेवियों में गत वर्ष से

जो गुप्त अभिसन्धि हुई थी और जिस अभिसन्धि के प्रताप से कलकत्ते के एक महाशय सम्मेलन के सभापति बना दिए गए थे, उस अभिसन्धि का पता कतिपय साहित्य-जासूसों को लग गया। यह अभिसन्धि पत्र कलकत्ते में लिखा गया था और मुख्य शर्त उसमें यह थी कि इस वर्ष यदि हमारे कहे हुए व्यक्ति को सभापति बना देंगे तो आगामी वर्ष हम सम्मेलन कलकत्ते में करा देंगे और जिसे तुम कहोगे उसी को हम भी सभापति बना देंगे।' (लक्ष्मी दर्शन, वर्ष 10, 2 अगस्त, 1912, पृ. 69)

लाला भगवानदीन के लेख ने भारी तहलका खड़ा कर दिया। इस लेख के कारण केवल वे ही नहीं बदनाम हुए बल्कि रामचन्द्र शुक्ल पर भी आरोप लगाए गए। रामचन्द्र शुक्ल तृतीय हिन्दी साहित्य सम्मेलन में भाग लेने नहीं गए। यहाँ तक कि सहानुभूति सूचक तार या पत्र तक नहीं भेजा जबकि उनके मिर्जापुरी साहित्यकार मित्रों ने 'तार' भेजकर सम्मेलन के प्रति अपनी आस्था व्यक्त की थी। शुक्लजी ने सम्मेलन के प्रति नकारात्मक कदम क्यों उठाए, इसे कहने की आवश्यकता नहीं। लेकिन उनकी निषेधदृष्टि ने उन्हें कम बदनाम नहीं किया। कुछ लोगों ने उनके व्यक्तित्व की स्वतन्त्रता को कमजोर माना और कुछ लोगों का यहाँ तक कहना था कि पं. रामचन्द्र शुक्ल ने 'प्रेमघन' का नहीं बल्कि अपना स्वयं का अपमान किया था। जिस प्रेमघन के दरबार के साया में रहकर उन्होंने अपनी रचनात्मक प्रतिभा को पुष्पित-फलित किया था, उसी प्रेमघन के प्रति उपेक्षा दिखलाना पूरी तरह अनुचित था। प्रेमघन के भतीजे पं. नर्मदेश्वर प्रसाद उपाध्याय तो शुक्लजी की अनुपस्थिति पर बेहद खफा हुए थे।

यहाँ रामचन्द्र शुक्ल पर लगाए जानेवाले आरोपों का सही परिप्रेक्ष्य में आकलन करनेवाले लोग यह कहे बिना नहीं रह सकते कि शुक्लजी ऐसी स्थिति में नहीं थे कि वे बाबू श्यामसुन्दर दास की इच्छाओं की अवहेलना करते। बाबू श्यामसुन्दर दास ने उन्हें रोजी-रोटी तो दी ही थी, साथ ही उन्हें साहित्यिक विकास के उन मार्गों से भी जोड़ा था जिनके बल पर वे आज 'पंडित' से 'आचार्य' बन गए हैं। अगर भावुकता में आकर उन्होंने 'हिन्दी शब्द-सागर' और 'नागरी प्रचारिणी पत्रिका' का सम्पादन-दायित्व छोड़ दिया होता तो वे आचार्य रामचन्द्र शुक्ल न बन सके होते। पंडित रामचन्द्र शुक्ल के निर्माण में बाबू श्यामसुन्दर दास के योगदान को नकारा नहीं जा सकता। यहाँ यह भी कहना जरूरी है कि शुक्लजी में 'प्रेमघन' के प्रति श्रद्धा और भक्ति की कमी रंचमात्र नहीं थी। परिस्थितियाँ ऐसी थीं जिन्होंने शुक्लजी को श्यामसुन्दर दास के अनुकूल चलने के लिए विवश किया था। साहित्य सम्मेलन के प्रयाग-अधिवेशन (1911) से ही सम्मेलन राजनीति का शिकार हो गया। परन्तु श्यामसुन्दर दास ने शुक्लजी को एक बार पुनः हिन्दी साहित्य सम्मेलन की प्रतिष्ठा से जोड़ दिया। जब इसका चौथा अधिवेशन मुंशीराम शर्मा के सभाषतित्व में भागलपुर में आयोजित हुआ और दिसम्बर, 1913 में आयोजित हुआ तो श्यामसुन्दर दास और पं. रामचन्द्र शुक्ल के महत्त्व की पुनः वापसी हुई। महात्मा मुंशीराम शर्मा बनारस में पढ़ चुके थे, इसलिए बनारस के प्रति उनका विशेष लगाव था। भागलपुर हिन्दी साहित्य सम्मेलन में सभापतित्व करने के लिए वे बनारस से ही बाबू

शिवप्रसाद गुप्त के साथ पहुँचे थे। बाबू शिवप्रसाद गुप्त और नागरी प्रचारिणी सभा का अभिन्न सम्बन्ध था। स्वाभाविक था कि सम्मेलन में नागरी प्रचारिणी सभा के महत्त्व की पुनः स्थापना होती। गुप्तजी के साथ ही बाबू श्यामसुन्दर दास और शुक्लजी भागलपुर पहुँचे थे। पूरे सम्मेलन में श्यामसुन्दर छाए रहे। इस सम्मेलन में शुक्लजी को भी वे सभी पद मिले जो कलकत्ता सम्मेलन में छिन गए थे। वे पुनः स्थायी समिति के सभासद बने। बाबू श्यामसुन्दर दास के प्रस्ताव के ही तहत अगला सम्मेलन (1914) लखनऊ के कालीचरण स्कूल में आयोजित किया गया, उस स्कूल परिसर में जहाँ बाबू श्यामसुन्दर दास अध्यापक थे। पाँचवें सम्मेलन के सभापति श्रीधर पाठक उस समय काफी अस्वस्थ थे, इसलिए उनका लिखित भाषण बाबू साहेब ने पढ़ा। सभापति द्वारा सुझाए गए सभी प्रस्ताव भी इन्होंने ही प्रस्तुत किए। यहाँ तक कि सम्मेलन की समाप्ति की घोषणा भी इन्होंने ही की। इस पाँचवें सम्मेलन (26, 27, 28 नवम्बर, 1914) में शुक्लजी उतने ही व्यस्त रहे जितने प्रथम सम्मेलन में। 'गौड़ हितकारी', दिसम्बर 1914, 'श्री वेंकटेश्वर सभागार' मुम्बई, 4 दिसम्बर, 1914, 'प्रताप' कानपुर 6 दिसम्बर, 1914; 'क्षत्रिय मित्र' बनारस, दिसम्बर 1914 और 'जया ही प्रताप' 6 दिसम्बर, 1914 जैसी प्रतिष्ठित पत्र-पत्रिकाओं ने सम्मेलन की अद्वितीय सफलता की भूरि-भूरि प्रशंसा की। इन पत्रों ने श्यामसुन्दर दास और रामचन्द्र शुक्ल के महत्त्व की कम सराहना नहीं की। इस वर्ष सम्मेलन की राजनीति बाबू साहेब के हाथ में आ गई। सम्मेलन के अन्तिम दिन बाबू साहब की प्रशंसा करते हुए सत्यदेव परिव्राजक ने कहा था, 'पिछले साल भागलपुर में सम्मेलन के समय जब पूज्य बाबू श्यामसुन्दर दास ने सम्मेलन को लखनऊ बुलाया था तब कौन जानता था कि लखनऊ का सम्मेलन अद्वितीय होगा। मैं तीन साल से सम्मेलन में जाता हूँ परन्तु मैंने इससे पहले के सम्मेलनों में इतनी अधिक सफलता नहीं देखी। (पंचम हिन्दी साहित्य सम्मेलन, लखनऊ, कार्य विवरण-पहला भाग) स्पष्ट है कि परिव्राजकजी ने 'प्रयाग' की तुलना में 'बनारस' को अधिक महत्त्व दिया था। आचार्य महावीरप्रसाद द्विवेदी इस सम्मेलन में भाग लेने नहीं गए थे और बाबू पुरुषोत्तम दास टंडन कहते भी तो क्या कहते। बाबू श्यामसुन्दर दास पाँचवें हिन्दी साहित्य सम्मेलन में उपसभापति थे, परन्तु छठे में सभापति हो गए और वह भी 'प्रयाग' में जहाँ के विद्वानों ने इन्हें हिन्दी साहित्य सम्मेलन से बहिष्कृत करने की राजनीति की थी। बाबू साहेब के प्रयास से ही छठे सम्मेलन के लिए चुने गए स्थायी प्रतिनिधियों में नागरी प्रचारिणी सभा के सभासद अधिक संख्या में चुने गए जिनमें पंडित रामचन्द्र शुक्ल, लाला भगवानदीन, केदारनाथ पाठक, जगन्मोहन वर्मा, रामचन्द्र वर्मा, बालमुकुन्द वर्मा, पं. रामनारायण मिश्र, कालीदास, वेणीप्रसाद, बाबू गौरीशंकर प्रसाद जैसे दो दर्जन लोग।

इतना तो निर्विवाद रूप से कहा जा सकता है कि नागरी प्रचारिणी सभा पं. रामचन्द्र शुक्ल के वैचारिक विकास और रचनात्मक प्रतिभा की अभिव्यक्ति के लिए उर्वर कर्म भूमि साबित हुई। परन्तु इससे उन्हें कृतित्व का घाटा भी कम नहीं सहना पड़ा। नागरी प्रचारिणी सभा के कोश और पत्रिका सम्पादन में उन्होंने इस सीमा तक आत्म-प्रक्षेप कर

दिया कि सन् 1920 तक उनकी कोई मौलिक कृति ही नहीं प्रकाशित हो सकी। उन्हें फुटकल लेखों और अनुवादों तक ही सीमित रह जाना पड़ा। मिसाल के तौर पर हिन्दी साहित्य सम्मेलन का मंगलाप्रसाद पारितोषिक इन्हें सन् 1938 में जाकर मिला तब इनकी उम्र 44 वर्ष हो गई थी। जिस 'चिन्तामणि' पर इन्हें यह पारितोषिक मिला उसके अधिकांश निबन्ध सन् 1930 तक छप चुके थे, परन्तु इसके प्रकाशन के लिए इन्हें दस वर्षों तक प्रतीक्षा करनी पड़ी। सन् 1930 में इन निबन्धों का संकलित प्रकाशन 'विचार वीथी' शीर्षक से हुआ था परन्तु पुरस्कार-समिति का ध्यान इधर नहीं गया था। यही पुस्तक (विचार-वीथी) जब परिमार्जित होकर 'चिन्तामणि' नाम से छपी, तब जाकर पुरस्कृत हुई। 'चिन्तामणि' नाम भी शुक्लजी के हिन्दू विश्वविद्यालय में सहयोगी अध्यापक पं. केशवप्रसाद मिश्र द्वारा सुझाया गया था। अगर ध्यान दिया जाए तो नागरी प्रचारिणी सभा में रहते हुए शुक्लजी के लेख चाहे कितनी भी संख्या में छपे हों, पुस्तक रूप में प्रकाशित 'कृति' के क्षेत्र में वे काफी पीछे पड़ गए थे। इसका मूल कारण था 'हिन्दी शब्द-सागर' को पूर्णता देने का उनका संकल्प। एक दूसरा कारण नागरी प्रचारिणी सभा द्वारा प्रकाशित 'पत्रिका' का सम्पादन भी था। पत्रिका का सम्पादक होते ही (1907) शुक्लजी उसे हिन्दी नवजागरण से जोड़ने के लिए जी तोड़ कोशिश करने लगे।

ऊपर कहा जा चुका है कि नागरी प्रचारिणी पत्रिका में रामचन्द्र शुक्ल के दायित्व सँभालने के पहले पत्रिका अतीत गौरव-गान करने में लगी थी। मिसाल के तौर पर 20वीं शताब्दी के पहले वर्ष बाबू श्यामसुन्दर दास ने कुल पाँच लेख प्रकाशित किए। उस समय पत्रिका 48 पृष्ठ की त्रैमासिक छपती थी। किसी एक ही लेखक का लेख पत्रिका के दो-दो अंकों में छपता था। वैविध्य की भारी कमी थी। पं. महावीरप्रसाद द्विवेदी का लेख सन् 1900 के दो शुरुआती अंकों को घेरकर बैठ गया, शीर्षक था 'नैषधचरित चर्चा' 77 पृष्ठों का। द्विवेदीजी ने पूरे लेख में 'नैषध' के श्लोकों का भावार्थ लिखा था। पत्रिका में दायित्व सँभालने के बाद शुक्लजी ने एक ही अंक में एक लेखक के दो या तीन लेख नहीं जाने दिए। बाबू साहब को यह विवशता झेलनी पड़ती थी। अपने कार्यकाल में शुक्लजी ने ब्रिटिश शासकों की चाटुकारिता करने की प्रवृत्ति का तिरस्कार किया और पत्रिका को वस्तु-विन्यास के धरातल पर नव-जागरण से जोड़ने की भरपूर कोशिश की। श्यामसुन्दर दास के समक्ष यह लक्ष्य नहीं था। सन् 1901 में मिश्र बन्धुओं ने 'विक्टोरिया शोक सप्तक' लिखा जिसमें कहा कि उसकी मृत्यु के कारण भारतवर्ष के चन्द्रमा और सूर्य के मुख में कालिख लग गया, 'सूर चन्द्र मुख कारिख आनी'। बाबू श्यामसुन्दर दास ने इस आश्चर्य पर भी ध्यान नहीं दिया कि विक्टोरिया तो मरी इंग्लैंड में, फिर यहाँ भारतवर्ष के सूर्य-चन्द्रमा के मुख कालिख कैसे लग गया ? इसी अंक में किशोरीलाल गोस्वामी की कविता 'शोकाश्रुधारा' छपी। इन्होंने राजभक्ति में मिश्र बन्धुओं को भी पीछे छोड़ दिया। बाबू राधा कृष्णदास ने लिखा, 'जब लौ यह संसार अचल तब कीरति भ्राजै। जब जौ ब्रिटिश सुशास्त्र, तुव परिवार विराजै।' (पृ. 154-55) मिश्र बन्धुओं में श्यामबिहारी मिश्र एम.ए. थे और शुकदेव बिहारी मिश्र बी.ए.। ये दोनों भाई छोटे-मोटे

सरकारी अफसर बन गए। पं. रामचन्द्र शुक्ल सरकारी नौकरी ठुकराकर नागरी प्रचारिणी सभा में आए थे। विचारधारा से बिल्कुल भिन्न। जिस 1901 में राधाकृष्ण दास, किशोरीलाल गोस्वामी, श्यामबिहारी मिश्र और शुकदेवबिहारी मिश्र भारतवर्ष में अनन्त काल तक ब्रिटिश साम्राज्य स्थापित रखने के लिए भगवान से प्रार्थना कर रहे थे, उसी 1901 में पंडित रामचन्द्र शुक्ल 'What has India to do' लेख लिख रहे थे। यह विचारधारा का अन्तर था। 'पत्रिका' में सहकारी होते ही उन्होंने पत्रिका का स्वर बदल दिया। पहले ही अंक में मिर्जापुर के अपने अंग्रेजी गुरु पंडित रामगरीब चौबे का एक लम्बा लेख छापा, 'शाक्य मुनि गौतम बुद्ध' (पृ. 64-116)। इस लेख का सबल स्वर था, 'नवजागरण' का। चौबेजी ने बुद्ध के प्रवचन का उल्लेख उन्हीं के शब्दों में किया, 'मैं सारे बन्धनों से छुटकारा पा गया हूँ। हे भिक्षु लोग, तुम लोग बन्धन मुक्त होने का प्रयत्न करो। जाइए, मनुष्यों के लाभार्थ घूमिए। एक-एक करके आप सब दिशाओं में जाइए। पूर्ण निग्रह, शुद्धता और ब्रह्मचर्य के जीवन की घोषणा करो। मैं भी इस धर्म के प्रचारार्थ जाता हूँ।' (जुलाई, 1907, पृ. 112) इसी अंक में ठाकुरप्रसाद का अर्थशास्त्रीय निबन्ध छपा 'भूगर्भ विद्या', लाला भगवानदीन द्वारा 'ठाकुर कवि का जीवन चरित' जिसमें लोक संस्कृति की भारतीय परम्परा का विशेष उल्लेख किया गया और रमेशचन्द दत्त का एक लम्बा भाषण छपा, 'भारतवर्ष की सब भाषाओं के लिए एक लिपि।' अगले अंक (11वाँ भाग, 1907) में भी 20वीं सदी के हिन्दी नवजागरण को प्रेरणा देनेवाले निबन्ध छपे। इस अंक में बाबू श्यामसुन्दर दास के स्थान पर मुख्य सम्पादक राधाकृष्ण दास बना दिए गए। नागरी प्रचारिणी पत्रिका प्राचीन अभिलेखों की खोज जैसे लेखों के साथ हिन्दी-क्षेत्र में उद्वेलित नवजागरण से सम्बन्धित सामग्री देने लगी। हालाँकि उसके पास 'सरस्वती' और 'मर्यादा' की तरह साधन-सम्पन्नता नहीं थी, परन्तु रामचन्द्र शुक्ल के प्रयासों से लघु उपलब्धता को बड़े परिणामों में बदलने की परिस्थितियाँ बनीं। एक नई सम्पादन दृष्टि विकसित हुई। ग्राहकों और पाठकों की संख्या में वृद्धि हुई।

नागरी प्रचारिणी पत्रिका के सन्दर्भ में सन् 1907 के ग्यारहवें भाग में प्रकाशित लेख अत्यन्त विस्मयकारी रहे। सबसे ज्यादा उल्लेखनीय लेख था सूर्यनारायण दीक्षित का। लेख का शीर्षक था, 'अकबर के राजत्व काल में हिन्दी'। यह उपशीर्षकों के साथ प्रकाशित हुआ। उपशीर्षक थे, 'भाषा का रूप परिवर्तन, शान्ति और सुख होने से काव्य और साहित्य की उन्नति, हिन्दी की उन्नति के भौगोलिक कारण भाषा का विकास, समाज और साहित्य, मूर्ति-चित्रण, कविता की भाषा, कवि प्रतिभा और कवि कौशल, कविता की कसौटी, कवि का समाज के प्रति धर्म, कथनात्मक कविता की दृष्टि, थोड़े से शब्दों द्वारा बहुत से अर्थ की व्यंजना, मनोवैज्ञानिक कल्पना आदि।' अभी तक 'सरस्वती' में अकबर के राजत्व के बहाने कविता के विभिन्न पहलुओं पर इस प्रकार के विचार सामने नहीं आए थे। इस लेख ने तद्‌युगीन साहित्यकारों में कविता पर नए सिरे से विचार करने की प्रेरणा दी। इसी अंक में पंडित रामावतार पांडेय का 'भाषा तत्त्व' और दुर्गाप्रसाद का 'रेडियम' भी महत्त्वपूर्ण लेख थे। इस प्रकार पंडित रामचन्द्र शुक्ल

ने सम्पादन-दायित्व सँभालते ही लिखा था, ''कदाचित् इस बात के यहाँ लिखने की आवश्यकता नहीं है कि इस पत्रिका के सुन्दर लेखों का प्रकाशित होना हिन्दी के लेखकों पर निर्भर है। यदि वे नए-नए लेखों को भेजने की कृपा करेंगे तो निस्सन्देह यह पत्रिका सर्वांग सुन्दर होकर हिन्दी के गौरव का कारण होगी।'' (सम्पादकीय : विविध विषय, पृ. 3)

'हिन्दी शब्द-सागर' और शुक्लजी के समय की नागरी प्रचारिणी सभा की पत्रिका के अंकों को देखने के बाद यह तो निर्विवाद रूप से कहा जा सकता है कि शुक्लजी ने इन्हें 'सर्वांग सुन्दर' तो बना दिया परन्तु अपने सृजन-समय की बलि देकर ही ऐसा किया। उन्होंने 'सम्पादन-सम्मान' के फिक्र में अपनी मौलिक रचनात्मक सत्ता का उत्सर्ग कर दिया। रचना की दैवी प्रतिभा लेकर पैदा हुए रामचन्द्र शुक्ल का बारह वर्षों का समय उचन्त खाते में चला गया। वे 1907 में मिर्जापुर से 'पत्रिका' का काम कर रहे थे। 1908 में बनारस गए। केवल अवकाश के दिनों में ही वे आते। सन् 1907-1908 से लेकर सन् 1919-20 तक इनकी कोई मौलिक कृति प्रकाशित ही नहीं हो सकी। सन् 1914 में प्रकाशित 'प्लेन लीविंग एंड हाई थिंकिंग' का अनुवाद 'आदर्श जीवन' इन्हें कोई ख्याति नहीं दिला सका। 'कविता क्या है ?' (1909) और 'बाबू राधाकृष्ण दास का जीवन चरित' (1908) मिर्जापुरी लेखन था जिन्हें बनारस में जाकर सुसंगठित और परिष्कृत किया। शेष इन बारह वर्षों में इन्हें क्या मिला ? नागरी प्रचारिणी सभा में जाकर इन्होंने सम्पादन का कार्य चाहे जितना भी ज्यादा और उच्च स्तर का किया, वह इनके खाते में नहीं दर्ज हुआ। गया भी तो बाबू श्यामसुन्दर दास के खाते में क्योंकि प्रधान सम्पादक के स्थान पर उन्हीं का नाम लिखा था। इतिहास अभिलेखीय साक्ष्य पर चलता है। प्रत्यक्ष प्रमाण के सामने अनुमान प्रमाण का कोई मूल्य नहीं होता। बाबू श्यामसुन्दर दास शुक्लजी के बनारसी अभिभावक थे, परन्तु उन्होंने ऐसा कुछ नहीं किया कि 'पत्रिका' में प्रकाशित शुक्लजी के फुटकल निबन्धों का कोई संग्रह छप जाता और वे भी कृतिकार की श्रेणी में आ जाते। वास्तव में शुक्लजी के कृतिकार व्यक्तित्व को संरक्षण देनेवाले किसी महामना की जरूरत थी और इस जरूरत को पूरा किया पंडित मदनमोहन मालवीय ने जिन्होंने उन्हें सन् 1919 में बी.एच.यू. के हिन्दी विभाग में अध्यापक नियुक्त किया। अगर 'सभा' और 'विश्वविद्यालय' की तुलना शुक्लजी के सन्दर्भ में की जाए तो कहना पड़ेगा कि नागरी प्रचारिणी सभा शुक्लजी का 'प्रतिष्ठान' थी परन्तु बी.एच.यू. का हिन्दी-विभाग उनका 'अधिष्ठान' सिद्ध हुआ। इसी अधिष्ठान के 21 वर्षीय जीवन में वे कालजयी लेखक और आलोचक बने। यहीं आकर उनके द्वारा लिखा 'हिन्दी साहित्य' का विकास को 'हिन्दी साहित्य का इतिहास' का स्वरूप मिला जो आज 72 वर्षों बाद भी अप्रतिम और अद्वितीय बना हुआ है। अगर शुक्लजी के कृतित्व-व्यक्तित्व से 'हिन्दी साहित्य का इतिहास' घटा दिया जाए तो वह एक-तिहाई से भी कम रह जाएगा। अगर वे बनारस हिन्दू यूनिवर्सिटी में न आए होते तो वे शायद हिन्दी शब्द सागर की भूमिका के रूप में लिखे 'हिन्दी साहित्य का विकास' से भी वंचित

रह गए होते क्योंकि यह भूमिका कोश के प्रधान सम्पादक बाबू श्यामसुन्दर दास के नाम से ही प्रकाशित होती।

सन् 1919 में पं. रामचन्द्र शुक्ल की रचनात्मक यात्रा का सबसे महत्त्वपूर्ण मोड़ था। यहीं आकर वे 'ग्रन्थकार' बने। जब वे नागरी प्रचारिणी सभा में कोशकार थे, तब उनकी आलोचनाएँ भी हुई थीं। 'सरस्वती' के सम्पादक आचार्य महावीरप्रसाद द्विवेदी ने मराठी भाषा के ग्रन्थकारों के सम्मेलन का सन्दर्भ उठाते हुए कहा था, "साहित्य का मैदान तो उजाड़ पड़ा है, पर 'कोश' बन रहा है। लड़का पैदा भी नहीं हुआ, कपड़े उसके लिए पहले से ही तैयार होने लगे। अरे भाई ! कुछ लिख लो पहले, तब कोश बनाओ—तब रुपया बटोरते फिरो। नाम के भूखे हो तो किसी और तरह से नाम पैदा करो। अभी कोश की ज़रूरत ही नहीं है, हे अभागिनी हिन्दी ! तेरे जाननेवालों के भी विचार कभी महाराष्ट्र के विद्वानों की तरह परिमार्जित होंगे ? तू भी कभी मराठी ग्रन्थकारों के समान ग्रन्थकार पैदा करेगी ?" (सरस्वती भाग-9, संख्या-7, पृ. 282) यह आरोप द्विवेदीजी ने तब लगाया था जब नागरी प्रचारिणी सभा ने वृहद् कोश बनाने का निर्णय ले लिया और सम्पादकों के नाम भी लगभग-लगभग तय हो चुके थे। यह नहीं कहा जा सकता कि ये उत्तेजक प्रश्न पं. रामचन्द्र शुक्ल से किए गए थे, परन्तु इसमें वे भी लपेट में आ गए थे। द्विवेदीजी जानते थे कि शुक्लजी में ग्रन्थकार बनने की पूरी क्षमता विद्यमान थी, इसलिए उन्हें 'कोशकार' होने के पचड़े में नहीं पड़ना चाहिए था, परन्तु शुक्लजी को अवसर की तलाश थी जो उन्हें नागरी प्रचारिणी सभा ने उपलब्ध करा दिया था। इस सम्भावना से इनकार नहीं किया जा सकता कि अगर वे सभा में न गए होते तो बी. एच.यू. में भी न जा पाते।

हिन्दू विश्वविद्यालय में हिन्दी-विभाग के अध्यापक रूप में जाने का चाहे जो भी कारण क्यों न रहा हो परन्तु इतना तो सच है कि पं. रामचन्द्र शुक्ल के अध्यापक होते ही हिन्दी-विभाग में अध्यापन का पूरा परिवेश बदल गया। कक्षा में छात्रों के समक्ष विषय-वस्तु को प्रस्तुत करने, उसमें निहित सारी सम्भावनाओं की ओर छात्रों का ध्यान आकृष्ट करने, रचनाकार के समय और अपने युग की परिस्थितियों को कसौटी बनाकर विषय की आलोचना करने, अभिव्यक्ति की नई शैली द्वारा अपने मन को छात्रों का मन बना देने, अवान्तर या विषयान्तर से परहेज करने तथा अपने द्वारा प्रयुक्त एक-एक शब्द को अनिवार्य बनाने की जो पाठन-कला शुक्लजी ने अपनाई वह अभी तक दुर्लभ थी। अध्यापन की यह शैली अयोध्या सिंह उपाध्याय हरिऔध अथवा श्यामसुन्दर दास में नहीं थी। 'हरिऔध' इनसे 19 वर्ष बड़े थे और आजमगढ़ के निज़ामाबाद तहसीली स्कूल में उसी वर्ष पढ़ाने लगे थे जिस वर्ष शुक्लजी पैदा हुए थे। शुक्लजी से नौ वर्ष बड़े श्यामसुन्दर दास के पास भी पहले का अनुभव था, परन्तु बी.एच.यू. में ये लोग भी पढ़ाने में शुक्लजी से उन्नीस पड़ गए।

इतिहास साक्षी है कि आचार्य रामचन्द्र शुक्ल ने केवल शिष्य ही नहीं बनाए बल्कि शिष्यों में से पचास से अधिक प्रतिशत को साहित्यकार भी बनाया, रचना और आलोचना

को नई शक्ति दी और काल-वाचन के लिए नई दृष्टि विकसित की। पीताम्बर दत्त बड़थ्वाल, विनय मोहन शर्मा, केसरी नारायण शुक्ल, विश्वनाथ प्रसाद मिश्र, सीताराम चतुर्वेदी, नन्द दुलारे वाजपेयी, लक्ष्मीनारायण सुधांशु, रमापति शुक्ल, काशीनाथ उपाध्याय 'भ्रमर', चन्द्रबली पांडेय, कृष्णशंकर शुक्ल, ना. नागप्पा, करुणापति त्रिपाठी, भुवनेश्वर मिश्र, जनार्दन झा 'द्विज', रामेश्वर खंडेलवाल, जगन्नाथ शर्मा, रामलाल सिंह, भागीरथ दीक्षित, किशोरीलाल गुप्त, शिवनारायण लाल, रामनाथ 'सुमन', चन्द्रशेखर पांडेय, ज्ञानवती त्रिवेदी, जगन्नाथ तिवारी, शिवमंगल सिंह सुमन, शिवनाथ, हरदेव मिश्र, अयोध्यानाथ शर्मा जैसे दर्जनों लोग शुक्लजी के शिष्यों में थे। शुक्लजी ने ऐसे शिष्यों को केवल विद्यार्थी ही नहीं बल्कि ज्ञान-ग्रन्थ भी बना दिया था। आ. शुक्ल के पहले हिन्दी-विभाग की दृष्टि से 'बी.एच.यू.' विश्वविद्यालय नहीं बल्कि मात्र एक कॉलेज सरीखा था। उसे विश्वविद्यालय की गरिमा आ. शुक्ल ने ही दी थी। उन्होंने अपनी सूक्ष्म-पैनी ज्ञान-दृष्टि से अपने छात्रों के 'अन्तस' को ढूँढ़ निकाला और जिसे सृजन की जिस विधा के योग्य समझा उसको उसी पथ पर अग्रसर किया। हिन्दू विश्वविद्यालय में शुक्लजी जैसा भविष्य-अन्वेषी कोई दूसरा नहीं था। हालाँकि वे विश्वविद्यालय में हिन्दी-साहित्य की हर विद्या-निबन्ध, कविता, नाटक, कहानी, उपन्यास और काव्यशास्त्र पढ़ाते थे परन्तु आलोचना और साहित्येतिहास के केवल अध्यापक नहीं बल्कि एक बड़े दार्शनिक भी थे। वे आलोचना तथा इतिहास को मीमांसा और विमर्श के मार्ग पर खड़ा कर देते थे। तर्क और साक्ष्य के आधार पर परिणाम निकालते थे। शुक्लजी के अध्यापकीय व्यक्तित्व के सन्दर्भ में डॉ. शिवमंगल सिंह सुमन का कहना है, 'शुक्लजी अपने समय के एक ओजस्वी व्याख्याता, मर्मज्ञ आलोचक होने के साथ ही साथ एक गम्भीर प्रकृति के अध्यापक थे। उनकी कक्षा में गम्भीरता का साम्राज्य बना रहता था। हँसते तो कक्षा में कभी देखा ही नहीं। पढ़ाने का ढंग तो उनका गजब का था। मैंने ऐसा अध्यापक तो देखा ही नहीं जो कक्षा में एक भी निरर्थक शब्द का प्रयोग न करता हो। समीक्षा अत्यन्त निष्पक्ष रूप में करते।' (तुलसी-दल : साहित्यिक त्रैमासिक : रामचन्द्र शुक्ल, हिन्दी परिषद, बस्ती, उ.प्र., सम्पादक-परमात्मानाथ द्विवेदी, सन् 1984, अंक-6-7, पृ. 3)

डॉ. शिवमंगल सिंह 'सुमन' ने आ. शुक्ल के अध्यापक व्यक्तित्व का अनुभूत चित्र खींचा है। इसमें कुछ अत्यन्त महत्त्वपूर्ण संकेत निहित हैं। उदाहरण के तौर पर मर्मज्ञ और निष्पक्ष समीक्षा करना, एक भी निरर्थक शब्द का प्रयोग न करना और कक्षा में गम्भीरता का साम्राज्य बनाए रखना।

'एक भी निरर्थक शब्द का प्रयोग न करना' केवल अध्यापकीय गुण नहीं है, बल्कि रचना तथा आलोचना का भी उपादान कारण है। शब्दों की मूल प्रकृति से पूर्ण रूप से परिचित होकर ही वक्ता अथवा लेखक 'वाक्य' में उनको सही रूप से विन्यस्त कर सकता है और उनको अपेक्षित अर्थ-संप्रसार की परिणति दे सकता है। यह कहना असंगत न होगा कि आचार्य रामचन्द्र शुक्ल शब्दों के प्रकृति और प्रत्यय, अर्थ और ध्वनि

तथा गुण और शक्ति को तो पहचानते ही थे, साथ ही वे शब्दों का समय तक पहचानते थे। 'चिन्तामणि-2' के निबन्ध और 'हिन्दी साहित्य का इतिहास' इसके सजीव साक्ष्य हैं।

शुक्लजी के मिर्जापुरी छात्र भी उनके शब्द-प्रयोग-कौशल की प्रशंसा किया करते थे। शुक्लजी अपने लेखन से लेकर अध्यापन तक में शब्दों के तुला-प्रयोग के हिमायती थे। उनके शब्दों के प्रयोग में 'प्रकरण' का निकटतम साहचर्य होता था। उन्होंने शब्द-साक्षात्कार द्वारा ही इस प्रकार का गुण विकसित किया था। वे शब्दों के व्याकरण-सिद्ध स्वरूप और उसके कोशार्थ तक सीमित नहीं रहते थे। शिवमंगल सिंह 'सुमन' ने एक छात्र के रूप में अनुभव किया था कि भाषा के प्रति शुक्लजी की दृष्टि साफ थी। वे भाषा के सहज और प्रकृत रूप को ही पसन्द करते थे। उन्हें भाषा के कृत्रिम रूप से चिढ़ थी। (उपर्युक्त 'तुलसीदल' पृ. 7) अपनी कक्षा के अनुभवों की चर्चा करते हुए, 'सुमन' ने लिखा है, 'यद्यपि आचार्य शुक्ल का रुक-रुककर धीरे-धीरे पढ़ाना नीरस लगता था, पर विद्यार्थी जानता था कि उनका प्रत्येक शब्द नपा-तुला है, एक वाक्य चूक जाने का मतलब होता था, एक तथ्य से वंचित हो जाना। (साहित्य मनीषी आचार्य रामचन्द्र शुक्ल : उत्तर प्रदेश, हिन्दी संस्थान, लखनऊ, सन् 1991, पृ. 28) शुक्लजी के अन्तरंग शिष्यों में डॉ. रामलाल सिंह का नाम भी महत्त्वपूर्ण था। उन्होंने भी लिखा है, 'उनके (शुक्लजी के) व्याख्यान में एक भी शब्द भर्ती का नहीं होता था। वे कभी अपने विषय से बाहर नहीं जाते, सदा पाठ-केन्द्रित तथ्यों को ही विद्यार्थियों के समक्ष रखते थे। उनके छात्र उनकी वाणी में साहित्य और जीवन के मूल्यों को पाकर उनके मुख से शब्दों के निकलते ही अपनी लेखनी या अधरों पर उन्हें लोकने के लिए तैयार रहते थे।'' (उपर्युक्त, पृ. 33-34) उपर्युक्त पुस्तक में डॉ. रामलाल सिंह ने अपने लेख, 'आचार्य रामचन्द्र शुक्ल का अध्यापक जीवन-जैसा मैंने देखा' (पृ. 33 से 40 तक) शुक्लजी के बी.एच.यू. में अध्यापक व्यक्तित्व पर पूरा प्रकाश डालनेवाला है। डॉ. शिवमंगल सिंह 'सुमन' और डॉ. रामलाल सिंह ने शुक्लजी के अध्यापकीय जीवन का जो विस्तार से वर्णन किया है उससे शुक्लजी की आलोचनात्मक प्रकृति और पद्धति का भी आकलन किया जा सकता है। यह एक मनोवैज्ञानिक तथ्य है कि रोज-रोज का जीवन विचारों पर भी प्रभाव डालता है और इन्हीं विचारों से विचारधारा बनती है।

विश्वविद्यालय में आ. रामचन्द्र शुक्ल ताँगे से आते थे। उतरने के बाद अगल-बगल न देखते हुए सँभल-सँभलकर पैर रखते हुए सीधे विभाग में जाते वे शिष्टता की मूर्ति थे, नियमों का कठोरतापूर्वक पालन करते थे। घंटा बजते ही कक्षा में जाते। विद्यार्थियों को बैठने का संकेत करते हुए उनका कुर्सी पर बैठना, चश्मा लगाना, किताब खोलना, फिर पढ़ाना, उनका निश्चित और निर्धारित आचरण था, कभी कोई परिवर्तन नहीं। वे कक्षा में न हँसते थे, न ही क्रोध करते थे। कक्षा में कठोर अनुशासन और सन्नाटेदार शान्ति पाठन-शैली में भी न परिवर्तनशीलता और न ही विविधता। साल के साल वही रामचन्द्र शुक्ल। बस एक ही रामचन्द्र शुक्ल। उनके इस जीवन ने उनकी आलोचना को

भी प्रभावित किया।

आ. रामचन्द्र शुक्ल ने लिखा था, 'विरुद्धों का यही सामंजस्य कर्मक्षेत्र का सौन्दर्य है जिसकी ओर आकर्षित हुए बिना मनुष्य का हृदय नहीं रह सकता।' (चिन्तामणि-भाग एक, पृ. 294) बी.एच.यू. में उनकी वेशभूषा से ही उनका 'विरुद्धों का सामंजस्य' पैदा हुआ। वे सूट-टाई और सिर पर काली गोल टोपी परन्तु कभी धोती-कमीज-टोपी-टाई का संयोग उपस्थित हो जाता, कभी धोती कुर्ता भी। फ्रेंचकट विकट मूँछ, अधराच्छादित। वेशभूषा में आधा देसी और आधा विदेशी। सुमनजी ने लिखा है कि ऐसे में शुक्लजी का व्यक्तित्व पूर्व और पश्चिम का अभूतपूर्व समन्वय प्रतीत होता।

आ. रामचन्द्र शुक्ल बनारस हिन्दू विश्वविद्यालय में सन् 1919 में और सन् 1940 के आखिरी दिन तक एक युग-धर्मी अध्यापक का दायित्व निभाते रहे। इन 21 वर्षों में वे अध्यापन और सृजन की उच्चभूमि पर क्रमशः चढ़ते गए। उन्होंने छात्रों की आवश्यकता का अनुभव किया और स्नातक और स्नातकोत्तर कक्षाओं में हिन्दी-साहित्य के पाठ्यक्रम को नवीन रूप देने की आवश्यकता समझी। उन्होंने यह भी अनुभव किया कि स्तरीय पुस्तकों के अभाव में एम.ए. तक के छात्र साहित्य के पुराने बाँध तोड़कर अधुनातन धारा से नहीं जुड़ पा रहे थे। इस कमी की ओर संकेत करते हुए ही उन्होंने लिखा था कि 'साहित्य के एक-एक अंग को लेकर जैसी विशिष्टता लेखकों में आ जानी चाहिए थी वैसी विशिष्टता नहीं आ पाई।' (हि.सा.इति., पृ. 469) इसलिए विश्वविद्यालय में जाकर उन्होंने साहित्य की प्रत्येक विधा में 'विशिष्टता' की नई तलाश की। उन्होंने देखा कि कविता बड़े पैमाने पर रची जा रही थी, नाटक, उपन्यास, कहानी भी लिखे जा रहे थे, निबन्धों की आपूर्ति भी कमोबेश हो रही थी, परन्तु आलोचना और साहित्येतिहास पुराने ढर्रे से आगे नहीं बढ़ पा रहे थे। उनके सहयोगी अध्यापक जितना पहले से था उतने से ही सन्तुष्ट थे। न पढ़ाने में आगे बढ़ रहे थे और न ही लिखने में। उन्होंने अभाव की इस पीड़ा को व्यक्त करते हुए लिखा, 'किसी कवि या पुस्तक के गुण-दोष या सूक्ष्म विशेषताएँ दिखाने के लिए दूसरी पुस्तक तैयार करने की चाल हमारे यहाँ न थी। यूरोप में इसकी चाल खूब चली। वहाँ समालोचना काव्य-सिद्धान्त निरूपण में स्वतन्त्र एक विषय ही हो गया।' उन्होंने आगे कहा, 'किसी कवि की विशेषताओं का दिग्दर्शन करानेवाली, उसकी विचारधारा में डूबकर उसकी अन्तर्वृत्तियों की छानबीन करनेवाली पुस्तक, जिसमें गुण-दोष कथन भी आ जाता है, स्थायी साहित्य में स्थान पाती थी।'' (उपर्युक्त, पृ. 503)

आ. शुक्ल के उपर्युक्त कथन से स्पष्ट हो जाता है कि वे विश्वविद्यालय में हिन्दी अध्यापक के रूप में क्या नया करना चाहते थे। पहले स्तर पर वे हिन्दी-साहित्य के अध्यापन को अंग्रेजी साहित्य के अध्यापन स्तर के समकक्ष करना चाहते थे। इसके बाद ही आगे के स्तरों की उपलब्धि हो सकती थी। उनकी दृष्टि 20वीं शताब्दी में तेजी से बदलते विश्व और उसी के समानान्तर भारतवर्ष पर थी। हिन्दी-साहित्य नित 'नए नूतन' परिवर्तनों से अनभिज्ञ था। इसलिए उन्होंने अभावों की पूर्ति के लिए 'दूसरी पुस्तक तैयार

करने' की आवश्यकता समझी। उन्होंने बड़े स्पष्ट तौर पर कहा कि अगर कोई साहित्य का अध्यापक 'दूसरी पुस्तक तैयार करना' चाहता तो उसका विषयाधार क्या होता। इस सन्दर्भ में उन्होंने दो बातों पर विशेष जोर दिया, पहली यह कि आलोचक आलोच्य की 'विचारधारा' की गहन पहचान और गहन समीक्षा करे और दूसरी यह कि आलोचना 'केवल ऊपरी तौर पर मोटी-मोटी बातों तक सीमित न रहकर रचनाकार और उसकी रचना में निहित अन्तर्वृत्तियों की व्यापक छानबीन करे। 'विचारधारा' की पहचान और 'अन्तर्वृत्तियों की छानबीन' करना, यह शुक्लजी की नई देन थी। 'विचारधारा की पहचान' का स्रोत है दर्शनशास्त्र और 'अन्तर्वृत्तियों की छानबीन' का स्रोत है 'मनोविज्ञान' इस सत्य से शुक्लजी पूरी तरह परिचित थे। उन्होंने मिर्जापुर से लेकर नागरी प्रचारिणी सभा तक इन विषयों का सम्यक् अध्ययन किया था। परिणाम यह हुआ कि उन्होंने अपने अभिनव काव्य-सिद्धान्त निरूपण के बल 'आलोचना' को एक स्वतन्त्र विषय बना दिया।

यद्यपि विश्वविद्यालय में अध्यापन करते हुए शुक्लजी ने 'आलोचना' विषय पर कोई स्वतन्त्र पुस्तक नहीं लिखी, परन्तु अपनी पुस्तक 'हिन्दी साहित्य का इतिहास' में आलोचना के उन सभी मानदंडों के निरूपण किए जो उस समय तक के विश्व साहित्य में उपलब्ध थे। उनका 'हिन्दी साहित्य का इतिहास' केवल इतिहास मात्र नहीं था, बल्कि 'समालोचना' का नया प्रतिमान भी था। अगर आज शुक्लजी के 'हिन्दी साहित्य का इतिहास' से आलोचना के सिद्धान्तों को अलग करके उन्हें व्यवस्थित रूप दे दिया जाए तो वह 'आलोचना की नई किताब' हो सकती है। परन्तु यह काम सहज नहीं है।

अगर यह सोचा जाए कि 'हिन्दी साहित्य का इतिहास' में विद्यमान शुक्लजी के आलोचना सिद्धान्त केवल संस्कृत के काव्यशास्त्र और पश्चिमी देशों के आलोचना-सिद्धान्तों तक सीमित थे तो यह सोचने-समझनेवाले का भ्रम साबित होगा क्योंकि उन्होंने 'क्वचिदन्यतोऽपि' का भी मार्ग अपनाया था। यह 'क्वचित्' उनकी अपनी विचारधारा थी जो प्राचीन संस्कृति के परिप्रेक्ष्य में समय की नवीनता को मिलाकर निरूपित हुई थी। यह भूमिका या कहें दायित्व शुक्लजी के सहयोगी अध्यापक या तो उठाने में अक्षम थे अथवा उठाने के प्रति सतर्क नहीं थे। शुक्लजी ने इसे पूरा करने का दृढ़ संकल्प किया। इसी संकल्प का परिणाम था उनका वह लेखन जिसने उन्हें कालजयी साहित्यकार बना दिया। इसलिए यह कहना असंगत न होगा कि बनारस हिन्दू विश्वविद्यालय शुक्लजी के जीवन का शुक्ल पक्ष था। अगर गौर किया जाए तो जन्म से मृत्यु तक उन्होंने शुक्ल पक्ष से लेकर शुक्ल पक्ष तक की यात्रा की थी। जन्मे तो समय का शुक्ल पक्ष था, मरे तो परिस्थिति का शुक्ल पक्ष था।

यह सभी जानते हैं कि कोई भी शुक्ल पक्ष बिना कृष्णपक्ष को भोगे या झेले अपनी 'शुक्लता' की परिपूर्ण अभिव्यक्ति नहीं कर सकता। शुक्लजी जहाँ भी रहे वहाँ एक कृष्ण उनके साथ-साथ लगा रहा। बनारस हिन्दू विश्वविद्यालय इसका अपवाद नहीं था। सैद्धान्तिक और व्यावहारिक राजनीति से भिन्न पेशागत राजनीति की जननी है

अध्यापक-राजनीति। विश्वविद्यालय में इस राजनीति के शिकार हुए आ. रामचन्द्र शुक्ल। वे 'क्यों अच्छे अध्यापक थे ?' वे 'क्यों अच्छे लेखक थे ?' अथवा 'वे क्यों मौलिक आलोचक थे ?' बी.एच.यू. की तत्कालीन हिन्दी विभाग की राजनीति इन्हीं कारणों की खोज करने के लिए अस्तित्व में आई थी। हालाँकि इनके सहयोगी अध्यापकों ने इनके विरुद्ध खुलकर राजनीति नहीं की परन्तु छात्रों के दिमाग में बैठकर उन्होंने राजनीतिक सूत्र का संचालन किया। इस सन्दर्भ में बी.एच.यू. के हिन्दी-विभाग के प्रतिभा सम्पन्न छात्र नन्ददुलारे वाजपेयी द्वारा 'निराला' के नाम लिखे कुछ पत्रों की चर्चा की जा सकती है। ये पत्र 12 नवम्बर, 1927 से 20 मई, 1930 के बीच के थे। इस अवधि में वाजपेयीजी बी.एच.यू. हिन्दी से एम.ए. और पी-एच.डी. कर रहे थे। बात चाहे जो भी रही हो, परन्तु वे शुक्लजी के विरोधी छात्र के रूप में उभर रहे थे। इन्होंने 'पुरानों' के विरोध में 'नवीनों' का एक दल बनाया था। इस आशय का उनके एक पत्र का कुछ अंश पढ़ने के काबिल है।

बी.एच.यू. में अक्तूबर सन् 1928 में दशहरे के अवकाश के कारण वे हजारीबाग गए हुए थे। वहीं से उन्होंने 'निराला' को एक पत्र लिखा जिसमें आ. रामचन्द्र शुक्ल का नाम लिए बिना लिखा, 'मैं खूब समझता हूँ अपने प्रोफेसरों की लियाक़त, उनकी सूरत साफ़ नज़र आती है, पर अभी जैसी अवस्था में हूँ, ज़रा दुआ-सलाम न किया करूँ तो काम कैसे चले ? दूसरी बात यह भी तो है कि उनका ऐतिहासिक महत्त्व हिन्दी पर उनका उपकार यह भी तो एक चीज़ है। आप अधीरतापूर्वक मुझ सरीखे 'नवीनों' का स्वागत करें, मैं भी जरा 'प्राचीनों' से सहानुभूति दिखा—समवेदना प्रकट कर आता ही हूँ, बहुत देर नहीं है।' (निराला की साहित्य साधना 3, पृ. 153) इस पत्र का संकेत केवल रामचन्द्र शुक्ल की ओर ही नहीं था बल्कि श्यामसुन्दर दास की ओर भी था क्योंकि वाजपेयीजी इन दोनों की निन्दा सुनकर बहुत प्रसन्न होते थे। सन् 1928 में 29 दिसम्बर को निराला के पास पत्र लिखकर यह जानने की इच्छा की थी कि श्यामबिहारी मिश्र द्वारा बनारस पर व्यंग्य किए जाने में शुक्लजी और बाबू साहब के सम्बन्ध में क्या-क्या बातें कही गई थीं ? उन्होंने लिखा, 'सुकुलजी और बाबू श्यामसुन्दर दास के अनुकूल तो कोई बात कही नहीं होगी पर कही अवश्य होंगी कुछ बातें। आप खुलासा लिखिएगा, बड़ी उत्सुकता है।' (नि.सा.सा.-3, पृ. 160)

नन्ददुलारे वाजपेयी द्वारा गठित 'नवीनों' की मंडली में अवध बिहारी श्रीवास्तव, कृष्णदेव प्रसाद गौड़, रामनाथ लाल 'सुमन', रामअवध द्विवेदी, आनन्द मोहन वाजपेयी आदि एक दर्जन लोग थे। नेता थे नन्ददुलारेजी। लेकिन विचारधारा से ये कितने आधुनिक थे, इसका पता उन्हीं के एक पत्र से चल जाता है। उन्होंने 12 नवम्बर, 1929 को निराला के नाम एक पत्र लिखा। यहाँ नन्ददुलारेजी के कुछ वाक्यों का उदाहरण देना अधिक प्रासंगिक होगा। निराला को लिखा, ''आपके समाज सम्बन्धी विचारों को जानने की मुझे बड़ी उत्कंठा है। स्त्रियों के स्वातन्त्र्य के सम्बन्ध में मैं आपके विचार विशेष रूप से जानना चाहता हूँ। श्रद्धेय पं. अयोध्या सिंहजी ने एक ऐसे साहित्य सेवी समुदाय की

स्थापना का विचार किया है जो सामाजिक विषय पर समय-समय पर लेख लिखे और यथाशक्ति समाज की बढ़ती हुई उच्छृंखलता का सुधार करें। स्त्रियों को स्वतन्त्रता दी जाए पर इतनी अधिक नहीं कि उसका दुरुपयोग हो। वर्णाश्रम धर्म ही हमारा सर्वस्व है। इसी ने शताब्दियों से हमारी रक्षा की है–इसके तोड़ देने से सिवा हानि के लाभ नहीं है। उपाध्यायजी के ये ही और इस प्रकार के ही सिद्धान्त हैं और मेरे विचार से प्रत्येक विवेकशील पुरुष के ऐसे ही विचार होंगे। हम भारतवर्ष को भारतवर्ष ही की प्राचीन संस्कृति का पाठ पढ़ावें–यूरोप की संस्कृति का नहीं–संक्षेप में यही हमारा भी मत है। उपाध्यायजी ने मुझको उस साहित्य सेवी दल का मन्त्री बनाया है और स्वयं उपाध्यक्ष हैं।'' (नि.सा. सा.-3, पृ. 107)

नन्ददुलारे वाजपेयी के उपर्युक्त पत्र को पढ़कर आसानी से समझा जा सकता है कि वे 'प्राचीनों' के विरोध में कितने 'नवीन' थे। उस समय देश में त्वरित गति से घटित राष्ट्रीय और सामाजिक-सांस्कृतिक नवजागरण के निकट आने का जरा भी प्रयास उन्होंने नहीं किया। यूरोप के सांस्कृतिक विकास से उनकी घृणा उन्हें प्राचीनों से भी ज्यादा प्राचीन बना देनेवाली थी। आश्चर्य तब होता है कि इतने रूढ़िबद्ध विचारों को मस्तिष्क में भरे हुए वे, 'नवीन' या 'आधुनिक' बनना चाहते थे।

आ. रामचन्द्र शुक्ल और निराला में साहित्यिक युद्ध कराने में नन्ददुलारे वाजपेयी का कम हाथ नहीं था। शुक्लजी की कविता 'पाखंड प्रतिषेध' रहस्यवाद के विरोध में कम निराला के विरोध में ज्यादा लिखी गई थी। शुक्लजी ने विलियम ब्लेक (1757-1827 अंग्रेजी कवि) की एक कविता, 'जेरूसलेम : द इमिनेशन ऑफ द जाइंट अलवियन' का लम्बा सन्दर्भ देते हुए छायावादी युग की रहस्यवादी कविताओं की कठोर आलोचना दस घनाक्षरी छन्दों द्वारा की थी। केन्द्र में थे निराला। निराला ने अगले महीने पं. मातादीन शुक्ल के माध्यम से ग्यारह घनाक्षरी छन्दों पर आ. रामचन्द्र शुक्ल का उत्तर दे दिया था फिर भी नन्ददुलारे वाजपेयी निराला के पास पत्र लिख-लिखकर आ. शुक्ल और निराला में आमने-सामने का युद्ध कराना चाहते थे। शुक्लजी और निराला में हुए काव्य-द्वन्द्व में बनारस हिन्दू विश्वविद्यालय के कुछ हिन्दी अध्यापकों और नन्ददुलारे ग्रुप के छात्रों को पूरा मजा नहीं आया। शुक्लजी और निराला को वाक्-अखाड़े में प्रतिद्वन्द्वी रूप में खड़ा करने के आयोजन में पंडित अयोध्या सिंह उपाध्याय 'हरिऔध' का अप्रत्यक्ष हाथ था। अप्रत्यक्ष हाथ प्रसादजी और प्रेमचन्दजी का भी था। प्रसाद का कुछ सक्रिय और प्रेमचन्द का निष्क्रिय। शुक्लजी और निराला में 'घनाक्षरी-द्वन्द्व' समाप्त होने के तीन-साढ़े तीन महीने बाद नन्ददुलारे ने निराला को पत्र लिखा, ''आपका यहाँ आने का विचार कब तक का है ? यहाँ आपके स्वागत की तैयारियाँ धूमधाम से होने लगी हैं। उपाध्यायजी (अयोध्या सिंह) एक सुन्दर सम्मेलन का आयोजन कर रहे हैं। बड़ा रंग रहेगा। बैसवाड़े की खूब धाक जमेगी। हाँ, एक सुन्दर भाषण उस अवसर पर देना होगा, रहस्यवाद की, अपनी कविता की वकालत करनी होगी।'' (नि.सा.सा.-3, पृ. 139) दस ही दिन बाद एक दूसरा पत्र भेजा जिसमें निराला को उकसाते हुए लिखा, 'घबराने की, भय की कोई

बात नहीं है, यहाँ आपके हिमायती करीब-करीब असंख्य हैं, विरोधी दो, चार। बड़ा आनन्द आवेगा, आइए भी तो।' (पृ. 142) अगले महीने (अगस्त 1928) फिर लिखा, 'बताइए आने का विचार कब तक का है ? है भी या नहीं ? यहाँ पर्चे बँट चुके, 'आज' में नोटिस निकल चुकी। क्या सबकी आशाओं पर पानी फिर जाएगा ?' (पृ. 147)

छायावाद और रहस्यवाद को लेकर प्रसादजी भी चाहते थे कि बनारस में गहमागहमी का माहौल बने, परन्तु वे संघर्ष में प्रत्यक्षतः शरीक होना नहीं चाहते थे। जब 'हिन्दी शब्द-सागर' का प्रकाशन हो गया तो उसमें प्रसादजी ने सक्रिय हिस्सा लिया था। प्रसादजी ने 'नारी और लज्जा' एक कविता पढ़ी थी जिसकी प्रशंसा श्यामसुन्दर दास और रामचन्द्र शुक्ल ने भी की थी। नन्ददुलारे वाजपेयी द्वारा गठित नवीनों का दल इन लोगों को 'पुराने लोग' कहा करता था। शुक्लजी प्रसादजी के प्रशंसकों में थे, इसलिए वे प्रत्यक्षतः शुक्ल-विरोधी नहीं हो सकते थे। 'नवीनों' के दल में कृष्णदेव प्रसाद गौड़ की अच्छी मान्यता थी। वे शुक्लजी का सक्रिय विरोध करनेवालों में थे। उनका एक लेख 'छायावाद की छानबीन' शीर्षक से छायावाद के समर्थन में छप चुका था। भाषा आक्रामक थी। (माधुरी : जुलाई, 1927) वे कोशोत्सव में शुक्लजी की कटु आलोचना करने के लिए गए थे। उन्होंने बोलनेवालों की लिस्ट में अपना नाम भी दर्ज करा दिया था, परन्तु जब बाबूश्यामसुन्दर दास को पता चला कि गौड़जी छायावाद और निराला के समर्थन में आ. रामचन्द्र शुक्ल पर खुलकर आक्षेप करना चाहते थे तो उन्होंने समय के अभाव का बहाना बनाते हुए गौड़जी को बोलने से रोक दिया। वे मन मसोसकर रह गए। उन्होंने नवीनों के सरदार नन्ददुलारे वाजपेयी को अपनी व्यथा सुनाई। वाजपेयीजी से रहा नहीं गया। उन्होंने निराला को पत्र लिखा, 'यहाँ का कोशोत्सव समाप्त हो गया—सकुशल ही समझिए क्योंकि विरोध की गुंजाइश ही नहीं रखी गई थी। मैं तो था नहीं पर सुना जाता है कि गौड़जी जब रहस्यवाद के पक्ष में और सुकुलजी के विपक्ष में कुछ बोलने चले तो रोक दिए गए और समयाभाव बताकर आगे काम चलता किया गया।''(नि.सा.सा. 3, पृ. 170)

रामचन्द्र शुक्ल के विरोध में 'माधुरी' (लखनऊ) ने एक मोर्चा खोल दिया था। नवीनों के लेख कभी-कभार छप रहे थे, परन्तु निराला के आक्रामक लेख प्रायः प्रकाशित होने लगे। निराला के इन लेखों में आ. रामचन्द्र शुक्ल को अपमानित करने के लिए निचले दर्जे के शब्दों का प्रयोग होने लगा। जब आ. रामचन्द्र शुक्ल ने निराला और रहस्यवाद के विरोध में 'पाखंड प्रतिषेध' शीर्षक कविता में ('सुधा' : फरवरी, 1928, पृ. 59-60) निराला के लिए स्तरहीन कुछ शब्दों का प्रयोग किया था, तब सोचा भी नहीं था कि निराला उनके लिए ऐसे शब्दों के प्रयोग कर सकते थे जो भाषा के आखिरी निचले धरातल पर त्याज्य पड़े थे।

रामचन्द्र शुक्ल ने निराला के लिए 'ढोंग रचते' शिक्षा की सुभिक्षा भी न पाई कभी एक कन, 'अनाड़ीपन', 'गिद्ध साँइयो', 'झूठे स्वाँग खींचते', 'देह के मलों का यह सागर अपार', 'मंडता', 'मोटी मत', 'भेड़ियाधसान', 'नकलनवीसी' और 'अज्ञान रति' जैसे

शब्दों के प्रयोग किए थे। शुक्लजी उस समय 43 वर्ष से ऊपर के थे, बनारस हिन्दू विश्वविद्यालय में पढ़ा रहे थे, 'विश्व प्रपंच' की भूमिका लिख चुके थे, एड्विन आर्नाल्ड की काव्य-कृति 'लाइट ऑफ एशिया' का अनुवाद 'बुद्ध चरित' शीर्षक से कर चुके थे। इनके अतिरिक्त महत्त्वपूर्ण ग्रन्थों का सम्पादन, भूमिका-लेखन और आलोचना लिख चुके थे। गरज कि उन्होंने अपने आचार्यत्व की सिद्धि कर दी थी। यह एक आश्चर्य ही था कि रामचन्द्र शुक्ल जैसा साहित्य-नियन्ता शब्दों का इतना असहज और तुच्छ प्रयोग करता। परन्तु किसी खास मनःस्थिति में ऐसा हो ही गया। निराला को मौका मिला। वे शब्दों के कई-कई हीन युद्ध कर चुके थे, इतना ही नहीं मारपीट और हाथापाई भी कर चुके थे। बनारस के कुछ साहित्यिक राजनीति करनेवालों को रामचन्द्र शुक्ल से वाक्-युद्ध कराने के लिए निराला जैसा व्यक्ति दूसरा नहीं प्रतीत हुआ।

यह भी एक आश्चर्य था कि पंडित रामचन्द्र शुक्ल 20 वर्षों तक बनारस में रहने के बाद भी बनारस का असली रंग नहीं पहचान सके थे। उस युग में हिन्दी-साहित्य के तीनों बड़े बनारस के ही थे। ये थे—प्रेमचन्द, रामचन्द्र शुक्ल और जयशंकर 'प्रसाद'। इनमें दो प्रेमचन्द और 'प्रसाद' मूलतः बनारस के थे। पं. रामचन्द्र शुक्ल मिर्जापुर से जाकर बनारस में रह रहे थे। प्रेमचन्द 'माधुरी' (लखनऊ) के द्वितीय सम्पादक थे। पहले और मुख्य सम्पादक थे पं. कृष्णबिहारी मिश्र। 'माधुरी' के इन दोनों सम्पादकों को रामचन्द्र शुक्ल का विरोध करवाने में तुष्टि मिलती थी। सबका कारण था रामचन्द्र शुक्ल द्वारा लिखा, 'हिन्दी साहित्य का इतिहास'। शुक्लजी ने मिश्र बन्धुओं द्वारा लिखे ग्रन्थ 'मिश्र बन्धु विनोद' को 'बड़ा भारी कवि वृत्त संग्रह' और 'कवि कीर्तन' करनेवाला कहा। 'संग्रह' और 'कीर्तन' दोनों शब्द व्यंग्यात्मक थे। हालाँकि 'हिन्दी शब्द सागर' की भूमिका रूप लिखे संस्करण में रामचन्द्र शुक्ल ने प्रेमचन्द की काफी प्रशंसा की थी, परन्तु कक्षा में पढ़ाते वक्त उनको प्रचारक कह बैठते थे। उन्होंने 'हिन्दी साहित्य का इतिहास' के संशोधित और परिवर्धित संस्करण सन् 1940 में कक्षा में कहे जानेवाले जुमले को लिपिबद्ध भी कर दिया, लिखा, "सामाजिक और राजनीतिक सुधारों के जो आन्दोलन देश में चल रहे हैं उनका आभास भी बहुत से उपन्यासों में मिलता है। प्रेमचन्द के उपन्यासों और कहानियों में ऐसे आन्दोलनों के आभास प्रायः मिलते हैं। पर उनमें भी जहाँ राजनीतिक उद्धार या समाज सुधार का लक्ष्य बहुत स्पष्ट हो गया है, वहाँ उपन्यासकार का रूप छिप गया है और प्रचारक (प्रोपैगैंडिस्ट) का रूप ऊपर आ गया है।" (पृ. 519)

रामचन्द्र शुक्ल जब बनारस हिन्दू विश्वविद्यालय में अध्यापक नियुक्त हुए थे, उसके तीन-चार वर्ष पहले ही प्रेमचन्द के नवीन नाम से बाबू धनपत राय हिन्दी कथा लेखन क्षेत्र में आ गए थे। उस समय तक रामचन्द्र शुक्ल की ख्याति तो फैलने लगी थी, परन्तु प्रेमचन्द की तरह उनके नाम का डंका नहीं बज रहा था। इसी प्रकार सन् 1919 तक प्रसादजी भी कवि रूप में विख्यात होने लगे थे। रामचन्द्र शुक्ल के अध्यापक होने के पहले ही प्रसादजी की छोटी-बड़ी ग्यारह काव्य-पुस्तकें छप चुकी थीं। बी.एच.यू. में शुक्लजी के आक्रामक-आलोचक होते-होते उनकी अति प्रसिद्ध चर्चित काव्यकृति 'आँसू'

(1925) प्रकाशित हो गई थी। प्रेमचन्द, रामचन्द्र शुक्ल और प्रसाद में उम्र का भी ज्यादा अन्तर नहीं था। शुक्लजी प्रेमचन्द से 6 वर्ष छोटे और प्रसादजी से 4 वर्ष बड़े थे। संयोग ऐसा बन गया था कि उम्र के छोटे-बड़े मूल्यांकन को तोड़कर साहित्य का समस्त-सूत्र रामचन्द्र शुक्ल के हाथ में केन्द्रित होने लगा था। शुक्लजी के हाथ में अवस्थित केन्द्रीयता को तोड़ने के लिए ही शुक्ल-निराला दंगल कराने की योजना बनी थी। इस योजना का खुला समर्थन पंडित अयोध्यासिंह उपाध्याय 'हरिऔध' और गुप्त समर्थन दूसरे साहित्यकारों का था जिनमें प्रसाद और प्रेमचन्द भी थे।

रामचन्द्र शुक्ल साहित्यिक अखाड़ेबाजी में निराला की तुलना में क़ाफी पीछे थे। वे मौन साधक और सावधान लेखक थे। मिर्जापुर में उन्हें वैयक्तिक धरातल पर रचनात्मक द्वन्द्व नहीं झेलना पड़ा था, नागरी प्रचारिणी सभा में भी वे साहित्यिक क्रियाशीलता की भूमिका निभाते थे। 'सभा' की सारी राजनीति बाबू श्यामसुन्दर दास करते थे। शुक्लजी का जो भी थोड़ा-बहुत विरोध हुआ था उसका उत्तर भी बाबू साहब दे लेते थे। उनके लिए विश्वविद्यालय की राजनीति बिल्कुल अलग किस्म की साबित हुई। वहाँ तो ईर्ष्या-द्वेष-अहं के तुष्टीकरण और अगाड़-पिछाड़ की राजनीति थी। द्वन्द्व जमकर था परन्तु कालजयी सृजन का द्वन्द्व नहीं था; विचारधारा का द्वन्द्व नहीं था; साहित्यिक युग धर्म स्थापना का द्वन्द्व नहीं था। इसलिए शुक्लजी के लिए विश्वविद्यालय के कुछ छात्र और एक-दो अध्यापक साहित्य के एक ऐसे मल्ल की तलाश में लग गए जो सृजन और विचारधारा में शुक्लजी के समकक्ष पड़ता हो। इसी तलाश के परिणाम थे निराला। जिस विषय को लेकर शुक्लजी और निराला में द्वन्द्व छिड़ा वह हिन्दी साहित्य की युगीन समस्या थी, एक काव्य-प्रवृत्ति थी जो हिन्दी कविता में बदलाव की सूचक थी; वह थी 'कविता में रहस्यवाद' की हिन्दी-धारा। निराला इस बदलाव के जबर्दस्त समर्थक और शुक्लजी उसी सीमा तक विरोधी। 'हिन्दी कविता में रहस्यवाद-छायावाद' का वैचारिक द्वन्द्व केवल रामचन्द्र शुक्ल और निराला का नहीं था। यह सैद्धान्तिक द्वन्द्व था जिसके पक्ष-विपक्ष में उस युग के दर्जनों लेखक थे। परन्तु दुर्भाग्य यह घटित हुआ कि इसको लेकर शुक्लजी और निराला में वैयक्तिक युद्ध हो गया। युद्ध-प्रेरकों के मन की आग कुछ ठंडी पड़ी।

अगर गौर किया जाए तो 'रहस्यवाद' को लेकर निराला-द्वन्द्व-युद्ध के निमित्त और उपादान दोनों कारण रामचन्द्र शुक्ल ही थे। फरवरी, 1928 में उन्होंने दस घनाक्षरी छन्दों द्वारा इस द्वन्द्व की शुरुआत की। इन छन्दों में 'रहस्यवाद' से अधिक आक्रमण निराला पर हुआ था। अगर आचार्य शुक्ल हिन्दी-कविता में नवागत प्रवृत्ति-रहस्यवाद तक ही सीमित रहे होते तो निराला खम ठोककर शुक्लजी को ललकारने के बारे में सोच भी नहीं सकते थे। निराला शुक्लजी का सम्मान करते थे। जब वे 'मतवाला' में रहकर तमाम रचनाकारों, सम्पादकों और आलोचकों पर 'चाबुक' का प्रहार कर रहे थे तब उन्होंने शुक्लजी को काफी बचाया था, परन्तु उन्होंने शुक्लजी के संरक्षक बाबू श्यामसुन्दर दास की जमकर खबर ली थी। शुक्लजी उस समय तक विश्वविद्यालय के अध्यापक बन गए

थे। उनके कई अनुवाद, लेख, निबन्ध और गोस्वामी तुलसीदास पर पुस्तक छप चुकी थी। उस काल में निराला जैसा दोष-अन्वेषक शायद ही कोई रहा हो। परन्तु निराला ने शुक्लजी के विरोध में कुछ नहीं कहा। बाबू श्यामसुन्दर दास के कारण वे भी कुछ लपेट में आए परन्तु बिना नामोल्लेख के।

यह प्रश्न उठना स्वाभाविक है कि जिस निराला ने मार्च, 1928 के अपने लेख 'हिन्दी कविता साहित्य की प्रगति' (सुधा) और 'सौन्दर्य दर्शन और कवि कौशल' (सरोज, मई-जून, 1928) में रामचन्द्र शुक्ल के विरोध में एक शब्द भी नहीं कहा, वही निराला सन् 1928 की जुलाई लगते ही शुक्लजी के विरोध में वाक्-असि लेकर युद्ध-क्षेत्र में उतर गए। अगर ध्यान दिया जाए तो शुक्ल के छात्रों द्वारा उकसाए जाने के बाद ही उन्होंने ऐसा किया। शुक्ल के ये सभी छात्र 'गदहपचीसी' उम्र के थे—नन्ददुलारे वाजपेयी, राम अवध द्विवेदी, आनन्द मोहन वाजपेयी, अवधबिहारी श्रीवास्तव जैसे ये दर्जन भर छात्र-मित्र 23 वर्ष से लेकर 25 वर्ष की उम्र के थे। इन लोगों ने रामचन्द्र शुक्ल का विरोध करने के लिए निराला को खूब उत्तेजित किया। उस समय के तमाम दूसरे साहित्यकारों को भी पत्र लिखकर आग्रह किया कि वे लोग शुक्लजी का विरोध करने के लिए निराला को प्रेरित करें। इन लोगों के आग्रह पर छतरपुर से पं. रामनारायण शर्मा और बाबू गुलाबराय ने एक ही दिन (27 अप्रैल, 1928) अलग-अलग पत्र लिखकर निराला से शुक्लजी का विरोध करने के लिए बनारस जाने का आग्रह किया। (नि.सा. सा.-3, पृ. 131-32) संयोग से या योजनाबद्ध रूप से मैथिलीशरण गुप्त भी बनारस गए। प्रसादजी से मुलाकात की। विनोदशंकर व्यास और शान्तिप्रिय द्विवेदी की सेवा-टहल ली, 'कलिकरनी बरनिये कहाँ लौं करत फिरत नित टहल टई है।' प्रसादजी ने भी इन्हें शुक्ल-विरोधी सभा में सम्मिलित होने के लिए राजी कर लिया था। परन्तु इन सारे माकूल माहौल के बाद भी निराला रामचन्द्र शुक्ल का विरोध उन्हीं के घर में करने से घबरा रहे थे क्योंकि शुक्लजी का व्यक्तित्व साहित्य-पुरुष के रूप में स्वीकृत होने लगा था। लेख-युद्ध करना और बात थी, परन्तु सभा-युद्ध करने के लिए जिस बहुमुखी प्रतिभा की जरूरत होती है, वह निराला से अधिक पंडित रामचन्द्र शुक्ल में थी। ऊपर कहा जा चुका है कि नन्ददुलारे वाजपेयी ने काशी के कुछ साहित्यकारों से विचार-विनिमय करके निराला को विश्वास दिलाया कि काशी में रामचन्द्र शुक्ल समर्थक दो-चार से ज्यादा नहीं हैं। काशी के लगभग अस्सी प्रतिशत साहित्यकारों के मन में आ. शुक्ल के विरुद्ध कोई-न-कोई गाँठ बनी थी। जो ऊपर से शुक्लजी के साथ थे वे भी निराला को अन्तः समर्थन देने को तैयार थे। जिन लोगों ने सूर्य-दीप्ति की तरह प्रखर निराला का विरोध किया था, वे भी आलोचना के एकमात्र स्तम्भ रामचन्द्र शुक्ल के विरुद्ध 'प्रॉमृटिंग' करने के लिए यवनिका के पीछे खड़े हो गए। इस तरह दंगल का पूरा माहौल रच दिया गया। सबको आभास था कि पं. रामचन्द्र शुक्ल स्वभाव से 'मौन' हैं परन्तु निराला 'मुखर'। बनारस के लोग विशेषतः बी.एच.यू. परिवार मौन-मुखर-द्वन्द्व का आनन्द उठाना चाह रहे थे।

यहाँ यह उल्लेख करना अप्रासंगिक न होगा कि 20वीं सदी के प्रारम्भिक तीन दशकों में बनारस के साहित्य-अन्तरिक्ष में एक अजीब 'ग्रहयुति' लगी थी। इसे ग्रह त्रिपुष्कर योग भी कह सकते हैं। प्राचीन काल से बनारस में 'एक' की महत्ता रही है—दर्शन, अध्यात्म, सगुण, निर्गुण, पांडित्य, संगीत अथवा साहित्य में 'एकोऽयं द्वितीयोनास्ति' की परम्परा चलती रही थी। आधुनिक काल के साहित्य में जब भारतेन्दु हरिश्चन्द्र थे तब अकेले साहित्यकार थे। शेष सब उन्हीं में समाहित थे। बाद में जब हजारीप्रसाद द्विवेदी हुए तो शेष उन्हीं के अंगोपांग। परन्तु द्विवेदी-युग का प्रारम्भ बनारस में बिल्कुल अलग। एक साथ ही तीन बड़े प्रेमचन्द, रामचन्द्र शुक्ल और जयशंकर प्रसाद। इसलिए पहली बार ऐसा हुआ कि किसी एक में समाहित होने का क्रम विच्छिन्न हो गया। इसी विच्छिन्नता का परिणाम था कि बनारस के रामचन्द्र शुक्ल से साहित्यिक द्वन्द्व करने के लिए इलाहाबाद (उस समय लखनऊ) के निराला ने बनारस में ही द्वन्द्वार्थ आने का साहस किया।

प्रेमचन्द, रामचन्द्र शुक्ल और जयशंकर प्रसाद का त्रिपुष्कर योग इसलिए भी सिद्ध कहा गया कि हिन्दी कथा-साहित्य के शिखर बने प्रेमचन्द, आलोचना और साहित्येतिहास के शिखर रामचन्द्र शुक्ल तथा कविता और नाटक के शिखर-पुरुष जयशंकर प्रसाद। इन तीनों शिखरों ने मिलकर हिन्दी-साहित्य के शेष भारत के लिए कुछ छोड़ा ही नहीं। इन तीनों की मृत्यु में भी त्रिपुष्कर योग की सिद्धि हुई। तीन-चार वर्ष के अन्तराल में तीनों काल-कवलित हुए। सन् 1936 में प्रेमचन्द, 1937 में जयशंकर प्रसाद और 1941 लगते ही आचार्य रामचन्द्र शुक्ल। यह संयोग नहीं, त्रिपुष्कर योग का परिणाम था। साहित्य का शुभ हुआ तो एक साथ और अशुभ हुआ तो एक साथ। 56 के प्रेमचन्द मरे, 56 के ही रामचन्द्र शुक्ल और 47 के प्रसादजी। अगर ये तीनों पूरी उम्र में मरे होते तो हिन्दी-साहित्य में फिर तमाम लोग पैदा ही नहीं हुए होते।

समकालीन समीक्षकों का कहना है कि द्विवेदी-युग के बाद शुक्ल-युग आया, परन्तु ऐसे ही युग-निर्माता से बी.एच.यू. के असन्तुष्टों ने निराला को लड़ा दिया। प्रत्यक्ष और अप्रत्यक्ष दोनों प्रकार के असन्तुष्टों ने बी.एच.यू. परिसर में ही 'रहस्यवाद' पर बोलने के लिए निराला को विवश कर दिया। निराला का एक लेख 'साहित्य की वर्तमान प्रगति पर' जून-जुलाई, 1928 के 'साहित्य समालोचक' में प्रकाशित हुआ। इस लेख में उन्होंने लिखा था कि वे 'काशी हिन्दू विश्वविद्यालय के विद्यार्थी मित्रों से निमन्त्रण पाने पर वहाँ रहस्यवाद के सम्बन्ध में भाषण देने के लिए गए थे।' (निराला रचनावली-5, पृ. 230) इस लेख में निराला ने शुक्लजी की कविता 'पाखंड प्रतिषेध' का हवाला देते हुए लिखा कि "शुक्लजी गद्य में लिखें, हम उन्हें उत्तर देने के लिए तैयार हैं। पद्य में इस तरह की बकवास करना हम नहीं जानते। 'लोक-लोचन-समक्ष' तो हम हैं ही अब ज़रा आप भी कलेजा मजबूत करके आ जाएँ, फैसला हो जाएगा।" निराला ने शुक्लजी द्वारा प्रयुक्त घनाक्षरी छन्दों में मात्रा दोष साबित किया, उनमें गति-भंग और यति-भंग ढूँढ़ते हुए इन्हें अक्षम अपराध घोषित किया। शुक्लजी ने विलियम ब्लेक की निन्दा की थी, निराला ने

उसकी जबर्दस्त तारीफ की।

काशी हिन्दू विश्वविद्यालय में अध्यापकीय दायित्व निभाते रामचन्द्र शुक्ल को अपमानित करने की घटना का उल्लेख निरालाजी ने अपने 'श्री नन्ददुलारे वाजपेयी' शीर्षक लेख में किया था। उन्होंने लिखा, 'ईस्वी सन् 1928 का शत्र काल था। श्री नन्ददुलारे वाजपेयी का पत्र मिला।' पत्र में वाजपेयी ने लिखा था, 'हमारे यहाँ हिन्दी परिषद में रहस्य और छायावाद पर व्याख्यान दीजिए।' श्री नन्ददुलारे वाजपेयी इस परिषद के उपसभापति, पं. अयोध्यासिंह उपाध्यायजी सभापति और श्री सोहनलाल द्विवेदी सचिव थे। निराला के अनुसार शुक्लजी के विरोध में दिए जानेवाले निराला के भाषण को सुनने के लिए विश्वविद्यालय के छात्र, कुछ अध्यापक तथा काशी के साहित्यिक बड़े उत्सुक थे। निराला वाजपेयीजी के छात्रावास में टिके। वहाँ वाजपेयी और उनके कक्षा-मित्रों ने रामचन्द्र शुक्ल की जमकर शिकायत की। निराला ने लिखा, 'लड़कों से मालूम हुआ, आचार्य पंडित रामचन्द्र शुक्ल छायावाद की कविता और उनके कवियों का मजाक उड़ाते हैं।' विद्यार्थियों के साथ मिलकर निराला ने व्याख्यान का ठाठ बाँधा। वे अपने प्रतिपादनों को खासतौर से शुक्लजी को सुनाना चाहते थे परन्तु शुक्लजी ने ऐसे ठाठ बहुत सुने थे। वे व्याख्यान-सभा में क्या हासिल करने के लिए जाते।

उस समय छायावादी कविता-धारा का भी उद्‌गम बनारस ही माना जाता था। उद्‌गमिक थे बाबू जयशंकर प्रसाद। निराला छात्रों को साथ लेकर प्रसादजी के यहाँ गए। उनका 'ठाठ' तो वहीं परिपूर्णता पाता। प्रसाद ने राय कृष्णदास की मोटर मँगा ली। अपनी मंडली के साथ व्याख्यान सभा में कुछ पहले से ही डट गए। सभा की अध्यक्षता अयोध्यासिंह उपाध्याय ने की। संचालन किया सोहनलाल द्विवेदी ने। निराला सभा की शालीनता को लात मारते हुए आचार्य रामचन्द्र शुक्ल की व्यक्तिगत निन्दा पर उतर आए। उन्होंने शुक्लजी के लिए कहा, 'तीसरे दर्जे का विद्यार्थी एम.ए. का कोर्स क्या समझेगा ?' निराला के इस कथन पर अयोध्यासिंह उपाध्याय क्षुब्ध हो गए। क्षुब्ध होने की बात ही थी। आचार्य रामचन्द्र शुक्ल तो ऐंट्रेंस पास थे, वह भी उस समय के प्रदेश विख्यात 'लन्दन मिशन स्कूल' मिर्जापुर से जहाँ ख्यातिधर शिक्षक पढ़ाते थे, परन्तु अयोध्यासिंह उपाध्याय तो केवल मिडिलची थे, वह भी निजामाबाद के तहसीली स्कूल से। निराला का आक्षेप शुक्लजी की अपेक्षा उपाध्यायजी पर ज्यादा लागू हुआ। वे सभापति के आसन को छोड़कर चले गए। उन्हें बाबू श्यामसुन्दर दास की जवाबतलबी का डर तो था ही, निराला ने उन्हें और ज्यादा घायल कर दिया। उपाध्यायजी के जाते ही नन्ददुलारे वाजपेयी ने सभापति की कुर्सी ग्रहण की। सभा ज्यों-त्यों समाप्त हुई। लोगों ने आचार्य रामचन्द्र शुक्ल के विरुद्ध मन की भड़ास निकाल ली।

रामचन्द्र शुक्ल इस घटना से दुखित न हुए, ऐसी बात नहीं थी। उनको निराला के भाषण का दुख नहीं था। दुःख था काशी हिन्दू विश्वविद्यालय के हिन्दी-अध्यापकों के व्यवहार का जो शुक्ल-निन्दा सुनकर विद्वान बनना चाहते थे। परन्तु काशी हिन्दू विश्वविद्यालय ने उन्हें विषपायी बना दिया था। वे निन्दा-विष पीने और पचाने के

अभ्यस्त हो गए थे। काशी के साहित्यकारों और छात्रों की भीड़ भरी सभा में निराला ने शुक्लजी को अनाड़ी समझते हुए कहा था, "रहस्यवाद और छायावाद की मूल धारणाओं को समझने के लिए अध्ययन और मनन की आवश्यकता है—यह काव्य का ज्ञान-कांड है।" निराला की बात सुनकर छात्रों के साथ काशीवासी साहित्यकारों ने भी तालियाँ बजाई थीं मानो उन लोगों को 'ज्ञानकांड' और उसी ज्ञानकांड की एक शाखा 'काव्य में रहस्यवाद' का बोध हो गया था। निराला ने रहस्यवाद को 'ज्ञान-कांड' कहा। श्रोताओं ने बड़ी रुचि और उद्वेग के साथ सुना, परन्तु उनमें रामचन्द्र शुक्ल जैसा कोई भी नहीं था जो 'ज्ञान-कांड' से भरपूर परिचित रहा हो। रामचन्द्र शुक्ल को यह भलीभाँति ज्ञात था कि वेद के आन्तरिक अथवा रहस्यवाद विषयक भाग को 'ज्ञान-कांड' की संज्ञा दी गई थी। इस कांड में वास्तविक आत्मज्ञान यानी ब्रह्मज्ञान की गहन प्रस्तुतियाँ की गई थीं। वेद और उनकी शाखाओं में ज्ञानकांड के विपरीत कर्मकांड अर्थात् संस्कारों का विधिवत ज्ञान भी निहित हुआ था।

रहस्यवाद के सन्दर्भ में निराला द्वारा प्रयुक्त 'ज्ञान-कांड' को आ. रामचन्द्र ने एक चुनौती के रूप में स्वीकार किया था। निराला से ज्यादा उन्हें ताली पीटनेवाले चुभे थे। शुक्लजी 'हिन्दी शब्द सागर-2' में 'ज्ञान' और 'ज्ञानकांड' पर विस्तृत टिप्पणी दे चुके थे। (सन् 1915, पृ. 1201-02) उन्होंने 'ज्ञान' शब्द को मनोवैज्ञानिक और 'ज्ञानकांड' को दार्शनिक रूपों में प्रस्तुत किया था। ज्ञानकांड के सन्दर्भ में लिखा था, 'वेद के तीन कांडों या विभागों में से एक जिसमें ब्रह्म आदि सूक्ष्म विषयों का विचार है। उन्होंने उपनिषद ग्रन्थों को ज्ञानकांड का कोश बतलाया था। इसी ज्ञानकांड की विवेचनात्मक प्रस्तुति के लिए उन्होंने 'काव्य में रहस्यवाद' नाम से एक ग्रन्थ लिखा, आकार की दृष्टि से पुस्तक, परन्तु ज्ञान-कांड की दृष्टि से ग्रन्थ जो काशी हिन्दू विश्वविद्यालय के दुष्कांड से साल भीतर प्रकाशित हुआ। 'आवश्यकता आविष्कार की जननी है' कहावत चरितार्थ हुई। यह भूमिका केवल शुक्लजी निभा सकते थे क्योंकि वे ही तद्‌युगीन आलोचना के शिखर-पुरुष थे।

काशी हिन्दू विश्वविद्यालय में निराला द्वारा दिए जानेवाले भाषण के समय श्रोताओं में बाबू जयशंकर प्रसाद भी थे। वे ताली लहकानेवालों में नहीं थे। 'ज्ञान-कांड' पद ने उन्हें भी शोध और प्राप्ति के लिए दृष्टि दी। 'काशी' अपने आप में ज्ञानकांड थी। निराला ने रहस्यवाद को 'काव्य का ज्ञानकांड' कहा था। सभा में प्रसाद को छोड़कर कोई युग-कवि नहीं था। इसलिए उन्होंने भी ज्ञानकांड के समावेश का संकल्प किया। भाषण के सात वर्षों बाद उनका महाकाव्य कामायनी-प्रकाशित हुआ जिसमें यथाशक्ति उन्होंने ज्ञान और ज्ञान-कांड के मनोवैज्ञानिक और दार्शनिक पक्षों का समायोजन किया।

रामचन्द्र शुक्ल का ग्रन्थ 'काव्य में रहस्यवाद' अनुपम कृति के रूप में स्वीकार किया गया। उस समय काशी हिन्दू विश्वविद्यालय के कुलपति महामना मदन मोहन मालवीय थे। ज्ञानकांड के प्रति उनकी आस्था भी कम नहीं थी। युगीन परिवर्तनों को स्वीकार करते हुए भी रामचन्द्र शुक्ल को काशी हिन्दू विश्वविद्यालय के हिन्दी-विभाग में

अध्यापक बनाने का निश्चय कर लिया था, उसी प्रकार 1930 में उन्होंने शुक्लजी को बाबू श्यामसुन्दर दास के अवकाश ग्रहण करने पर विभागाध्यक्ष बनाने का निर्णय किया। मालवीयजी आ. शुक्ल को कितना अधिक महत्त्व देते थे इसको एक छोटी सी घटना द्वारा आसानी से समझा जा सकता है।

बाबू श्यामसुन्दर दास के अवकाश-ग्रहण करने के बाद जब शुक्लजी सन् 1937 में विभागाध्यक्ष हुए थे तब हिन्दी-विभाग में अध्यापक का एक पद रिक्त हो गया। इसके लिए योग्य अभ्यर्थियों से आवेदन-पत्र आमन्त्रित किया गया। अभ्यर्थियों में पंडित विश्वनाथ प्रसाद मिश्र और सीताराम चतुर्वेदी भी थे। 'कहते हैं कि मालवीयजी ने आचार्य सीताराम चतुर्वेदी को आश्वासन भी दे दिया था लेकिन चयन विश्वनाथ प्रसाद मिश्र का ही हुआ। हुआ यह कि जब मालवीयजी अपनी चयन समिति के साथ निर्णय के लिए बैठे जिसमें शुक्लजी नहीं थे।' मालवीयजी ने चयन समिति के सदस्यों से पूछा कि चतुर्वेदी और मिश्र में किसका चयन किया जाए ? तो लोगों ने सीताराम चतुर्वेदी का ही नाम लिया। इस पर मालवीयजी ने प्रसन्न होकर कहा, 'भाई, यह मेरे लिए बड़ी प्रसन्नता की बात है कि मैंने जिस व्यक्ति को आश्वासन दिया था उसी को आप लोगों ने भी समर्थन देकर मेरी इज्जत रख ली। परन्तु मैंने शुक्लजी से भी उनकी राय इस विषय पर जाननी चाही थी, तो शुक्लजी ने मेरे पास एक चिट्ठी भेजी है जिसे मैं आपके सम्मुख पढ़ देता हूँ। शुक्लजी ने लिखा था, 'चयन आप लोगों को करना है लेकिन जहाँ तक गहन चिन्तन, मनन तथा अध्यापन का प्रश्न है आचार्य मिश्र के समक्ष आचार्य चतुर्वेदी कहीं नहीं ठहरते। मालवीयजी से शुक्लजी के विचारों को सुनकर सन्नाटा-सा छा गया। फिर मालवीयजी ही बोले, 'भाई, जहाँ तक मैं समझता हूँ हम सब जो यहाँ एकत्रित हैं हिन्दी के अधिकारी विद्वान नहीं हैं। मैं स्वयं शुक्लजी के वाक्य का उल्लंघन करने में समर्थ नहीं हूँ।' (दूर्वादल, शुक्ल विशेषांक, 1984, बस्ती शिवमंगल सिंह 'सुमन', 'जब पारस ने छुआ और मैं कंचन हो गया', पृ. 4)

मालवीयजी द्वारा रामचन्द्र शुक्ल की बातों का उल्लंघन न कर सकने की घटना छोटी नहीं कही जा सकती। वे शुक्लजी से उम्र में बाईस वर्ष बड़े थे। जिस वर्ष शुक्लजी पैदा हुए थे, उसी वर्ष उन्होंने बी.ए. की परीक्षा उत्तीर्ण कर ली थी। जब शुक्लजी मिर्जापुर आए भी नहीं थे, तभी उन्होंने एल-एल.बी. कर लिया था (1892)। वे पूरे उत्तर भारत के विख्यात व्यक्ति थे। गांधीजी भी इनकी बात का उल्लंघन नहीं कर पाते थे। उन्हीं मालवीयजी ने शुक्लजी की बात को उल्लंघित करने में अपने को असमर्थ बतलाया। इसका कारण व्यक्ति शुक्लजी नहीं था बल्कि अगाध ज्ञान-गरिमा से मंडित उनका व्यक्तित्व था।

विश्वविद्यालय के हिन्दी अध्यापकों, बनारस के युवा कवियों, हिन्दी जगत के अन्य लोगों तथा कुछ साहित्यिक पत्रिकाओं ने यह प्रवाद फैला दिया था कि आचार्य रामचन्द्र शुक्ल छायावाद-रहस्यवाद के कट्टर शत्रु थे, परन्तु इसके विपरीत अध्यक्ष होने के बाद उन्होंने छायावादी काव्यधारा को विश्वविद्यालय के हिन्दी पाठ्यक्रम में अधिक महत्त्व

दिया। प्रसाद और पन्त की कविताएँ निर्धारित कीं। इतना अवश्य था कि विश्वविद्यालय में अपने कार्यकाल तक निराला को पाठ्यक्रम में नहीं सम्मिलित किया। वे स्वयं प्रसाद का 'आँसू' पढ़ाते थे और एक-एक पंक्ति की सूक्ष्म व्याख्या करते थे। रचनाकार की मर्मस्पर्शनी प्रतिभा का नया आख्यान रच देते थे। उन्होंने अपने निबन्ध 'काव्य में अभिव्यंजनावाद' में पन्त की 'बालिका' शीर्षक कविता की व्याख्या द्वारा एक नया रीति-विज्ञान प्रस्तुत कर दिया था। फिर भी यह 'प्रवाद' नहीं था कि आचार्य रामचन्द्र शुक्ल छायावाद और रहस्यवाद के विरोधी थे। उन्होंने पूरे मन से छायावादी काव्य-धारा को समर्थन नहीं दिया। जो पन्तजी उनके प्रिय कवि थे उनके बारे में भी लिखा था, " 'पल्लव' के भीतर उच्छ्वास, आँसू, परिवर्तन, बादल आदि रचनाएँ देखने से पता चलता है कि यदि 'छायावाद' के नाम से एक 'वाद' न चल गया होता तो पन्तजी 'स्वच्छन्दता' के शुद्ध स्वाभाविक मार्ग (ट्रूरोमांटिसिज्म) पर चलते।' (हि.सा.इ., पृ. 665) स्पष्ट था कि 'छायावाद' आ जाने के कारण पन्तजी उनके लिए 'ट्रू' नहीं रह गए थे।

रामचन्द्र शुक्ल काशी हिन्दू विश्वविद्यालय में अध्यापक हो जाने के बाद अध्ययन और अध्यापन में अत्यन्त व्यस्त हो गए। यहीं वे युग-प्रवर्तक ग्रन्थों की रचना भी कर रहे थे, इसलिए उनके लिए एक-एक क्षण का महत्त्व बढ़ गया था। फिर भी उन्हें मिर्जापुर आना नहीं भूला। वे वर्ष में दो-तीन बार मिर्जापुर आते। यह उनकी प्रेरणा-भूमि थी। मिर्जापुर का वातावरण उनकी विश्वविद्यालयीय थकावटें हर लेता था। उनके साथ उनके मित्र अध्यापक आते। प्रिय तथा अप्रिय, सभी प्रकार के विद्यार्थी आते। स्वयं नन्ददुलारे वाजपेयी इनके साथ आते और टांडाफाल के दृश्य से मोहित हो जाते। टांडा, विंढमफाल, अष्टभुजा की उपत्यकाएँ इनके मित्रों का मन हर लेतीं। गौरीशंकर हीरानन्द ओझा इनके साथ सबसे ज्यादा आते, शुक्लजी के एक्का में घोड़ा जुतता और वे लोग पुरातात्विक महत्त्व के स्थानों का प्राचीन इतिहास पढ़ने जाते जो शिलापट्टों, कन्दराओं और गुफा-चित्रों में लिखे होते।

मिर्जापुर में शुक्लजी का आखिरी आगमन अक्तूबर, 1940 में हुआ था। उन्होंने स्थानीय 'चपड़ा दलाल-समिति' द्वारा आयोजित हिन्दी कवि-सम्मेलन की अध्यक्षता की थी। उनके जीवन का यह आखिरी समारोह-मंच था। मिर्जापुर में आज भी लोग इस कवि-सम्मेलन को याद करते हैं। शुक्लजी 'दमा' रोग से ग्रस्त थे। इसकी थोड़ी शिकायत यहीं मिर्जापुर में हुई थी। वे शीघ्र ही वापस बनारस चले गए। वहाँ स्वास्थ्य की चिन्ता न करते हुए नियमित विश्वविद्यालय जाने लगे। धीरे-धीरे क्षीणकाय होने लगे और मिर्जापुर से जाने के तीन महीने बाद 2 फरवरी, 1941 रविवार को साढ़े नौ बजे रात्रि उनकी मृत्यु हो गई।

रामचन्द्र शुक्ल की मृत्यु के बारे में पंडित रमाशंकर मिश्र ने अत्यन्त भावुक वर्णन किया था। वे रामचन्द्र शुक्ल के जामाता के फुफेरे भाई थे, परन्तु अभावात्मक परिस्थितियों के कारण दो रुपए मासिक पर शुक्लजी के सेवक रूप में काम करते थे। इनकी सेवा से प्रसन्न होकर शुक्लजी ने इनका वेतन दस रुपए मासिक कर दिया था।

शुक्लजी स्वयं हिन्दू विश्वविद्यालय से 150 रुपए मासिक पाते थे। वेतन की दृष्टि से उन्होंने अपने और रमाशंकर मिश्र के वेतन में एक और पन्द्रह का अनुपात रखा।

रमाशंकर मिश्र ने लिखा था कि जिस समय शुक्लजी की मृत्यु हुई उस समय घर में शुक्लजी की धर्मपत्नी और उनकी छोटी बेटी 'कमला' घर पर मौजूद थीं। शुक्लजी की दशा गम्भीर देखकर मिश्रजी डॉक्टर सेठ को बुला लाए। डॉक्टर सेठ ने दवा दी और इंजेक्शन भी लगाया परन्तु थोड़ी ही देर बाद शुक्लजी को दिल का दौरा पड़ा और कुछ ही देर बाद उनकी इहलीला समाप्त हो गई। आ.शुक्ल के बड़े पुत्र केशवचन्द्र शुक्ल उस समय कानपुर में सप्लाई अफसर थे। उन्हें तत्काल शुक्लजी की मृत्यु की सूचना दी गई, परन्तु वे दूसरे दिन तीन फरवरी को लगभग बारह बजे दिन दुर्गाकुंड (बनारस) पहुँचे। दिवंगत शुक्लजी का दाह-संस्कार गंगा के मणिकर्णिका घाट पर किया गया। शव-यात्रा में कई हजार का विशाल जनसमूह शामिल हुआ। बनारस के छोटे-बड़े सभी साहित्यकार, विश्वविद्यालय के सहकर्मी और छात्र, पास-पड़ोस के लोग और मिर्जापुर के पारिबारिक सदस्यों के साथ सैकड़ों मित्र और पड़ोसी। शवदाह के बाद आचार्य शुक्लजी की धर्मपत्नी सपरिवार बनारस से रमईपट्टी, मिर्जापुर चली आईं जहाँ शुक्लजी के अनुज-जनों का परिवार रहता था। (दूर्वादल-शुक्ल विशेषांक, बस्ती, पृ. 28-29)

यह कहना असंगत न होगा कि शुक्लजी के बाद हिन्दी साहित्य का एक युग समाप्त हो गया। आ. शुक्ल ने आलोचना और साहित्येतिहास-लेखन को जहाँ छोड़ा था, उन्हें आज भी अपेक्षित सीमा तक आगे नहीं बढ़ाया जा सका है। यह दायित्व बनारस पर ही था। बनारस में ही आचार्य हजारीप्रसाद द्विवेदी और डॉ. नामवर सिंह ने भरसक इन्हें आगे बढ़ाने की कोशिश की है, परन्तु अभी भरपाई नहीं हो सकी है।

रामचन्द्र शुक्ल की मृत्यु के बाद हिन्दी पत्र-पत्रिकाओं में श्रद्धांजलियों का ताँता लग गया। उनकी स्मृति में लेख, संस्मरण और कविताएँ लिखी गईं। शुक्लजी के जीवन-काल में जिन लोगों ने उनका मुखर विरोध किया था। उनमें निराला की आचार्य शुक्ल के प्रति एक 'श्रद्धांजलि' कविता द्रष्टव्य है। जिस निराला ने शुक्ल की पुस्तक 'काव्य में रहस्यवाद' (1929) प्रकाशित होने पर लिखा था, 'पंडित रामचन्द्र शुक्ल की 'काव्य में रहस्यवाद' पुस्तक उनकी आलोचना से पहले उनके अहंकार, हठ, मिथ्याभिमान, गुरुडम तथा 'रहस्यवादी-छायावादी' कवि कहलानेवालों के प्रति उनकी अपार घृणा सूचित करती है। ऐसे दुर्वासा समालोचक कभी भी किसी कृति-शकुन्तला का कुछ बिगाड़ नहीं सके, अपने शाप से उसे और चमका दिया।' (माधुरी : दिसम्बर, 1930) उसी निराला ने 'श्रद्धांजलि' कविता में लिखा :

अभा निशा थी समालोचना के अम्बर पर
उदित हुए जब तुम हिन्दी के द्विव्य कलाधर।
दीप्ति द्वितीया हुई लीन खिलने से पहले
किन्तु निशाचर सन्ध्या के अन्तर में दहले।
स्पष्ट तृतीया, खिंची दृष्टि लोगों की सहसा

छिड़ी सिद्ध साहित्यिक से तुमसे जब वचसा।
मुक्त चतुर्थी, समालोचना वधू ब्याहकर
लाए तुम, पंचमी काव्यवाणी अपने घर।
षष्ठी, छः ऐश्वर्य प्रदर्शित कोष प्राण में;
शिक्षण की सप्तमी, महार्णव सप्त ज्ञान में।
दिए अष्टमी आठों बसु टीकाओं में भर
नवमी शान्ति ग्रहों की, दशमी विजित दिगम्बर।
एकादशी रुद्रता, रामा कला द्वादशी,
त्रयोदशी-प्रदोष-गत चतुर्दशी-रत्न शशी।

('अणिमा' में संकलित)

पूरे विश्व-साहित्य में शायद इतनी बड़ी 'श्रद्धांजलि-कविता' नहीं लिखी गई थी। निराला की कविता में आचार्य रामचन्द्र शुक्ल के जन्म और मृत्यु का संस्मरण मात्र नहीं था, बल्कि शुक्लजी के व्यक्तित्व, कृतित्व, सैद्धान्तिक स्थापनाओं की अभिनवता, उनकी समालोचना के प्रकाश में अस्त हुए तब तक के अन्य आलोचक, हिन्दी-समालोचना को शुक्लजी की विवाहिता-वधू के रूप में स्वीकृति, हिन्दी कोश-रचना में शुक्लजी द्वारा शब्दों की प्राण-शक्ति का ऊर्जस्व, शिक्षण में सप्तमी-सिद्धान्त यानी अधिकरण-दृष्टि का प्रयोग, सात महासागरों से अनुधावित विश्व-ज्ञान की प्राप्ति, 'धरो ध्रुवश्च, सोमश्च, अहश्चैवानिलोऽनलः प्रत्यूषश्च, प्रभासश्च' इन आठ गुणों से युक्त काव्य-टीका की प्रस्तुति-क्षमता और दिक् तथा काल को अपनी प्रतिभा से जीतने में सक्षम आचार्य शुक्ल की महागाथा भी थी। अगर विस्तार किया जाए तो 14 पंक्तियों की श्रद्धांजलि-कविता को पूरा महाकाव्य बनाया जा सकता है। शुक्लजी आश्विन शुक्ल 14 के उपरान्त पूर्व शशि-काल में पैदा हुए थे। निराला ने 'शशी' पद द्वारा इसका चित्र खींचा है। 'चतुर्दशी-रत्न शशी' का सम्यक् अर्थ कोई ज्ञान-सम्पन्न ज्योतिषी कर सकता है। अगर 'चतुर्दशी-रत्न-शशी' लिख दिया गया होता तो पूर्ण पदत्व दोष आ गया होता। रामचन्द्र शुक्ल की पूर्णता की व्यंजना निराला-प्रयोग द्वारा ही सम्भव था।

देखा जा सकता है कि शुक्लजी के घोर छिद्रान्वेषी ने भी मरणोपरान्त उनके महान व्यक्तित्व को महान स्वीकृति दी। रामचन्द्र शुक्ल ने भी बाबू देवकीनन्दन खत्री की मृत्यु पर एक श्रद्धांजलि-कविता लिखी थी वह श्रद्धांजलि कविता भी अच्छी थी, परन्तु 'निराला' नहीं थी। यहाँ शुक्लजी की श्रद्धांजलि-कविता की टेक का उल्लेख करना अप्रासंगिक न होगा :

है यह शोक समाज आज उनके लिए
जिसने हिन्दी के अनेक पाठक किए।

('इन्दु' अगस्त, 1913)

देखा जा सकता है कि टेक की ये पंक्तियाँ 2 फरवरी, 1941 को शुक्लजी की मृत्यु हो जाने के बाद उनके लिए भी सही साबित हुईं। बाबू देवकीनन्दन खत्री ने हिन्दी भाषा

के पाठक बनाए थे, शुक्लजी ने हिन्दी साहित्य के पाठक बनाए। आज शुक्लजी की स्मृति में दो संस्थाएँ कार्यरत हैं और ये दोनों शुक्लजी के आवास में उनके परिवारवालों द्वारा संचालित हो रही हैं। पहली संस्था आ. शुक्ल के भ्रातृ-पौत्र राकेश चन्द्र शुक्ल द्वारा रमईपट्टी मिर्जापुर के शुक्ल-निवास में और दूसरी श्रीमती कुसुम चतुर्वेदी (शुक्लजी की पौत्री) द्वारा दुर्गाकुंड वाराणसी के शुक्ल-आवास में चल रही है। पहली 'आचार्य रामचन्द्र शुक्ल शिक्षा-शोध-संस्थान रमईपट्टी, मीरजापुर' नाम से और दूसरी 'आचार्य रामचन्द्र साहित्य-शोध-संस्थान, दुर्गाकुंड, वाराणसी' के नाम से आ. शुक्ल के शिक्षा और साहित्य के आदर्शों को आगे बढ़ाने का दायित्व निभा रही हैं।

कहना न होगा कि रामचन्द्र शुक्ल एक 'व्यक्ति' मात्र नहीं थे, बल्कि एक युग थे। उनकी मृत्यु के कारण साहित्य के एक युग का भी अन्त हो गया।

बीसवीं शताब्दी का काव्यात्मक आन्दोलन, 'कविता क्या है ?'

आचार्य रामचन्द्र शुक्ल का 'कविता क्या है ?' शीर्षक निबन्ध 'सरस्वती' में प्रकाशित हुआ। (अप्रैल, 1909, पृ. 155-163) इस निबन्ध का कच्चा प्रारूप उन्होंने सन् 1908 में बना लिया था, जब वे मिर्जापुर में थे, परन्तु बनारस जाने के बाद इसमें अपेक्षित बदलाव करने के बाद ही प्रकाशनार्थ भेजा। ऐसा नहीं था कि इनके निबन्ध के पहले 'कविता क्या है ?' पर अन्य लेखकों ने अपने विमर्श नहीं प्रस्तुत किए थे। लगभग इसी शीर्षक से बालमुकुन्द गुप्त ने मुम्बई से प्रकाशित मासिक 'बालबोध' (जिल्द 22, अंक-5, सन् 1903) में अपना आलेख प्रस्तुत किया था। आ. महावीरप्रसाद द्विवेदी ने 'कवि कर्त्तव्य' लेख के साथ ही सदी की शुरुआत की थी। सन् 1901 में वे सरस्वती के सम्पादक नहीं थे। यह लेख उन्होंने सरस्वती में प्रकाशनार्थ झाँसी से भेजा था। जब वे 'सरस्वती' के सम्पादक बने (1903) तब उन्होंने 'कवि और कविता' शीर्षक से एक लम्बा लेख लिखा जो जुलाई 1907 में 'सरस्वती' के पृष्ठों पर (पृ. 276 से 286 तक) छपा। इसके एक वर्ष पूर्व नागरी प्रचारिणी सभा में बाबू श्यामसुन्दर दास ने कविता पर विचार करते हुए एक टिप्पणी लगाई, 'जैसे अच्छे 'सरस्वती' के गद्य-लेख होते हैं, वैसी ही भद्दी इसकी कविताएँ होती हैं।' (7 जुलाई, 1906) और इस प्रकार बाबू साहब ने 'भद्दी कविता' पर एक बहस छेड़ दी जिस पर तिलमिलाते हुए आ. द्विवेदी ने लिखा, 'हमने कविता के लक्ष्य-लक्षण सम्बन्धी अनेक ग्रन्थ छान डाले पर 'भद्दी कविता' का हमें न कहीं लक्षण मिला और न उदाहरण ही। सभा यदि 'भद्दी कविता' का सोदाहरण लक्षण भी बतला देती तो बड़ी कृपा होती। इससे लोग 'भद्दी कविता' लिखने और प्रकाशित करने से बाज आते।' ('सरस्वती' अक्तूबर, 1906, पृ. 394-95) इसके बाद बालकृष्ण भट्ट ने 'कविता क्या है ?' ('मर्यादा' दिसम्बर, 1910, पृ. 66-67 क्रमशः) राधाचरण गोस्वामी ने 'कवि-कल्पना' तथा चतुर्भुज औदिच्य ने 'कवित्व' शीर्षक से (सरस्वती, 1907) गंगाप्रसाद अग्निहोत्री और मैथिलीशरण गुप्त ने 'हिन्दी कविता किस ढंग की हो ?' (पंचम हिन्दी साहित्य सम्मेलन की कार्यवाही की रिपोर्ट भाग-2, सन् 1914) तथा कामताप्रसाद गुरु ने 'आधुनिक हिन्दी कविता' शीर्षक से निबन्ध लिखकर कविता पर अपने विचार प्रकट किए।

सन् 1900 में ही माधवप्रसाद मिश्र ने (सुदर्शन, नवम्बर, 1900, पृ. 14) पर 'गुनवन्त हेमन्त' कविता की कटु आलोचना करते हुए 'कविता' को रीतिकालीन मानसिकता से युक्त करके सड़कों पर अन्न और वस्त्र के अभाव में दम तोड़ते लोगों के जीवन से जोड़ने का सुझाव दिया था। उन्होंने बीसवीं शताब्दी के कवियों से आग्रह किया था कि वे दुर्भिक्ष पीड़ित दलित-जनों को न भूलें।

इस प्रकार अगर बीसवीं सदी के प्रारम्भिक दो दशकों में कविता क्या है ? कविता क्यों ? कविता कैसी हो ? कविता किसके लिए ? भद्दी कविता, शुद्ध कविता, अच्छी कविता और आधुनिक हिन्दी कविता जैसे शीर्षकों पर लिखे निबन्धों का तुलनात्मक विश्लेषण किया जाए तो अज्ञात नहीं रह जाएगा कि आ. रामचन्द्र शुक्ल अथवा पंडित बालकृष्ण भट्ट द्वारा एक ही शीर्षक 'कविता क्या है ?' से लिखे निबन्ध उस युग का एक अत्यन्त महत्त्वपूर्ण 'काव्यान्दोलन' थे जिनके माध्यम से हिन्दी कविता के परिवर्तनवादियों एवं अपरिवर्तनवादियों में क्षेप-प्रतिक्षेप हो रहे थे।

20वीं शताब्दी के आगमन के साथ ही इतने बड़े पैमाने पर 'हिन्दी-कविता' पर विमर्श शुरू होना राष्ट्रीय धरातल पर घटित वैचारिक क्रान्ति का ही एक हिस्सा था। इतिहास हर क्षेत्र में करवटें ले रहा था। देशभर में राजनीतिक-आर्थिक परिवर्तन हो रहे थे। नई शताब्दी की आवाज चारों ओर सुनाई पड़ने लगी थी। सन् 1857 की सशस्त्र स्वतन्त्रता क्रान्ति के असफल होने के बाद राष्ट्रीय क्षितिज पर छाए निराशा के बादल छिन्न-भिन्न होने लगे, जड़तावाद के विरुद्ध प्रगति की स्वच्छन्द चेतना फूटी। अखिल भारतीय राष्ट्रीय कांग्रेस में परिवर्तनवादियों का दल सक्रिय हुआ, बनारस की नागरी प्रचारिणी सभा में नवतावादी सक्रियता विकसित हुई, इलाहाबाद में इंडियन प्रेस ने पूरे हिन्दीक्षेत्र में प्रकाशन का नया युग शुरू किया, राष्ट्रीय जागरण के लिए शंखनाद करने के लिए 'सरस्वती' मासिक का प्रकाशन शुरू हुआ और सूत्रधार-सम्पादक बने आ. महावीरप्रसाद द्विवेदी, साहित्य में कहानी युग का अभ्युदय हुआ। अज्ञात नहीं है कि इन सभी परिवर्तनों के मूलभूत सिद्धान्तों को लक्ष्य बनाकर ही 'कविता क्या है ?' का नया काव्यात्मक आन्दोलन हुआ।

अगर गौर किया जाए तो 'कविता क्या है ?' का काव्यान्दोलन प्राचीनता के प्रति उदारवादियों के विरुद्ध राष्ट्रीयता के पोषक गरमदलीय युवा साहित्यकारों द्वारा शुरू किया गया था। ऐसे लेखक भौतिकवादी यथार्थ के पोषक थे और निवृत्ति मार्ग के विरुद्ध प्रवृत्ति मार्ग की नई चेतना जगाना चाह रहे थे। रामचन्द्र शुक्ल ने 'कविता क्या है ?' के मिर्जापुरी प्रारूप में ही कहा था, 'कविता से मनुष्य भाव की रक्षा होती है।' (सरस्वती, अप्रैल, 1909) निबन्ध की पहली पंक्ति में उन्होंने परम्परागत 'ईश्वर-भाव' से अधिक महत्त्व दिया 'मनुष्य भाव' को। हिन्दी कविता में यह मानवतावादी संस्थापना का प्रथम सैद्धान्तिक प्रवर्तन था। दूसरे वाक्य में उन्होंने लिखा, दृष्टि के पदार्थ या व्यापार-विशेष को कविता इस तरह व्यक्त करती है मानो वे पदार्थ या व्यापार विशेष नेत्रों के सामने नाचने लगते हैं। वे मूर्तिमान दिखाई देने लगते हैं।' आ. शुक्ल द्वारा की गई यह स्थापना

अध्यात्मवाद के विरुद्ध भौतिकवाद और कल्पनावाद के विरुद्ध प्रत्यक्षवाद की पुरजोर वकालत थी। उन्होंने 'मनोरंजन और स्वभाव-संशोधन' उपशीर्षक के तहत अपनी यथार्थवादी प्रत्यक्षवादी स्थापना के अनेक तर्क और साक्ष्य प्रस्तुत किए थे। उन्होंने लिखा, 'कविता के द्वारा हम संसार के सुख, दुःख, आनन्द और क्लेश आदि यथार्थ रूप से अनुभव कर सकते हैं।' साक्ष्य के रूप में कहा, 'किसी लोभी और कंजूस दुकानदार को देखिए जिसने लोभ के वशीभूत होकर क्रोध, दया, भक्ति, आत्माभिमान आदि के मनोविकारों को दबा दिया है और संसार के सब सुखों से मुँह मोड़ लिया है।' अगर यहाँ शुक्लजी द्वारा दिए गए दुकानदार के दृष्टान्त की व्यंजकता पर विचार किया जाए तो उनका यह दुकानदार उन लोगों की पंक्ति में बैठा दिखाई पड़ेगा जो वैचारिक दुकानदारी करते हुए हिन्दी-संसार से मुँह मोड़कर अंग्रेजी शासकों की चापलूसी में लगे हुए थे। शुक्लजी का यही निबन्ध जब आखिरी बार संशोधित और परिवर्धित होकर सन् 1939 में 'चिन्तामणि' के प्रथम भाग में संकलित हुआ तो प्रथम प्रारूप की ये पंक्तियाँ बदल दी गईं। थोड़ा तेवर और अधिक बेधक हुआ, पूरी तरह झन्नाटेदार। उन्होंने 'कंजूस दुकानदार' के स्थान पर 'अर्थ पिशाच कृपण' तथा 'संसार के सब सुखों से मुँह मोड़ लिया' के स्थान पर 'संसार के मार्मिक पक्ष से मुँह मोड़ लिया' कर दिया। मिर्जापुर में उन्होंने कंजूस बनिए देखे थे और निबन्ध में उसी अनुभव तक सीमित रहे। बनारस जाकर अनुभव में विस्तार हुआ और 'कंजूस बनिए' को काशी के ज्योतिषी और कर्मकांडी, कानपुर के बनिए और दलाल कचहरियों के अमले और मुख्तार में बदल दिया। यह उनके यथार्थवादी और प्रत्यक्षवादी अनुभवों की अभिव्यक्ति थी।

बीसवीं शताब्दी के शुरुआती दौर में कविता और उसकी वस्तु-संवेदना को लेकर इतनी अधिक मीमांसा का मूल कारण था साहित्यिक नवजागरण का दबाव। राजनीति, शिक्षा, अन्ध परम्पराओं के प्रति विरोध की भावना, मुक्ति-आन्दोलन को सक्रिय और आक्रामक करने के प्रयास, देश के निर्धन होते जाने की चिन्ता, खेतिहर किसानों के जीवन-संघर्ष, शासकों के अत्याचार, हिन्दुओं-मुसलमानों में भेद डालकर आपस में लड़ाने की सत्ता कूटनीति के विरोध आदि क्षेत्रों में तो नवजागरण के स्वर तीखे हुए परन्तु कविता का क्षेत्र रूढ़िवाद तथा परम्परावाद से ज्यों का त्यों आक्रान्त था। हिन्दी कविता में गाँव गायब थे, किसान-मजदूर-दलित और नारी लोक अनुपस्थित थे। इसलिए जरूरी था कि कविता को भी नवजागरण की धारा से जोड़ा जाए। 'कविता क्या है ?' आन्दोलन इसी अभाव की पूर्ति में चलाया गया। इस क्रम में रामचन्द्र शुक्ल द्वारा लिखा 'कविता क्या है ?' निबन्ध सबसे अधिक महत्त्वपूर्ण साबित हुआ। शुक्लजी अपने इस लेख को बार-बार परिवर्तित-परिवर्धित करते रहे थे सन् 1909 से 1939 तक। प्रश्न उठना स्वाभाविक है कि वे ऐसा क्यों कर रहे थे ? वे इसलिए ऐसा नहीं कर रहे थे कि वे परिवर्तन द्वारा शब्दों के विन्यास में चमत्कार सृजित कर सकें अथवा उसे पूर्वापेक्षा निबन्धात्मक कलाओं से जोड़ सकें। बल्कि वे इसलिए परिवर्धन कर रहे थे कि समय के परिवर्तन के साथ परिवर्तित जनाकांक्षाओं को भी अपने निबन्ध में मूर्त कर सकें।

अगर गौर किया जाए तो अज्ञात नहीं रह जाएगा कि 'कविता क्या है ?' उस समय लड़े जानेवाले स्वातन्त्र्य युद्ध का एक आयुध था। मोर्चा के बदलाव और आवश्यकता की माँग पर आयुध में परिवर्तन करना जरूरी था। इसे केवल रामचन्द्र शुक्ल समझ रहे थे। मिसाल के तौर पर 'कविता क्या है ?' के उपशीर्षकों के परिवर्तन को लिया जा सकता है।

जब आ. शुक्ल का 'कविता क्या है ?' लेख प्रथम बार प्रकाशित हुआ था (अप्रैल 1909) तब उसके उपशीर्षक क्रमशः कार्य में प्रवृत्ति, मनोरंजन और स्वभाव संशोधन, उच्च आदर्श, कविता की आवश्यकता, सृष्टि-सौन्दर्य, कविता का दुरुपयोग, कविता की भाषा, श्रुति सुखदता और अलंकार थे, परन्तु जब उसको सन् 1922, 1927 के वर्षों में साधारण परिवर्धनों के साथ आखिरी परिवर्धन के साथ सन् 1930 में उनके प्रथम निबन्ध संग्रह 'विचारवीथी' में 'विचारवीथी' के निबन्धों को परिमार्जित करके 'चिन्तामणि' (भाग एक) में सम्मिलित किया गया तब उपशीर्षक परिवर्धित होकर क्रमशः 'सभ्यता का आवरण और कविता', कविता और सृष्टि प्रसार, मार्मिक तथ्य, काव्य और व्यवहार, मनुष्यता की उच्चभूमि, भावना या कल्पना, मनोरंजन, सौन्दर्य चमत्कारवाद, कविता की भाषा, अलंकार, कविता पर अत्याचार, कविता की आवश्यकता' हो गए। उपशीर्षकों में इतना व्यापक परिवर्तन न अकारण था और न ही अनपेक्षित। आ. शुक्ल इन परिवर्तनों-परिवर्धनों द्वारा राष्ट्रीय परिप्रेक्ष्य में बदलते समय के साथ सतर्कतापूर्वक जुड़ने का प्रयास तो कर ही रहे थे, साथ ही अपने प्रथम लेख के बाद अन्य लेखकों द्वारा दी गई चुनौतियों के उत्तर भी देना चाह रहे थे।

चुनौतियों के उत्तर देने के सन्दर्भ में उस युग के केवल कुछ बड़े लेखकों के लेखों-निबन्धों का उल्लेख करना अधिक संगत कहा जा सकता है। रामचन्द्र शुक्ल के 'कविता क्या है ?' निबन्ध के प्रथम बार प्रकाशित होने के एक वर्ष आठ महीने के बाद पंडित बालकृष्ण भट्ट का लेख 'मर्यादा' के दिसम्बर अंक में प्रकाशित हुआ। भट्टजी के लेख का शीर्षक भी 'कविता क्या है ?' ही था। यह लेख पं. रामचन्द्र शुक्ल के लेख का उत्तर देने और उनकी नवतावादी स्थापनाओं के खंडन में लिखा गया था। उस समय पं. बालकृष्ण भट्ट (1844-1914) 66 वर्ष के वृद्ध थे परन्तु शुक्लजी 26 वर्ष के युवा। पहला पुरानी पीढ़ी का प्रायः अपरिवर्तनवादी परन्तु दूसरा नई पीढ़ी का परिवर्तनवाद का पक्षधर। भट्टजी रसवादी मान्यताओं के मर्मज्ञ पंडित थे। वे 'साहित्य दर्पण' के 'वाक्यं रसात्मकं काव्यम्' के सिद्धान्त में जरा भी परिवर्तन के विरोधी थे। उन्होंने लिखा, "रस क्या है ? सो हम पीछे कहेंगे—पहले यहाँ सूचित कर देना आवश्यक जान पड़ता है कि इस समय के नई तालीम पाए हुए सुशिक्षित जहाँ हमारी और बातों में एक न एक दोष निकाल सर्वथा सर्वांगपूर्ण उन्हें नहीं कहते वैसे ही कविता के सम्बनध में भी उनकी दोषदृष्टि अन्तर्निविष्ट हुई है और वे हमारे कवियों के सम्बन्ध में कहते हैं कि उनके काव्य में Naturist (प्रकृति की छानबीन) में कर्मी पाई जाती है।' (पृ. 66) शुक्लजी ने वन, पर्वत, नदी, झरना के पार्थिव सौन्दर्य को अपार्थिव सौन्दर्य

से जोड़ने की प्रतिभा को कविता कहना चाहा था। वे कविता को सृष्टि-सौन्दर्य से अनुभव कराने का मुख्य साधन मानते थे। यह स्थापना युवा-ज्ञान की प्रत्यभिज्ञा थी। भट्टजी को लगा कि इस प्रकार की नई-नई स्थापनाओं की वकालत करना नई तालीम पाए लोगों की नासमझी थी।

कविता क्या है ? में शुक्लजीने लिखा था, 'खेद के साथ कहना पड़ता है कि हिन्दी भाषा के अनेक कवियों ने शृंगार रस की उन्मादकारिणी उक्तियों से साहित्य को इतना भर दिया है कि कविता भी विलास की एक सामग्री समझी जाने लगी है। पीछे से तो ग्रीष्मोपचार आदि के नुस्खे भी कवि लोग तैयार करने लगे।' (सरस्वती)

देखा जा सकता है कि शुक्लजी 'कविता' को 'विलास की सामग्री बनने' की पुरानी प्रथा से मुक्त कर इसे राष्ट्रीय नवजागरण के प्रेरक हेतु प्रस्तुत करना चाहते थे। शुक्लजी अपने समय की धड़कनों को पहचानते हुए उसे ऋतूपचार के 'नुस्खा' की परिधि से निकालकर काल-चेतना का साधन बनाना चाह रहे थे। भट्टजी ने शुक्लजी की इन स्थापनाओं को संस्कृत कविता के ज्ञान का अभाव माना। वे यह मानने के लिए तैयार नहीं थे कि संस्कृत की कविता अथवा हिन्दी कविता में 'नखशिख' वर्णन के घिनौने चित्र थे अथवा शीतोपचार आदि के नुस्खे थे। उन्होंने संस्कृत के एक श्लोक का उदाहरण देते हुए सिद्ध किया कि इसमें संयोग-शृंगार का मार्मिक वर्णन था न कि 'विलास' वस्तु का चित्रण। श्लोक था :

दर्शन स्पर्शन आदीनि निषेवन्ते विलासिनै।
यथा अनुरक्तौ अन्योन्यं संयोगः अयम् उदाहृतः ॥ (पृ. 67)

इसका अर्थ किया—'जहाँ दो विलासी स्त्री-पुरुष एक-दूसरे में अनुराग रख आपस में दरस-परस पूर्वक काम चेष्टा की सब बातें जी खोल के करैं, वह संयोग शृंगार है।' शुक्लजी मन की इस दशा को विलास की रूढ़वासना मानते थे। जब देश में राष्ट्रीयता के परिप्रेक्ष्य में जागरण की लहरें उठ रही थीं वहाँ इन प्रकार के वासना-व्यापारों के लिए कोई जगह नहीं थी। भट्टजी ने लिखा, 'अलौकिक आनन्द का नाम रस है—अलौकिक इसलिए कहा कि वह आनन्द नहीं जो किसी विशेष व्यक्ति से सरोकार रखता हो। (पृ. 66) शुक्लजी इस प्रकार के अमूर्त और वायवीय चिन्तन को युगधर्मी मानने के पक्ष में नहीं थे। उन्होंने अपने निबन्ध की पहली पंक्ति में लिखा था कविता से मनुष्य-भाव की रक्षा होती है।' वे जानते थे कि समाज मनुष्य-सापेक्ष्य होता है। उन्होंने यह भी कहा था, 'कविता हमारे मनोभावों को उच्छ्वसित करके हमारे जीवन में एक नया जीव डाल देती है।' अस्पष्ट नहीं है कि 'कविता पाठक के जीवन में नया जीवन डाल देती है एक नया और अनूठा प्रयोग था। जीवन में जीव डाल देना। शुक्लजी ने 'हिन्दी शब्द सागर' (भाग-2, पृ. 1172) पर जीव डाल देने का अर्थ, 'प्राणियों के चेतन तत्त्व को विकसित करना' दिया था। महाभारत में मनुष्य की दृष्टि का ईर्ष्याहीन होने की मनोदशा को जीवन में जीव डाल देना माना गया था। अगर विचार किया जाए तो बीसवीं शताब्दी की यह नितान्त आवश्यकता थी कि कविता हमारे जीवन में जीव डाल दे, खासतौर से उन लोगों

के जीवन में जो अंग्रेजों की गुलामी को आखिरी नियति मानते हुए ऊपर से तो जी रहे थे परन्तु अन्दर से मर गए थे। सम्भवतः इसी सन्दर्भ में तुलसीदास ने भी कविता को 'मृतक जिआवनि गिरा सुहाई' कहा था। रामचन्द्र शुक्ल ने अगली पंक्तियों का विन्यासन करके जीवन में जीव डाल देने का तात्पर्य स्पष्ट कर दिया था। इसकी अगली पंक्तियाँ थीं, 'हम सृष्टि के सौन्दर्य को देखकर मोहित होने लगते हैं। कोई अनुचित और निष्ठुर काम हमें असह्य होने लगता है। हमें जान पड़ता है कि हमारा जीवन कई गुना अधिक होकर समस्त संसार में व्याप्त हो गया है।' (सरस्वती)

अज्ञात नहीं है कि शुक्लजी के निबन्धों में इन प्रकार के सूत्र-नियोजन उनकी सृजन-संवेदना के उपादान कारण थे। उन्होंने अपने निबन्धों में अपने सूत्रों के वार्तिक भी दिए थे, परन्तु 'अष्टाध्यायी' की तरह नहीं बल्कि 'ध्वन्यालोक' की तरह। 'कविता क्या है ?' के प्रथम प्रारूप को अन्तिम संस्कार देते हुए शुक्लजी ने 'हमारे जीवन में एक नया जीव डाल देती है' सूत्र को छोड़ दिया और बिना सूत्रोल्लेख के केवल वृत्ति मात्र दे दी। इससे अनावश्यक अर्थ-उलझाव दूर हो गया। शताब्दी का तीसरा दशक सीधी-सीधी बात कहने में विश्वास करने लगा था। हिन्दी साहित्य-क्षितिज पर सीधी परन्तु मार्मिक उक्तियों के रचनाकार प्रेमचन्द का दबदबा कायम हो गया था। राजनीति में गांधीजी आ गए थे। माहौल में शुक्लजी के लिए जरूरी हो गया था कि वे 'कविता क्या है ?' को नया रूप दें।

रामचन्द्र शुक्ल ने जब 'कविता क्या है ?' निबन्ध को अन्तिम रूप दिया तब प्रारम्भ में एक बिल्कुल नया उपशीर्षक लगाया, 'सभ्यता के आवरण और कविता'। यह नया उपशीर्षक लेख के रूप में शुक्लजी के निबन्ध-संकलन 'विचारवीथी' से दो वर्ष पहले 'सुधा' (अक्तूबर, 1928, पृ. 470-72 तक) में प्रकाशित हो चुका था। शुक्लजी ने थोड़े महत्त्वपूर्ण परिवर्तनों के साथ इस पूरे लेख को 'कविता क्या है ?' में समाविष्ट कर दिया। 20वीं शताब्दी के प्रथम तीन दशकों में 'कविता' पर अत्यन्त विस्तार से की जानेवाली मीमांसाओं के सन्दर्भों को क्रमबद्ध करने पर अज्ञात नहीं रहेगा कि शुक्लजी ने 'सभ्यता के आवरण और कविता' निबन्ध के सम्पूर्णांश को एक उपशीर्षक के रूप में क्यों शामिल किया था।

यहाँ मीमांसा के प्रथम सन्दर्भ के रूप में महावीरप्रसाद द्विवेदी के लेख 'कवि और कविता' (सरस्वती : भाग 8, सं. 7, पृ. 276) के कुछ उद्धरण आवश्यक हैं। आ. द्विवेदी ने अपने लेख में तर्क दिया था, 'जब तक ज्ञान-वृद्धि नहीं होती—जब तक सभ्यता का जमाना नहीं आता—तभी तक कविता की विशेष उन्नति होती है क्योंकि सभ्यता और कविता में परस्पर विरोध है। सभ्यता और विद्या की वृद्धि होने से कविता का असर कम हो जाता है। कविता में कुछ न कुछ झूठ अंश अवश्य होता है असभ्य अथवा अर्ध-सभ्य लोगों को यह अंश कम खटकता है शिक्षित और सभ्य लोगों को बहुत।' (पृ. 278) आ. द्विवेदी की यह मान्यता शुक्लजी की मान्यता से पूरी तरह भिन्न थी। इनकी मान्यता के अनुसार मनोविकारों के रूप बदलने का नाम सभ्यता है। उन्होंने रूप की प्रच्छन्नता

का उद्‌घाटन कवि का पहला काम माना। लिखा, "ज्यों-ज्यों सभ्यता बढ़ती जाएगी, त्यों-त्यों यह काम भी बढ़ता जाएगा। मनुष्य की रागात्मिका वृत्ति से सीधा सम्बन्ध रखनेवाले रूपों का सामने लाने के लिए उन्हें बहुत से परदों को हटाना पड़ेगा। इससे यह स्पष्ट है कि ज्यों-ज्यों सभ्यता बढ़ती जाएगी, त्यों-त्यों एक ओर तो काव्य की आवश्यकता बढ़ती जाएगी, दूसरी ओर कवि-कर्म कठिन होता जाएगा।" ('सुधा' अक्तूबर, 1928, पृ. 471)

आचार्य महावीरप्रसाद द्विवेदी और आचार्य रामचन्द्र शुक्ल की मान्यताओं के तुलनात्मक विश्लेषण से अस्पष्ट नहीं रह जाएगा कि द्विवेदीजी की मान्यता भारतीय चिन्तन धारा से मेल खानेवाली नहीं थी। शुक्लजी कविता के भारतीय न्यायाधीश तो थे ही साथ ही एक ऐसे मूल्य संस्थापक थे जो तर्क को विज्ञान-मनोविज्ञान के प्रतिमानों द्वारा सिद्ध करते थे और विश्व में विकासशील सभ्यता के क्षेत्रों से एकत्र करते थे। वे आ. द्विवेदी के 'कविता और सभ्यता' की मान्यताओं को निषेधपरक मानते थे। यह जरूरी था कि वे सभ्यता और कविता के अन्तर्सम्बन्धों को सकारात्मक दृष्टि से रखते थे।

शुक्लजी ने 'सभ्यता के आवरण और कविता' निबन्ध आचार्य द्विवेदी को उत्तर देने के लिए ही लिखा था जिसे बाद में 'कविता क्या है ?' में सम्मिलित कर लिया। यहाँ सन् 1914 में आयोजित 'हिन्दी साहित्य सम्मेलन' के अवसर पर 'हिन्दी कविता किस ढंग की हो ?' विषय पर प्रस्तुत गंगाप्रसाद अग्निहोत्री और मैथिलीशरण गुप्त द्वारा प्रस्तुत आलेखों पर भी विचार करना असंगत नहीं होगा। इस सम्मेलन में पं. रामचन्द्र शुक्ल भी उपस्थित थे। अग्निहोत्रीजी ने 'रसात्मकता, भाव-प्रवणता और लोकोत्तरता' को कविता का अनिवार्य उपादान बतलाते हुए लिखा था, 'जिन उन्नत और सभ्य देशों के साथ हमारा सम्बन्ध हो गया है, उनके यहाँ की कविता में प्रयुक्त हितकारक उपदेश हिन्दी कविता में व्यक्त करने का उद्योग करना चाहिए।' (रिपोर्ट भाग-2, पृ. 47) अग्निहोत्रीजी ने विकासवादी सिद्धान्त की अनिवार्यता की ओर ध्यान दिलाया और कविता के लिए ज्ञान, सुशिक्षा और समकालीन समाज के मूल्यवाद को अन्तस में उतारने की भी वकालत की। उन्होंने सभ्यता और कविता के अन्योन्याश्रित सम्बोधनों को भी जरूरी माना। परन्तु इतना अवश्य था कि ये सभी सिद्धान्त उन्होंने बचाव-शैली में निरूपित किया क्योंकि वे द्विवेदीजी की संस्थापनाओं का खुलकर विरोध करने की स्थिति में नहीं थे क्योंकि आ. द्विवेदी से ये घनिष्ठ रूप से जुड़े हुए थे। द्विवेदीजी से केवल छः वर्ष छोटे रायबरेली के कान्यकुब्ज और 'सरस्वती' के लेखक थे।

'कविता किस ढंग की हो ?' विषय पर प्रस्तुत अपने आलेख में मैथिलीशरण गुप्त ने भी सभ्यता और कविता के सम्बन्धों की दबी जुबान वकालत की। उन्होंने भारत भूमि को सभ्यता की आदि भूमि कहते हुए कविता के इतिहास को अत्यन्त गौरवशाली रूप में याद किया। (वही, पृ. 53) हालाँकि शुक्लजी आचार्य द्विवेदी की स्थापनाओं का विरोध सन् 1928 से पहले भी कर सकते थे, परन्तु इसके पहले वे 'हिन्दी शब्द सागर' के सम्पादन में अत्यधिक व्यस्त थे। जब 1929 में उन्होंने 'काव्य में रहस्यवाद' लिखा तब

सभ्यता और कविता के अन्तःसम्बन्धों पर भी ध्यान दिया।

यहाँ यह जानना जरूरी है कि आचार्य रामचन्द्र शुक्ल का निबन्ध 'कविता क्या है ?' आचार्य द्विवेदी के लेख 'कवि और कविता' के प्रकाशन से दो वर्ष बाद प्रकाशित हुआ था। द्विवेदीजी की मान्यताओं को खंडित करने के लिए उनके पास पर्याप्त समय था। परन्तु बात ऐसी नहीं थी क्योंकि रामचन्द्र शुक्ल ने भी 'कविता क्या है ?' का कच्चा प्रारूप लगभग उसी अवधि में तैयार किया था जब आ. द्विवेदी का लेख छपा था। मिर्जापुर की कच्ची सामग्री को अधिक माँजने-चमकाने का मौका नहीं मिला था। दूसरी बात यह भी थी कि आ. द्विवेदी के काव्य-मूल्य का विरोध करके 'प्रथम ग्रासे मक्षिकापात' का खतरा नहीं उठाना चाहते थे। उन्हें सार्वभौम मूल्य निर्मित करने का भी समय चाहिए था। इसलिए उन्होंने मिर्जापुरी प्रारूप को ही प्रकाशनार्थ भेज दिया था। परन्तु जब उन्होंने अपने उस निबन्ध को 'विचारवीथी' में संग्रह करते समय अन्तिम रूप दिया तब अपने कुछ स्फुट रूप से प्रकाशित निबन्धों को इसमें या तो पूर्णतः समाविष्ट कर लिया या उनके कुछ अनावश्यक भागों को समायोजित किया। इस सन्दर्भ में माधुरी, 1922 में प्रकाशित निबन्ध 'काव्य में प्राकृतिक दृश्य' का उल्लेख किया जा सकता है। 'कविता क्या है ?' जब सरस्वती में प्रकाशित हुआ था तब इसका एक उपशीर्षक था, 'सृष्टि सौन्दर्य' मुश्किल से 25 पंक्तियों का, परन्तु जब इसमें 'काव्य में प्राकृतिक दृश्य' का समायोजन किया तब उपशीर्षक कर दिया गया 'कविता और सृष्टि सागर' और प्रथम प्रारूप की 25 पंक्तियों का विस्तार लगभग आठ गुना अधिक हो गया। प्रथम प्रारूप में शुक्लजी किसी वर्णन को आत्मसात् करने में 'बिम्ब-ग्रहण और अर्थग्रहण' के सिद्धान्त से अपरिचित थे। बिम्ब-ग्रहण और अर्थ-ग्रहण का सम्यक् ज्ञान शुक्लजी को बनारस जाने के बाद ही हुआ था। नागरी प्रचारिणी पत्रिका के 8वें भाग में गणपति जानकीराम दुबे ने लिखा था, 'भावना से (क्योंकि यह इमेज शब्द की समानार्थी है) न तो मेरा अर्थ आँख की पुतली पर दिखनेवाली प्रतिच्छाया अथवा प्रतिबिम्ब से है, न उससे मैं मूर्ति का अर्थ जानता हूँ परन्तु भावना शब्द से परिज्ञान का वह अनुभव प्रकट करता हूँ जो कि अन्तर्बोध को प्रदर्शित होता है अथवा विप्रदर्शित होता है। प्रदर्शन का अर्थ Representation से है और विप्रदर्शन से representation का। (पृ. 34-35) सम्भावना की जा सकती है कि शुक्लजी ने 'कविता और सृष्टि प्रसार' शीर्षक की शुरुआत 'हृदय पर नित्य प्रभाव रखनेवाले रूपों और व्यापारों को भावना के सामने लाकर कविता बाह्य प्रकृति के साथ मनुष्य की अन्तः प्रकृति का सामंजस्य घटित करती हुई उसकी भावात्मक सत्ता के प्रसार का प्रयास करती है।' (चिन्तामणि भाग-1, पृ. 199) गणपति जानकीराम दूबे ने Conception शीर्षक के तहत कहा था, 'एक ही गुणा की भावना की ओर ध्यान देने से उस मानसिक कार्य की उत्पत्ति होती है, जिसे Abstraction अर्थात् प्रत्याहार कहते हैं।' (पृ. 34) आ. शुक्ल ने प्रत्याहार शब्द के बिना प्रयोग किए कई उदाहरण ऐसे दिए थे जो गणपति दूबे से मेल खानेवाले थे। अन्तर इतना था कि गणपति दूबे मानसिक एवं ऐन्द्रिय व्यापारों की प्रस्तुति करते हुए स्पष्टता का

परिचय नहीं दे सके थे जबकि शुक्लजी ने उन्हें स्पष्ट तो किया ही, इसके साथ इन्हें अपनी मौलिक संरचना का स्वरूप भी दिया। इस तरह शुक्लजी का निबन्ध 'कविता क्या है ?' का अन्तिम प्रारूप उस समुद्र की तरह उभरा जिसमें चारों दिशाओं से आकर नदियाँ अपना जल समाविष्ट करती हैं।

20वीं शताब्दी के काव्यान्दोलन, 'कविता क्या है ?' को दोहराते हुए उसके ऐतिहासिक विकास-प्रक्रिया पर दृष्टि जाना अस्वाभाविक नहीं कहा जा सकता। ऊपर कहा जा चुका है कि इस आन्दोलन की शुरुआत हिन्दी में बालमुकुन्द गुप्त ने की थी। उनका लेख 'कविता कैसी है ?' 20वीं सदी के प्रारम्भ में प्रकाशित हुआ था। इस लेख पर अपनी प्रतिक्रिया व्यक्त करते हुए आचार्य महावीरप्रसाद द्विवेदी ने भी 'कविता कैसी हो ?' का विवेचन किया था। उन्होंने बालमुकुन्द गुप्त के उद्धरणों के साथ ही अपना मन्तव्य व्यक्त करते हुए लिखा था, 'अन्तःकरण की वृत्तियों के चित्र का नाम कविता है।...अन्तःकरण के रस को उत्पन्न करके और थोड़ी देर के लिए और बातों को भुलाकर, उदात्त विचारों में मन को लीन कर देना ही कविता का सच्चा पर्यवसान है।...कविता के लिए एक प्रकार की भाविकता एक प्रकार की सात्विकता और एक प्रकार का भोलापन दरकार है।...कविता से विश्रान्ति मिलती है। वह एक प्रकार का विराम-स्थान है। उससे मनोमालिन्य दूर होता है और थकावट कम होती है।' (सरस्वती : भाग-4, सं.-11, पृ. 394)

दो वर्ष बाद 17 दिसम्बर, 1905 के 'भारत मित्र' में बालमुकुन्द गुप्त ने 'कविता क्या है ?' का प्रश्न उठाते हुए तद्‌युगीन हिन्दी-कविता की वस्तु-संवेदना और रचना-शिल्प पर असन्तोष व्यक्त करते हुए लिखा था, "भारत में अब कवि भी नहीं हैं कविता भी नहीं है। कारण यह कि कविता देश और जाति की स्वाधीनता से सम्बन्ध रखती है।...जब यह देश देश था और यहाँ के लोग स्वाधीन थे, तब यहाँ कविता भी होती थी। उस समय की जो बची-खुची कविता अब तक मिलती है वह आदर की वस्तु है और उसका उदार होता है। कविता के लिए अपने देश की बातें, अपने देश के भाव और अपने मन की मौज दरकार है। हम पराधीनों में यह सब बातें कहाँ ? फिर हमारी 'कविता क्या है' और उसका 'गुरुत्व क्या है ?' इससे उसे तुकबन्दी ही कहना ठीक है। पराधीन लोगों की दलबन्दी में कुछ तो अपने दुःख का रोना होता है और कुछ अपनी गिरी दशा पर पराई हँसी होती है।"

बालमुकुन्द गुप्त ने कविता क्या ? और कवि क्या ? के प्रश्न उठाते हुए कविता के कुछ तात्कालिक और कुछ शाश्वत सिद्धान्तों का निरूपण किया। उन्होंने कविता को देश, जाति और कवि की स्वाधीनता को बहुत अधिक महत्त्व दिया। गुप्तजी द्वारा यह प्रतिपादन कविता के भूमि निर्धारण के लिए बहुत अधिक आवश्यक था। प्राचीन काल के काव्यशास्त्रियों ने कविता के हेतु दृष्टान्त, अभिप्राय, निदर्शन, विचार, मनोरथ, सिद्धि आदि सिद्धान्त निरूपणों में कविता की स्वाधीनता का कोई तर्क नहीं दिया था। गुप्तजी का कविता का गुरुत्व क्या है जैसे कथन एक ऐसा काव्य-सिद्धान्त था जिसमें आचार्य रामचन्द्र शुक्ल का 'कविता क्या है' का पूरा पाठ सन्निहित था। उन्होंने स्पष्ट संकेत

दिया था कि 'देश की बात' देश का भाव-सम्मुचय, कवि की स्वाधीनता और तुकबन्दी से मुक्ति ही कविता है। रामचन्द्र शुक्ल ने भी कवि के हृदय की 'बद्धता' को कविता का विरोधी तत्त्व घोषित किया और इसके लिए 'सूत्र' लिखा 'कविता ही मनुष्य के हृदय को स्वार्थ-सम्बन्धों से ऊपर उठाकर लोकसामान्य भावभूमि पर ले जाती है जहाँ जगत की नाना गतिविधियों के मार्मिक स्वरूप का साक्षात्कार और शुद्ध अनुभूतियों का संचार होता है।' (चिन्तामणि-1) आ. शुक्ल ने बालमुकुन्द गुप्त द्वारा प्रस्तुत 'कविता के गुरुत्व' की नई प्रस्तावना रखी। गुप्तजी ने 'कविता के गुरुत्व' सिद्धान्त की प्रस्तुति सूत्रवत की थी, शुक्लजी ने इसका विस्तारसहित वार्तिक लिखा। कविता के लक्षणों को चिह्नित किया तथा यथा अवसर उदाहरण भी दिए।

ऊपरी तौर पर ऐसा नहीं प्रतीत होता कि आचार्य रामचन्द्र शुक्ल ने कविता क्या है ? में बालमुकुन्द गुप्त का ही अनुवाचन किया था, परन्तु गुप्तजी और उनकी प्रस्तुतियों के अन्तरंग में जाकर ऐसा लगता है कि शुक्लजी ने अपने पूर्ववर्ती अन्य लेखकों की अपेक्षा गुप्तजी को अधिक महत्त्व दिया था। गुप्तजी ने 'भाव' को केवल देश तक सीमित कर दिया था, शुक्लजी ने उसे पूरी सृष्टि के साथ जोड़ दिया। गुप्तजी, 'भाव' के मनोवैज्ञानिक अथवा परम्परागत पारिभाषिक स्वरूप से अपरिचित थे और इसका प्रयोग साधारण रूप में कर दिया था, शुक्लजी ने भाव के असाधारणत्व की व्याख्या की। आ. शुक्ल ने भरत मुनि, धनंजय, मम्मट और आचार्य विश्वनाथ आदि द्वारा प्रस्तुत 'भाव' के लक्षणों और उदाहरणों की परिणति को भी विस्तृत किया और इसे आधुनिकता का स्वरूप देते हुए आधुनिक मनोविज्ञान के सिद्धान्तों से जोड़ा। 14वीं शताब्दी में आ. विश्वनाथ ने भाव के स्वरूप का निदर्शन कराते हुए कहा था, 'संचारिणः प्रधानानि देवादि विषयारतिः। उद्बुद्ध मात्रः स्थायी च भाव इत्यभिधीयते।' आचार्य विश्वनाथ की परिभाषा में मम्मट और धनंजय को युगानुरूप विस्तार 'उद्बुद्ध मात्रः स्थायी च भावः' कहकर दिया गया था। शुक्ल ने 'भाव' को अपने युग की बहुमुखी धारा से जोड़ा। उन्होंने लिखा, 'जिस प्रकार जगत अनेक रूपात्मक है उसी प्रकार हमारा हृदय भी अनेक रूपात्मक है।' संस्कृत के आचार्यों ने 'भाव' को नौ रसों की सीमा में बाँध दिया था शुक्लजी ने इसे अनेक रूपात्मक कर दिया। 'कविता क्या है ?' निबन्ध द्वारा शुक्लजी 20वीं शताब्दी के आचार्यत्व की सिद्धि कर रहे थे। उन्होंने पुराने आचार्यों के सिद्धान्तों का खंडन तो नहीं किया, परन्तु मंडन के क्रम में एक नितान्त नई बात कही और वह थी मनोविज्ञान की अधुनातन अनुसन्धान द्वारा निरूपित बात। शुक्लजी ने अपने समय के अनेक भावात्मकता को 'मनुष्य के आदिम युगीन मूल रूप और मूल व्यापार' में ढालकर ही कविता की परख करने की सलाह दी। यह उनके समय के मनोविज्ञान का भी मनोविज्ञान था। उन्होंने पुराने आचार्यों की मर्यादा की रक्षा करते हुए ही अपने आचार्यत्व की प्रतिष्ठा की। लिखा, 'जिन रूपों और व्यापारों से मनुष्य आदिम युगों से ही परिचित है...हम उन्हें मूल रूप और मूल व्यापार कह सकते हैं।' इसलिए शुक्लजी ने कविता का सिद्धान्त प्रस्तुत करते हुए कहा, 'इस विशाल विश्व के प्रत्यक्ष से प्रत्यक्ष

और गूढ़ से गूढ़ तथ्यों को भावों के विषय या आलम्बन बनाने के लिए इन्हीं मूल रूपों और मूल व्यापारों में परिणत करना पड़ता है।' वास्तव में यह स्थापना, आ. शुक्ल का पूर्णत्व तो थी ही, भाव को समझने का भी पूर्णत्व थी।

जब आ. शुक्ल ने सन् 1909 में 'कविता क्या है ?' का लेख प्रकाशित करवाया था, तब उसमें निबन्धत्व का अभाव था। भाव के स्वरूप का परिचय कराने के जो विद्वतापूर्ण तर्क चिन्तामणि में संकलित निबन्ध में हैं, वह 1909 वाले लेख में बिल्कुल नहीं थे। कारण अस्पष्ट नहीं है। सन् 1909 में मीमांसा की ज्ञान-राशि उनमें नहीं थी। इस ज्ञान-राशि की उपलब्धि उन्होंने गहन अध्ययन-क्रम में ही की थी। सन् 1909 वाले लेख में उन्होंने पहली पंक्ति लिखी थी, 'कविता से मनुष्य-भाव की रक्षा होती है।' इसमें उन्होंने 'मनुष्य भाव' का प्रयोग बालमुकुन्द गुप्त द्वारा दिए गए 'देश-भाव' के ढंग पर किया था। गुप्तजी और शुक्लजी, दोनों ने भाव को अव्याख्यायित छोड़ दिया था। गुप्तजी ने 'देश के भाव' का प्रयोग अपने समय में उद्वेलित राष्ट्रीयता की भावना के ही परिप्रेक्ष्य में किया था। 'देश-भाव' पद का प्रयोग उन्होंने उन लोगों को नसीहत देने के लिए किया था जो हिन्दी भाषा और साहित्य के आचार्य कहलाने के लिए लालायित होकर भी या तो महारानी विक्टोरिया और उनके वंशजों की चाटुकार-कविताएँ लिख रहे थे या रीतिकालीन परम्परा की लीक पीटते हुए नायिकाओं के आंगिक विषय-रस का स्फूर्तन कर रहे थे। बालमुकुन्द गुप्त ने ऐसे कवियों से आग्रह-सुझाव के रूप में 'अपने देश की बातें' और 'अपने देश के भाव' का अनुवर्तन किया था। उनकी यह सीख विशेषतः महावीरप्रसाद द्विवेदी और उनके अनुयायी कवियों के लिए थी। महावीरप्रसाद द्विवेदी ने 'विक्टोरिया' की चाटुकारिता में एक कविता 'देश के भाव' को हीनतर करते हुए लिखी जो 'सुदर्शन' (अप्रैल, 1900, पृ. 8) में प्रकाशित हुई। उस समय बालमुकुन्द गुप्त कोलकाता (कलकत्ता) में 'भारतमित्र' का सम्पादन कर रहे थे। द्विवेदीजी की कविता पढ़कर उनके दिल को चोट पहुँची थी। इसी चोट को उन्होंने 'बाल बोध' में 'कविता क्या, कवि क्या' वाक्यांशों में व्यक्त किया था। यहाँ महावीरप्रसाद द्विवेदी की उस कविता का उल्लेख करना अप्रासंगिक इसलिए न होगा कि इसी ने बालमुकुन्द गुप्त को उत्तेजित करके 'कविता' के स्वरूप पर कुछ लिखने के लिए विवश किया था। गुप्तजी ने अपने काव्य-संकलन 'स्फुट कविता' के 'निवेदन' में भी वही-वही बातें दोहराई थीं। द्विवेदीजी की कविता थी :

विक्टोरिया विजयिनी, वर राज्य माहीं
अन्याय लेशहुँ कभू कहुँ होत नाहीं।...

लोकोपराक किए तुम काज नाना
पै सत्यमेव सब माँहि इहै प्रधाना।
एतन्निमित्त रहिहैं चिरकाल सारे
ये पश्चिमोत्तर मनुष्य ऋणी तिहारे।

द्विवेदीजी की अगली पंक्तियाँ और अधिक दुखदायी थीं जिनमें 'अपने देश के भाव' को अस्तित्वहीन' बना दिया गया था, पंक्तियाँ थीं :

औरो अनेक दिन राज्य रहै त्वदीय
इच्छा इती सफल शम्भु करै मदीय।
जो लौं प्रभो ! ब्रिटिश-शासन-सूर्यचंड
अस्तित्व नागरिक अक्षर को अखंड
तौ लौं त्वदीय यश सौरभ सों विशेष
ह्वै है सुगन्धयुत भारतवर्ष देश।

द्विवेदी ने ब्रिटिश-सत्ता को भारतवर्ष में बचाए रखने की कामना पश्चिमोत्तर प्रदेश की सारी जनता का प्रतिनिधित्व करते हुए कहा था। गुप्तजी के लिए कविता का यह अंश घोर आपत्तिजनक था। ऐसे माहौल में 'कविता क्या है ?' का काव्यान्दोलन फूट पड़ना जरा भी स्वाभाविक नहीं था। रामचन्द्र शुक्ल का 'कविता क्या है ?' निबन्ध इसी आन्दोलन की एक सबल धारा थी जिसकी आखिरी कड़ी सन् 1939 के 'चिन्तामणि, भाग-एक' में संकलित निबन्ध का परिवर्धित रूप थी। डॉ. नामवर सिंह ने 'कविता क्या है' के निबन्धत्व में शुक्लजी द्वारा किए जानेवाले क्रमिक परिवर्तनों को 'हिन्दी-आलोचना के इतिहास की अन्तर्यात्रा' माना है। निश्चित रूप से कविता की आलोचना में इस निबन्ध ने कुछ प्रतिमान बनाए परन्तु 'कविता क्या है ?' हिन्दी आलोचना के इतिहास की अन्तर्धारा तक सीमित नहीं था बल्कि कविता के क्षेत्र में उठनेवाले 20वीं शताब्दी के जनान्दोलन का एक हिस्सा था।

नामवरजी ने 'कविता क्या है ?' का लम्बा विवेचन करते हुए उपसंहार में लिखा है, 'कहना न होगा कि इस प्रक्रिया में निबन्ध के अनेक विषयों का क्रम-विपर्यय भी हुआ और कुछ बातें हल्की, तात्कालिक अथवा अप्रासंगिक समझकर छोड़ दी गईं। इस प्रकार 1909 से 1930 तक लगभग इक्कीस वर्षों में 'कविता क्या है ?' नामक निबन्ध का पूर्णतः कायाकल्प हो गया। कविता व्यक्ति-हृदय से चलकर लोक-हृदय तक पहुँची और वृद्धावस्था से मुक्तावस्था तक। भावों का व्यापार भावयोग हुआ—ज्ञानयोग और कर्मयोग के समकक्ष, किन्तु ज्ञान और कर्म से संयुक्त भी। हिन्दी आलोचना के इतिहास में यह अन्तर्यात्रा जितनी रोमांचकारी है उतनी ही अभूतपूर्व भी। इस अन्तर्यात्रा का अप्रतिम दस्तावेज है 'कविता क्या है ?' शीर्षक निबन्ध।' (चिन्तामणि, तीसरा भाग की भूमिका, पृ. 19)

रामचन्द्र शुक्ल के 'कविता क्या है ?' के सन्दर्भ में यह विचार किया जाना जरूरी है कि शुक्लजी ने समय-समय पर 'कविता क्या है ?' पर विचार व्यक्त करनेवाले लेखकों के विचारों की समीक्षा ग्रहण और त्याग की दृष्टि से की थी। उनके द्वारा 1909 में लिखने के पहले इस विषय पर दो लेखकों के विमर्श महत्त्वपूर्ण थे, पहले थे बालमुकुन्द गुप्त और दूसरे थे आचार्य महावीरप्रसाद द्विवेदी। आचार्य द्विवेदी ने 'कवि और कविता' लिखने के अलावा 'कविता' शीर्षक से एक आलोचकीय प्रतिक्रिया व्यक्त की थी।

(सरस्वती : नवम्बर, 1903, पृ. 394)

द्विवेदीजी ने प्रतिक्रिया-आलोचना के तहत लिखा था :

''अन्तःकरण की वृत्तियों के चित्र का नाम कविता है,'' यह द्विवेदीजी द्वारा दी गई कविता की नई परिभाषा थी, परन्तु परम्परा को ध्यान में रखते हुए और बालमुकुन्द गुप्त को दोहराते हुए थी। द्विवेदीजी ने अपने सूत्र की वृत्ति भी दी थी जिसके तहत कहा था कि अन्तःकरण में रस को उत्पन्न करके और थोड़ी देर के लिए और बातों को भुलाकर विचारों में मन को लीन कर देना ही कविता का सच्चा पर्यवसान है। कविता के लिए एक प्रकार की भाविकता, एक प्रकार की सात्विकता और एक प्रकार का भोलापन दरकार है। कविता से विश्रान्ति मिलती है। वह एक प्रकार का विराम-स्थान है। उससे मनोमालिन्य दूर हो जाता है और थकावट कम हो जाती है।''

यहाँ आ. द्विवेदी के इस कथन को एक बार फिर उद्धृत करने के पीछे यह मन्तव्य है कि द्विवेदीजी की एक-एक मान्यता की तुलना शुक्लजी की 'मान्यता के साथ युगानुरूप प्रत्ययों की सारणि में की जा सके। आ. द्विवेदी का सूत्र 'अन्तःकरण की वृत्तियों के चित्र का नाम कविता है' कविता पर प्रस्तुत एक नया सूत्र था जो 20वीं सदी के नवजागरण का परिणाम था। 'अन्तःकरण की वृत्तियों' का वही अर्थ था जिसे शुक्लजी ने भाव या मनोविकार शीर्षकों में व्याख्यायित किया था। आ. द्विवेदी ने आचार्य विश्वनाथ के 'वाक्यं रसात्मकं काव्यम्' को नई शब्दावली दी थी। यह शब्दावली आधुनिक मनोविज्ञान की थी। द्विवेदीजी ने कविता के पुराने संवाद को नए संवाद के रूप में आगे बढ़ाया था। यह नई शताब्दी का प्रथम नयाचरण था। आ. शुक्ल ने द्विवेदीजी के प्रथम चरण को द्वितीय चरण बनाते हुए लिखा, 'जिस प्रकार आत्मा की मुक्तावस्था ज्ञानदशा कहलाती है उसी प्रकार हृदय की यह मुक्तावस्था रसदशा कहलाती है। हृदय की इसी मुक्ति की साधना के लिए मनुष्य की वाणी जो शब्द विधान करती आई है उसे कविता कहते हैं। आ. द्विवेदी ने अन्तःकरण की वृत्तियों को ही प्रकारान्तर से मान लिया था, परन्तु शुक्लजी ने हृदय की मुक्तावस्था को रसदशा कहा। आ. द्विवेदी ने 'वृत्तियों के चित्र' को कविता कहा, परन्तु शुक्लजी मुक्ति साधना की अभिव्यक्ति के लिए प्रयुक्त मनुष्य की वाणी को कविता कहा।

रामचन्द्र शुक्ल ने 'आत्मा की मुक्तावस्था' और 'हृदय की मुक्तावस्था' को क्रमशः 'ज्ञान-दशा' तथा 'रस-दशा' कहते समय दर्शनशास्त्र, मनोविज्ञान और साहित्यशास्त्र की मिली-जुली स्थापनाओं को सामने रखा। 'कविता क्या है ?' में केवल 'रसदशा' निरूपण की आवश्यकता थी, परन्तु उन्होंने 'आत्मा की मुक्तावस्था ज्ञानदशा कहलाती है' को दृष्टान्त रूप में विन्यस्त किया। इसमें उन्होंने, 'सूत्र, वृत्ति और दृष्टान्त' के पारम्परिक क्रम को पलटकर 'दृष्टान्त सूत्र और वृत्ति' का क्रम रखा। यह शुक्लीय शैली थी न कि निगमन, आगमन, सूत्र और व्यासशैली।

यहाँ प्रश्न उठता है कि 'आत्मा की मुक्तावस्था' और 'हृदय की मुक्तावस्था' से शुक्लजी का क्या तात्पर्य था? 'आत्मा की मुक्तावस्था' शुद्ध रूप से दार्शनिक चिन्तन

था। रामचन्द्र शुक्ल ने इसका प्रयोग मूलतः वेदान्त की मान्यताओं के सन्दर्भ में किया। वेदान्ती विद्वान 'आत्मा की मुक्तावस्था' तब मानते हैं जब स्वगत, सजातीय और विजातीय वेदों के अनुभवों से मुक्त होकर यानी ज्ञाता और ज्ञेय के द्वैत-भाव से ऊपर उठकर आत्मा, नित्य, शुद्ध, बुद्ध और मुक्त स्वभाव ग्रहण कर लेती है। आत्मा की इस दशा को ज्ञान-दशा कहा जाता है। सृष्टि में अभेद स्थापना ही ज्ञान दशा कहलाती है। इसमें अज्ञान के कारण होनेवाला द्वैत-ज्ञान अद्वैत-ज्ञान में परिणत हो जाता है। 'रस-दशा' भी ज्ञान-दशा का ही पर्याय है। महज अन्तर इतना है कि रस हृदय का भाव है, इसलिए रस-दशा की अवाप्ति तब होती है जब हृदय तमाम भेदों-उपभेदों और वासनाओं से मुक्त होकर 'काव्यानन्द' की दशा में अवस्थित हो जाए। इस दशा में अभेद और अद्वैत भाव की ही प्रधानता रहती है। शुक्लजीं ने लिखा है, 'रस दशा में अपनी पृथक् सत्ता की भावना का परिहार हो जाता है।' उनका मानना था कि कविता का विषय तभी ग्रहण किया जा सकता है जब श्रोता या पाठक का हृदय शुद्ध और मुक्त हो जाए। जब उसमें 'Impersonality and detachment' की भावना उद्बुद्ध हो।

आ. शुक्ल की स्थापना थी कि हृदय की मुक्ति साधना करने की अवधि में कवि की वाणी से जो शब्द-विधान होता है वही कविता है। आचार्य विश्वनाथ ने हृदय की मुक्ति की साधना अवस्था को ही ब्रह्मानन्द सहोदरत्व और लोकोत्तर चमत्कार प्राप्ति से जोड़ा था। सविकल्पक दशा से मुक्ति और निर्विकल्पक दशा की प्राप्ति ही रस दशा कहलाती है। तैत्तरीय उपनिषद में इसी अर्थ में 'रसौवैसः' का सूत्र निरूपित किया था।

'कविता क्या है ?' (1909) को अन्तिम रूप देते हुए शुक्लजी भारतीय दर्शन और प्राचीन काव्यशास्त्र से अभिभूत प्रतीत होते हैं। पहले ही अनुच्छेद में दृष्टान्त और वृत्ति देते हुए सूत्र बनाया जिसमें ज्ञान-दशा, रस-दशा, साधनावस्था, वाणी की शब्द विधानावस्था, भावयोग, कर्मयोग और ज्ञानयोग जैसे पारिभाषिक पदों का विन्यास किया। ऐसा करते हुए शुक्लजी ने शंकराचार्य के शारीरिक भाष्य, मम्मट और आ. विश्वनाथ के काव्यशास्त्र तथा गीता आदि ग्रन्थों का सहारा लिया था परन्तु उनकी प्रस्तुति पूरी तरह मौलिक और व्यापक थी। बालमुकुन्द गुप्त में मौलिकता अवश्य थी परन्तु व्यापकता का अभाव था। आचार्य द्विवेदी ने कविता को सीमित दायरे में बाँध दिया था। कह तो यहाँ तक दिया था कि ज्ञान की दशा कविता के लिए बाधक तत्त्व है। शुक्लजी को कविता की रस-दशा के साथ ज्ञान-दशा की तुलना करके द्विवेदीजी की मान्यताओं का विनम्र विरोध करना पड़ा। गंगाप्रसाद अग्निहोत्री ने रसात्मकता, भावप्रवणता और लोकोत्तरता के परिप्रेक्ष्य में 'हिन्दी कविता किस ढंग की हो ?' (पंचम हिन्दी साहित्य-सम्मेलन, 1914, लेख) पर विचार किया था और वामन, दंडी, जगदेव भान, अप्पय्र दीक्षित, मम्मट और जगन्नाथ के सिद्धान्तों की व्याख्या की थी। उन्होंने सामान्य धरातल पर कहा, 'कविता सरस, सुबोध और अनूठी उक्ति है जो देशकाल, वर्तमानानुकूल धर्म, अर्थ, काम, मोक्ष, असामान्य विचक्षणता और दक्षता की शिक्षा देकर हमें सुचरित्र सुखी और सम्मानार्थ बनाती है। जिस कविता से सद्बुद्धि प्राप्त होती है,

पाखंड नष्ट होता है और विमल विवेक जागृत होता है, वही यथार्थ कविता है।' (कार्य-विवरण भाग-2, पृ. 47)

रामचन्द्र शुक्ल अग्निहोत्री के उपदेशवादी 'व्यक्तव्यमूलता' को अनुपयोगी और प्रवचनोपयोगी मानते थे, इसलिए 'कविता क्या है' के परिमार्जित संस्करण का अन्तिम उपशीर्षक बनाया, 'कविता की आवश्यकता' और इसमें मुख्य रूप से कहा कि मनुष्य की अन्तःप्रकृति में समय-समय पर मनुष्यता को जगाते रहने के लिए कविता की रचना की जाती है। कविता संसार में सभ्य-असभ्य सभी जातियों में किसी न किसी रूप में पाई जाती है। इस निबन्ध के 1909 वाले प्रारूप में 'कविता की आवश्यकता' शीर्षक चौथे नम्बर पर था। अन्तिम प्रारूप में इसको अन्तिम नम्बर दे दिया गया और पहले की अपेक्षा इसमें सामग्री भी एक तिहाई कर दी गई। पहले में शुक्लजी ने किशोर भावुकता की अभिव्यक्ति करते हुए कहा था, 'मनुष्य प्रकृति को जागृत रखने के लिए ईश्वर ने कविता रूपी औषधि बनाई है। आखिरी पंक्ति में भी कविता को महा भयानक मानसिक 'मरज की दवा' के रूप में प्रस्तुत किया। 'कविता क्या है ?' का संस्कार करते हुए शुक्लजी ने अपने को किशोर भावुकता से मुक्त किया। कविता के ईश्वरवाद और कविता के औषधिवाद से मुक्ति शुक्लजी के चिन्तन की मुक्तदशा। यह उनका 'ज्ञानयोग' था जो चौबीस-पच्चीस की उम्र में नहीं सध सका था।

1914 में अग्निहोत्रीजी ने कविता को 'अनूठी उक्ति' के रूप में व्याख्यायित किया था। उन्होंने ऐसी कविता को उसकी लोकोत्तरता से जोड़ा था। शुक्लजी ने 'कविता क्या है ?' को परिमार्जित-प्रति-परिमार्जित करने के क्रम में एक उपशीर्षक लगाया, 'चमत्कारवाद'। यह उपशीर्षक प्रथम-द्वितीय प्रारूप में नहीं था। इस उपशीर्षक की विवेचन-प्रक्रिया में उन्होंने अग्निहोत्रीजी के 'अनूठी उक्तिवाद' का खंडन किया। लिखा, काव्य के सम्बन्ध में 'चमत्कार', 'अनूठापन' आदि शब्द बहुत दिनों से लगाए जाते हैं। जो लोग मनोरंजन को ही काव्य का लक्ष्य मानते हैं, वे यदि कविता में चमत्कार ही ढूँढ़ा करें तो कोई आश्चर्य की बात नहीं। पर जो लोग इससे ऊँचा और गम्भीर लक्ष्य समझते हैं वे चमत्कार मात्र को काव्य नहीं मान सकते।...चमत्कार से हमारा मतलब उक्ति के चमत्कार से है।' (चिन्तामणि-1, पृ. 229)

अज्ञात नहीं है कि पं. बालकृष्ण भट्ट, आचार्य महावीरप्रसाद द्विवेदी और इन्हीं लोगों के साथ दर्जन भर से अधिक लेखकों ने 'मनोरंजन' को कविता का अनिवार्य धर्म माना था। स्वयं आचार्य द्विवेदी ने अपने लेख 'कवि और कविता' में मनोरंजकता को कविता का तत्त्व कहा था। रामचन्द्र शुक्ल ने पद्माकर, मंडन, ठाकुर आदि कवियों की कविताओं के दृष्टान्त देते हुए चमत्कारपूर्ण उक्ति के स्थान पर स्वाभाविक उक्ति को कविता के लिए जरूरी बतलाया। उन्होंने विदग्धतापूर्ण सूक्तियों और कविता में भारी भेद निरूपित किया उन्होंने कविता में 'उक्ति वैचित्र्य' को कोई महत्ता नहीं दी। इस सन्दर्भ में उन्होंने केशव की कई कविताओं का उल्लेख किया जिनमें 'अलंकारों' की भद्दी भरती के चमत्कार के सिवा हृदय को स्पर्श करनेवाली या किसी भावना में मग्न

करनेवाली कोई बात नहीं थी। यहाँ यह भी स्मरण कर लेना संगत होगा कि पंडित बालकृष्ण भट्ट 'कविता क्या है ?' लेख (मर्यादा विशेषांक) लिखते हुए केशव की कविता की अत्यधिक प्रशंसा की थी। शुक्लजी को परिमार्जित संस्करण के माध्यम से भट्टजी को भी जवाब देना था।

महावीरप्रसाद द्विवेदी ने कहा था, 'कविता एक असाधारण चीज है। सत्कवि बिरले होते हैं।' (कवि और कविता-सरस्वती) इतिहास साक्षी है कि बीसवीं शताब्दी के आने के साथ ही साधारण और असाधारण के बीच वैचारिक द्वन्द्व प्रारम्भ हो गया था। कविता को असाधारण बनाए रखने का प्रयास अभिजातीय मानसिकता का द्योतक था। कविता को असाधारण कोटि में सुरक्षित रखने का ही परिणाम था कि धीरे-धीरे लोककवियों की पीढ़ी समाप्त होने लगी थी।

'कविता' को लेकर साधारण और असाधारण का द्वन्द्व काफी पुराना था। इसी द्वन्द्व का उल्लेख रामचन्द्र शुक्ल को 'हिन्दी साहित्य का इतिहास' में करना पड़ा था। 'यहाँ पर यह ध्यान रखना आवश्यक है कि 84 सिद्धों में बहुत से मछुए, चमार, धोबी, डोम, कहार, लकड़हारे, दरजी तथा और बहुत से शूद्र कहे जानेवाले लोग थे। अतः जाति-पाँति के खंडन तो वे आप ही थे। नाथ सम्प्रदाय भी जब फैला तब उसमें भी जनता की नीची और अशिक्षित श्रेणियों के बहुत से लोग आए जो शास्त्र-ज्ञान सम्पन्न थे, जिनकी बुद्धि का विकास बहुत सामान्य कोटि का था।' (पृ. 20-21)

आ. शुक्ल ने अपने तथ्य-अन्वेषण के सन्दर्भ में कुछ ऐसे प्रयोग किए थे जो 'कविता' के क्षेत्र में भी 'श्रेणीवाद' के आपसी संघर्ष के सूचक थे, जैसे 'जनता की नीची और अशिक्षित श्रेणियों के बहुत से लोग' 'जो शास्त्र-ज्ञान सम्पन्न न थे' और 'जिनकी बुद्धि का विकास बहुत सामान्य कोटि का था।' ये इतिहास के तथ्य थे जिन्हें लिखे बिना 'हिन्दी साहित्य का इतिहास' झूठ का पुलिन्दा बन गया होता। अगर गौर किया जाए तो इतिहास इस बात का साक्षी है कि धीरे-धीरे हिन्दी-कविता में 'साधारणता' का ह्रास होने लगा और 'असाधारणता' तेजी से बढ़ने लगी और परिणाम यह हुआ कि रीतिकाल आते-आते राजा-महाराजा, सामन्त और उनके दरबारों में वृत्ति पानेवाले लोगों की धरोहर हो गई कविता। कविता का जनान्दोलन-युग समाप्त हो गया। महावीरप्रसाद द्विवेदी ने भी इसी क्रम में 'कविता एक असाधारण चीज है' लिखा। आ. द्विवेदी द्वारा कविता को 'चीज' लिखना इसलिए नहीं विचारणीय है कि यह उनके शब्दों के प्रति असावधानी थी, न कि कोई सिद्धान्त।

रामचन्द्र शुक्ल को 'कविता क्या है ?' निबन्ध द्वारा एक नया काव्यान्दोलन शुरू करना था। प्रारम्भ में उन्हें काव्यक्षेत्र में परम्परा से चलनेवाले 'असाधारण' के विरुद्ध 'साधारण' द्वारा रचनात्मक द्वन्द्व छेड़े जाने का अहसास कम था, परन्तु परिमार्जन-परिवर्तन के आखिरी चरण में उनकी इतिहास-दृष्टि इस द्वन्द्व पर पड़ी। द्विवेदीजी ने कविता को असाधारण चीज कहा था, परन्तु शुक्लजी ने लिखा, 'केवल असाधारणत्व की रुचि सच्ची सहृदयता की पहचान नहीं है।' (पृ. 205) इस सन्दर्भ में शुक्लजी ने अपने काव्य-जीवन

का एक उदाहरण दिया था। उनके द्वारा दिया गया उदाहरण काव्यात्मक चाहे भले ही नहीं था, परन्तु वह 20वीं शताब्दी में नए रचनात्मक आन्दोलन की पहल करने में उत्प्रेरक अवश्य था। सन्दर्भ को स्पष्ट करने के लिए उनके द्वारा दिया गया उदाहरण द्रष्टव्य है, 'वाल्य या कौमार अवस्था में जिस पेड़ के नीचे हम अपनी मंडली के साथ बैठा करते थे, चिड़चिड़ी बुढ़िया की जिस झोंपड़ी के पास से होकर हम आते-जाते थे, उनकी मधुर स्मृति हमारी भावना को बराबर लीन किया करती है। बुड्ढी की झोंपड़ी में न कोई चमक-दमक थी, न कला-कौशल का वैचित्र्य। मिट्टी की दीवारों पर फूस का छप्पर पड़ा था; नींव के किनारे चढ़ी हुई मिट्टी पर सत्यानासी के नीलाभ-हरित-कटीले कटावदार पौधे खड़े थे जिनके पीले फूलों के गोल सम्पुटों के बीच लाल-लाल बिन्दियाँ झलकती थीं।' (चिन्तामणि-1, पृ. 209)

शुक्लजी द्वारा दिए गए उदाहरण से अस्पष्ट नहीं रह जाता कि वे हिन्दी कविता को 'चमक-दमक' और 'कला-कौशल के वैचित्र्य' से मुक्त करके आम जनता के 'साधारणत्व से जोड़ना चाहते थे।' 'कविता क्या है ?' के प्रारम्भ में ही उन्होंने लिखा, 'कविता ही मनुष्य के हृदय को स्वार्थ-सम्बन्धों के संकुचित मंडल से ऊपर उठाकर 'लोक-सामान्य' भावभूमि पर ले जाती है। (वही, पृ. 193) अपने निबन्ध में शुक्लजी ने स्पष्ट शब्दों में 'लोकजीवन की धारा' का महत्त्व प्रतिपादित किया था। उनका विश्वास था क़ि जब-जब लोक की सामान्य धारा क्षीण पड़ती है तब-तब किसी नई शक्ति का प्रवाह फूट पड़ता है। उनका निबन्ध 'कविता क्या है ?' उस युग की नई शक्ति के प्रवाह के अंग के रूप में लिखा गया था। यह शताब्दी की परीक्षा में पूछा गया एक प्रश्न था जिसका उत्तर उस काल के लेखकों ने अपने-अपने ढंग से दिए थे, परन्तु मुकम्मल उत्तर था रामचन्द्र शुक्ल का ही।

रामचन्द्र शुक्ल ने 'कविता क्या है ?' निबन्ध के माध्यम से एक बार फिर कविता को विलास की सामग्री बनाने से रोकने की कोशिश की। उन्होंने कविता की लोकसत्ता को महत्त्व दिया। उनका समाज भी लोकोन्मुख हो रहा था। बीसवीं शताब्दी की लोकधारा ब्रिटिश सत्ता के एकाधिकारवादी तानाशाही को चुनौती देने के लिए उठ खड़ी हुई थी। सन् 1905 के बंग भंग के विरुद्ध किए जानेवाले आन्दोलन इसके प्रमाण थे। शुक्लजी ने यह समझने की कोशिश की कि जनता के रास्ता से अलग कविता का कोई दूसरा रास्ता नहीं हो सकता था। हालाँकि शुक्लजी भक्तिकालीन कवि तुलसीदास के सबसे अधिक प्रशंसक थे, परन्तु उनकी कई मान्यताओं को उन्होंने अस्वीकार कर दिया। तुलसीदास ने लिखा था, 'कीन्हे प्राकृत जन गुन गाना, सिर धुनि लागि गिरा पछताना।' परन्तु शुक्लजी ने कवियों के सामने प्रश्न उठाया, 'यदि दीन दुखी का आर्तनाद सुनकर वह न पसीजा, यदि अनाथों, अबलाओं पर अत्याचार होते देख क्रोध से न तिलमिलाया तो उसके जीवन में रह क्या गया ?' उन्होंने अपने समय को परखते हुए 'कवि और कविता' के लिए नई स्थापना की, 'इस विश्वकाव्य की रसधार में जो थोड़ी देर के लिए निमग्न न हुआ उसके जीवन को मरुस्थल की यात्रा ही समझना चाहिए।'

रामचन्द्र शुक्ल के 'कविता क्या है ?' (सन् 1909, सरस्वती) का एक उल्लेखनीय शीर्षक था, 'कविता का दुरुपयोग' जिसे अन्तिम संस्करण में, 'कविता पर अत्याचार' कर दिया गया। अगर दोनों शीर्षकों में प्रयुक्त 'दुरुपयोग' और 'अत्याचार' शब्दों की तुलना की जाए तो यह समझने में कठिनाई नहीं रह जाएगी कि यह शब्द-परिवर्तन इतिहास के परिवर्तन को इंगित करने के साथ ही साथ शुक्लजी के विचार-परिवर्तन की ओर भी संकेत करते हैं। निबन्ध के प्रथम प्रारूप में प्रयुक्त 'दुरुपयोग' शब्द शुक्लजी के निष्क्रिय विरोध का सूचक था जबकि 'अत्याचार' शब्द उनके सक्रिय विरोध का। उन्होंने पहले प्रारूप की शुरुआत की थी, 'जो लोग स्वार्थवश व्यर्थ की प्रशंसा और खुशामद करके वाणी का दुरुपयोग करते हैं वे सरस्वती का गला घोटते हैं। ऐसी तुच्छवृत्तिवालों को कविता न करना चाहिए। कविता उच्चाशय, उदार और निःस्वार्थ हृदय की उपज है।' परन्तु जब इसको अन्तिम प्रारूप दिया तो लिखा, 'कविता पर अत्याचार भी बहुत हुआ है। लोभियों, स्वार्थियों और खुशामदियों ने उसका गला दबाकर अपात्रों की आसमान पर चढ़ानेवाली स्तुति कराई है, कहीं द्रव्य न देनेवालों की निराधार निन्दा। ऐसी तुच्छवृत्तिवालों का अपवित्र हृदय कविता के निवास की जगह के योग्य नहीं। कविता देवी के मन्दिर ऊँचे, खुले विस्तृत और पुनीत हृदय हैं।'

समय साक्षी है कि जब आ. शुक्ल ने प्रथम बार 'कविता क्या है ?' लिखा तब वे प्रेमघन के दरबार से सम्बद्ध थे। 'सरस्वती' (मासिक) से सम्बद्ध पहले से ही थे। सन् 1903 में 'प्रेमघन' की 'भारत बधाई' पुस्तक प्रकाशित हुई थी जिसमें सम्राट सप्तम एडवर्ड के भारत-आगमन के अवसर पर 'तुच्छवाणी-सम्पन्न' खुशामदी कविताएँ थीं। पुस्तक के समर्पण में कवि ने लिखा था, 'श्रीमान का एक अकिंचन राजभक्त, श्री बदरीनारायण 'प्रेमघन' मिरजापुर जनवरी, 1903।' इसी प्रकार प्रेमघन ने 'आर्याभिनन्द', 'युवराजाशिष', 'भारत भाग्योदय', 'हार्दिक हर्षादर्श' और 'भारत बधाई' जैसे खंड काव्य लिखे थे जिनमें अंग्रेज शासकों की खुशामदी कविताएँ थीं। शुक्लजी समझ रहे थे कि प्रेमघन ऐसी कविताएँ अपनी 'चौधरी-उपाधि' और 'अंग्रेज शासकों द्वारा ग्रांट स्वरूप दी गई हजारों बीघे भूमि' को सुरक्षित रखने के लिए लिख रहे थे। प्रेमघन ने 'भारत बधाई' के समर्पण में लिखा था, 'अखंड भूमंडलोत्तापि प्रताप मार्तंडारिकुलोलूक निकरवासिनी निखिल भूषण पूजित प्रशस्तवाद-पद्मिनी श्रीमती महामान्या महाराणी भारत राजराजेश्वरी विजयिनी श्री विक्टोरिया देवी की पूज्य सेवा में।'

विचार किया जाए तो रामचन्द्र शुक्ल भी 'पंडित' थे। उन्हें भी संस्कृत भाषा का ज्ञान था वे भी 'वाणी' तथा 'सरस्वती' का अर्थ जानते थे। ऐसी स्थिति में अगर उन्हें प्रेमघन की कविताओं में देववाणी का दुरुपयोग और 'सरस्वती' का गला घुटते दिखाई पड़ा था तो यह अस्वाभाविक नहीं था। उन्होंने 'कविता क्या है ?' में अपनी क्षुब्ध भावनाओं की अभिव्यक्ति कर दी। परन्तु जब उन्होंने 'कविता क्या है ?' का परिमार्जन किया तब इसमें प्रथम प्रारूप के कुछ शब्द बदल दिए। मसलन 'सरस्वती' शब्द 'विद्या की देवी' के साथ ही महावीरप्रसाद द्विवेदी द्वारा सम्पादित 'सरस्वती' पत्रिका के लिए

भी विख्यात हो गया था। इस पत्रिका में भी अंग्रेज प्रभुओं की चाटुकारिता में लिखीं कविताएँ कभी-कभार छप जाती थीं। तद्युगीन कई कवियों ने 'सरस्वती' पत्रिका को देवी सरस्वती का प्रतीक और महावीरप्रसाद द्विवेदी को महावीर हनुमान का प्रतीक सिद्ध किया था। इस सन्दर्भ में पं. नाथूराम शंकर शर्मा की एक कविता 'सरस्वती की महावीरता' शीर्षक से 12 घनाक्षरी छन्दों में छपी। (सरस्वती, जनवरी, 1907, पृ. 18-20) शर्माजी ने पाँचवें छन्द की अन्तिम पंक्ति में लिखा, 'ब्रह्म रविरूपा महावीरता सरस्वती की ऊँचे अधिकारियों को अमृत पिलाती हो।' इसी प्रकार ग्यारहवें के आखिरी चरण में लिखा, 'मिली जिनको न महावीरता सरस्वती की जीवन विताय वृथा वे नर चले गए।' (पृ. 20) रामचन्द्र शुक्ल 'सरस्वती' की 'महावीरता' से वंचित नहीं होना चाहते थे। इसलिए उनके लिए प्रथम प्रारूप (कविता क्या है ?) से 'वे सरस्वती का गला घोंटते हैं।' वाक्य को बदलना जरूरी हो गया था क्योंकि यह वाक्य महावीरप्रसाद द्विवेदी पर भी चस्पां हो सकता था। इसलिए निबन्ध के नए प्रारूप में 'कविता का गला दबाना' कर दिया। यहाँ 'घोंटना' और 'दबाना' शब्दों के निहितार्थ को भी आसानी से समझा जा सकता है।

शुक्लजी ने निबन्ध के पहले प्रारूप में 'स्वान्तः सुखाय' पद का प्रयोग नहीं किया था। परिमार्जन के क्रम में उन्होंने 'गोस्वामी तुलसीदास' नामक पुस्तक लिखी। (1922) स्वाभाविक था कि कविता की 'स्वान्तः सुखाय' अवधारणा उनकी भी बनती। शुक्लजी ने 'कविता पर अत्याचार' शीर्षक में समय की आवश्यकता और वैचारिक परिवर्तनों के कारण और भी बदलाव किए थे।

'कविता क्या है ?' आन्दोलन का सबसे अधिक महत्त्वपूर्ण पहलू यह था कि इसने तद्युगीन परम्परागत कवि-कर्म को झकझोर कर रख दिया था और अपने समय के लिए उपादेय कवि-विवेक की भूमिका बनाई थी। 20वीं सदी के प्रारम्भ में काव्य-भाषा को लेकर भी तीखी बहसें चल रही थीं। 'ब्रजभाषा बनाम खड़ी बोली' का विवाद भारतेन्दु-काल से ही चलता चला आ रहा था। इसी प्रकार कविता में अभिधात्मक भाषा-स्वरूप के कारण द्विवेदी-युग वर्णनात्मकता और वक्तव्यमूलकता में कैद हो गया था। उस समय के अधिकांश कवियों का ध्यान शब्द-औचित्य पर भी नहीं गया था। लक्षक और व्यंजक शब्द-विन्यास का भारी अभाव था। सन् 1909 तक शुक्लजी स्वयं काव्य-भाषा के मानक रूप से परिचित नहीं थे। शब्द के अन्तः प्रसंगों से अन्तरंगता नहीं मिली थी। जब वे 'हिन्दी शब्द सागर' के सम्पादक मंडल में आए और जब उन्हें भूमिका स्वरूप हिन्दी साहित्य के इतिहास के लेखन का दायित्व सँभालना पड़ा, तब जाकर उन्हें शब्दों के शीलत्व और उनके विस्फोट से परिचय हुआ। उनके सामने 'कविता की भाषा' की जानकारियों के लिए कई-कई अवसर भी उपस्थित हुए। सन् 1907 में ही महावीरप्रसाद द्विवेदी ने लिखा था, 'कविता को प्रभावोत्पादक बनाने के लिए उचित शब्द-स्थापना की बड़ी जरूरत होती है। संयुक्तिक शब्द-स्थापना के बिना कविता की पूर्णता नहीं हो सकती। कविता की भाषा बोलचाल की भाषा से जितनी अधिक दूर पड़ती

है उतनी उसकी सादगी कम हो जाती है।' (जुलाई, पृ. 284) इसी प्रकार श्रीधर पाठक ने लिखा था, 'प्रत्येक भाषा का शील उसका प्राण है। उसके भंग होने से भाषा अपने उन सहज गुणों को खो बैठती है जो उसके स्वाभाविक सौन्दर्य के सम्पादक हैं।' (नवनीत, वर्ष 2, सं. 4, पृ. 40) मैथिलीशरण गुप्त ने भी आ. द्विवेदी की तरह लिखा, 'बोलचाल की भाषा में कविता लिखना विशेष उपयोगी है।' उन्होंने आरोप लगाया था कि कुछ दिनों से हिन्दी कविता की भाषा बेतुकी हो गई थी। (हिन्दी कविता किस ढंग की हो ? सन् 1914)

रामचन्द्र शुक्ल ने जब 'कविता क्या है ?' को परिमार्जित रूप दिया तब काव्य-भाषा की उनकी अवधारणा पूरी तरह बदल गई। उन्होंने 'कविता की भाषा' शीर्षक के प्रारम्भ में ही लिखा, 'कविता में कही गई बात चित्र रूप में हमारे सामने आनी चाहिए।' (पृ. 238) इसके पहले उन्होंने यह भी लिखा था, 'काव्य में अर्थग्रहण मात्र से काम नहीं चलता; बिम्ब ग्रहण अपेक्षित होता है।' (पृ. 298) उनके इन कथनों से उनकी भाषिक अवधारणा का पता चले बिना नहीं रहता। उनका तात्पर्य था कि कविता में ऐसे शब्दों का विन्यास किया जाना चाहिए जो काव्य-वस्तु के विज्ञापन में समर्थ हों। उन्होंने लिखा, 'मूर्त्त-विधान के लिए कविता भाषा की लक्षणा शक्ति से काम लेती है।' (पृ. 238) शुक्लजी ने काव्य भाषा के लिए लक्षणा-शक्ति, रूप-व्यापार सूचक शब्द-विन्यास, वर्ण-विन्यास की विशिष्टताओं द्वारा सौन्दर्य योजना और रूपगुण-कार्यबोधक नामात्मक शब्दों के प्रयोग को महत्त्व दिया। शुक्लजी ने 'कविता की भाषा में जो यह लिखा, कविता में कही गई बात चित्र-रूप में हमारे सामने आनी चाहिए' वह कोई नई स्थापना नहीं थी। आ. द्विवेदी ने काफी पहले ही लिखा था, 'अन्तःकरण की वृत्तियों के चित्र का नाम कविता है।'

यहाँ काव्य-भाषा के सन्दर्भ में श्रीधर पाठक के विचार-क्रम को आगे न बढ़ाने के कारणों की जाँच की जानी चाहिए। पाठकजी ने भाषा के शील को कविता का प्राण कहा था। आ. शुक्ल ने काव्यभाषा के लिए प्रस्तुत इस नए भाषा-सिद्धान्त को पूरी तरह छोड़ दिया। उन्होंने सम्भवतः इसे आचरण की नैतिकता तक सीमित माना। काव्यभाषा के विचारकों ने भी इस शील-विमर्श को आगे नहीं बढ़ाया। रामचन्द्र शुक्ल ने शायद इसमें कोई सम्भावना नहीं देखी होगी।

कुल मिलाकर 'कविता क्या है ?' में 'कविता की भाषा' पर शुक्लजी ने जो स्थापनाएँ की थीं, वह आज भी प्रासंगिक बनी हुई हैं।

रामचन्द्र शुक्ल ने 'कविता क्या है ?' निबन्ध में समय-समय पर अनेक परिवर्तन किए। इतना अधिक परिवर्तन उन्होंने अपने दूसरे निबन्धों में नहीं किया। प्रश्न उठना स्वाभाविक है कि उन्होंने 'कविता क्या है ?' में इतने अधिक बदलाव क्यों किए। इसका उत्तर देना बहुत कठिन नहीं है। साहित्य में शुक्लजी मूलतः काव्यवादी थे, इसलिए वे 'कविता क्या है ?' के माध्यम से कविता की एक सम्पूर्ण आलोचना देना चाहते थे। बनारस आने के बाद पहले स्तर पर वे आधुनिक मनोविज्ञान से परिचित हुए। परिणामतः

उनके 'हृदय का प्रसार और परिष्कार' हुआ। विश्व-दृष्टि विकसित हुई और कविता के लिए सम्पूर्ण समीक्षा करने में सक्रिय हुए। समय की गति से ज्यों-त्यों कविता के नए प्रतिमान मिलते रहे त्यों-त्यों निबन्ध में परिवर्तन होता गया।

बनारस में आकर शुक्लजी ने 'कविता की आयु' की कुंडली पर विचार किया और इसकी तुलना 'लोक की आयु' से की। जगत के साथ पूर्ण तादात्म्य के कविता-सूत्र बनाए। कविता की आयु-धारा तभी तक प्रवहमान रहेगी जब तक यह 'लोकजीवन की धारा' को समाहित करती चलेगी।

शुक्लजी ने पहली बार सन् 1906-07 में लिखे 'कविता क्या है ?' निबन्ध को बनारस में जाकर आवश्यकतानुसार बदल दिया। 'कविता का दुरुपयोग' उपशीर्षक को छोटा कर दिया और 'कविता की भाषा' को विस्तार दे दिया। इसे पहली बार 1909 में परिवर्तित कर 'सरस्वती' में प्रकाशनार्थ भेजा। फिर तो इसे 1922, 1927, 1929 और 1930 में नया रूप देते रहे। 'कविता क्या है ?' को अन्तिम रूप देते समय शुक्लजी कविता के कुछ महत्त्वपूर्ण प्रतिमान-सूत्रों का विनियोग किया। प्रतिमान-स्वरूप विनियुक्त सूत्रों को समझे बिना 'कविता क्या है ?' को समझना सहज नहीं है। इसलिए उन सूत्रों पर विमर्श किया जाना अत्यन्त आवश्यक है।

यों तो शुक्लजी ने कविता की समीक्षा के लिए प्रासंगिक और अनुसंगिक कई प्रतिमान-सूत्र निरूपित किए थे परन्तु इन समीक्षा-सूत्रों में भाव योग, बिम्ब ग्रहण, काव्य-दृष्टि, कल्पना, सौन्दर्य, उक्ति-वैचित्र्य और अलंकार पर विस्तार से विचार किया जाना जरूरी है। इन्हीं सूत्रों में शुक्लत्व की पूर्णता के रहस्य निहित हैं। कविता के ये आलोचना-सिद्धान्त उन्हें साहित्य-साधना और व्यावहारिक जीवनानुभवों की दीर्घ-परम्परा में मिले थे। कहना तो यह सही हो सकता है कि शुक्लजी ने अपने अध्ययन तथा आलोचना के जीवन में जितनी भी भावात्मक और वैचारिक कमाई की थी, वह पूरी की पूरी 'कविता क्या है ?' के खाते में जमा कर दी थी। इस निबन्ध को अन्तिम रूप देने के पहले वे 'विश्व प्रपंच की भूमिका' (1921), 'गोस्वामी तुलसीदास' (1922), 'बुद्धचरित की भूमिका' (1924), 'महाकवि सूरदास' (1924), 'जायसी ग्रन्थावली की भूमिका' (1925), 'काव्य में रहस्यवाद' (1929), 'हिन्दी साहित्य का इतिहास' (1929) और 'काव्य में अभिव्यंजनावाद' (1935) जैसी महत्त्वपूर्ण पुस्तकें लिख चुके थे। अगर शोध किया जाए तो 'कविता क्या है ?' के विकास-बीज इन सभी पुस्तकों में बोए हुए मिल जाएँगे। इन्हीं बीजों का संकलित रूप है 'कविता क्या है ?'

'कविता क्या है ?' का सबसे महत्त्वपूर्ण सूत्र है 'भावयोग'। पूरे लेख में प्रकारान्तर से भावयोग को ही वृत्ति और दृष्टान्त में रखा गया है। प्रारम्भ में ही लिखा था कि हृदय की मुक्ति के लिए की गई साधना को भावयोग कहते हैं। शुक्लजी ने भावयोग को कर्मयोग और ज्ञानयोग के समकक्ष स्थापित किया। गीता में कर्मयोग और ज्ञानयोग का वर्णन विस्तार से किया गया था। शुक्लजी ने हिन्दी शब्द सागर में कर्मयोग की व्याख्या गीता के ही सन्दर्भ में की थी। लिखा था, 'शुभ और कर्त्तव्य कर्म की साधना जो सिद्धि

और असिद्धि में समान भाव रखकर निर्लिप्त रूप से किया जाए।' (खंड-2, पृ. 48) अपने 'उत्साह' शीर्षक निबन्ध में भी लिखा था, 'कर्मभावना प्रधान उत्साह ही सच्चा उत्साह है।' (चिन्तामणि-1, पृ. 17) यहाँ भी उन्होंने गीता का ही दृष्टान्त दिया था। गीता का तीसरा अध्याय कर्मयोग कहलाता है। इस अध्याय में कर्मयोग की विस्तृत व्याख्या की गई है, परन्तु पूरी व्याख्या में फलासक्ति से मुक्त रहकर मन, प्राण और शरीर के योग पूरे कौशल से कर्म करने को कर्मयोग कहा गया है।

यहाँ यह जान लेना जरूरी है कि कर्मयोग में भी कार्मिक द्वारा आत्मसत्ता का लोकसत्ता में विलीनीकरण किया जाना अनिवार्य होता। शुक्लजी ने इसी अर्थ में भावयोग को कर्मयोग के समकक्ष कहा था। उन्होंने समझाते हुए कहा था कि 'कविता का भूमि पर पहुँचे हुए मनुष्य को कुछ काल के लिए अपना पता नहीं रहता। वह अपनी सत्ता को लोकसत्ता में लीन किए रहता है।' (पृ. 193)

आत्मसत्ता को विराट सत्ता में विलीन करने की अनिवार्यता केवल भावयोग और कर्मयोग में ही नहीं होती ज्ञानयोग की भी यही दशा होती है। शुक्लजी ने 'हिन्दी शब्द सागर' में ज्ञानयोग की परिभाषा देते हुए लिखा था, 'समस्त दृष्टि में परमानुभूति प्राप्त करने की दशा को ज्ञानयोग कहते हैं।' (भाग-2, पृ. 202) यही दशा भावयोग की भी होती है। इस सन्दर्भ में शुक्लजी ने सूरदास की एक पंक्ति उद्धृत की थी, 'एक ज्ञानयोग विस्तरै, ब्रह्म जानि सबसों हित करै।' स्पष्ट है कि ज्ञानयोग में योगी द्वैत भाव से मुक्त होकर ही योग-साधना में सफल हो सकता है। इस प्रकार भावयोग, कर्मयोग और ज्ञानयोग एक ही त्रिभुज की तीन समान भुजाओं की तरह होते हैं। शेष सृष्टि के साथ तादात्मीय भाव तीनों में जरूरी है।

कर्मकांड और दर्शनशास्त्र में मनुष्य जीवन के दो साधनात्मक मार्ग निरूपित किए गए थे—कर्मयोग और भावयोग। रामचन्द्र शुक्ल ने 'कविता क्या है ?' द्वारा जीवन का एक तीसरा मार्ग अन्वेषित किया। उन्होंने कर्मकांडी और दार्शनिक के समकक्ष कवि की भी स्थापना की। अगर देखा जाए तो कविता के प्रति यह शुक्लजी का दर्शन था।

कविता में शुक्लजी ने 'भाव' को सबसे अधिक महत्त्व दिया। 'भाव' को व्यक्ति की परिधि से निकालकर उन्होंने लोकसामान्य भाव-भूमि पर स्थापित करने की साधना का सिद्धान्त निरूपित किया। उन्होंने पुराने काव्य-शास्त्रियों की स्थापनाओं की सीमा पहचानी। 10वीं शताब्दी में धनंजय ने आश्रय के सुख-दुख की अभिव्यक्ति तक ही भाव केन्द्रित किया था। इन्हीं को आधार बनाते हुए रीतिकाल के कवि-आचार्य देव ने लिखा था, 'तातें सुख-दुख को सदा रस निदानु शृंगार, ताके कारण भाव है तिनको करत विचार'। परन्तु शुक्लजी ने लिखा, 'जिस प्रकार जगत अनेक रूपात्मक है उसी प्रकार हमारा हृदय भी अनेक भावात्मक है।' परन्तु उन्होंने अनेकात्मक भावों को अद्वैत रूप में ढालने के शब्द-व्यापारों को कविता का मूल स्वरूप माना, लिखा, 'सम्पूर्ण सत्ताएँ एक ही परम सत्ता और सम्पूर्ण भाव एक ही परमभाव के अन्तर्गत है। अतः बुद्धि की क्रिया से हमारा ज्ञान जिस अद्वैत-भूमि पर पहुँचता है, उसी भूमि तक हमारा भावात्मक हृदय

भी इस सत्त्व-रस के प्रभाव से पहुँचता है।'(207) भरत मुनि से लेकर द्विवेदी-युग के आचार्यों या समीक्षकों ने 'सत्त्व-रस' की कल्पना नहीं की थी। शुक्लजी ने 'सत्त्व-रस' की व्याख्या विस्तार से तो नहीं की परन्तु इतना अवश्य लिखा कि भावुक के हृदय की भाव-सत्ता और फलसत्ता का समन्वित हो जाना ही 'सत्त्व-रस' होता है। उन्होंने 'कविता क्या है ?' को समझाने की प्रक्रिया में मुख्य रूप से 'मनुष्यत्व की साधना' (207) को ही कविता माना था। शुक्लजी द्वारा यह कविता का दार्शनिकीकरण था। यह शुक्लजी का आचार्यत्व था। 'कविता क्या है ?' के क्रम में शुक्लजी का 'आचार्यत्व' सन् 1939 तक के सभी आचार्यों को पीछे छोड़ देनेवाला था। उन्होंने सतो भावः (सत् + त्व) के आचार शास्त्रीय परिभाषा को नया स्वरूप देते हुए 'रागात्मक सत्त्व' की कल्पना की। शुक्लजी की कल्पना से एक नए 'सत्त्व' का जन्म हुआ, 'रागात्मक सत्त्व' जो 'क्रियासिद्धिः सत्त्वे भवति महतां नोपकरणे' के आगे का चिन्तन था। शुक्लजी ने सत्त्व-रस को समझते हुए लिखा, 'जो केवल अपने विलास या शरीर-सुख की सामग्री ही प्रकृति में ढूँढ़ा करते हैं उनमें उस रागात्मक 'सत्त्व' की कमी है, जो व्यक्त सत्ता मात्र के साथ एकता की अनुभूति में लीन करके हृदय के व्यापकत्व का आभास देता है।' (206) इस प्रकार आ. शुक्ल के अनेक भावों का व्यायाम और परिष्कार तभी समझा जा सकता है जबकि इन सबका प्रकृत सामंजस्य जगत के भिन्न रूपों, व्यापारों या तथ्यों के साथ हो जाए, कहना अधिक पसन्द करते थे। यहाँ शुक्लजी ने 'भावों का व्यायाम' पद का प्रयोग करके जो संकेत दिया था, वह भी अनूठा था। जिसे शुक्लजी ने 'व्यायाम' कहा था, उसी को प्राचीन आचार्यों ने 'परिव्याप्त' (गमयते) होना कहा था। यह कम विचारणीय नहीं है कि जब प्राचीन 'रस' शास्त्रियों का 'भावयन्ति' पद पहले से ही मौजूद था तब शुक्लजी ने 'व्यायामयन्ति' पद का प्रयोग क्यों किया ? उत्तर अस्पष्ट नहीं कहा जा सकता। 'भाव-व्यायाम' उनका नव्य रस-विज्ञान था। भावयन्ति से 'कवि-कर्म' की शिथिलता लक्षित हो रही थी, परन्तु 'व्यायामयन्ति' में 'कवि-कर्म' की जागरूक सक्रियता थी।

रामचन्द्र शुक्ल ने 'कविता क्या है ?' के परिवर्तन-क्रम में 'सभ्यता के आवरण और कविता' शीर्षक लेख ('सुधा', अक्तूबर, 1928) को भी सम्मिलित कर दिया। अगर वे चाहते तो 'सुधा' वाले लेख में कुछ परिवर्तन करके उसे अलग 'निबन्ध' बना सकते थे, परन्तु अपने निबन्धों की संख्या में कमी की चिन्ता न करके उन्होंने इसे 'कविता क्या है ?' का एक उपशीर्षक बना दिया। अगर गौर किया जाए तो यह सम्मिलन अकारण नहीं किया गया था। इसको सम्मिलित कर शुक्लजी ने 'कविता क्या है ?' में की गई अपनी दो स्थापनाओं के दृष्टान्त एकत्र किए। 'कविता क्या है ?' के प्रारम्भ में ही उन्होंने 'भावों के व्यायाम' पद का प्रयोग किया था, परन्तु इसका उदाहरण न दे सके थे। 'भावों का व्यायाम' उनकी प्रथम नई स्थापना थी। इसलिए 'सभ्यता के आवरण और कविता' को इस स्थापना के तत्काल बाद जोड़कर लिखा, 'ज्यों-ज्यों हमारी वृत्तियों पर सभ्यता के नए-नए आवरण चढ़ते जाएँगे त्यों-त्यों एक ओर तो कविता की आवश्यकता

बढ़ती जाएगी, दूसरी ओर कवि कर्म कठिन हो जाएगा।' उन्होंने कवि कर्म की कठिनाई के बारे में कहा था, 'सभ्यता की वृद्धि के साथ-साथ ज्यों-ज्यों मनुष्य के व्यापार बहुरूपी और जटिल होते गए त्यों-त्यों उसके मूल रूप बहुत कुछ आच्छन्न होते गए। वासनाजन्य मूल व्यापारों के सिवा बुद्धि द्वारा निश्चित व्यापारों का विधान बढ़ता गया। यह प्रच्छन्न रूप वैसा मर्मस्पर्शी नहीं हो सकता ! इसी से इस प्रच्छन्नता का उद्घाटन कर्म–कर्म का एक मुख्य अंग बन गया।' (195-96) इस प्रकार शुक्लजी ने तर्कों-प्रमाणों के आधार पर सिद्ध करना चाहा था कि मनुष्य के मूल भावों पर वैज्ञानिक आविष्कारों के नानात्व और सभ्यता की जटिलता के कारण पर्दा पड़ने लगा था। इस पर्दा को हटाना और सत्त्व-रस का सृजन करना अत्यन्त कठिन कर्म–कर्म हो गया था। उनके मत से इस कठिनाई का निवारण 'भावय' क्रिया द्वारा सम्भव न था। इसके लिए 'व्यायम्' क्रिया की जरूरत थी। शुक्लजी की यह स्थापना उन्हें आचार्यों के आचार्य कोटि तक पहुँचानेवाली थी।

महावीरप्रसाद द्विवेदी ने 'कवि और कविता' में ज्ञान-प्रसार को कविता के मार्ग में बाधक माना था। रामचन्द्र शुक्ल ने उनका खंडन करते हुए लिखा, 'ज्ञान ही भावों के संचार के लिए मार्ग खोलता है। ज्ञान-प्रसार के भीतर भाव-प्रसार होता है।' आगे लिखा, 'अब मनुष्य का ज्ञानक्षेत्र बुद्धि व्यवसायात्मक या विचारात्मक होकर बहुत ही विस्तृत हो गया है। अतः उसके विस्तार के साथ हमें अपने हृदय का विस्तार भी बढ़ाना पड़ेगा। विचारों की क्रिया से, वैज्ञानिक विवेचन और अनुसन्धान द्वारा उद्घाटित परिस्थितियों और तथ्यों के मर्मस्पर्शी पक्ष का मूर्त और सजीव चित्रण भी–उसका इस रूप में प्रत्यक्षीकरण भी कि वह हमारे किसी भाव का आलम्बन हो सके–कवियों का काम और उच्च काव्य का एक लक्षण होता है।' (चिन्ता.-1, पृ. 213-14)

देखा जा सकता है कि शुक्लजी ने 'कविता क्या है ?' के संवर्धन-क्रम में पहली बार विज्ञान और वैज्ञानिक अनुसन्धानों द्वारा उपलब्ध तथ्यों को कविता का विषय बनाने की अवधारणा विकसित की। इसी बहाने उन्होंने अपने युग के कवियों के सामने वैज्ञानिक तथ्यों में मार्मिक पक्ष की तलाश और उनके मूर्त-सजीव चित्रण की चुनौती रखी। शुक्लजी की यह स्थापना वैज्ञानिक विचारधारा की स्वीकृति थी। 20वीं शताब्दी के चौथे दशक तक कविता को प्राचीन परम्परागत नौ रसों के काव्य-सिद्धान्त तक सीमित रखा गया था। शुक्लजी ने रस-सिद्धान्त का खंडन तो नहीं किया परन्तु इतना अवश्य लिखा, 'साहित्य शास्त्र की रस-निरूपण पद्धति में आलम्बनों के बीच बाह्य प्रकृति का स्थान ही नहीं मिला।' इस प्रकार शुक्लजी कविता में भौतिक सत्य की महत्ता निर्धारित करना चाहते थे। यह उनका कविता-पथ पर अलौकिक से लौकिक की ओर चलने की नई शुरुआत थी। उनकी स्थापना थी, 'काव्य-दृष्टि सजीव सृष्टि तक ही बद्ध नहीं रहती। वह प्रकृति के उस भाग की ओर भी जाती है जो निर्जीव या जड़ कहलाती है।'

रामचन्द्र शुक्ल का निबन्ध 'कविता क्या है ?' का अनुशीलन करने से ज्ञात होता

है कि वे कविता में अपने युग की नई मान्यताओं को भी समाविष्ट करने का नया मार्ग बनाना चाह रहे थे। कविता की जड़ परम्परा के प्रति उन्होंने रचनात्मक विरोध प्रकट करने का अभूतपूर्व साहस प्रदर्शित किया।

रामचन्द्र शुक्ल कविता में बिम्बग्रहण, कल्पना-विधान, सौन्दर्य-निरूपण और चमत्कारवाद से मुक्ति के महत्त्वपूर्ण प्रश्नों से भी टकराए। ये सभी प्रश्न उनके समय के परिप्रेक्ष्य में उठे थे। समय और सिद्धान्त की आग्रहहीन तुलना करने और काल की साहित्यिक गणना में अनपेक्षित को छोड़कर आगे बढ़ जाने के सबसे बड़े आचार्य थे पं. रामचन्द्र शुक्ल। उन्होंने साहित्य की विश्व-दृष्टि का मार्ग अपनाया। इसी मार्ग पर कविता में बिम्ब विधान की अनिवार्यता के भी विचार निर्मित हुए और उन्होंने कविता में अर्थग्रहण की अपेक्षा बिम्बग्रहण को अधिक सार्थक समझा।

शुक्लजी ने स्पष्ट लिखा, 'काव्य में अर्थग्रहण मात्र से काम नहीं चलता; बिम्बग्रहण अपेक्षित होता है।' बिम्ब की ग्रहण-प्रक्रिया के तहत लिखा, 'बिम्ब ग्रहण निर्दिष्ट, गोचर और मूर्त विषय का ही होता है। उन्होंने कविता में सहज अर्थग्रहण करने को काव्येतर-पद्धति कहा। व्यवहारशास्त्र और शास्त्र चर्चा में अर्थग्रहण को महत्त्वपूर्ण इसलिए माना कि इनमें श्रोता दैनिक व्यवहारों अथवा मात्र कथा-प्रसंगों से जुड़ने तक सीमित रहता है। कविता न तो आचार-शास्त्र होती है, न ही कथा प्रसंग। इसमें भावात्मक सत्ता का प्रसार होता है। शुक्लजी का मत था कि भावात्मक सत्ता के अछोर फैलाव को शब्दार्थों द्वारा नहीं आत्मसात् किया जा सकता। इसका प्रत्यक्षीकरण केवल बिम्ब-ग्रहण द्वारा ही सम्भव है। शुक्लजी ने लिखा, 'बिम्बग्रहण वही होता है जहाँ कवि अपने सूक्ष्म-निरीक्षण द्वारा वस्तुओं के अंग-प्रत्यंग, वर्ण आकृति तथा उसके आसपास की परिस्थिति का परस्पर संश्लिष्ट विवरण देता है।'

ऊपर के कथन में शुक्लजी द्वारा प्रयुक्त शब्द 'संश्लिष्ट' आधिकारिक शब्द था। जहाँ किसी वस्तु के नाम, आकार, प्रकार, वर्ण, गुण, धर्म और आसपास के परिवेश में अखंड पारस्परिकता बनी रहती है, वहीं बिम्ब का सृजन सम्भव है। पारस्परिकता की अखंडता बनाए रखना कवि की प्रतिभा पर निर्भर है। समर्थ कवि अपने विन्यासन-कौशल द्वारा 'बिम्बों' की रचना करता है। शुक्लजी ने पारम्परिकता के अखंडत्व को ही संश्लिष्ट कहा था। शुक्लजी का मानना था कि जहाँ विश्लेष-पद्धति द्वारा अर्थ-ग्रहण किया जाता है वहाँ बिम्ब-ग्रहण संश्लेष क्रिया द्वारा सम्भव होता है। शुक्लजी ने बिम्ब को मानस-प्रतिभा के पर्याय के रूप में देखा था। कविता में दृष्टि को पूरी तरह रमाने की भूमिका बिम्ब ही निभा सकते हैं, न कि स्थूल अर्थ।

रामचन्द्र शुक्ल तुलसीदास के काव्य का मूल्यांकन करते हुए 'गोस्वामी तुलसीदास' नामक पुस्तक सन् 1922 में ही लिख चुके थे। उन्होंने तुलसीदास के बिम्ब-सृजन-प्रतिभा की काफी तारीफ की थी। लिखा था, 'दृश्य चित्रण में केवल अर्थग्रहण करना नहीं होता बिम्ब-ग्रहण करना भी होता है। यह बिम्ब-ग्रहण किसी वस्तु का नाम ले लेने मात्र से नहीं हो सकता। आसपास की और वस्तुओं के बीच परिस्थिति तथा नाना अंगों की

संश्लिष्ट योजना के साथ किसी वस्तु का जो वर्णन होगा, वही चित्रण कहा जाएगा। यह चित्रण वस्तु और व्यापार के सूक्ष्म निरीक्षण पर अवलम्बित होता है।' (द्वादश संस्करण, पृ. 86-87) शुक्लजी के अनुसार, वस्तु और व्यापार के सूक्ष्म निरीक्षण में जो कवि जितना अधिक समर्थ होता है, वह उतनी ही संख्या में निरभ्र बिम्बों का सृजन कर सकता है।

शुक्लजी ने बिम्ब-ग्रहण करने की क्रम-प्रक्रिया के सन्दर्भ में लिखा, 'बिम्ब-ग्रहण अर्थ-ग्रहण के मार्ग पर ही चलकर सम्भव है। उन्होंने 'कमल' पद के उदाहरण द्वारा समझाया कि पहले 'कमल' पद का अर्थ-ग्रहण होता है और दूसरे स्तर पर 'उसकी ललाई लिये हुए सफेद पंखुड़ियों और झुके हुए नाल आदि के सहित 'कमल' की मूर्ति मन में उभरती है। शुक्लजी ने हिन्दी-आलोचना के लिए अनेक नए पारिभाषिक शब्दों और पदों का आविष्कार किया जिनका उल्लेख न तो संस्कृत काव्यशास्त्र में हुआ था और न ही शुक्लोत्तर पूर्ण हिन्दी-आलोचना में। 'कविता क्या है ?' में एक पद है 'साहचर्य-सम्भूत रस'। इस पद की व्याख्या में कहा जा सकता है कि आदिम काल से सृष्टि में मनुष्य जाति के अनेक सहचर रहे हैं। मनुष्य जाति के वे सहचर वंश-परम्परा की स्मृति-वासना के रूप में आज भी मनुष्य-जाति में विद्यमान हैं। बिम्ब-ग्रहण की प्रक्रिया में ग्राहक (भावुक) की स्मृतियाँ सक्रिय और सजीव हो उठती हैं। परिणामस्वरूप उन पुराने सहचरों के चित्र उपस्थित हो उठते हैं। ऐसे चित्रों की उपस्थिति केवल अर्थ-ग्रहण द्वारा सम्भव नहीं होता। शुक्लजी ने 'साहचर्य-सम्भूत रस' को समझाने के क्रम में अपनी कविता 'हृदय का मधुर भार' शीर्षक से दो छन्दों के उद्धरण दिए थे। पहला :

''देते हैं घुड़की यह अर्थ-ओज-भरी हरि, 'जिने का हमारा अधिकार क्या न गया रह ?' (चिन्तामणि, भाग-एक, पृ. 208) और दूसरा 'काया की न छाया यह केवल तुम्हारी, द्रुम ! अन्तस् के मर्म का प्रकाश यह छाया है।' (वही, पृ. 210) शुक्लजी ने 'भाव-योग' की सर्वोच्च कक्षा में पहुँचने और मनुष्यता की उच्चभूमि पर स्थित होकर काव्यानन्द में रम जाने के लिए बिम्ब-ग्रहण को अधिक उपयोगी माना था। ऐसी ही भाव-दशा में कविता के पाठक का हृदय विश्व-हृदय में परिणत हो जाता है। शुक्लजी के अनुसार बिम्ब-ग्रहण की यही मर्यादा होती है।

कल्पना

रामचन्द्र शुक्ल ने 'कविता क्या है ?' के संवर्द्धित संस्करण में एक उपशीर्षक लगाया 'भावना या कल्पना'। उन्होंने इस शीर्षक के अन्तर्गत आधुनिक मनोविज्ञान के आचार्यों के मत-विश्लेषणों का प्रयोग तो अवश्य किया परन्तु इनमें ऐसा कुछ नया जोड़ा जो आधुनिक मनोविज्ञान के लिए भी नया था। यह उनके गहन चिन्तन का फल था। मिसाल के तौर पर उन्होंने लिखा, 'जो वस्तु हमसे अलग है, हमसे दूर प्रतीत होती है, उसकी मूर्ति मन में लाकर उसके सामीप्य का अनुभव करना ही उपासना है। साहित्यवाले इसी को 'भावना' कहते हैं और आजकल के लोग 'कल्पना'।' (वही, पृ. 219-20) यहाँ

शुक्लजी ने समयान्तर के साथ 'भावना' और 'कल्पना' में कोई अन्तर नहीं स्वीकार किया था। उन्होंने प्राचीन काव्यशास्त्र की 'भावना' को आधुनिक मनोविज्ञान की 'कल्पना' मान लिया था। इसके अतिरिक्त शुक्लजी ने भारतीय पुराणों और दर्शन की भिन्न-भिन्न शाखाओं द्वारा निरूपित 'भावना' के ग्रहण में योगदर्शन को अधिक महत्त्व दिया था। योगदर्शन के अनुसार ध्येय वस्तु का अखंड ध्यान ही भावना होता है। उपासना और भावना को एक स्वरूप करने में योगदर्शन का सिद्धान्त अधिक संगत प्रतीत होता है। इस प्रकार शुक्लजी द्वारा निर्मित उपासना भावना और कल्पना के त्रिबिन्दु एक बिन्दु में समाहित हो सकते हैं। उनका यह सूत्र रस-निष्पत्ति के भोगवाद के ज्यादा निकट पड़ता है।

अगर शुक्लोत्तर मनोविज्ञान के अन्वेषित और विकसित सिद्धान्तों का विवेचन किया जाए तो भी भावना और कल्पना में अधिक दूरी नहीं स्थापित की जा सकती। अगर कुछ नया कहा जा सकता है तो बस इतना ही कि भावना में ही कल्पना को उत्पन्न करने की शक्ति होती है। भावना और कल्पना में उत्पादक-उत्पाद सम्बन्ध होता है जिसे 'प्राकुत्तर' सम्बन्ध भी कहा जा सकता है।

'कविता क्या है ?' निबन्ध में रामचन्द्र शुक्ल ने भावों के प्रवर्तन के लिए कल्पना की अनिवार्य अपेक्षा स्वीकार की थी। उन्होंने काव्य-श्रोता (पाठक भी) के हृदय में सृजित मार्मिक अनुभूति को ही भाव-प्रवर्तन की संज्ञा दी थी। उनके अनुसार कल्पना द्वारा उत्सर्जित सजीव मूर्ति-विधान ही भावों को परिचालित करता है। उनका विचार था कि समर्थ कवि विषय वस्तु के मार्मिक खंड का चित्रण कर देते हैं जिसको पाठक की कल्पना स्वतः पूर्ण कर लेती है।

रामचन्द्र शुक्ल द्वारा 'कविता क्या है ?' निबन्ध लिखने के काफी पहले पंडित गणपति जानकीराम दूबे का लेख 'मनोविज्ञान' छपा था। (नागरी प्रचारिणी पत्रिका : आठवाँ भाग, 1904) इस लेख में दूबेजी ने 'भावना' और 'कल्पना' के अन्योन्याश्रित सम्बन्धों पर विस्तृत प्रकाश डाला था। इसी क्रम में उन्होंने लिखा था, 'कल्पना मन के उस कार्य को कहते हैं जिसमें बहुत से पदार्थों के गुण को साम्य और साधारण धर्म की भावना से बोधित किया जाता है। (वही, पृ. 35) इसमें दूबेजी ने 'कमल' का उदाहरण जिस रूप में दिया था प्रायः उसी रूप में रामचन्द्र शुक्ल ने बिम्ब-ग्रहण के प्रसंग में दिया था। उन्होंने लिखा था, "मैं अपने मन में 'कमल' पुष्प की कल्पना करते हुए उसके सफेद रंग की तथा उसकी आकृति की कल्पना करता हूँ। तथापि मन में उसकी आकृति से सफ़ेदी की कल्पना निराली कर सकता हूँ। इसे ही प्रत्याहार (Abstraction) कहते हैं। जो कल्पना किसी वस्तु के विषय में उत्पन्न होती है वह केवल उसी प्रकार की समान वस्तुओं की एक साधारण भावना है। मेरा मतलब भावना से वही है जो Image शब्द से है।" (वही, पृ. 34)

रामचन्द्र शुक्ल ने कल्पना के दो भेद बतलाए हैं एक 'विधायक' और दूसरा 'ग्राहक'। उन्होंने लिखा, 'कवि में विधायक कल्पना अपेक्षित है और श्रोता अथवा पाठक

में अधिकतर ग्राहक।' शुक्लजी ने कल्पना को काव्य के साध्य रूप में नहीं माना बल्कि अनिवार्य साधन के रूप में ही स्वीकार किया। आ. शुक्ल द्वारा कल्पना का भेदोल्लेख गणपति जानकीराम दूबे के ही समान है। दूबेजी ने भी कल्पना के दो भेद किए थे। शुक्लजी ने लिखा, 'कवि में विधायक कल्पना अपेक्षित है' और दूबेजी ने लिखा, 'जब पूर्वानुभूत परन्तु असम्मिलित मानसिक अनुभव रूपी साहित्य से नूतन भावना बनती है, तब उसे विधायक कल्पना कहते हैं। विधायक कल्पना के बल से कवि लोग नाना प्रकार के पूर्वानुभूत परिज्ञानों का विचित्र मेल करके नई-नई कल्पना बनाते हैं जिनसे उनके विचारों में और उनकी भाषा में मनोवेधकता सहज ही आ जाती है।'

'सौन्दर्य' उपशीर्षक के अन्तर्गत रामचन्द्र शुक्ल ने स्पष्ट किया कि सौन्दर्य मन के भीतर की वस्तु है, न कि बाहर की कोई वस्तु। उन्होंने यूरोपीय कला में सौन्दर्यवादी अवधारणा की ऊँची उड़ानों को महत्त्व नहीं दिया साथ ही यूरोपीय समीक्षकों द्वारा निरूपित बाहरी सौन्दर्य-सत्ता को भी अस्वीकार कर दिया। उन्होंने सौन्दर्य विवेचन में भीतर और बाहर के भेद को व्यर्थ करार देते हुए कहा, 'जो भीतर है, वही बाहर है।' उनकी स्थापना थी कि मन भी रूप गति का संघात ही है। शुक्लजी ने सौन्दर्य को 'दिव्य विभूत' के रूप में ग्रहण किया था। उन्होंने लिखा, 'जिस सौन्दर्य की भावना में मग्न होकर मनुष्य अपनी पृथक् सत्ता की प्रतीति का विसर्जन करता है, वह अवश्य ही एक दिव्य विभूति है।' उन्होंने वस्तु-सौन्दर्य की अपेक्षा कर्म और मनोवृत्ति के सौन्दर्य को अधिक महत्त्व दिया। उन्होंने बार-बार बाह्य और आभ्यन्तर सौन्दर्य के योग को ही सच्चा सौन्दर्य घोषित किया।

रामचन्द्र शुक्ल ने काव्य में 'लोक मंगल की साधनावस्था' निबन्ध में विरुद्धों के सामंजस्य को ही लोक धर्म का सौन्दर्य कहा था। उन्होंने लिखा, 'आदिकवि वाल्मीकि की वाणी इसी सौन्दर्य के उद्घाटन-महोत्सव का दिव्य-संगीत है। शुक्लजी द्वारा कविता में सौन्दर्य निरूपण को 'दिव्य विभूति' कहना अथवा विरुद्धों के सामंजस्य को लोकधर्म का सौन्दर्य मानना, वस्तुतः उनके आध्यात्मिक चिन्तन का प्रतिरूप था। भारतीय अध्यात्म में अणिमा-महिमा आदि अष्ट सिद्धियाँ ही 'दिव्य विभूति' कही गई हैं। शुक्लजी द्वारा कविता के सौन्दर्य का दिव्य विभूतीकरण, उनके यूरोपीय सौन्दर्यवाद के अस्वीकार वेग का ही परिणाम था। बड़ी सम्भावना है कि क्रोचे के अभिव्यंजनावाद की अस्वीकृति-प्रक्रिया में ही विभूतीकरण की भारतीय स्थापना याद आई हो।

शुक्ल ने 'कविता क्या है ?' में लिखा, 'वस्तु के प्रत्यक्ष ज्ञान या भावना से तदाकार परिणति जितनी ही अधिक होगी उतनी ही यह वस्तु हमारे लिए सुन्दर कही जाएगी।' पं. गणपति जानकीराम दूबे ने भी 'सौन्दर्य के लिए प्रत्यक्ष वस्तु ज्ञान' को आवश्यक माना था। इस सन्दर्भ में उन्होंने लिखा था, 'सौन्दर्य मनोराग की विस्तृति और विशालता मन की मेधा शक्ति की उन्नति के साथ बढ़ती है।' (76) रामचन्द्र शुक्ल ने इसमें मनोवैज्ञानिक शैली में सुधार किया और दूबेजी के 'मेधाशक्ति की उन्नति' जैसे 'पद' को 'भावना से तदाकार परिणति' के रूप में प्रस्तुत किया। शुक्लजी की यह प्रस्तुति पूरी

तरह मौलिक थी, पाश्चात्य मनोवैज्ञानिक राबर्ट्सन से भी आगे की प्रस्तुति। उन्होंने 'तदाकार परिणति' को समझाते हुए कहा कि सौन्दर्य-भोक्ता की आत्मसत्ता का तिरोभाव जितना अधिक होगा उतनी ही अधिक सौन्दर्य की अनुभूति होगी। आ. शुक्ल ने 'कविता क्या है ?' के अन्य सन्दर्भों में भी 'आत्मसत्ता के तिरोभाव' का महत्त्व प्रतिपादित किया था। 'अपनी सत्ता के बोध का तिरोभाव' उनका सबसे महत्त्वपूर्ण 'कविता-प्रतिमान' था। उन्होंने निबन्ध के प्रारम्भ में ही लिखा था, 'लोक सामान्य भावभूमि पर पहुँचा हुआ व्यक्ति' अपनी सत्ता को लोकसत्ता में लीन किए रहता है।' (193) अस्पष्ट नहीं रह जाता कि कविता के मूल्यांकन के लिए 'लोक सत्ता में आत्मसत्ता के विलीनीकरण' को शुक्लजी सबसे बड़ा उपादान मानते थे। यह संसार में तेजी से प्रतिष्ठित होते लोकतन्त्र का पर्याय था। इसी सन्दर्भ में सौन्दर्य का निरूपण भी उन्होंने किया, लिखा, 'मनुष्यता के सामान्य भूमि पर पहुँची हुई संसार की सब सभ्य जातियों में सौन्दर्य के सामान्य आदर्श प्रतिष्ठित हैं।' शुक्लजी द्वारा प्रस्तुत 'दिव्य विभूति' का मन्तव्य भी इस भूमि पर जाकर स्पष्ट हो जाता है। उन्होंने सौन्दर्य को 'दिव्य विभूति' का पर्याय 'लोकसत्ता में आत्मसत्ता के विलीनीकरण के ही सन्दर्भ में माना था।

रामचन्द्र शुक्ल का निबन्ध 'कविता क्या है ?' और उसकी अधिकांश स्थापनाएँ आज की नई विश्वदृष्टि के लिए भी उपयोगी हैं। इस लेख में कविता को मानवीय आदर्शवादी और काल्पनिक भावुकताओं से मुक्त करके उसके प्रत्यक्ष और भौतिक रूप को महत्त्व दिया गया है। इसने कविता के जितने भी प्रत्यय निर्मित किए हैं, वे सभी समाज और समय के यथार्थवाद से सम्बद्ध हैं। इसमें आज अनियन्त्रित प्रौद्योगिक विचारधारा मनुष्येतर सृष्टि से सम्बन्धहीनता और सत्ता के केन्द्रीयकरण का विरोध हुआ है। शुक्लजी ने 'कविता क्या है ?' का उत्तर देते हुए लोकतन्त्रवाद का जबर्दस्त समर्थन किया है। उनका यह चिन्तन कविता की समूची अन्तर्यात्रा का नया विश्लेषण है जो उत्तर आधुनिक अस्थिरताओं को स्थिर करने और उन्हें मानवीय पहलू से जोड़ने में सहायक है। आचार्य शुक्ल का यह निबन्ध अपने युग के काव्य कर्मियों द्वारा सामूहिक रूप से संचालित स्वातन्त्र्य-आन्दोलन था जिसमें राजनीतिक नारों की जगह कविता सम्बन्धी प्रत्यय-ध्वनियाँ थीं। इस निबन्ध का मूल्यांकन द्विवेदीयुगीन राष्ट्रीय नवजागरण के परिप्रेक्ष्य में सार्थक हो सकता है। इस निबन्ध के परिप्रेक्ष्य में डॉ. रामविलास शर्मा का एक कथन उद्धृत करना अप्रासंगिक न होगा, 'आ. शुक्ल का विकास...भारत के नवीन राष्ट्रीय उत्थान के साथ हुआ।'

रामचन्द्र शुक्ल :
वैचारिक निबन्धों के प्रथम आचार्य

अगर आज 21वीं शताब्दी में रामचन्द्र शुक्ल के लेखकीय व्यक्तित्व की तलाश एक बार फिर करनी पड़े तो शोधकर्ता को उनके दो लेखन-क्षेत्रों की ही सम्यक् पड़ताल करनी पड़ेगी। ये दो क्षेत्र हैं—उनका 'हिन्दी साहित्य का इतिहास' और मनोविकारों पर लिखे हुए उनके वैचारिक निबन्ध। शोधकर्ता इस तथ्य से अनवगत नहीं रहेगा कि शुक्ल का 'हिन्दी साहित्य का इतिहास' केवल साहित्येतिहास ग्रन्थ नहीं है बल्कि हिन्दी-आलोचना का नया प्रस्थान भी है। मनोविकारों पर लिखे हुए उनके निबन्ध भी इसी कोटि में आते हैं। ये निबन्ध हिन्दी साहित्य में निबन्ध-लेखन की नवीन प्रस्तावना करनेवाले थे ही, साथ ही कविता के सूक्ष्म और व्यापक आलोचना के उपपत्ति भी थे। मिसाल के तौर पर शुक्लजी ने 'चिन्तामणि भाग-एक' के पहले ही निबन्ध 'भाव या मनोविकार' में कहा, 'सच्ची प्रवृत्ति-निवृत्ति को जागरित रखनेवाली शक्ति कविता है। 'अथवा' रागात्मिका वृत्ति के प्रसार के बिना विश्व के साथ जीवन का प्रकृत सामंजस्य घटित नहीं हो सकता।...काव्य-योग की साधना इसी भूमि पर पहुँचने के लिए है।' (पृ. 6-7) अज्ञात नहीं है कि गम्भीर काव्यालोचन के जो उपादान-सूत्र शुक्लजी के निबन्धों में विन्यस्त हुए थे प्रायः उन्हीं की विवृत्ति उन्होंने अपनी बाद की समीक्षा पुस्तकों में की। सन् 1912-13 में मनोविकारों पर लिखे निबन्धों (उत्साह, श्रद्धा-भक्ति, करुणा) के सूत्रों को सन् 1922 में सूरदास और तुलसीदास की कविताओं की मूल्यांकन-अवधि में विकसित किया। कहना न होगा कि शुक्लजी के निबन्ध उनके आलोचना-सिद्धान्त की कुंजी हैं उनके निबन्धों की समास-शैली की भूमि पर ही आलोचनाओं की व्यास-शैली की वास्तविक मूल्यवत्ता निरूपित की जा सकती है। उदाहरण के लिए शुक्लजी ने 'लज्जा और ग्लानि' (चिन्ता.-1, पृ. 86) के सूत्रों को 'तुलसी की भावुकता' (गोस्वामी तुलसीदास, पृ. 61) में अत्यन्त विस्तार दिया था और लिखा था, 'आत्मग्लानि जैसा पवित्र और सच्चा स्वरूप जिस तरह गोस्वामीजी ने दिखाया है उस तरह शायद ही किसी ने कहीं दिखाया हो। (61) 'गोस्वामीजी को मनुष्य की अन्तः प्रकृति की जितनी परख थी, उतनी हिन्दी के और किसी कवि को नहीं।' (69)

रामचन्द्र शुक्ल ने 'चिन्तामणि पहला-भाग' के निवेदन में पहला वाक्य लिखा, 'इस पुस्तक में मेरी अन्तर्यात्रा में पड़नेवाले कुछ प्रदेश हैं।' उनके इस कथन में दो शब्द अत्यन्त महत्त्वपूर्ण हैं—पहला, 'अन्तर्यात्रा' और दूसरा 'प्रदेश'। वास्तव में इन्हीं शब्दों के विवेचन द्वारा मनोविकारों पर आधारित उनके निबन्धों की भूमिका समझी जा सकती है। शुक्लजी ने 'अन्तर्यात्रा' शब्द के व्यापकार्थ को ध्यान में रखकर इसे अन्तः चेतना, मन के राग-विराग, अन्तःकरण, आत्मा आदि के व्यापारों से जोड़ने की कोशिश की थी। इतना ही नहीं उन्होंने इससे भी आगे की यात्रा की। मसलन 'अप्सु अन्तरं अमृतम्' (यानी जल के अन्तर में अमृत विद्यमान है) में जो अमूर्त विद्यमानता है उसे भी मूर्त करने का प्रयास किया। उन्होंने भाव, रस, आत्मानन्द, ब्रह्मानन्द, शब्दातीत, चेतन-सत्ता, मनोविकार आदि को ध्यान में रखकर 'अन्तर्यात्रा' शब्द का प्रयोग किया था। इसी प्रकार 'प्रदेश' का प्रयोग भी खंड विशेष के लिए नहीं किया था। इसमें अन्तः चेतना के अखंडत्व का भाव विद्यमान है। अज्ञात नहीं है कि प्रदेश शब्द 'प्र+दिश्+घञ्' से मिलकर बना है। 'प्र' उपसर्ग है जो 'आरम्भ' का भी द्योतक है। दिश् रीति, प्रणाली, रूप आदि के अर्थ में भी प्रयुक्त होता है, जैसे 'मुनेः पाठोक्त दिशा' (साहित्य दर्पण)। इस तरह 'प्रदेश' शब्द द्वारा शुक्लजी अपने निबन्ध-लेखन के नवीन आरम्भ की ओर भी संकेत करना चाहते थे जो उस समय तक हिन्दी-निबन्ध लेखन के क्षेत्र में नहीं हो सका था।

अगर 'चिन्तामणि भाग-एक' के निबन्धों को मानदंड बनाकर शुक्लजी की 'अन्तर्यात्रा' के 'प्रदेशों' की पैमाइश की जाए तो परिणाम मिलेगा कि मनोविकारों पर लिखे उनके निबन्ध केवल आधुनिक मनोविज्ञान की परिधि में सीमित नहीं हैं। वे दर्शन और साहित्य से भी तथावत सम्बद्ध हैं। अगर मनोविज्ञान, दर्शन और साहित्य के परस्पर सम्बन्धों को लेकर विचार किया जाए तो कहना पड़ेगा कि इन निबन्धों की यात्रा मनोविज्ञान से शुरू होकर साहित्य के गन्तव्य तक जाती है। दर्शन या अध्यात्म रामचन्द्र शुक्ल की विचारधारा का एक प्रमुख बिन्दु था। शुक्लजी अपनी हर विधा की रचना में अपनी दर्शन-प्रियता बनाए रखते थे।

अगर शुक्लजी द्वारा मनोविकारों पर लिखे निबन्धों की कोई आकृति निर्धारित करनी हो तो इसे समकोण त्रिभुज की आकृति में प्रस्तुत किया जा सकता है। इसमें आधार रेखा मनोविज्ञान है, लम्ब है दर्शन और साहित्य उसका कर्ण है। यहाँ एक-दो उदाहरणों द्वारा इसे आसानी से समझा जा सकता है। मनोविकारों पर लिखा एक महत्त्वपूर्ण लेख है 'उत्साह'। इस निबन्ध में शुक्लजी 'उत्साह' मनोविकार के व्याख्या-सन्दर्भ में लिखा है, 'सच पूछिए तो वीर के उत्साह का विषय विजय-विधायक कर्म या युद्ध ही रहता है। दानवीर, दयावीर और धर्मवीर पर विचार करने से यह स्पष्ट हो जाता है। (पृ. 15) इसी निबन्ध में आगे कहा गया है, 'कर्म में आनन्द अनुभव करनेवालों ही का नाम कर्मण्य है। धर्म और उदारता के उच्च कर्मों के विधान में ही एक ऐसा दिव्य आनन्द भरा रहता है कि कर्त्ता को वे कर्म ही फलस्वरूप लगते हैं।' (पृ. 20)

उक्त उदाहरणों को देखने से स्पष्ट है कि शुक्लजी ने 'उत्साह' मनोविकार को अपने निबन्ध का आधार तो अवश्य बनाया था, परन्तु साहित्य तथा धर्म के परिप्रेक्ष्य में ही। 'श्रद्धा और भक्ति' में भी उनकी अन्तर्यात्रा के प्रदेशों में धर्म और साहित्य के प्रदेश इन्हें आकर्षित करते दिखलाई पड़ते हैं। उन्होंने श्रद्धा मनोविकार के स्वरूप-निर्धारण के लिए कई-कई सूत्र बनाए जिनमें 'श्रद्धा धर्म की पहली सीढ़ी है' 'मनुष्य विश्व-विधान का एक क्षुद्र चेतन अंश है', 'अपने व्यवहार-पथ में आश्रय-प्राप्ति के निमित्त मनुष्य के लिए ईश्वर की स्वानुरूप भावना ही सम्भव है। स्वानुभूति द्वारा ही वह उस परमानुभूति की धारणा कर सकता है।' जैसे सूत्र शुक्लजी की दार्शनिक-आध्यात्मिक अवस्था के सूचक हैं। ये सूत्र मनोविज्ञान के नहीं धर्म और दर्शन के हैं। जब आचार्य शुक्ल लिखते हैं, 'संसार में तटस्थ रहकर शान्ति-सुखपूर्वक लोकव्यवहार-सम्बन्धी उपदेश देनेवालों का उतना अधिक महत्त्व हिन्दू-धर्म में नहीं है जितना संसार के भीतर घुसकर उसके व्यवहारों के बीच सात्त्विक विभूति की ज्योति जगानेवालों का है।' (पृ. 57) तब ऐसा प्रतीत होता है कि वे श्रद्धा और भक्ति मनोविकारों के स्वरूप की विवेचना नहीं कर रहे हैं, बल्कि 'हिन्दू-धर्म' के लक्षण बता रहे हैं। 'श्रद्धा और भक्ति' में आधे से अधिक ऐसे हैं जो इसे मनोवैज्ञानिक निबन्ध की परिधि से मुक्त करके साहित्य और दर्शन में पहुँचा देते हैं। इसका अन्तिम अंश तो 'श्रद्धा-भक्ति' से असम्बद्ध होकर क्षात्र-धर्म के सौन्दर्य से जा जुड़ा है।

मनोविकारों पर लिखे रामचन्द्र शुक्ल के निबन्धों में तद्‌युगीन समाज की प्रवृत्तियों और संस्थितियों के ऐसे वर्णन आए हैं जिनके आधार पर यह भी कहा जा सकता है कि ये निबन्ध उस युग के समाजशास्त्र की अवधारणा थे। मिसाल के तौर पर 'लोभ और प्रीति' निबन्ध का एक लम्बे उद्धरण का विश्लेषण करना असंगत न होगा, 'आजकल तो बहुत सी बातें धातु के ठीकरों पर ठहरा दी गई हैं। पैसे से राज सम्मान की प्राप्ति, विद्या की प्राप्ति और न्याय की प्राप्ति होती है। जिनके पास कुछ रुपया है बड़े-बड़े विद्यालयों में अपने लड़कों को भेज सकते हैं, न्यायालयों में फीस देकर अपने मुकदमे दाख़िल कर सकते हैं और महँगे वकील-बैरिस्टर करके बढ़िया खासा निर्णय करा सकते हैं, अत्यन्त भीरु और कायर होकर बहादुर कहला सकते हैं। राजधर्म, आचार्य धर्म, वीर धर्म, सब पर सोने का पानी फिर गया, सब टका धर्म हो गए।...केवल वणिक् धर्म रह गया।' (पृ. 101)

स्पष्ट तौर पर देखा जा सकता है कि आ. शुक्ल ने अपने समय की अर्थ शक्ति की भूमिका का, रुपया के असामाजिक कृत्य का और समाज में महाजनी संस्कृति के प्रमाण का लेखा-जोखा समाजशास्त्रीय शैली में दिया था। इस खंड में उनके राष्ट्रीय इतिहासकार का रूप दार्शनिक, साहित्यिक अथवा मनोवैज्ञानिक रूप से बहुत अधिक ऊँचा अभिव्यक्त हुआ। मनोविकारों पर लिखे प्रायः सभी निबन्धों में आ. शुक्ल ने अपनी 'अन्तर्यात्रा' को छोड़ बाह्य यात्राएँ भी की थीं। इसलिए इन निबन्धों को केवल अन्तर्यात्रा के प्रदेशों तक परमित नहीं किया जा सकता। लेकिन इतना अवश्य कहा जा सकता है

कि उन्होंने इन निबन्धों में जहाँ-जहाँ बाह्य यात्राएँ की हैं, वे सभी अन्तर्यात्रा के पूरक रूप में थीं। शुक्लजी इस मनोविज्ञान से भी परिचित थे कि व्यक्ति या समाज अन्तर और बाह्य दोनों का समवाय होता है। इन निबन्धों में उन्होंने अन्तर को सिद्धान्त रूप में और बाह्य को प्रमाण रूप में प्रस्तुत किया था। प्रमाणों में उन्होंने सबसे अधिक महत्त्व प्रत्यक्ष प्रमाण को दिया जो उनके भौतिक सत्य की परिणति थी।

आ. शुक्ल ने चिन्तामणि-1 के 'निवेदन' में यह भी लिखा है, 'यात्रा (अन्तः) के लिए निकलती रही है बुद्धि, पर हृदय को भी साथ लेकर।' इस कथन द्वारा वे स्पष्ट करना चाहते थे कि वे वैचारिक परिप्रेक्ष्य में ही निबन्ध लिखना युग-धर्म मानते थे। वैचारिक निबन्ध-लेखन के लिए विविध विषयों का ज्ञान जरूरी था। विवेचन, विश्लेषण और वैचारिकता की नई सृष्टि के लिए केवल वर्णनात्मकता और भावात्मकता को ही आश्रय नहीं बनाया जा सकता था। विचारात्मक निबन्धों के लिए गूढ़ और गम्भीर ज्ञान की जरूरत थी जो शुक्लयुगीन निबन्धों में अनुपस्थित था। शुक्लजी ने अपने समय के निबन्धों की दशा पर चिन्ता व्यक्त करते हुए लिखा था, 'बहुत से लेखकों का यह हाल रहा कि कभी अखबारनवीसी करते, कभी उपन्यास लिखते, कभी नाटक में दखल देते, कभी कविता की आलोचना करने लगते और कभी इतिहास और पुरातत्त्व की बातें लेकर सामने आते। ऐसी अवस्था में भाषा की पूर्ण शक्ति प्रदर्शित करनेवाले गूढ़ गम्भीर निबन्ध लेखक कहाँ से तैयार होते।' (हि.सा.इ., पृ. 469) ये थीं निबन्ध-लेखन की परिस्थितियाँ जो अपने युग की अभिव्यक्ति निबन्धों में भी करने के लिए चुनौती दे रही थीं। शुक्लजी ने समय की चुनौती को अत्यन्त गम्भीरता के साथ लिया और हिन्दी निबन्ध-क्षेत्र के अभाव को दूर करने का संकल्प किया। चिन्तामणि के निबन्ध उनके लेखकीय संकल्प के ही परिणाम थे।

इतिहास साक्षी है कि बीसवीं शताब्दी का प्रारम्भ ज्ञान, विज्ञान, मनोविज्ञान, पुरानी पद्धति के साहित्य को नया रूप देने की प्रतिश्रुति तथा राष्ट्रीय नवजागरण को सक्रिय ज्ञानमार्ग पर संचारित करने की आवश्यकताओं के साथ हुआ था। इन्हीं आवश्यकताओं की पूर्ति के लिए कुछ महत्त्वपूर्ण साहित्यिक पत्रिकाएँ प्रकाशित की गईं जिनमें 'सरस्वती, सुदर्शन और छत्तीसगढ़ मित्र (1900), समालोचक (1901), हितवार्ता, लक्ष्मी और समय (1903), अभ्युदय (1907) और नवजीवन (1910) उल्लेखनीय थे।' परन्तु आश्चर्य यह रहा कि इन पत्र-पत्रिकाओं के सम्पादकों ने लेख-परिधि को लाँघकर निबन्ध-क्षेत्र में प्रवेश करने का कोई ठोस प्रयास नहीं किया। इन पत्रिकाओं के लेख भी ज्यादातर वर्णन और विवरण तक ही सीमित थे। इस काल के निबन्ध-लेखकों में चन्द्रधर शर्मा गुलेरी को छोड़कर कोई भी लेखक गूढ़, गम्भीर, ज्ञानात्मक और स्थायी निबन्ध-लेखन का दायित्व नहीं समझ रहा था। गुलेरीजी भी अपने निबन्धों में अनुपात से अधिक व्यंग्य और विनोद का विन्यास कर देते थे जिसके कारण विषय की गम्भीरता को हल्का सा झटका लगता। इन्हीं परिस्थितियों में शुक्लजी को निबन्ध लेखन के लिए अन्तर्यात्रा करनी पड़ी और इस यात्रा के मुकम्मल सर्वे के लिए बुद्धि-उपादान लेकर सामने आना पड़ा। अस्पष्ट नहीं

था कि बुद्धि का सर्जनशील प्रयोग करने के संकल्प के साथ शुक्लजी निबन्धमार्ग पर उद्यत हुए थे। बुद्धि के सृजनात्मक प्रयोग को युगीन परिणति देने के लिए उन्हें निबन्ध-लेखन के लिए उपयुक्त विषय का चुनाव करना था। विषय-चयन के क्रम में प्रथम स्तर पर उन्होंने 'स्व' को आधार बनाकर 'व्यक्ति' के अन्तर में झाँका। अन्तर के गहनतम के भेदन के लिए बुद्धि की जरूरत थी। इसलिए उन्होंने लिखा 'अन्तर्यात्रा के लिए निकलती रही है बुद्धि।' परन्तु 'निकलती रही है बुद्धि' कहना उन्हें अधूरा लगा। इसलिए वाक्य को पूरा करते हुए उन्होंने लिखा, 'पर हृदय को भी साथ लेकर'।

शुक्लजी के पूरे वाक्य-विवेचन के लिए यहाँ यह कहा जाना आवश्यक है कि वे एक साहित्यिक लेखक थे न कि वैज्ञानिक, मनोवैज्ञानिक, पुरातत्त्व शास्त्री, अर्थशास्त्री या राजनेता। इसलिए उन्हें यह भलीभाँति ज्ञात था कि कोई साहित्यिक कृति हृदय-पक्ष को छोड़कर पूरी नहीं पड़ सकती। संवेदना साहित्य की प्राण-सत्ता है जो हृदय की थाती मानी जाती है। एक महान कृतिकार होने के नाते शुक्लजी को ज्ञात था कि निबन्ध गूढ़ और गम्भीर होता है परन्तु गूढ़ और गम्भीर का अर्थ यह नहीं कि वह नीरस, रूढ़ और दुर्गम हो, विशृंखल हो, उसके तर्क दुराग्रहपूर्ण हों, भाषा उखड़ी हुई हो और शब्दों के विन्यास शिथिल हों। इन कमियों से बचने के लिए जरूरी था कि बुद्धि और हृदय का अपेक्षित समन्वय करते हुए ही निबन्ध लिखे जाएँ। आ. शुक्ल ने यही किया और अपने 'करने' को साफ लिख दिया, 'यात्रा पर निकलती रही है बुद्धि, पर हृदय को भी साथ लेकर।' वाक्य का अर्थ स्पष्ट था कि चिन्तामणि में संग्रहीत निबन्धों का प्रथम उपकरण बुद्धि तथा द्वितीय था हृदय।

रामचन्द्र शुक्ल ने चिन्तामणि के निवेदन में दिए गए निबन्ध-लेखन के संकल्प-वाक्य को 'हिन्दी साहित्य का इतिहास' में पूरी तरह समझाने का प्रयास किया। लिखा, 'तत्त्वचिन्तक या वैज्ञानिक से निबन्ध लेखक की भिन्नता इस बात में भी है कि निबन्ध लेखक जिधर चलता है, उधर अपनी सम्पूर्ण मानसिक सत्ता के साथ अर्थात् बुद्धि और भावनात्मक हृदय दोनों लिये हुए।...जहाँ नाना अर्थ-सम्बन्धों का वैचित्र्य नहीं, जहाँ गतिशील अर्थ की परम्परा नहीं है, वहाँ एक ही स्थान पर तरह-तरह की मुद्रा और उछल-कूद दिखती हुई भाषा केवल तमाशा करती हुई जान पड़ेगी।' (पृ. 483)

शुक्लजी ने निबन्ध-लेखन में बुद्धि प्रधान अन्तर्यात्रा करने के कारणों का उल्लेख करते हुए कहा था, 'द्वितीय उत्थान के भीतर उत्तरोत्तर उच्च कोटि के स्थायी गद्य साहित्य का निर्माण जैसा होना चाहिए था, न हुआ। अधिकांश लेखक ऐसे ही कार्यों में लगे जिनमें बुद्धि का श्रम कम पड़े। फल यह हुआ कि विश्वविद्यालयों में हिन्दी की ऊँची शिक्षा का विधान हो जाने पर उच्चकोटि की गद्य की पुस्तकों की कमी का अनुभव चारों ओर हुआ।' (हि.सा.इ., पृ. 484)

शुक्लजी के ऊपर के कथनों को देखते हुए यह जानना अस्पष्ट नहीं रह गया कि गद्य-लेखन के द्वितीय उत्थान में निबन्धों को स्तरीय रूप देने के लिए शुक्लजी ने मनोविकारों पर निबन्ध लिखने का निश्चय किया। उनकी दृष्टि विश्वविद्यालय स्तर पर

हिन्दी निबन्ध पढ़ाने के मानक पर भी केन्द्रित थी। यही कारण था कि उन्होंने मनोविकारों को केन्द्र बनाकर निबन्ध-लेखन की वैचारिक भूमि तैयार की। उनके ये निबन्ध साहित्य-क्षेत्र में बौद्धिक नवजागरण के उदाहरण बने। मनोविकारों के कथ्य पर लिखे ये निबन्ध मनोविज्ञान के सैद्धान्तिक पर्याय नहीं थे। हिन्दी साहित्य में पहली बार यह हुआ था कि मनोवैज्ञानिक प्रत्ययों को गला-गलाकर साहित्य के साँचे में ढाला गया। सन् 1904 में नागरी प्रचारिणी पत्रिका के अंकों में गणपति जानकीराम दूबे का धारावाहिक लेख 'मनोविज्ञान' शीर्षक से प्रकाशित हुआ। दूबेजी ने तमाम उपशीर्षकों के क्रम से लेख पूरा किया। ये उपशीर्षक थे–1. विज्ञान तथा शास्त्र, 2. मन और मनोविज्ञान की परिभाषा, 3. मनोविज्ञान का स्थान, उसके विभाग तथा और विज्ञानों से उसका सम्बन्ध, 4. मन और मस्तिष्क, 5. मन की समुन्नति तथा बुद्धि, 6. अन्तर्बोध, 7. इन्द्रियाँ, 8. परिधान, 9. कल्पना, 10. स्मरण और ध्यान, 11. कल्पना का साहचर्य, 12. कार्य-कारण-भाव, 13. स्वप्न और कल्पना, 14. अनुमान और 15. आभास, 16. बुद्धि, 17. विचार, 18. मनोराग, 19. मनःक्षोभ, 20. सौन्दर्य, 21. संकल्प आदि। इन उपशीर्षकों में तर्क और साक्ष्य शैली का सहारा लेते हुए पं. गणपति दूबे ने बुद्धि का प्रयोग तो भरपूर किया था, परन्तु हृदय पक्ष प्रायः अछूता था। यही कारण था कि दूबेजी का लेखन निबन्ध-कोटि में स्थान बनाने से वंचित रह गया।

अगर रामचन्द्र शुक्ल के मनोविकारों पर लिखे निबन्धों का मिलान पं. गणपति जानकीराम दूबे के लेख से की जाए तो यह कहना ही पड़ेगा कि शुक्लजी ने दूबेजी का लेख पढ़ा था और कुछ सीमा तक उसके तथ्य सूत्र अपनाए भी थे, परन्तु शुक्लजी दूबेजी से बहुत आगे निकल गए थे। शुक्लजी के पास सूत्र रचने के लिए जो भाषाई प्रसंग-गर्भत्व था, वह दूबेजी में दूर तक अनुपलब्ध। वाक्य-संगठन और सृजन-विन्यास में दूबेजी बहुत पीछे थे। उनमें शुक्लजी जैसी भाषाई स्वच्छता भी नहीं थी। शब्दों की नाद-व्यंजना से वे अछूते थे। पूरे लेख में बौद्धिक कवायद अवश्य हुई थी परन्तु हृदय-राग की पूरी तरह कमी थी। फिर भी यह मानना पड़ेगा ही कि दूबेजी शुक्लजी के प्रेरक साधन थे।

रामचन्द्र शुक्ल ने मनोविकारों की वस्तु-संवेदना पर आधृत अपने सभी निबन्ध बनारस हिन्दू विश्वविद्यालय में जाने के पहले लिख चुके थे। परन्तु जब वे एक हिन्दी अध्यापक के रूप में पढ़ाने लगे तब भी हिन्दी में निबन्ध क्षेत्र को प्रायः रिक्त सा पाते थे। इस सन्दर्भ में उन्होंने दुख प्रकट करते हुए लिखा था कि उस समय तक 'भावात्मक' और 'काव्यात्मक' निबन्ध लिखने का प्रचलन तो अवश्य हो गया था, परन्तु बुद्धि और हृदय के योग से निबन्ध-लेखन की परिपाटी बहुत ही क्षीण थी। गम्भीर विचार और व्यापक दृष्टि पर बहुत कम निबन्ध लिखे जा रहे थे। जो लोग भावात्मक और काव्यात्मक निबन्ध लिख रहे थे अंग्रेजी तथा बंगला साहित्य का पानी पीट रहे थे। शुक्लजी ने आशंका जताई कि इसके कारण हिन्दी-साहित्य में घोर शैथिल्य और बुद्धि का आलस्य फैलने का खतरा उत्पन्न हो गया था। (हि.सा.इ., पृ. 535-36)

शुक्लजी ने अपने 'निवेदन' में आश्वस्ति के साथ लिखा था, 'बुद्धि पथ पर हृदय भी अपने लिए कुछ न कुछ पाता रहा है।' शुक्लजी के इस आश्वस्तिपरक उल्लेख का परीक्षण किया जाना अत्यन्त जरूरी है। मूल्यांकन करते हुए इस तथ्य पर विशेष ध्यान दिया जाना जरूरी है कि उनके यात्रा का 'पथ' मुख्यतः बुद्धि था यानी मनोविकारों का तर्क प्रणाली द्वारा वैशेषिकीकरण, परन्तु दृष्टान्त देते समय संवेदना का सार्थक नियोजन अर्थात् विषय बुद्धि प्रधान और प्रमाण हृदय प्रधान। विषय-विवेचन के लिए अन्तर्यात्रा करनी पड़ी थी परन्तु प्रमाण मिले थे बहिः यात्रा के दौरान।

रामचन्द्र शुक्ल के निबन्धों के आलोचकों ने मनोविकारों पर लिखे उनके निबन्धों की आलोचना करते हुए कई-कई आक्षेप किए थे। मिसाल के तौर पर निबन्धों में मनोविज्ञान तत्त्व की अधिकता का आरोप लगाया गया। यह भी कहा गया कि उनकी विश्लेषण पद्धति अत्यन्त शुष्क और साहित्यिक-संवेदना से शून्य है। कर्म-सौन्दर्य की बात तो शुक्लजी करते हैं, परन्तु पाठक को कर्म की प्रेरणा बिल्कुल नहीं मिलती। इसका मुख्य कारण है कि वे सूत्र-शैली का प्रयोग दर्शन-शास्त्र और व्याकरण के सूत्रकारों की तरह करते हैं। इसलिए उनमें निबन्धात्मक भाषा-सौष्ठव का अभाव हो गया है। पाठक भाषा की दुरूहता और शैली की सामासिकता में इस कदर उलझ जाता है कि उसे सृजन की साहित्यिक रसानुभूति हो ही नहीं पाती। ये आक्षेप थे उनके समय के फुटकलिया आलोचकों के जो शुक्लजी के नवीन निबन्ध-पथ बनाने से जले-भुने थे। ऐसे ही आलोचकों के पुनः मनन करने के लिए चिन्तामणि भाग-एक में दिया गया शुक्लजी का 'निवेदन' जरूरी था।

आचार्य शुक्ल ने निवेदन में लिखा था, 'अपना रास्ता निकालती हुई बुद्धि जहाँ मार्मिक या भावाकर्षक स्थलों पर पहुँची है वहाँ हृदय थोड़ा बहुत रमता है और अपनी प्रवृत्ति के अनुसार कुछ कहता गया है। इस प्रकार यात्रा के श्रम का परिहार होता गया है।' इस कथन में शुक्लजी ने कुछ महत्त्वपूर्ण शब्दों का विन्यास किया है जैसे 'हृदय का थोड़ा बहुत रमना', 'अपनी प्रवृत्ति के अनुसार कुछ कहना' और 'बुद्धि-यात्रा के श्रम का परिहार होना।' उनके इन स्थापनाओं के निहितार्थ को समझे बिना शुक्लजी द्वारा हिन्दी साहित्य में गम्भीर निबन्ध-प्रवर्तन के उद्देश्यों को नहीं समझा जा सकता। उन्होंने अपने निबन्धों द्वारा गम्भीर चिन्तन और सूक्ष्म विश्लेषण-युग का सभारम्भ किया। ऐसा नहीं हो सकता था वे निबन्ध-लेखन की वही 'प्रवृत्ति' अपनाते जो उनके समय के निबन्धकारों की मजबूरी थी। 'प्रवृत्ति' लेखक की वैयक्तिक सम्पत्ति होती है। इसी कारण उसका अलग लेखकीय व्यक्तित्व निर्मित होता है। कोई भी युग-निर्माता लेखक अपनी 'समकालीन' सृजन-धारा में इस कदर नहीं विलीन हो जाता कि सौ-पचास वर्षों के बाद उसका नाम लेनेवाला ही कोई न रह जाए। समर्थ रचनाकार वर्तमान को अतिक्रान्त करके भविष्य के लिए नवीन सृजन-धारा-प्रवर्तित करने का स्रोत तलाश करता है। इस तलाश में उसकी प्रवृत्ति उसका साथ देती है। शुक्लजी ने अपनी प्रवृत्ति का परिचय देने के लिए ही मनोविकारों पर गम्भीर और विश्लेषणात्मक निबन्ध लिखे। ऐसा नहीं था कि शुक्लजी

के पहले भारतेन्दु-युग अथवा समकालीन द्विवेदी-युग में मनोविकारों, क्रोध, लोभ, प्रीति, क्षमा, घृणा, हास आदि पर निबन्ध-लेखन के उपक्रम नहीं किए गए थे, परन्तु उनमें उछल-कूद, निरीह भावुकता और अतिचारी विनोदवृत्ति की इतनी ज्यादती हो गई थी कि वे निबन्ध सीमा में प्रवेश ही नहीं कर सकते थे। इस तथ्य को एक उदाहरण द्वारा समझना अधिक प्रासंगिक होगा।

जनवरी, सन् 1911 की 'मर्यादा' में एक लेख 'कर्म हेतु' शीर्षक प्रकाशित हुआ। इसमें कर्म, कर्म के हेतु, फल, उत्साह, उत्तम-मध्यम और अधर्म रूपों तथा कर्मण्य की प्रवृत्तियों का व्यक्ति-मनोविज्ञान तथा समाज-मनोविज्ञान के परिप्रेक्ष्य में किया गया। लिखा गया, 'पूर्वानुमान कष्ट और ऐन्द्रिय संवेदन मनुष्यों को कई एक दुखदायी कर्मों से बचाते हैं।' 'अधम कोटि के वे मनुष्य (कर्मण्य) जो हर एक काम में ज्ञानतः या अज्ञानतः अपने शरीर की आवश्यकताओं को सर्वोपरि समझते हैं न उनको अपने आत्मा की उन्नति और अवनति का ख्याल है और न जाति हित और सन्तान-हित का।' (पृ. 106) लेखक ने अति चलताऊ भाषा में इन सूत्रात्मक कथनों का विस्तार भी किया। कर्म की मीमांसा करते हुए कहा, 'समाज के मत का प्रभाव हमारे नित्य कर्मों पर बहुत पड़ा है।' आगे लिखा गया, 'आजकल लोग सदाव्रत, धर्मशाला, घाट आदि नाम चलाने के लिए बनवाते हैं। समाज हित और देश हित का बहुत कम ख्याल होता है। (पृ. 108)

लेखक ने इस लेख में आनुषंगिक रूप से ईर्ष्या, द्वेष, उत्साह और आत्मसमर्पण के भावों पर विचार किया। लिखा, 'मनुष्य के अन्तःकरण में सैकड़ों ऐसी नीच वृत्तियाँ और भाव उत्पन्न हुआ करते हैं जिनके रोकने और दमन करने के लिए आत्मिक हेतु के अतिरिक्त अन्य हेतु कारगर नहीं हो सकते।' (पृ. 109)

रामचन्द्र शुक्ल ने 'उत्साह' शीर्षक निबन्ध में कर्म और कर्म हेतु पर व्यापक विचार किया। पूरे निबन्ध में न अपाहिज तर्क आने पाए, न भाषा की विवशता, न अभिव्यक्ति का संकट। सूत्रों के प्रसंग-गर्भत्व-विधान के वे ऋषि थे। सूत्रों के उपवृंहण के मुनि थे। उनके निबन्धकार व्यक्तित्व में ऋषित्व और मुनित्व व्यक्तित्व का अद्‌भुत संयोग था। उत्साह निबन्ध में भी कर्म-मीमांसा करते हुए उन्होंने अपनी निबन्ध-कला का भरपूर परिचय दिया था जो उन्हें एक युग निर्माता निबन्धकार के रूप में प्रतिष्ठित करने में कम समर्थ नहीं थे।

'कर्म' का साहित्यिक विमर्श करते हुए उन्होंने लिखा, 'जिन कार्यों में किसी प्रकार का कष्ट या हानि सहने का साहस अपेक्षित होता है उन सबके प्रति उत्कंठा पूर्ण आनन्द उत्साह के अन्तर्गत लिया जाता है।' (8) यह कर्म की एक दृष्टि थी। कर्म की दूसरी दृष्टि के सन्दर्भ में उन्होंने लिखा, 'मानसिक क्लेश की सम्भावना से भी बहुत से कर्मों की ओर प्रवृत्त होने का साहस नहीं होता।' उन्होंने कई-कई कर्म-सूत्र बनाए, मसलन-कर्म-भावना ही उत्साह उत्पन्न करती है, वस्तु या व्यक्ति की भावना नहीं।' 'कर्म-भावना प्रसूत आनन्द को ही सच्चे वीरों का आनन्द समझना चाहिए।' 'कर्म-भावना-प्रधान-उत्साह बराबर एक रस रहता है। 'रामचन्द्र शुक्ल ने फल-भावना-प्रधान

उत्साह को लोभ का ही प्रच्छन्न रूप कहा। उनका विश्वास था कि 'फल की विशेष आसक्ति से कर्म के लाघव की वासना उत्पन्न होती है।...भारतवासी इस वासना से ग्रस्त होकर कर्म से तो उदासीन हो बैठे और फल के इतने पीछे पड़े कि गर्मी में ब्राह्मण को एक पेठा देकर पुत्र की आशा करने लगे, चार आने रोज़ का अनुष्ठान कराके व्यापार में लाभ, शत्रु पर विजय, रोग से मुक्ति, धन-धान्य की वृद्धि तथा और भी न जाने क्या-क्या चाहने लगे।' (19)

'उत्साह' निबन्ध में कर्म के सन्दर्भों का विवेचन करने से स्पष्ट होता है कि शुक्लजी अपनी मीमांसा शैली को 'मर्यादा' की उक्त लेख की तरह न सैद्धान्तिक रुक्षता से आक्रान्त होते हैं, न व्यावहारिक समीक्षा पद्धति से विरत होते हैं, और न ही रचनात्मक संवेदना के अभाव का संकट उपस्थित होने देते हैं। वे मनोविकारों पर लिखे सभी निबन्धों में अपनी संवेदनात्मक उपस्थिति दर्ज कराते चलते हैं। उनके कुछ निबन्धों में तो बुद्धि और हृदय आधे-आधे के दावेदार हैं। मिसाल के तौर पर 'श्रद्धा और भक्ति' को लिया जा सकता है। 'प्रेम में घनत्व अधिक है और श्रद्धा में विस्तार', 'श्रद्धालु की दृष्टि सामान्य की ओर होनी चाहिए', 'धर्म से ही मनुष्य-समाज की स्थिति है', 'राधा-कृष्ण कदम्ब के नीचे खड़े हैं', 'संगीत के पेच-पाँच देखकर भी हठयोग याद आता है।' 'प्रो. राममूर्ति', 'विद्वान की प्रतिभा', 'मनुष्य का अन्तःकरण एक है', 'रामलीला-कृष्णलीला' आदि दर्जन भर से अधिक स्थल ऐसे हैं जहाँ 'हृदय रमता है' और इस प्रकार 'यात्रा के श्रम का परिहार होता है।' इस निबन्ध में तो कई अंश ऐसे भी हैं जो सामान्य पाठक में विनोद-भाव जगाते हैं। जैसे 'जिस समय कोई कलावन्त पक्का गाना गाने के लिए आठ अंगुल मुँह फैलाता है और 'आ-आ' करके 'विफल' होता है उस समय बड़े-बड़े वीरों का धैर्य छूट जाता है दिन-भर चुपचाप बैठे रहनेवाले बड़े-बड़े आलसियों का आसन डिग जाता है।' (पृ. 33)

अगर यह सोचा जाए कि शुक्लजी ने शास्त्रीय गायन-पद्धति की हल्के स्तर पर हँसी उड़ाई थी, तो इस सोच द्वारा भारतीय परम्परा में सांस्कृतिक नवजागरण के स्वर को पकड़ने में भूल हो सकती है। इसी हास्य-वाक्य के बाद शुक्लजी ने संगीत कला में भारतीय अभ्यास प्रणाली का उल्लेख करते हुए लिखा है, 'जो संगीतनाद की मधुर गति द्वारा मन में माधुर्य का संचार करने के लिए था, वह उन पक्के लोगों के हाथ में पड़कर केवल स्वर-ग्राम की लम्बी-चौड़ी कवायद हो गया।' (33)

यहाँ संगीत के सन्दर्भ में शुक्लजी अतीत और वर्तमान की स्थितियों की तुलना करना चाहते थे। संगीत में नाद, स्वर, आरोह-अवरोह, ताल, स्थायी-द्रुत, लय, टेक, अन्तरा सभी अभेद भाव से देवताओं, पितरों और मनुष्यों के लिए समर्पित होते थे। सामवेद परम्परा का गायन-पद्धति सम्पूर्ण लोक मानस को आरंजित करता था, परन्तु विदेशी शासन-काल में संगीत के आलाप-मानस को प्रदूषित करके 'आ-आ' में बदल दिया गया। शुक्लजी अप्रत्यक्ष रूप में इस अस्मिता-विसर्जन की प्रवृत्ति का मजाक कर रहे थे, न कि शास्त्रीय गायन का।

परन्तु यहाँ एक बात अवश्य कही जा सकती है कि जो शुक्लजी हिन्दी साहित्य में विकासवाद सिद्धान्तों के समर्थक खयाल-गायकी के प्रति अपनी विकासवादी सहिष्णुता दिखाने में क्यों संकोच कर गए। ऐसा लगता है बनारस में 'खयाल-गायकी' के घरानों में 'आ-आ' की प्रतिस्पर्धा इस कदर बढ़ गई रही होगी कि वे लोग मानस से कटने लगे रहे हों।

शुक्लजी ने 'श्रद्धा और भक्ति' जैसे मनोवैज्ञानिक निबन्ध में शास्त्रीय संगीत के प्रति घटती जन-रुचि की ओर संकेत करने के लिए 'आठ अंगुल मुँह फैलाने' का हल्का व्यंग्य-विन्यस्त किया था। एक तरफ उन्होंने लिखा, 'श्रद्धा का मूल तत्त्व है दूसरे का महत्त्व-स्वीकार' (29) परन्तु दूसरी ओर 'आठ अंगुल मुँह फैलाने' के प्रयोग को अस्वीकार किया। ऐसा क्यों को समझने के लिए शुक्लजी द्वारा लिखे निवेदन में 'लेखक की अपनी प्रवृत्ति' के यथार्थ को समझना पड़ेगा। कुल मिलाकर शुक्लजी शास्त्रीय गायन-प्रवृत्ति के पक्षधर थे न कि इस्लामी प्रवृत्ति के। शास्त्रीय गायन में भी वे 'संस्कृत वाणी' और 'मनोहर प्रेम-संगीत धारा' को ही महत्त्व देते थे। 'निराला' के प्रसंग में भी शुक्लजी ने लिखा था, 'हमारे यहाँ संगीत राग-रागनियों में बँधकर चलता है, पर यूरोप के उस्ताद लोग तरह-तरह की स्वरलिपियों की अपनी नई-नई योजनाओं का कौशल दिखलाते हैं।...संगीत के अँगरेजी ढंग की नकल पहले-पहल बंगाल में हुई।' (हि.सा.इति., पृ. 73, 153 एवं 680 क्रमशः) कुल मिलाकर संगीत के क्षेत्र में शुक्लजी के पुनरुत्थानवाद को सहारा दिया।

मनोविकारों पर लिखे शुक्लजी के प्रायः सभी निबन्धों में हृदय के रमने और उनसे कुछ ग्रहण करने के साक्ष्य अनुपलब्ध नहीं हैं। यह शुक्लजी के निबन्ध-लेखन का अभिनववाद था। इसी अभिनववाद द्वारा उन्होंने मनोविकारों की सामाजिक और साहित्यिक सत्ता की स्थापना की। केवल इतना ही नहीं बल्कि उन्होंने अपने समय के निबन्ध-लेखकों के लिए नई विषय-वस्तुओं को आधार बनाकर नवलेखन की प्रेरणा दी। यह शुक्ल-युग के हिन्दी-साहित्य का नया संचरण और सार्वभौम व्यवहारवाद था। शुक्लजी ने मनोविकारों सम्बन्धी अपने निबन्धों द्वारा निबन्ध-लेखन के नए-नए मार्ग खोले और सिद्ध किया कि साहित्य में कोई भी विषय वर्जित नहीं हो सकता। उन्होंने साबित किया ज्ञान-विज्ञान की कोई भी शाखा निबन्धेतर नहीं हो सकती बशर्ते लेखक में ज्ञान-विज्ञान के बुद्धिवाद को साहित्य के हृदयवाद में ढालने की रचनात्मक प्रतिभा हो।

यहाँ यह कहना असंगत न होगा कि साहित्य की सार्वभौम मर्यादा निरूपित करने में शुक्लजी ने मनोविज्ञान-आधृत निबन्धों में नए निबन्ध-लेखकों के द्वार खटखटाए। इन निबन्धों ने यूरोपीय निबन्ध-लेखकों के 'विषयान्तरित' सिद्धान्तों को हिन्दी-लेखन-संस्कृति के निकष पर कसा और समकालीन तथा परवर्ती निबन्ध-लेखकों का आवाहन किया कि वे दर्शन, अध्यात्म, विज्ञान, मनोविज्ञान, अर्थशास्त्र, समाजशास्त्र जैसे नवागत विधा-क्षेत्रों को निबन्ध क्षेत्र बनाने का प्रयास करें। शुक्लजी के इन निबन्धों की प्रेरणा निष्फल हो गई हो, ऐसी बात नहीं। सन् 1932 में निराला ने सम्पादकीय लेख के माध्यम से अपील

की, 'हिन्दी के उदीयमान वैज्ञानिक लेखक विज्ञान के विभिन्न विषयों पर ऐसे लेख प्रस्तुत करेंगे, जिनसे सर्वसाधारण का मनोरंजन ही नहीं, उपकार भी होगा। अन्तरिक्ष विद्या (मीटियरोलॉजी), धातु विद्या (मिनरालॉजी), भू-गर्भ विद्या (जीयालॉजी), वनस्पति-विधा (बोटनी), जीव विद्या (बायलॉजी) आदि पर पाश्चात्य देशों की भाषाओं में बड़े ही रोचक लेख उपलब्ध हैं। इन लेखों की शैली सरल और अशैल्पिक हैं, पर इनके पढ़ने से बड़ा आनन्द आता है। क्या हम आशा करें कि भविष्य में हमारे लेखक भी ऐसी प्रांजल और प्रमोददायिनी भाषा का प्रयोग कर हिन्दी के कलेवर को सुन्दर और सालंकार करने का प्रयास करेंगे ?' ('सुधा', दिसम्बर, 1932)

ऐसा नहीं कहा जा सकता कि रामचन्द्र शुक्ल के निबन्ध-संग्रह 'विचारवीथी' (1930) को निराला ने नहीं देखा था। वे शुक्लजी के काव्य-समीक्षात्मक निबन्धों के कायल भले न रहे हों, परन्तु मनोविकारों पर लिखे निबन्धों ने उन्हें अवश्य प्रेरित किया होगा क्योंकि इनके द्वारा प्रेरणा की आधुनिक निबन्ध-भूमि तैयार की गई थी। निराला ने कुछ ऐसे विचारात्मक संकेत दिए जो शुक्लजी के निबन्धों का आत्म-तत्त्व था। उदाहरण के तौर पर पाश्चात्य देशों के रोचक लेख, 'शैली सरल और अशैल्पिक', 'पढ़ने का आनन्द', 'प्रांजल और प्रमोददायिनी भाषा' तथा 'सुन्दर और सालंकार प्रयोग' आदि।

अगर निराला की अवधारणात्मक अपील को ध्यान में रखते हुए शुक्लजी के निबन्धों का विवेचन किया जाए तो अज्ञात नहीं रहेगा कि निराला द्वारा निबन्ध-रचना के लिए निर्धारित मानक आचार्य शुक्ल के निबन्धों के गुण कथन थे। निराला शुक्लजी के उत्तर पीढ़ी थे। इससे स्पष्ट होता है कि शुक्लजी ने अपने निबन्धों द्वारा समकालीन पीढ़ी में तो तीव्र संवाद और प्रतिवाद पैदा ही किया था, साथ ही उत्तर पीढ़ी को भी सोचने के लिए विवश किया था। शुक्लजी के निबन्धों ने मूक आलोचकों एवं एकान्तसेवी साहित्यकारों को भी वाणी दी थी। उस समय हिन्दी-साहित्य में निराला ही ऐसे साहित्यकार थे जिन्हें विवादी और संवादी दोनों शैलियों की आलोचनाएँ ज्ञात थीं। वे सन् 1928-29 में विवादी समीक्षा-शैली द्वारा शुक्लजी पर आघात कर चुके थे। 1932 में शुक्लजी के निबन्धों का कोई उल्लेख किए बिना उन्होंने संवादी-शैली का प्रयोग किया।

निराला ने निबन्ध-लेखन में विषय-वैविध्य के सन्दर्भ में 'पाश्चात्य देशों' के निबन्ध-लेखकों का उल्लेख किया था। रामचन्द्र शुक्ल पाश्चात्य निबन्धकारों और उनके लिखे निबन्धों से भरपूर परिचित थे। निबन्ध लेखन के प्रथम स्तर पर उन्होंने अंग्रेजी भाषा में लिखे निबन्धों के अनुवाद किए। अनुवाद करने में भी उन्होंने मौलिकता का परिचय दिया। उनके निबन्ध लेखन का प्रथम दशक अनुवाद-काल था जिसमें उन्होंने न्यू मैन जोसेफ एडिसन, आलिवर लाज, श्यानबक, डॉ. बाउन, स्पेंसर स्माइल, हैकेल आदि अंग्रेजी साहित्यकारों के लेखों-निबन्धों का अनुवाद किया। मांटेल और बेकन का भी सम्यक् मनन किया। 'हिन्दी साहित्य का इतिहास' में आधुनिक पाश्चात्य निबन्ध लेखकों के गुणों और दोषों का भी जिक्र किया। (482) लेकिन अंग्रेजी निबन्धकारों की

लेखकीय प्रवृत्ति का अन्धानुकरण नहीं किया। उन्होंने अंग्रेजों के निबन्ध-कृतिकारों की निबन्ध-प्रवीणता को तो ग्रहण किया, परन्तु उनके जो विचार भारतीय जीवन-शैली से मेल खानेवाले नहीं थे, उन्हें छोड़ दिया अथवा उनका भारतीयकरण कर दिया। मसलन न्यू मैन ने लिखा था, 'साइंस इज़ यूनिवर्सल, लिटरेचर इज़ परसनल', शुक्लजी ने विज्ञान की सार्वभौमिकता स्वीकार कर लिया, परन्तु साहित्य की व्यक्तिगतता के सिद्धान्त को छोड़ दिया।

रामचन्द्र शुक्ल ने मनोविकारों पर लिखे अपने निबन्धों में अंग्रेजी के निबन्ध-आलोचकों द्वारा निरूपित सिद्धान्तों का व्यापक अध्ययन किया था। द लिटरेरी एसेज़ इन इंगलिश में कहा गया था, 'The essayist is fairy creature who can assume the role of a philosopher, a scientist, a critic a contidential friend gossip, a court fool, of anyone who can write prose and who wishes to express his opinion about something or somebody.' अंग्रेजी आलोचकों का court fool शुक्लजी को नहीं रुचा परन्तु His poinion के सिद्धान्त ने उन्हें बहुत अधिक प्रभावित किया। इस सन्दर्भ में उन्होंने 'निवेदन' में लिखा था, 'अपनी प्रवृत्ति के अनुसार कुछ कहता गया है। शुक्लजी को अंग्रेजी निबन्ध-आलोचकों का opinion शब्द अपर्याप्त, सीमित और पूरी तरह व्यक्तिवादी परिधि में कैद प्रतीत हुआ। इसलिए उन्होंने opinion के लिए 'प्रवृत्ति' शब्द का प्रयोग किया। अज्ञात नहीं है कि प्रवृत्ति शब्द युग-सापेक्ष और सामाजिक अखंडत्व का द्योतक है। यह रुचि की प्रवीणता के साथ ही गति सूचक भी है सामाजिक सन्दर्भों में अनवरत प्रयास का दूसरा नाम प्रवृत्ति भी है। शुक्लजी का 'प्रवृत्ति' शब्द असाधारणत्व का द्योतक था। कालिदास ने इसका प्रयोग शब्द-प्रवाह के रूप में किया था, 'पुराणस्य कवेः तस्य चतुर्भख समीरिता, प्रवृत्तिः आसीत् शब्दानां चरितार्था चतुष्टयी।' (कुमार सम्भव : 2/17) अंग्रेजी निबन्धकारों ने sensibility, experience, reflection और expression को बुद्धि-प्रधान निबन्ध के लिए अनिवार्य उपादान के रूप में स्वीकार किया था। उन्होंने अपने निबन्धों में बौद्धिक क्रियाशीलता और मानस-प्रेरणा को बहुत अधिक महत्त्व दिया। अगर अनुभव-विस्तार के निकष पर उनके निबन्धों का परीक्षण किया जाए तो ऐसा लगेगा कि मानों भावों पर लिखे उनके सभी निबन्ध अनुभव-प्रौढ़-मानस की मर्यादा हैं। कभी-कभी तो लगता है उनके अनुभव उनकी उम्र से बड़े थे। मनोरागों से सम्बन्धित निबन्धों में मिर्जापुर और बनारस के प्रत्यक्ष अनुभवों के साथ ही उनके अनुमान और प्रत्याहार के अनुभव भी दृष्टान्तों और उदाहरणों के रूप में विन्यस्त हुए हैं। अनुभवों का इतना विपुल प्रयोग अंग्रेजी के निबन्धकारों को नहीं ज्ञात था। अगर गौर किया जाए तो हिन्दी निबन्धकारों में रामचन्द्र शुक्ल Reflection के अकेले आचार्य थे। इसी Reflection की महिमामयी प्रभूतियों के कारण वे दिग् और काल पर विजय प्राप्त करनेवाले निबन्धकार बन गए। उन्होंने निबन्ध-भूमि पर कल्पनामयी वैचारिकता का जो अश्व-रथ चलाया था उसकी बागडोर उनके बाद हजारीप्रसाद द्विवेदी ही ने सँभाली।

रामचन्द्र शुक्ल संश्लिष्ट और विश्लिष्ट दोनों प्रकार के अभिव्यक्ति कौशल अपने सभी प्रकार के निबन्धों को महत्तर मूल्य से अनुप्राणित किया था। संस्कृत साहित्य के रचनाकारों का कहना था, 'सर्वांग, सौष्ठव अभिव्यक्तये' (मालविकाग्नि मित्रः प्रथम)। शुक्लजी ने अपने अभिव्यक्ति-कौशल द्वारा भावों और विचारों को, निबन्ध के मूल विषय को सामान्य पाठकों तक पहुँचाने की कोशिश की। उनकी अभिव्यक्ति की मूलभूत विशेषता यह थी कि उन्होंने शब्दों को विचारों के पर्यावरण से जोड़ा। निबन्ध-लेखक का पाठकों को ग्रहीतार्थ करना सबसे बड़ा दायित्व है। शुक्लजी के निबन्धों पर यह आरोप लगाया जाता था कि वे एक विशेष वर्ग को अर्थ-बोध करा सकते थे। आम पाठक के पल्ले वे नहीं पड़ते थे। परन्तु शुक्लजी की एक प्रतिश्रुति थी। वे हिन्दी-साहित्य में ऐसे विचार-प्रधान निबन्ध प्रस्तुत करना चाहते थे जिनकी अंग्रेजी-साहित्य के निबन्धों से समकक्षता की जा सके। यही कारण था कि उन्होंने 'चिन्तामणि' शीर्षक के नीचे कोष्ठक में 'विचारात्मक निबन्ध' लिखा। हिन्दी में निबन्धों की कोटि निर्धारित करने का यह पहला कदम था। इस कोटि-निर्धारण द्वारा उन्होंने स्वयं स्पष्ट कर दिया था कि उनके निबन्ध आम पाठकों के लिए नहीं थे बल्कि 'शिक्षित वर्ग' के लिए थे।

रामचन्द्र शुक्ल को गहन विचारात्मक निबन्ध क्यों लिखना पड़ा इसका संकेत उन्होंने 'हिन्दी साहित्य का इतिहास' में स्पष्ट रूप से दिया। लिखा कि गद्य प्रसार के द्वितीय उत्थान (द्विवेदी-युग) काल आने पर भी निबन्धों की ओर बहुत कम ध्यान दिया गया और उसकी परम्परा ऐसी न चली कि हम 5-7 उच्च कोटि के निबन्ध-लेखकों को उसी प्रकार झट से छाँटकर बता सकें जिस प्रकार अँगरेजी साहित्य में बता दिए जाते हैं। (पृ. 469) उन्होंने निबन्धों की भाषा के सन्दर्भ में भी लिखा, 'व्याकरण के व्यतिक्रम और भाषा की अस्थिरता पर तो थोड़े ही दिनों में कोपदृष्टि पड़ी, पर भाषा की रूप हानि की ओर इतना ध्यान नहीं दिया गया। (वही, पृ. 467)

शुक्लजी के उक्त कथनों से स्पष्ट था कि वे हिन्दी-निबन्धों को अंग्रेजी साहित्य के निबन्धों की श्रेणी में लाना चाहते थे और अपने को निबन्ध-लेखकों की गणना में झट से पहचान लिए जाने की योजना बना रहे थे। साथ ही हिन्दी भाषा की रूप-हानि को दूर करके उसे नव्य रूप प्रदान करना चाहते थे। उन्होंने टालस्टाय, रस्किन, इमरसन और आर्नोल्ड जैसे दर्जनों निबन्धकारों की भाषा-प्रस्तुतियाँ देखी थी और उनसे प्रभावित भी हुए थे। इसलिए मनोविकारों पर लिखे अपने निबन्धों में बिना कोई भूमिका दिए उन्होंने प्रथम वाक्य से विषय-प्रतिपादन का लक्ष्य-निर्धारित किया, प्रतिपादन में तर्क और दृष्टान्त का अधिक से अधिक प्रयोग किया, कृत्रिम विद्वता के हठवाद से अपने को मुक्त किया, अन्यथा-प्रसंगों की विनियोजन-प्रवृत्ति से बचते हुए भाषा-संगठन को नया रूप दिया।

यहाँ वैचारिक निबन्ध की उल्लेखनीय विशेषता को जानने के पहले यह जान लेना जरूरी है कि शुक्लजी ने अपने निबन्धों को भूमिकावाद से बचाते हुए किस प्रकार मूल विषय से प्रारम्भ किया था। साथ ही यह भी जानना आवश्यक है कि ऐसे नवविधान

के कारण पठनीयता की कोई रुचिहानि तो नहीं हुई। इस तथ्य से अवगत होने के लिए उनके निबन्धों के उदाहरण जरूरी हैं। 'उत्साह' मनोविकार पर लिखते हुए उन्होंने पहला वाक्य दिया, 'दुःख के वर्ग में जो स्थान भय का है, वही स्थान आनन्द के वर्ग में उत्साह का है।' देखा जा सकता है कि यह एक अद्‌भुत प्रारम्भ था। इसमें केवल अँगरेजी के विचारात्मक निबन्धों के प्रारम्भ-शिल्प का ही प्रयोग नहीं था, बल्कि संस्कृत-साहित्य के रचनाकारों की 'यथा-तथा' शैली का भी प्रयोग हुआ। यह संस्कृत-लेखन-शैली की सबसे अधिक प्रिय परम्परा थी। मसलन 'यथा वृक्षः तथा फलम्', 'यथा बीजं तथा अंकुरः' (भगवद्‌गीता 11/29), अथवा 'यथा यथा यौवनम् अतिचक्राम तथा तथा वर्धत अस्य सन्तापः' (कादम्बरी 59)। निबन्ध के अंग्रेजी आलोचकों ने इसे 'Immediate appeal style के रूप में लिया था। टी.एस. इलियट ने मैथ्यू आर्नोल्ड की निबन्ध-शैली की प्रशंसा करते हुए उनके निबन्ध-सभारम्भ को well balanced and well marpfhalled की संज्ञा दी थी। रामचन्द्र शुक्ल की निबन्ध-सभारम्भ-शैली अंग्रेजी निबन्धकारों से भी आगे निकल गई। यह अज्ञात नहीं है कि शुक्लजी के निबन्ध रहे हों या आलोचना उनमें अंग्रेजी लेखकों-आलोचकों की मान्यताएँ अवश्य अपनाई गईं परन्तु हिन्दी-प्रकृति के अनुरूप उनका परिवेशीकरण हुआ। शुक्लजी ने परिवेशीकरण के दरम्यान अपने समय के सामाजिक प्रत्ययों को विशेष महत्त्व देते हुए भी अतीत के सांस्कृतिक हेतुओं की उपेक्षा नहीं की। यह उनके चिन्तन की भारतीयता के साथ मौलिकता भी थी। इसे ही हिन्दी-साहित्य में शुक्ल-शैली के नाम से जाना गया।

यहाँ शुक्लजी के अन्य निबन्धों की प्रारम्भ-कला के दो-एक उदाहरण द्रष्टव्य हैं। जैसे, 'किसी मनुष्य में जन-साधारण से विशेष गुण या शक्ति का विकास देख उसके सम्बन्ध में जो स्थायी आनन्द प्रकृति हृदय में स्थापित हो जाती है उसे श्रद्धा कहते।' (श्रद्धा भक्ति), 'जब बच्चे को सम्बन्ध ज्ञान कुछ-कुछ होने लगता है तभी दुःख के उस भेद की नींव पड़ जाती है जिसे करुणा कहते हैं।' (करुणा), 'किसी प्रकार की सुख या आनन्द देनेवाली वस्तु के सम्बन्ध में मन की ऐसी स्थिति को जिसमें उस वस्तु के अभाव की भावना होते ही प्राप्ति, सान्निध्य या रक्षा की प्रबल इच्छा जाग पड़े, लोभ कहते हैं।' अथवा 'जैसे दूसरों के दुःख को देखकर दुःख होता है वैसे ही दूसरे के सुख या भलाई को देखकर भी एक प्रकार दुःख होता है जिसे ईर्ष्या कहते है।' (ईर्ष्या) 'भय' शीर्षक निबन्ध में भी यही शैली अपनाई गई है, परन्तु 'क्रोध' शीर्षक के आरम्भ में परिभाषा-सूत्र नहीं दिया गया बल्कि तीन पृष्ठों में क्रोध के उत्पन्न होने के कारणों, आवश्यकताओं और उसके स्वरूप का वर्णन करने के बाद चौथे पृष्ठ पर उसका परिभाषा-सूत्र दिया गया—क्रोध दुःख के चेतन कारण के 'साक्षात्कार या परिज्ञान से होता है।' (182) यह परिभाषा सूत्र अन्य सूत्रों से भिन्न है। उत्साह, श्रद्धा-भक्ति और करुणा शीर्षक निबन्धों में उन्होंने निगमन-शैली का प्रयोग किया था 'निगमन' शैली का अर्थ होता है 'वेद के विधि-वाक्य' जैसा सूत्र वाक्य देकर उसका भाष्य किया जाए। 'उत्साह' आदि निबन्धों में शुक्लजी ने ऐसा ही किया था परन्तु 'क्रोध' में पहले सहज वार्तिक दिया और उसके

बाद वार्तिक को दृष्टि में रखकर एक सामान्य परिभाषा वाक्य बना दिया। इसे हिन्दी के शैली आलोचकों ने आगमन शैली कहा है। दूसरे शब्दों में इसे अधिग्रहण अथवा संकलन-शैली भी कहा जा सकता है। 'भाव या मनोविकार' शीर्षक निबन्ध में भी आगमन-शैली का प्रयोग किया गया है।

निबन्धों की प्रारम्भ-कला में द्विवेदी-युग का कोई भी निबन्धकार शुक्लजी जैसा चिन्तक अथवा विचारोत्तेजक नहीं था। उन्होंने अंग्रेजी-निबन्ध-आलोचकों को ध्यान में रखकर विषयों का चयन और संगठन किया और भाषा-विन्यास को नया कलेवर पहनाया। अंग्रेजी के एक आलोचक का निबन्धारम्भः सिद्धान्त था कि निबन्धकार Comes to his subject immediately and straightly without beating about the bush शुक्लजी के निबन्धों में निबन्धन की यह कला लेखन के शिखर तक पहुँची हुई मिलती है। अपने साहित्यिक और आलोचनात्मक निबन्धों में शुक्लजी ने प्रायः आगमन शिल्प का प्रयोग किया था। निबन्धों के लेखन-शैली के बारे में शुक्लजी ने अपना मत व्यक्त करते हुए कहा था, 'लक्ष्यभेद से कई प्रकार की शैलियों का व्यवहार देखा जाता है जैसे विचारात्मक निबन्धों में व्यास और समास की रीति, भावात्मक निबन्धों में धारा, तरंग और विक्षेप की रीति। शुक्लजी ने विक्षेप-रीति का एक भेद प्रलाप-शैली बतलाया था। (हि.सा.इ., पृ. 482) उन्होंने निगमन और आगमन शैलियों का जिक्र नहीं किया था। उन्होंने लक्ष्य भेद और शैली के बीच अटूट सम्बन्ध स्वीकार किया था, परन्तु हिन्दी के आलोचकों ने इस ओर विशेष ध्यान दिया। अब जरूरी हो गया है कि 'लक्ष्य भेद' को विस्तार के साथ विवेचित करते हुए धारा-शैली, तरंग शैली और विक्षेप-शैली पर भी विचार किया जाए। इस सन्दर्भ में इस बात का भी विश्लेषण जरूरी होगा कि शुक्लजी ने किस दशा में धारा, तरंग या विक्षेप शैली का कितने परिमाण में प्रयोग किया अथवा विचारात्मक निबन्धकार होने के कारण इन शैलियों से परहेज किया था।

जहाँ तक विक्षेप-शैली का प्रश्न है आ. शुक्ल इस शैली से स्वयं तो परहेज करते ही थे, दूसरों द्वारा प्रयुक्त इस शैली को भी अनुपयुक्त मानते थे। उन्होंने अनुभव किया था भावात्मक निबन्धों में अंग्रेजी और बंगला लेखकों के अनुकरण के आधार पर हिन्दी में भी उनके समय के कुछ निबन्ध लेखक इस शैली का प्रयोग करने लगे थे। उन्होंने विक्षेप शैली द्वारा निबन्धों का 'प्रलाप' बनाने की कटु आलोचना की। उन्होंने लिखा, 'इसी विक्षेप के भीतर वह 'प्रलाप' शैली के भीतर वह 'प्रलाप-शैली' आएगी जिसका बँगला की देखादेखी कुछ दिनों तक हिन्दी में भी चलन बढ़ रहा है।' (हि.सा.इ., पृ. 482)

प्रश्न उठना अस्वाभाविक नहीं है कि शुक्लजी ने विक्षेप शैली और प्रलाप शैली का विरोध क्यों किया ? इसके उत्तर में कहा जा सकता है कि विक्षेप शैली में विषय-वस्तु की अन्विति को महत्त्व नहीं दिया गया था। इस शैली में विषय-वस्तु के न संगठन पर ध्यान दिया जाता था और न ही किसी प्रकार की तर्क-प्रणाली का प्रयोग किया जाता था। इसमें निबन्ध का विषय इस कदर इधर-उधर बिखरा रहता था कि पाठक को निबन्ध

के सिर-पैर का पता ही नहीं चल पाता था। शुक्लजी इसे तर्कहीन हड़बड़ी शैली मानते थे। इसके कारण निबन्ध में कोई आस्वाद-सृजन नहीं हो पाता था। कभी-कभी तो वाचालता इतनी अधिक बढ़ जाती थी जिसे वेणी संहार में 'हा असम्बद्ध प्रलापिन' कहा गया था। इस सन्दर्भ में शुक्लजी ने लिखा था, 'जहाँ नाना अर्थ-सम्बन्धों का वैचित्र्य नहीं, जहाँ गतिशील अर्थ की परम्परा नहीं, वहाँ एक ही स्थान पर खड़ी तरह-तरह की मुद्रा और उछल-कूद दिखाती हुई भाषा केवल तमाशा करती हुई जान पड़ेगी।' (वही, 483)

शुक्ल द्वारा 'विक्षेप-शैली' के विरोध का एक दूसरा कारण यह था कि इस शैली में लिखे गए निबन्ध युग-सापेक्ष नहीं थे। जिस समय शुक्लजी मनोविकारों अथवा अन्य विषयों पर निबन्ध लिख रहे थे, वह नवजागरण का दूसरा सोपान था। इसलिए वे अपने निबन्धों के माध्यम से एक ऐसी 'लोक-भूमिका' तलाश कर रहे थे जहाँ से सामान्य और विशेष दोनों प्रकार के आदमी का विश्लेषण भीतर से बाहर तक हो सके, जहाँ से तलाश किए गए नए आदमी को सामाजिक दायित्वों से जोड़ा जा सके और जहाँ से संस्कृति और साहित्य का भारतीय सम्बल एकत्र कर उस आदमी को गतिशील किया जा सके। शुक्लजी ने अपने समय की सम्यक् छानबीन करने के बाद अनुभव किया कि 'विक्षेप-शैली' आदमी को पंगु बना रही थी। उसकी गतिशीलता उससे छीन रही थी। इसलिए उन्हें लगा कि 'विक्षेप-शैली' में लिखे निबन्ध महज एक 'नशा' थे जो नवजागरण की राष्ट्रीय धारा को कमजोर कर रहे थे। उन्हें न तो निरपेक्ष नवीनता मान्य थी, न निरपेक्ष मौलिकता और न निरपेक्ष वस्तु-योजना और न ही निरक्षेप शैली। शुक्लजी की स्पष्ट अवधारणा थी कि निबन्ध हो अथवा साहित्य की दूसरी कोई विधा उसे आदमी को काल चेतना के प्रति सजग करने का दायित्व निभाना चाहिए। 'उत्साह' शीर्षक निबन्ध में उन्होंने निबन्धकार के दायित्व की ओर संकेत करते हुए लिखा, 'कर्म-रुचि-शून्य प्रयत्न में कभी-कभी इतनी उतावली और आकुलता होती है कि मनुष्य साधना के उत्तरोत्तर क्रम का निर्वाह न कर सकने के कारण बीच में ही चूक जाता है।' (चिन्तामणि-1, पृ. 18)

अगर गौर किया जाए तो 'विक्षेप-शैली' में भी उतावली, आकुलता, वस्तु के उत्तरोत्तर क्रम की निर्वाहहीनता और कर्म-रुचि की शून्यता थी। शुक्लजी ने अपने निबन्धों में उस 'आदमी' का भी परिचय कराया था जिसकी तलाश उन्होंने 'कविता क्या है ?' और मनोविकारों पर लिखे दूसरे निबन्धों में की थी। इस मनुष्य का लक्षण देते हुए उन्होंने लिखा था, 'मनुष्य लोकबद्ध प्राणी है इससे वह अपने को उनके कर्मों के गुण-दोष का भी भागी समझता है जिनसे उसका सम्बन्ध होता है, जिनके साथ वह देखा जाता है।' (लज्जा और ग्लानि, वही, पृ. 84)

यहाँ व्यतिक्रम होते हुए रामचन्द्र शुक्ल पर किए गए इस आक्षेप पर विचार कर लेना अप्रासंगिक न होगा कि जब देश के स्वतन्त्रता आन्दोलन में क्रान्तिकारी भूमिकाएँ जोर पकड़ने लगीं अंग्रेज अधिकारियों के अत्याचार बढ़े हुए थे, समाज आर्थिक बदहाली से जूझ रहा था और भारतीय किसानों में अभेद्य जड़ता व्याप्त थी उस अवधि में शुक्लजी

मनोविकारों पर निबन्ध लिखकर राष्ट्रीय आन्दोलन और सामाजिक नवजागरण में कौन सा योगदान कर रहे थे क्या यह उनकी पलायनवादी प्रवृत्ति का परिचायक नहीं था ? क्या यह उनकी वैयक्तिक आकांक्षाओं की अभिव्यक्ति नहीं थी ? क्या यह उनके शास्त्रवाद और आत्मविद्वत्ता का प्रदर्शन नहीं था ?

अगर आक्षेप-स्वरूप उठाए गए इन प्रश्नों के सन्दर्भ में शुक्लजी के मनोविकारों पर लिखे निबन्धों की गहन मीमांसा की जाए तो उन पर लगाए गए प्रायः सभी आरोप बेबुनियाद साबित होंगे। उन्होंने अनुभव किया था कि 20वीं शताब्दी के आगमन के साथ नवजागरण के प्रयास तो बल पकड़ रहे, परन्तु भारतीय मानस पर पर्त-दर-पर्त जमी जड़ता नहीं टूट पा रही थी। जब तक मन के धरातल पर समाज उद्वेलित नहीं होता तब तक सारा नवजागरण पत्र-पत्रिकाओं और समाचार-पत्रों में सिमटकर रह जाता। इसके लिए जरूरी था सामाजिक मन का सामूहिक उद्भाव। उद्भावित मन के संकलित संकल्प द्वारा ही नवजागरण भाव को सार्थक और सोद्देश्य बनाया जा सकता था। शुक्लजी मनोविकारों पर निबन्ध लिखकर अपने समय के राष्ट्रीय चिन्तन को वैज्ञानिक यथार्थवाद से जोड़ रहे थे। उन्होंने अनुभव किया था कि पत्र-पत्रिकाओं और साहित्य के धरातल पर हिन्दी-प्रदेश का सारा नव-जागरण द्विधा उद्वेग में उलझा हुआ था। इसके कारण में थे हिन्दी-मन का कुंठित पड़ा रहना, साहित्यकारों द्वारा नवजागरण के सहमे-डरे ऊपरी प्रयास और व्यापक स्तर पर उस समय के आदमी के अन्तर अन्वेषण की कमी।

नवजागरण के कुछ कमजोर कदमों को देखकर रामचन्द्र शुक्ल द्वारा मनोविकारों पर निबन्ध लिखने का औचित्य आसानी से समझा जा सकता है। इस सन्दर्भ में 'सरस्वती' की एक सम्पादकीय टिप्पणी का हवाला दिया जाना असंगत न होगा। टिप्पणी में विक्टोरिया के पत्रों की संकलित पुस्तक की प्रशंसा करते हुए लिखा गया था, 'वे बड़ी दयालु थीं। अपनी प्रजा को बहुत चाहती थीं। ईश्वर में उनका पूरा विश्वास था। राजकार्य में कभी उन्होंने शिथिलता नहीं की। विग्रह के वे सदा प्रतिकूल थीं।...इस देश के 1857 वाले गदर के बाद जो घोषणा पत्र यहाँ प्रकाशित किया गया था उसमें जो उदारतापूर्ण और दयादर्श बात हैं, उन्हें खुद महारानीजी ने लार्ड डर्बी से लिखवाया था। यह उन्हीं की आज्ञा से लिखा गया था कि हिन्दुस्तान की प्रजा इंग्लैंड की प्रजा के बराबर समझी जाएगी और दोनों को एक से हक और अधिकार दिए जाएँगे।' आचार्य महावीरप्रसाद द्विवेदी द्वारा लिखे इस सम्पादकीय लेख का आखिरी काव्य था, 'धन्य सती ! अँगरेज़ों का राज्य और प्रभुत्व-विस्तार जो इतना हुआ है सो तुम्हारे ही पुण्य-प्रताप से हुआ।' (फरवरी, 1908, पृ. 51)

बीसवीं शताब्दी के प्रथम दशक के इस राजनीतिक नवजागरण की आवाज पूरे हिन्दी जगत के लोगों ने अवश्य सुनी होगी और 'सरस्वती' द्वारा विक्टोरियावाद की स्थापना के प्रयासों से अनवगत भी नहीं रहे होंगे। आचार्य द्विवेदी ने ही मनुष्य के मस्तिष्क को कथ्य बनाकर लिखा था, 'मनुष्य का मस्तिष्क सारे ज्ञान तन्तुओं का खजाना है। मस्तक की बनावट और उसके भीतरी भागों की जाँच से अनेक अद्‌भुत शक्तियों

का पता लगता है।' (सरस्वती : जनवरी, 1907, पृ. 2) आ. द्विवेदी द्वारा की गई यह एक सुझावात्मक अपील थी कि आदमी की भीतरी जाँच करके उसकी अद्‌भुत शक्तियों का पता लगना जरूरी था। इस प्रकार की जाँच विदेशों में व्यापक पैमाने पर की जा रही थी। वास्तव में यह भी नवजागरण का ही अंग था।

रामचन्द्र शुक्ल ने आ. द्विवेदी द्वारा अंग्रेजी सत्ता-सुरक्षा करने की नीति का नवजागरण विरोधी कदम समझते हुए उनके द्वारा सुझाए दूसरे मार्ग का अनुसरण किया। इन्हीं सन्दर्भों में उन्होंने मनोविकारों पर निबन्ध लिखे। लेकिन उन्हें द्विवेदीजी द्वारा दिए गए परिचय-विवरण नाकाफी लगे इसलिए उन्होंने मनोवैज्ञानिक धरातल पर आदमी के भीतर को अन्वेषित करके उसमें निहित अपार शक्तियों को बाहर निकाला और उन बाह्य आगत शक्तियों को नवजागरण की भूमिका से अप्रत्यक्ष रूप से जोड़ा जो लोग शुक्लजी की अन्वेषण-कला से अपरिचित थे, उन्हें शुक्ल के निबन्ध साहित्यिक श्रेणी से बाहर दिखलाई पड़े। फलतः उन लोगों ने इन निबन्धों पर ताबड़-तोड़ आक्रमण करना शुरू कर दिया।

यहाँ मनोविकारों पर लिखे शुक्लजी के निबन्धों की मूलभूत केन्द्रीयता में जाकर ही उनका युग-सापेक्ष मूल्यांकन किया जा सकता है। जिस तरह महावीरप्रसाद द्विवेदी ने 'मनुष्य के मस्तिष्क' का परिचय देते हुए उसकी शक्तियों को पहचानने की अपील की थी, उसी प्रकार शुक्लजी ने पहले स्तर पर मनुष्य के मनोभाव को निबन्धात्मक शैली में समझाते हुए उसके सामाजिक सम्बन्धों के विविध पक्ष प्रस्तुत किए थे। उदाहरण के लिए पहले ही निबन्ध 'भाव' या 'मनोविकार' में शुक्लजी ने लिखा, नाना विषयों के बोध का विधान होते ही उनसे सम्बन्ध रखनेवाली इच्छा की अनेक रूपता के अनुसार अनुभूति के वे भिन्न-भिन्न योग संघटित होते हैं जो भाव या मनोविकार कहलाते हैं। अतः हम कह सकते हैं कि सुख और दुःख की मूल अनुभूति ही विषय-भेद के अनुसार प्रेम, हास, उत्साह, आश्चर्य, क्रोध, भय, करुणा, घृणा इत्यादि मनोविकारों का जटिल रूप धारण करती है।' (चिन्तामणि-1, पृ. 1)

यहाँ तुलना द्वारा आसानी से समझा जा सकता है कि आ. द्विवेदी द्वारा दिया गया मस्तिष्क का परिचय स्थूल और अपर्याप्त था, जबकि शुक्लजी द्वारा मनोविकारों का प्रस्तुत परिचय सूक्ष्म और सम्पूर्ण था। शुक्लजी ने विषय वैविध्य, विषयाश्रित इच्छाएँ और इनसे जन्म लेती अनुभूतियों के शृंखलाबद्ध सम्बन्धों का परिचय स्पष्ट स्थापनाओं द्वारा दिया था। उनका मानना था कि मनोविकारों के अभिव्यक्त पथ पर चलकर ही उत्साहपूर्वक देश-सेवा का कार्य सम्पन्न किया जा सकता था। उनका यह सोचना भी किसी हद तक स्वीकार्य था कि राष्ट्रीय नवजागरण के लिए पहले स्तर पर राष्ट्रीय मन का जागरण जरूरी था। जड़, सुषुप्त और उदास मन के माध्यम से किए जानेवाले प्रयासों के असफल सिद्ध होने का खतरा बरकरार था। शुक्ल ने अनुभव किया कि विज्ञान और मनोविज्ञान आदमी की प्रकृति, व्यवहार, नए सामाजिक सम्बन्ध और राष्ट्रीय आचरण के तद्‌युगीन नियन्ता बन गए थे। इसलिए उन्होंने नवोदित ज्ञान-स्रोतों की सहायता से

सामाजिक और राष्ट्रीय आदमी की तलाश करने लगे। अगर गौर किया जाए तो ज्ञात होगा कि 'नए मनुष्य' की तलाश उस समय की राष्ट्रीय आवश्यकता थी। 'सरस्वती' युगीन स्थितियों का विवरण तो अवश्य दे रही थी परन्तु उसके विवरणों में उन मनुष्यों के अन्तरों की खोज नहीं कर पा रही थी जो स्थितियाँ सर्जित कर रहे थे। कभी-कभी इनके लेखों में मानव की भाव-स्थिति को स्थूल संकेत मिलते थे परन्तु उन्हें साहित्य के व्यावहारिक स्तर पर उतारने की कोशिश नहीं हो रही थी। मिसाल के तौर पर जून, 1915 के एक लेख 'स्वतन्त्र विचार में रुकावटें' पर लिखते हुए कहा गया, 'आलस्य, भय, अन्धविश्वास और स्वार्थ मनुष्य के स्वतन्त्र चिन्तन में नए विचारों के ग्रहण करने में बाधक होते हैं। लोग दिमाग पर जोर नहीं देना चाहते।...नए विचार आते हैं तब मानसिक अशान्ति का सामना करना होता है। नए विचार खतरनाक समझे जाते हैं।' (मधुसूदन शर्मा) मनुष्य के मनोभावों और विचारों को लेकर इस प्रकार की अवान्तर पंक्तियाँ सरस्वती के लेखों-टिप्पणियों में यदा-कदा अवश्य आती थीं परन्तु भावों विचारों के मूल कारण 'मन' पर वैचारिक विवेचन-शैली में कुछ नहीं लिखा जा रहा था। यह दायित्व रामचन्द्र शुक्ल ने सँभाला।

शुक्ल ने अपनी शताब्दी के दूसरे दशक के मध्य से कुछ पूर्व ही 'उत्साह' शीर्षक निबन्ध लिखा। तद्‌युगीन नवजागरण को सफल परिणति देने के लिए देश में 'उत्साह' की लहर जरूरी थी। इस लहर को उद्वेलित करने के लिए शुक्लजी ने अनेक अन्तः प्रभंजन वाक्य लिखे, जैसे 'उत्साह में कष्ट या हानि सहने की दृढ़ता के साथ-साथ कर्म में प्रवृत्त होने के आनन्द का योग होता है।' 'कर्म-सौन्दर्य के उपासक ही सच्चे उत्साही कहलाते हैं।' (वही) सबसे प्राचीन और प्रधान युद्ध वीरता है, जिसमें आघात, पीड़ा क्या मृत्यु तक की परवाह नहीं रहती।' (9) 'कर्म-भावना ही उत्साह उत्पन्न करती है।' (15) 'कर्म में आनन्द अनुभव करनेवालों ही का नाम कर्मण्य है' (20) 'विश्व कामना श्रद्धा की प्रेरणा का मूल है।' (23) 'श्रद्धा एक सामाजिक भाव है।' (27) 'सामाजिक जीवन की स्थिति और पुष्टि के लिए करुणा का प्रसार आवश्यक है।' (69) जैसे सैकड़ों वाक्य लिखे। ऐसे सभी वाक्य सांस्कृतिक और राष्ट्रीय नवजागरण के प्रेरक हेतु थे। शुक्लजी ने भय-मुक्त होकर कर्म करने, आलस्य के बन्धनों को तोड़ने और स्वार्थ-वृत्ति छोड़ने जैसे तमाम आवाहन किए जिनके बिना राष्ट्रीय नवजागरण को अपेक्षित गति नहीं मिल रही थी। समझा जा सकता है कि पृथ्वीराज को राष्ट्रीय गौरव की रक्षा करने की जो प्रेरणा चन्दबरदाई ने और शिवाजी-छत्रसाल को भूषण ने दी थी उनसे कहीं अधिक प्रेरणा रामचन्द्र शुक्ल ने अपने समय के हिन्दी नवजागरण को दी थी। अन्तर यह था कि वे चन्दबरदाई और भूषण की तरह प्रत्यक्ष नहीं थे, लेकिन अप्रत्यक्ष रहकर भी उनके शब्द, वाक्य, सूत्र और वृत्ति समसामयिक समाज के प्रेरक बने थे। इसी सन्दर्भ में उन्होंने लिखा था, 'समस्त मानव-जीवन के प्रवर्त्तक भाव या मनोविकार ही होते हैं। अनेक प्रकार के भाव ही प्रेरक के रूप में पाए जाते हैं।' (5) देखा जा सकता है कि शुक्लजी ने मनोविकारों पर लिखने के स्पष्ट कारण और स्पष्ट उद्‌देश्य दे दिए थे। अगर मनोविकार

ही समस्त मानवजीवन के प्रवर्तक हैं तब तो मनोविकारों का समझना नवजागरण-काल के लिए बेहद जरूरी था क्योंकि उन्हें ठीक-ठीक समझे बिना नवजागरण का ठीक-ठीक प्रवर्त्तन नहीं किया जा सकता था। शुक्लजी ने 'उत्साह' शीर्षक निबन्ध द्वारा आत्मरक्षा, पररक्षा और देशरक्षा के निमित्त साहस की उमंग में सौन्दर्य-दर्शन किया था। वे अपने युग को निमित्त-निर्धारण की प्रेरणा तो दे ही रहे थे साथ ही साहित्य में सौन्दर्य-विधान का नवदर्शन भी प्रस्तुत कर रहे थे।

मनोविकारों पर लिखे रामचन्द्र शुक्ल के सभी निबन्ध 'देश-प्रेम' और राष्ट्रीय जागरण के क्षेत्र में उतरे प्रदर्शनवादियों के खिलाफ अपनी पुरजोर आवाज तो उठा ही रहे थे, साथ ही स्वातन्त्र्य-चरणों के लिए प्रवर्त्तन का पथ भी निर्मित कर रहे थे। उन्होंने आक्रोश व्यक्त करते हुए लिखा, "जो यह भी नहीं झाँकते कि किसानों के झोंपड़ों के भीतर क्या हो रहा है, वे यदि दस बने-ठने मित्रों के बीच प्रत्येक भारतवासी की औसत आमदनी का परता बताकर देश प्रेम का दावा करें, तो उनसे पूछना चाहिए कि 'भाइयो ! बिना परिचय का यह प्रेम कैसा ? जिनके सुख-दुःख के तुम कभी साथी न हुए उन्हें तुम सुखी देखना चाहते हो, यह समझते नहीं बनता। उनसे कोसों दूर बैठे-बैठे, पड़े-पड़े या खड़े-खड़े, तुम विलायती बोली में अर्थशास्त्र की दुहाई दिया करो, पर प्रेम का नाम उसके साथ न घसीटो।' प्रेम हिसाब-किताब की बात नहीं। हिसाब-किताब करनेवाले भाड़े पर भी मिल सकते हैं पर प्रेम करनेवाले नहीं। हिसाब-किताब से देश की दशा का ज्ञान मात्र हो सकता है। हित-चिन्तन और हित-साधन की प्रवृत्ति इस ज्ञान से भिन्न है।" (लोभ और प्रीति, पृ. 105) इसके बाद उन्होंने अपना विचार व्यक्त करते हुए समझाया कि देश-प्रेम को सही अंजाम तभी दिया जा सकता था जब देश प्रेमी के मन में उसका यथार्थ नेग रहे। इसके बिना उसके मन में आवश्यक त्याग का उत्साह सम्भव नहीं था।

यह कम आश्चर्य की बात नहीं थी कि शुक्लजी ने अपने निबन्ध का शीर्षक तो दिया 'लोभ और प्रीति' परन्तु इसके माध्यम से वे ग्रामीण अर्थ-व्यवस्था की यथार्थवादी पड़ताल करने की हाँक भी लगा रहे थे। इस निबन्ध में शुक्ल की स्थापनाओं को देखते हुए यह कहना बेमानी हो जाता है कि वे गाँवों और वहाँ की समस्याओं की उपेक्षा कर रहे थे। उन्होंने जन्मभूमि और स्वदेश-प्रेम के वास्तविक स्वरूप से परिचित कराया और योजनाबद्ध परिप्रेक्ष्य में कदम उठाने की सलाह दी। शुक्लजी को इस बात की पीड़ा थी कि देश प्रेम को 'फैशन के लिए गढ़ा गया शब्द' अथवा 'कोरी बकबाद' करने का साधन बना दिया गया था। इसके कुछ ही वर्ष पहले 'देश की बात' शीर्षक लेख में महावीर प्रसाद ने भी कुछ वैसी ही पीड़ा व्यक्त की थी जो शुक्लजी की भी हुई। (सरस्वती : जुलाई, 1914) द्विवेदीजी ने भी लिखा था, 'जो नेता देशप्रेम पर व्याख्यान देते हैं, उन व्याख्यानों से देश का उद्धार नहीं हो सकता।'

20वीं सदी के प्रारम्भिक दो-तीन दशक आदर्शवाद और अध्यात्मवाद से तिल-भर भी हटने को तैयार न थे। सबसे अधिक मर्यादा थी 'सत्य' बोलने की। 'सत्यं ब्रूयात्' के सिद्धान्त से डिगना चारित्रिक स्खलन माना जाता था। साहित्यिक पत्रिकाएँ भी 'सत्य'

पर विभिन्न शीर्षकों में लेख और कविताएँ प्रकाशित करती थीं। फरवरी, 1911 की 'मर्यादा' में शारदा चरण पांडेय ने लिखा, 'संसार भर में सत्य सेवियों का एक दल है। आदमी सत्य की महिमा बढ़ाता और आदर्श पुरुष बनता है।' (पृ. 141)

रामचन्द्र शुक्ल वस्तुवादी विचारधारा की दृष्टि से 'सत्य' का परीक्षण करना सही समझते थे। उनके 'लोकहित' का सिद्धान्त पौराणिक सत्यवाद से अधिक महत्त्वपूर्ण था। सत्य के सन्दर्भ में उन्होंने लिखा, 'यदि किसी के झूठ बोलने से कोई निरपराध और निःसहाय व्यक्ति अनुचित दंड से बच जाए तो ऐसा झूठ बोलना बुरा नहीं बतलाया गया है क्योंकि नियम शील और सद्वृत्ति का साधक है, समकक्ष नहीं।' (चिन्तामणि-1, पृ. 65) शुक्लजी द्वारा युग-धर्म की पहचान का यह अत्यन्त महत्त्वपूर्ण साक्ष्य था। उन्होंने आदमी के शील और देश की वर्तमान स्थिति को महत्त्व देते हुए भी इतनी उत्तेजक बात कही यह शास्त्रवाद में आई जड़ता को तोड़ने के लिए की गई युगीन क्रान्ति थी। सन् 1903 से 1920 तक 'सरस्वती' का सम्पादन करते हुए महावीरप्रसाद द्विवेदी ने समाज हितैषी झूठ का इतना पुरजोर समर्थन कभी नहीं किया था। शुक्लजी ने इसके कुछ ही दिनों पहले लिखा था, 'भावक्षेत्र अत्यन्त पवित्र क्षेत्र है। उसे गन्दा करना लोक के प्रति भारी अपराध समझना चाहिए।' (वही, पृ. 6) इससे स्पष्ट था कि उन्हें 'लोकहित' की चिन्ता थी। वे धर्मान्ध-समाज के विरोधी थे। वे अपने निबन्ध-लेखन द्वारा रूढ़िवादी आस्तिकता का विरोध करते हुए व्यवहारोन्मुख नवजागरण की वकालत कर रहे थे। उन्होंने प्रगतिवाद की भारतीय धारा का समर्थन किया जिसके तहत नई विश्व-दृष्टि की रचना की जा सकती थी।

रामचन्द्र शुक्ल का प्रतिपादन था, 'मनुष्य किसी ओर तीन प्रकार से प्रवृत्त होता है, मन से, वचन से और कर्म से।' (श्रद्धा-भक्ति, पृ. 38) उनके अनुसार इन तीनों के सत् समन्वय द्वारा ही सामाजिक या राष्ट्रीय जीवन की सारी सम्भावनाएँ मूर्त की जा सकती थीं। उनकी स्थापना थी कि जो सच्चे कर्म के प्रति श्रद्धा करता है वही किसी सात्विक फल की प्राप्ति कर सकता है। वे नवजागरण में छद्माचारियों की कलई खोलना चाहते थे। 'गेरुआ वस्त्र लपेटकर धर्म का डंका पीटनेवालों, देश-हितैषिता का लम्बा चोगा पहने देशोद्धार की पुकार करनेवालों' और 'हितोपदेश के गदहे की तरह बाघ की खाल ओढ़नेवालों' की उन्होंने खुलकर खिल्ली उड़ाई। (श्रद्धा भक्ति, पृ. 38)

मनोविकारों पर लिखे शुक्लजी के निबन्धों में 'नवजागरण के तत्त्व' ढूँढ़ने के पहले यह जान लेना जरूरी है कि शुक्लजी ने अपने लेखन में 'पुनर्जागरण' अथवा 'नवजागरण' शब्दों का प्रयोग कहीं नहीं किया। ऐसा नहीं था कि वे 'रिनेसा' शब्द से परिचित नहीं थे, परन्तु वे राजनीति के इस क्षेत्रीय शब्द को साहित्य-समीक्षा का मानदंड स्वीकार नहीं कर सके। रिनेसा के प्रभाव में राजा राममोहन राय के सुधार कार्यों में उन्हें भारी अन्तर्विरोध दिखाई पड़ा। हालाँकि राजा राममोहन राय 'ब्रह्म समाज' की स्थापना करके सती-प्रथा, जाति-प्रथा और परम्परागत रूढ़ मान्यताओं के विरुद्ध आन्दोलन चलाने और इस्लाम तथा ईसाई उपासना-पद्धति के आधार पर सामूहिक उपासना करने का प्रयास

किया था परन्तु भारतीय समाज में उनके इन स्थापनाओं को मान्यता नहीं मिली। आ. शुक्ल तो इनसे जरा भी मेल नहीं खा सके। इसलिए उन्होंने अपने 'हिन्दी साहित्य का इतिहास' में नवजागरण अथवा पुनर्जागरण शब्दों का उल्लेख करना भी उचित नहीं समझा। लेकिन इनके उल्लेख न करने के कारण यह नहीं कहा जा सकता कि वे सामाजिक, सांस्कृतिक, धार्मिक और राजनीतिक स्तर पर होनेवाले युगीन परिवर्तनों और बाह्य प्रभावों के विरोधी थे। इतना अवश्य था कि कुछ सीमा तक वे परम्परावादी थे, परन्तु साथ ही राष्ट्रीय स्तर पर सार्थक परिवर्तनों के कट्टर समर्थक भी थे। उनके निबन्धों में समसामयिक परिवर्तनों के स्वर बड़े प्रभावी थे। इसलिए जरूरी है कि उनके परिवर्तनकामी स्वरों का ऐतिहासिक परिप्रेक्ष्य में परीक्षण किया जाए और उन्हें नवजागरण के महत्त्वपूर्ण उपगम के रूप में स्वीकार किया जाए।

रामचन्द्र शुक्ल ने कवियों और लेखकों के मूल्यांकन सन्दर्भों में देश-भक्ति, समाज सुधार, नवशिक्षितों के संसर्ग से लोक-संग्रह की प्रवृत्ति विकास-क्रम में जन-समुदाय को साथ लेकर चलने का भाव, देश-प्रेम और जाति गौरव को लेकर नूतन परम्परा की प्रतिष्ठा जैसे वाक्य-खंडों द्वारा सबकुछ वही कहा था जो नवजागरण के नाम पर उनके बाद के लेखकों और आलोचकों ने कहा।

अगर आ. शुक्ल के उपर्युक्त वाक्य-खंडों को नवजागरण के प्रयोजनों से जोड़कर मनोविकारों पर लिखे निबन्धों का आकलन किया जाए तो पूरी तरह स्पष्ट हो जाएगा कि इन निबन्धों में तद्‌युगीन नवजागरण की अन्तःभेदी दृष्टि का व्यापक फैलाव है। इनमें विषय का विस्तार तो सचेतन मनोविज्ञान के धरातल पर हुआ है, परन्तु सम्पूर्ण फैलाव यथार्थवादी कालचेतना के अन्तःसूत्रों से संग्रहित है। इस सन्दर्भ में एक-दो वाक्यों का परीक्षण करना असंगत न होगा।

आ. शुक्ल ने 'लोभ और प्रीति' निबन्ध में लोभ मनोविकार का सम्बन्ध जन्मभूमि के प्रेम यानी स्वदेश-प्रेम से जोड़ते हुए लिखा था, 'जन्मभूमि का प्रेम, स्वदेश-प्रेम यदि वास्तव में अन्तःकरण का कोई भाव है तो स्थान के लोभ के अतिरिक्त और कुछ नहीं है यहाँ यह कहने का कोई भ्रम न होना चाहिए कि यहाँ शुक्लजी ने लोभ मनोविकार की प्रस्तुति मनोविज्ञान के निर्जीव सिद्धान्तों के तहत न करके सजीव स्वदेशवाद के तहत की थी। शुक्लजी के नवजागरण का सबसे महत्त्वपूर्ण तत्त्व था देश-प्रेम। उन्होंने 'लोभ' और 'प्रीति' दोनों मनोरागों की परिणति देश और समाज के दायरे में ही की। शुक्लजी ने अनुभव किया छद्‌म व्यवहार करनेवाले तमाम लोग देशभक्ति के नाम पर समाज को धोखा दे रहे थे और राष्ट्रीय आन्दोलनों को कमजोर कर रहे थे, इसलिए उन्होंने अपने निबन्धों को ऐसे लोगों के विरुद्ध शस्त्र और शास्त्र दोनों रूपों में ढाला। लिखा, 'जिनकी आत्मा समस्त भेदभाव भेदकर अत्यन्त उत्कर्ष पर पहुँची हुई होती है वे सारे संसार की रक्षा करते हैं। ऐसे लोग विरोध के परे होते हैं। उनसे जो विरोध रखे वे सारे संसार के विरोधी होते हैं, वे लोक के कष्टक होते हैं।' (चिन्तामणि-1, पृ. 111) स्पष्ट है कि शुक्लजी अपने समय के 'समस्त भेदभावों' का भेदन कर एक उत्कर्ष पूर्ण समाज का

दर्शन प्रस्तुत कर रहे थे। उन्होंने 'आत्मतुष्टि' के देशप्रेम प्रदर्शित करनेवालों को धिक्कारते हुए राष्ट्रीय चेतना की 'उच्चभूमि' तैयार करना चाहते थे। उन्होंने 'अत्याचारी पर क्रोध' और 'व्यभिचारी से घृणा करने' की मनोदशा का उत्सर्जन किया। 'ईर्ष्या' शीर्षक निबन्ध में शुक्लजी ने एक उदाहरण के सन्दर्भ में लिखा था, 'थोड़ी देर के लिए सोचो कि इस संसार में लाखों अनाथ इधर-उधर ठोकर खा रहे हैं, लाखों बच्चे बिना माँ-बाप के हो रहे हैं, लाखों विधवाएँ आँसू बहा रही हैं।' (151) यह उनके समय की सामाजिक दशा थी जिसे उन्होंने अवान्तर कथन के रूप में प्रस्तुत किया था। उन्होंने लिखा, 'एक ऊँची जाति का आदमी किसी नीच जाति के आदमी को अपने ही समान वस्त्र आदि पहने देख बुरा मानता और कुढ़ता है। इसका कारण अहंकार है कि 'हम ऊँचे हैं वह नीचा है, हम बड़े हैं वह छोटा है।' (ईर्ष्या) अगर गौर किया जाए तो ऊँच-नीच, छोटा-बड़ा तथा धनी-निर्धन के वर्गों में विभाजित भारतीय समाज का यह वस्तुवादी-यथार्थवादी विश्लेषण था न कि मनोविकारों का शास्त्रीय-मनोवैज्ञानिक परिभाषा। वे नए समाज का वास्तविक नक्शा बना रहे थे, लिखा, 'समाज में स्थान-स्थान पर अभिमान के अजायबघर स्थापित होना अच्छा नहीं। इस बात का ध्यान रखना समाज का कर्त्तव्य है कि धर्म और राजबल से प्रतिष्ठित संस्थाओं के अन्तर्गत अभिमानालय और ख़ुशामदख़ाने न खुलने पाएँ।' (ईर्ष्या, पृ. 156) देखा जाए तो यह पूरा प्रकरण शुक्ल-काल के अभिमानालयों और ख़ुशामदख़ानों पर किया गया समाजवादी आक्रमण था। अगर उस समय के रचनात्मक साहित्य का अन्तर्मन्थन किया जाए तो अज्ञात नहीं रहेगा कि बीसवीं सदी के दो-तीन दशकों तक कविता, लेख और पत्रकारिता की भूमि पर तमाम अभिमानालय और ख़ुशामदख़ाने खुले हुए मिल जाएँगे। आज 21वीं शताब्दी के साहित्य में भी इस प्रकार के केन्द्रों की कमी नहीं है। रामचन्द्र शुक्ल ने अपनी लेखकीय प्रतिभा को रामचन्द्रीय धनुष बनाया जिस पर निबन्धों के बाण रखकर सही लक्ष्यों का भेदन किया। बीसवीं शताब्दी के पूर्वार्ध साहित्य-क्षेत्र में रामचन्द्र शुक्ल जैसे नवजागरण के धनुर्धर बहुत कम रचनाकार थे। मनोविकारों पर लिखे उनके निबन्ध शब्दों के तीक्ष्ण तीर बनाने के आयुध-गृह थे। 'अभिमानालय' और 'ख़ुशामदख़ाने', 'ईर्ष्या' नामक आयुधन्यास के अजेय 'शर' थे। शुक्लजी ने हिन्दी को 'अभिमानालय' और उर्दू को 'ख़ुशामदख़ाने' के संकेत-निषंग पकड़ाए और इस प्रकार अपने जमाने के नवजागरण का व्यंजक इतिहास लिख दिया।

वास्तव में आचार्य रामचन्द्र शुक्ल के निबन्धों की अन्तः केन्द्रीयता द्विवेदीयुगीन नवजागरण का उद्गम-शिखर थी जिससे जागरण की प्रत्यक्ष और अप्रत्यक्ष अनेक धाराएँ फूटी थीं।

'हिन्दी साहित्य का इतिहास' में शुक्लजी ने निबन्ध-प्रकरण में लिखा था, 'यदि गद्य कवियों या लेखकों की कसौटी है तो निबन्ध गद्य की कसौटी है।' (पृ. 482) उन्होंने निबन्ध को गद्य की कसौटी कहने के कारणों पर संक्षिप्त विचार भी व्यक्त किया। शुक्लजी के लिए साहित्य-सृजन में भाषा-शक्ति के पूर्ण विकास का सर्वाधिक महत्त्व था।

साहित्य के गहन अध्ययन-क्रम में उन्होंने अनुभव किया था कि सिद्धहस्त रचनाकार की प्रथम रचना-कला है सम्यक् भाषा-विन्यास। भाषा-विन्यास के अन्तर्गत प्रसंगों के अनुकूल शब्दों का चयन करना, चयनकृत शब्दों द्वारा वाक्य विधान करना जिससे अभिनव अर्थगर्भता का संचरण हो साथ ही भाषा में नादजन्य व्यंजकता का अभिधान हो सके। शुक्लजी गद्य की अन्य विधाओं—कहानी, उपन्यास आदि में भाषायी विकास की पूर्णता सम्भव नहीं मानते थे। उन्होंने केवल निबन्धों में ही भाषा की पूर्ण शक्ति का विकास सम्भव माना क्योंकि निबन्ध कहानी-उपन्यास की तरह न वर्णन प्रधान होते हैं और न ही भाववादी। भाषा की क्षमता द्वारा ही विचारों की सतर्क अभिव्यक्ति सम्भव होती है और विचारों के बिना कोई भी गद्य-रूप निबन्ध नहीं बन सकता। निबन्धता विचार में निहित होती है, विचार भाषा में संग्रथित होते हैं और भाषा सम्प्रेषण धर्म से सार्थक बनती है। इसलिए शुक्लजी का यह कथन आज भी ज्यों-का-त्यों प्रासंगिक बना हुआ है, 'भाषा की पूर्ण शक्ति का विकास निबन्धों में ही सबसे अधिक सम्भव होता है।' (वही)

अगर गौर किया जाए तो शब्दों के प्रयोग का सूक्ष्म परीक्षण निबन्ध में ही सम्भव है। कविता और निबन्ध में शब्दों को ऐसी संस्थिति दी जा सकती है जिसमें वे अनपेक्षित अर्थ का त्याग और अपेक्षित अर्थ का ग्रहण कर सकते हैं। ऐसे शब्द-विधान भिबन्धकार की परिभाषा होते हैं। आत्मकथा द्वारा कोई रचनाकार अपना जीवन-चरित्र तो लिख सकता है, परन्तु अपनी सृजन-शक्तियों की परिभाषा नहीं दे सकता। यह काम निबन्ध-लेखन द्वारा ही सम्भव है। गद्य में कथन सुनाई पड़ता है, परन्तु निबन्ध में कथन दिखाई पड़ता है। इसलिए निबन्ध अपने आप में श्रुति नहीं दृष्टि होता है। समय का चेहरा सबसे साफ निबन्ध के आईना में ही दिखाई पड़ता है। शुक्लजी ने विचारोत्तेजक और भावोद्‌बोधन दोनों का साधक निबन्ध को ही माना था। निबन्ध निबन्ध-लेखक को स्थूल क्रिया-व्यापार से आगे सर्जक-भूमि तक ले जाने में समर्थ होते हैं। भाषा निबन्ध का निर्देशन करती है और निबन्ध लेखक का निर्देशन करते हैं और इस प्रकार उसे कृतित्व के उच्च शिखर तक ले जाने में समर्थ होते हैं।

रामचन्द्र शुक्ल पांडित्य-प्रदर्शन को निबन्ध का गुण नहीं मानते थे। उनकी दृष्टि में निबन्धों की भी आँख होती है जिसमें कृतिकार की सरलता, मितभाषिता, दृष्टिकोण प्रियता, प्रसंग-विधान, संगठन-कला, अभिव्यक्ति-क्षमता, अर्थ-गर्भत्व की शक्ति, आत्म-प्रक्षेपण का समानुपात, जैसे अनेक गुण प्रतिबिम्बित होते हैं। निबन्धों द्वारा सृजन के नए रास्तों का निर्माण होता है। शुक्लजी ने कसौटी का प्रयोग निर्णायक मानदंड के रूप में किया था जिस पर कसकर निबन्ध की शुद्धता का परीक्षण तो किया ही जा सकता है, साथ ही लेखक की रचनात्मक आत्मसत्ता का भी परीक्षण किया जा सकता है। संस्कृत के साहित्याचारों ने गद्य को रचनाकारों का 'निकष' कहकर उसके वस्तु-विधान की विशेषता, कालानुप्रवेश की क्षमता और भाषा विन्यास की कुशलता की ओर संकेत किया। संस्कृत के काव्यालोचकों में 'वामन' ने गद्यं कवीणां निकषं वदन्ति' लिखकर गद्य

की आलोचना को बताया था तथा गद्य की रचना-प्रक्रिया को अत्यन्त कठिन सिद्ध किया था। इसलिए उन्होंने गद्य को अपरिभाषित छोड़ दिया। ऐसा लगता है कि गद्य के परीक्षण की जिम्मेदारी वामन के युग के परिवर्तनों और तद्‌युगीन पाठकों पर छोड़ दिया था। हालाँकि रामचन्द्र शुक्ल साहित्यशास्त्रीय परिप्रेक्ष्य में वामनवादी नहीं थे, परन्तु निबन्ध-परीक्षण के लिए उन्होंने उन्हीं का अनुसरण किया। शुक्लजी ने वामन से पहले भामह द्वारा दिए गए गद्य के समीक्षा-प्रतिमान को इसलिए नहीं अपनाया कि उसमें समय की गतिशीलता और पाठकों के निर्णय सिद्धान्त को बहुत महत्त्व नहीं दिया गया था। उन्होंने गद्य को 'प्रकृतम्', 'अनाकुलम' और 'शब्दार्थवृतिः' कहकर विषय-वस्तु, भाषा-संगठन और शैली को अधिक महत्त्व दिया था। परन्तु ऐसा नहीं कहा जा सकता कि शुक्लजी की दृष्टि में भामह नहीं थे। 'भामह' ने गद्य का एक मानदंड 'अनाकुलम्' बताया था। शुक्ल ने इसी मानदंड के आधार पर 'विक्षेप' शैली की निन्दा की थी।

इस प्रकार देखा जा सकता है कि रामचन्द्र शुक्ल ने 'गद्य की कसौटी निबन्ध है' लिखकर लगभग वामन की तरह निबन्ध की परख के लिए बदलते हुए समय और पाठकों के विवेक पर छोड़ दिया। परन्तु शुक्लजी वामन की तरह निबन्ध-आलोचना के लिए कुछ न कहा हो, ऐसी बात नहीं। शुक्लजी ने भामह के 'प्रकृतम्' विशेषण को भी महत्त्व दिया था। भामह ने गद्य में मूल विषय की केन्द्रीयता और उद्‌देश्य की निष्पन्नता के लिए 'प्रकृत' भाषा का प्रयोग किया था। आ. शुक्ल ने भी निबन्ध-मापक के रूप में 'प्रकृत' शब्द का प्रयोग किया था। उन्होंने निबन्ध के लिए 'अनुभूति के प्रकृत या लोक सामान्य स्वरूप' (हि.सा.इ., पृ. 482) का सिद्धान्त भामह की प्रस्तावना के क्रम में ही निरूपित किया था, परन्तु इतना अवश्य नया और मौलिक था कि उन्होंने 'प्रकृत' को 'लोकसामान्य' का स्वरूप दिया। यदि गौर किया जाए तो रामचन्द्र शुक्ल के निबन्धों की सबसे महत्त्वपूर्ण कसौटी है 'लोक सामान्य' की अवधारणा। निबन्ध के विषय अथवा उसके रचना-शिल्प के निष्पन्न होने और केन्द्रस्थ होने का सारा परीक्षणा 'लोक सामान्य' की कसौटी पर ही किया जा सकता है। आचार्य शुक्ल द्वारा प्रयुक्त 'लोक सामान्य' पद एक सिद्धान्त-पद था। उन्होंने अपने समय के सामूहिक मनोभाव को लोक सामान्य भाव कहा था जिसमें समष्टि-बोध का उदात्त भाव निहित था।

रामचन्द्र शुक्ल ने मनोविकारों पर लिखे निबन्धों के साथ ही साहित्यालोचन पर लिखे निबन्धों की भी मूल्यांकन-कसौटी 'लोक सामान्य की निष्पन्नता' को ही स्वीकार किया। काव्य में लोकमंगल की साधनावस्था रसात्मक बोध के विविध रूप, कविता क्या है ? आदि निबन्धों का निकषीकरण 'लोक सामान्य की निष्पन्नता' कसौटी पर किया। जो निरूपण 'कविता ही मनुष्य' के हृदय को स्वार्थ-सम्बन्धों के संकुचित दायरे से ऊपर उठाकर 'लोक सामान्य भावभूमि' पर ले जाती है।' (193) वही निरूपण उन्होंने निबन्ध-दृष्टि के लिए भी किया। मसलन 'भाव या मनोविकार' निबन्ध में लिखा, 'लोक कल्याण के व्यापक उद्‌देश्य की सिद्धि' (5), 'विश्व-कामना श्रद्धा की प्रेरणा का मूल' (23), 'समष्टि रूप में संसार के लक्ष्य का बोध' (28), 'सामाजिक जीवन की स्थिति और

पुष्टि' (69), 'मनुष्य लोकबद्ध प्राणी है' (84), 'जगत के बीच हृदय का सम्यक प्रसार' (124) आदि कथन उनके निबन्धों के कथनांश मात्र नहीं थे बल्कि उन निबन्धों की सामान्य कसौटी भी थे। शुक्लजी के निबन्धों की यह एक खास विशेषता थी कि वे निबन्ध भी लिखते थे और उनके कसने के लिए कसौटी भी देते रहते थे। शुक्लजी के निबन्धों की कसौटी वे निबन्ध स्वयं थे न कि बाहर से लिए गए सैद्धान्तिक नमूने। उनके निबन्ध अपना मूल्यांकन स्वयं करते रहते थे। शुक्लजी ने आलोचक की भूमिका को काफी सहज कर दिया था। उनका बस इतना काम था कि वे निबन्धों में अवान्तर रूप से निहित मूल्यांकन के सूत्रों को सही क्रम में लगाएँ और उन सूत्रों के जोड़ से निबन्धों का परिमाण न करें। एक कुशल आलोचक के लिए यह काम काफी सहज था, परन्तु जिस आलोचक में 'लेखक की विचारधारा में डूबकर उसकी अन्तर्वृत्तियों की छानबीन करनेवाली प्रतिभा न होगी वह शुक्ल के निबन्धों की सही आलोचना नहीं कर सकेगा।'

रामचन्द्र शुक्ल के निबन्धों की कसौटी उनमें संव्यूहित सूत्रत्व और व्यासत्व का मर्यादित सन्तुलन भी है। कसौटी पर सूत्रों को कसने की विधि की ओर भी शुक्लजी ने संकेत किया है। सूत्रों की स्थिति, आवश्यकता और क्रमबद्धता को ध्यान में रखकर ही उनका निकषीकरण सम्भव है। सूत्रों की व्यंजकता की परख करने की जितनी अधिक शक्ति जिसमें होगी, वह उनके निबन्धों का उतना ही बड़ा आलोचक होगा। शुक्लजी ने निबन्ध के सूत्र न व्याकरण के सूत्र हैं और न ही योग-दर्शन के बल्कि साहित्य के सूत्र हैं। इसलिए उनका भाष्य या वृत्ति मन और मस्तिष्क दोनों के योग से ही किया जाना सम्भव है। जैसे 'बैर क्रोध का अचार या मुरब्बा है' (क्रोध, पृ. 189) को 'अकः सवर्णे दीर्घः' की तरह नहीं समझाया जा सकता। 'अचार' या 'मुरब्बा' यानी दोनों के आस्वाद भिन्न, दोनों के प्रभाव भिन्न, परन्तु दोनों की तासीर में कुछ न कुछ समानता। अचार खाने या चाटने से जायका बदलता है, खाने की मात्रा बढ़ जाती है, उसी प्रकार बैर भाव की पुनरावृत्ति करते रहने से क्रोध की भूख भी बढ़ जाती है। किसी पर बहुत दिनों तक क्रोध कायम रखने के कारण वह बैर के रूप में परिणत हो जाता है। कच्चे आम को बहुत दिनों तक सुरक्षित रखने के लिए अचार और कच्चे बेल को सुरक्षित रखने के लिए मुरब्बा डाल दिया जाता है, और वह आम या बेल न कहाकर अचार या मुरब्बा कहा जाने लगता है, उसी प्रकार बहुत दिनों तक सुरक्षित रहनेवाला क्रोध बैर कहा जाने लगता है।

स्पष्ट है कि सूत्र-विनियोजन द्वारा रामचन्द्र शुक्ल विषय वस्तु को व्यावहारिक बनाने का अद्भुत वैचारिक कौशल दिखा देते थे। उनके निबन्धों में सूत्र-विधान का शिल्प उन्हें हिन्दी-साहित्य के अन्य सभी निबन्ध लेखकों से अलग कर देनेवाला सिद्ध होता है। लघुत्व और दीर्घत्व में समता की स्थापना और विषय-वस्तु की अन्विति में सोपानबद्ध चढ़ाव आ. शुक्ल के निबन्धों की सहकारी कसौटियाँ हैं। उनके निबन्ध परम्परावादी हिन्दी आलोचना-सिद्धान्तों द्वारा नहीं नापे जा सकते। उन्होंने अपने निबन्धों द्वारा सिद्ध कर दिया था कि निबन्ध गद्य की कसौटी होते हैं।

आचार्य शुक्ल ने 'चिन्तामणि-एक' के 'निवेदन' में यह निर्णय पाठकों पर छोड़ दिया है कि वे अपनी निबन्ध-दृष्टि के तहत स्वयं निश्चित करें कि उनके निबन्ध विषय-प्रधान हैं या व्यक्ति प्रधान। यह उनके निबन्धकार की वैज्ञानिक दृष्टि थी। वास्तव में पाठक ही किसी कृति का सही आलोचक होता है। लेकिन पाठकों को यह तो जानना ही पड़ेगा कि विषय-प्रधान और व्यक्ति-प्रधान निबन्धों की पहचान कैसे की जाए। आ. शुक्ल ने 'हिन्दी साहित्य का इतिहास' में विषय-प्रधान और व्यक्ति-प्रधान निबन्धों की पहचान करने के बड़े स्पष्ट सूत्र दिए हैं। इसलिए जरूरी है कि उनकी मान्यताओं की चर्चा पहले की जाए। उन्होंने लिखा है, 'निबन्ध लेखक अपने मन की प्रवृत्ति के अनुसार स्वच्छन्द गति से इधर-उधर फूटी सूत्र शाखाओं पर विचरता चले। यही उसकी अर्थ सम्बन्धी व्यक्तिगत विशेषता है। अर्थ सम्बन्ध-सूत्र की टेढ़ी-मेढ़ी रेखाएँ ही भिन्न-भिन्न लेखकों का दृष्टिपथ निर्दिष्ट करती हैं। एक ही बात को लेकर किसी का मन किसी सम्बन्ध-सूत्र पर दौड़ता है, किसी का किसी पर। इसी का नाम है एक ही बात को भिन्न दृष्टियों से देखना, व्यक्तिगत विशेषता का मूल आधार यही है।' (पृ. 483, तृतीय संस्करण)

व्यक्तिगत (व्यक्तिनिष्ठ या आत्माभिव्यंजक) निबन्ध-लेखन के सन्दर्भ में शुक्लजी ने कुछ अत्यन्त महत्त्वपूर्ण सिद्धान्त निरूपित किए हैं। ये सिद्धान्त हैं—निबन्ध-लेखक के मन की प्रवृत्ति की अभिव्यक्ति, निबन्ध के विषय की रचनात्मक परिणति के लिए सूत्र-शाखाओं का समानुपातिक फैलाव और निबन्धकार की तार्किक स्वच्छन्दता। टी.एस. इलियट ने इसे ही 'Peculiar essence of the essayist' कहा था, परन्तु शुक्लजी को निबन्ध लेखन में Peculiarity का सिद्धान्त मान्य नहीं था। उन्होंने व्यक्तित्व प्रधान निबन्धों की रचना में आधुनिक पाश्चात्य लक्षणों में महत्त्व न देते हुए लिखा था, 'व्यक्तिगत विशेषता का यह मतलब नहीं कि उसके प्रदर्शन के लिए विचारों की शृंखला रखी ही न जाए।' (वही) स्पष्ट है कि वे व्यक्तिगत निबन्धों में भी विचारों की शृंखला जरूरी मानते थे। साथ ही वे लेखक के तर्कहीन आतुर प्रदर्शन के सख्त खिलाफ थे। वे यह भी नहीं चाहते थे कि निबन्ध को जगह-जगह तोड़कर इधर-उधर बिखेर दिया जाए और उन बिखरे अंशों में कोई सम्बन्ध-सूत्र न हों। इसे वे लेखकीय अराजकता मानने के साथ ही वस्तु-विषय के साथ क्रूर तानाशाही की प्रवृत्ति मानते थे। वे भावों की विचित्रता दिखाने के लिए सन्दर्भहीन अर्थ-योजना करने की लेखकीय चेष्टा को पागलों का प्रलाप मानते थे। उन्हें निबन्ध में भाषा का चमत्कारिक सरकस दिखाना पसन्द नहीं था। वे विषय वस्तु अथवा भाषा में उच्छृंखल प्रयासों के जबर्दस्त विरोधी थे क्योंकि ऐसे प्रयासों के कारण निबन्ध में विषय-सत्ता और भाषा-सत्ता का अस्तित्व शून्य पड़ जाता है। विषय और भाषा की मूल सत्ता की रक्षा करते हुए आ. शुक्ल पाश्चात्य समीक्षकों के इस मत को मानने को तैयार थे कि निबन्ध में आकर्षण-विधान 'Very according to the personality of the essayist' होता है, परन्तु लेखक के मन के निर्बन्ध उड़ान तथा सूत्रात्मक सम्बन्धों के अभाव को वे मानने के लिए बिल्कुल तैयार नहीं थे। विचारों और भावों के सूत्र-सम्बन्धों की महत्ता के सन्दर्भ में आ. शुक्ल

ने लिखा, 'संसार की हर बात और सब बातों से सम्बद्ध है। अपने-अपने मानसिक संगठन के अनुसार किसी का मन किसी सम्बद्धसूत्र पर दौड़ता है, किसी का किसी पर। ये सम्बन्ध सूत्र एक-दूसरे से नए हुए पत्तों के भीतर की नसों के समान चारों ओर एक जाल के रूप में फैले हैं। तत्त्व चिन्तक या दार्शनिक केवल अपने व्यापक सिद्धान्तों के प्रतिपादन के लिए उपयोगी कुछ सम्बन्ध सूत्रों को पकड़कर किसी ओर सीधा चलता है और बीच के ब्यौरे में कहीं नहीं फँसता। (वही, पृ. 483)

आ. शुक्ल की मान्यताओं के अनुसार निबन्धकार की भूमिका तत्त्वचिन्तक या दार्शनिक से भिन्न होती है। दार्शनिक सिद्धान्तों के प्रतिपादन को विशेष महत्त्व देते हैं। वे सिद्धान्त-मार्ग पर सीधे आगे बढ़ते हैं और बीच के ब्यौरों में नहीं उलझते जबकि निबन्ध लेखक भावों की सहायता से विचारों का प्रतिपादन करता है। वह मूल से जुड़ी शाखाओं-प्रतिशाखाओं का अवलोकन करता है, हर शाखा-प्रशाखा की सौन्दर्य-सत्ता का संचयन करता है और अपनी संचित भाव-सत्ता को सम्बल के रूप में प्रयुक्त करता है यही उसकी निजी प्रयोजन तथा प्ररोचन यात्रा होती है जिसको वह अपनी प्रवृत्ति के अनुसार निबन्ध का अंश बनाता है। निबन्धकार को अंश और अंश के व्यावहारिक और सैद्धान्तिक दोनों सम्बन्धों का ज्ञान होता है।

अगर आचार्य शुक्ल के सिद्धान्तों को आधार बनाकर उनके निबन्धों का परीक्षण किया जाए तो अज्ञात नहीं रहेगा कि उन्होंने अपने लगभग सभी निबन्धों में तार्किक बुद्धि तथा भावात्मक हृदय का अत्यन्त सन्तुलित प्रयोग किया था। उन्होंने किसी भी निबन्ध को न भाव-निरपेक्ष होने दिया, न ही बुद्धि-निरपेक्ष। इन दोनों की सापेक्षिक अन्विति द्वारा उन्होंने अपने निबन्धों को बोझिल, रुक्ष, दुरूह और अपाठ्य होने से पूरी तरह बचाया। हालाँकि आचार्य शुक्ल ऊपर से गम्भीर व्यक्तित्व के लेखक थे परन्तु उनका अन्तर्व्यक्तित्व सहज, मृदु और हास-परिहास प्रिय था। अपने युग के सभी निबन्धकारों में वे चुटकी काटने में अव्वल थे। चुटकी काटने में उन्होंने न बुद्धि से परहेज किया, न ही हृदय से। यही उनके निबन्धकार का असली व्यक्तित्व था। उन्होंने निबन्धों के वस्तु-चयन, विचार शृंखला के संगठन, अन्विति और विन्यास के समायोजन, अर्थ-संप्रसारण, परिवेश-सृजन, काल-चेतना के फलांकन और भाषिक आरोहण—प्रत्येक स्थिति में आत्माभिव्यंजन का कमाल दिखाया। डॉ. मेकेंजी का मत था कि निबन्ध लेखक लोक-हृदय के चित्रण में अपनी आत्मसत्ता की चरम परिणति करता है। आ. शुक्ल के निबन्धों की यह सबसे बड़ी विशेषता थी। वे अपने चारों ओर फैले लोक पर पैनी दृष्टि रखते थे और समाज में उनकी निरन्तरता बनाए रखने के लिए रचनात्मक प्रयास करते थे। उनके निबन्धों में चाहे भाव हो या विचार, दोनों ही समष्टिवाद के ही उद्बोधक थे। 'स्व' का 'पर' होना और 'पर' का 'परेश' होना उनके निबन्ध की तत्त्व वाणी थी।

अगर गौर किया जाए तो लगेगा कि मनोविकारों पर लिखे शुक्लजी के निबन्ध उनके रसवादी व्यक्तित्व के फोटोस्टेट हैं। उनका प्रत्येक निबन्ध 'अहं शुक्ल अस्मि' बोलता हुआ सुनाई पड़ता है। निबन्धों में प्रतिबिम्बित शुक्ल संस्कृतनिष्ठ, सनातनधर्मी,

आधुनिक, स्वच्छन्द, मौलिक, परिहास-प्रिय, तार्किक, व्यवहारविद और आत्माभिव्यंजक है। उन्होंने 'निवेदन' में स्वीकार किया था, 'बुद्धि-पथ पर हृदय भी अपने लिए कुछ न कुछ पाता रहा।' परन्तु यहाँ यह भी सच है कि उनके हृदय को बुद्धि-पथ पर जो कुछ भी मिला, उसे उन्होंने पाठकों को लुटा दिया। उनका व्यक्तित्व पाठकों का था और उन्होंने उसे पाठकों को समर्पित कर दिया, यह कहते हुए, 'तेरा तुझको सौंपते क्या लगता है मोहिं।'

यहाँ जरूरी है कि शुक्लजी द्वारा निरूपित निबन्ध-सिद्धान्तों के प्रकाश में उनके निबन्धों का सूक्ष्म परीक्षण कर लिया जाए। उन्होंने 'भय' शीर्षक निबन्ध में लिखा है, 'भय जब स्वभावगत हो जाता है तब कायरता या भीरुता कहलाता है और भारी दोष माना जाता है, विशेषतः पुरुषों में। स्त्रियों की भीरुता तो उनकी लज्जा के समान ही रसिकों के मनोरंजन की वस्तु रही है। पुरुषों की भीरुता की पूरी निन्दा होती है। ऐसा जान पड़ता है कि बहुत पुराने जमाने से पुरुषों ने न डरने का ठेका ले रखा है।' (पृ. 171) इस खंड में शुक्लजी ने भय के सन्दर्भ में पुरुषों और स्त्रियों की तुलना अपनी परम्परावादी प्रवृत्ति के अनुसार की थी। 'भय' का स्वरूप समझना विषय-प्रधान शिल्प था परन्तु स्त्रियों के भय को रसिकों के मनोरंजन के उद्दीपन के रूप में प्रस्तुत करना आत्माभिव्यंजन प्रधान शिल्प इस खंड में बुद्धि और हृदय दोनों कन्धे से कन्धा मिलाकर चलते प्रतीत होते हैं। 'पुराने जमाने से पुरुषों के न डरने का ठेका ले रखने' द्वारा उन्होंने अपने परिहास-शिल्प का परिचय दिया था। कहा जा सकता है कि यह पूरा अंश निबन्ध-रूपी पत्ता की छोटी-छोटी नसें थीं।

'भय' शीर्षक निबन्ध के उपसंहार में शुक्लजी ने 'संघ-शक्ति' के शुभ-अशुभ परिणामों, अर्थशास्त्र के प्रभाव से पूरे विश्व में फैले अर्थोन्माद, भू-मंडल की जनता का रक्त-शोषण, लड़ाइयों में लूटपाट का सिलसिला, प्रथम महायुद्ध के भयंकर परिणामों, विश्व-प्रेम का नारा लगाने के फैशन और सभ्यता की वर्तमान स्थितियों का लम्बा विवेचन किया था। ये मूल विषय 'भय' के शास्त्र-सूत्र थे जिसमें उन्होंने अपने अन्तर्व्यक्तित्व की मनोवैज्ञानिक अभिव्यक्ति की थी। उन्होंने लिखा गत महायुद्ध के पीछे जगह-जगह स्वदेश-प्रेम के साथ-साथ विश्वप्रेम उमड़ता हुआ दिखाई पड़ने लगा। आध्यात्मिकता की भी बहुत कुछ पूछ होने लगी। पर इस विश्वप्रेम और आध्यात्मिकता का शाब्दिक प्रचार ही अभी तो देखने में आया है। इस फैशन की लहर भारतवर्ष में भी आई। पर कोरे फैशन के रूप में गृहीत इस 'विश्वप्रेम' और 'अध्यात्म' की चर्चा का कोई स्थायी मूल्य नहीं। इसे हवा का एक झोंका ही समझना चाहिए।' (पृ. 177)

ऊपर के उदाहरण से आ. शुक्ल द्वारा निबन्ध में लेखक के निजी व्यक्तित्व की पहचान आसानी से की जा सकती है। यह निबन्ध के मूल से फूटी हुई सूत्रशाखा थी जिस पर लेखक अपने मन की प्रवृत्ति के अनुसार स्वच्छन्द गति से विचरण करता हुआ भी मूल से असम्बद्ध नहीं हुआ था। फूटी हुई सूत्रशाखा इस अर्थ में कि महायुद्ध तथा उसके परिणामस्वरूप सामाजिक जीवन में छद्माचरण का प्रवेश, विश्वप्रेम और अध्यात्म

जैसे उदात्त मानव मूल्यों की अर्थहानि, फैशनपरस्ती तथा शब्दार्थों के पतन, ये सभी प्रवृत्तियाँ किसी न किसी रूप में 'भय' मनोविकार से ही जुड़ी हुई थीं। इसे ही शुक्लजी ने वैचारिक निबन्धों में भी लेखकीय आत्माभिव्यंजन का स्वरूप कहा था। निबन्ध के मूल विषय से इसमें अर्थ सम्बन्ध-सूत्र टूटे हुए नहीं थे। हालाँकि अर्थ की रेखाएँ ऋजु नहीं थीं टेढ़ी-मेढ़ी थीं, परन्तु यही वक्रता आ. शुक्ल के दृष्टिपथ की निर्धारिका थी, यही उन्हें अन्य निबन्धकारों से अलग करनेवाली थीं, यही उनकी काल चेतना की प्रवाचिका थी। शुक्लजी ने इसी व्यक्तिमत्ता द्वारा अपने समय के नवजागरण को सही दिशा देने का प्रयत्न किया था। उनका नवजागरण बोध किसी छोटे समाज के लिए नहीं बल्कि वृहत्तर समाज के लिए था।

आ. शुक्ल ने सूत्रशाखाओं से 'भय' के विचार-मूल से जोड़ते हुए आगे लिखा था, कि प्रथम महायुद्ध के बाद विश्व का सामाजिक समीकरण टूटने लगा था। एक जाति को दूसरी जाति से, एक देश को दूसरे देश से, भय के स्थायी कारण प्रतिष्ठित हो गए थे। 'सबल और सबल देशों के बीच अर्थ संघर्ष की, सबल और निर्बल देशों के बीच अर्थ-शोषण की प्रक्रिया अनवरत चलने लगी थी। कहीं 'एक क्षण का विराम' नहीं था।' (पृ. 177) देखा जा सकता है कि शुक्लजी ने इन पंक्तियों में भय का मनोवैज्ञानिक वर्णन नहीं किया था, बल्कि तद्‌युगीन विश्व में चलनेवाले आर्थिक संघर्षों तथा शोषणों का यथार्थ चित्रण किया था। यहाँ उनके लेखक की दृष्टि अर्थशास्त्री की दृष्टि थी, न कि मनोवैज्ञानिक की। इसमें शुक्लजी अपनी सम्पूर्ण व्यक्ति-सत्ता लेकर उपस्थित थे। कहना तो यह चाहिए कि इसमें वे अपनी भौतिकवादी और विचारोन्मुख व्यक्तिमत्ता को लेकर उपस्थित हुए थे। इसमें उनका 'हृदय थोड़ा बहुत' ही रमा था। इसके विपरीत सामाजिक अपेक्षा ज्यादा रमी थी, मन का आक्रोश ज्यादा रमा था, राष्ट्रीय चिन्ता ज्यादा रमी थी, परन्तु रमनेवाले ये सभी तत्त्व आ. शुक्ल के मन को लेकर रमे थे। मन आगे था, बुद्धि पीछे थी, दोनों एक-दूसरे के पूरक रूप में। शुक्लजी के निबन्धों की यह एक खास बात थी तमाम दूसरे निबन्धकारों से पूरी तरह अलग।

रामचन्द्र शुक्ल के निबन्ध रूक्ष बुद्धिवाद और भावुक हृदयवाद की रस्साकसी नहीं थे बल्कि बुद्धि गम्भीर विषयों का अन्तर्भेदन करती थी और हृदय अन्तर्भेदित तथ्यों में रंजकता भरता था। जहाँ उन्होंने मनोविकारों की बौद्धिक परिभाषा दी, वहाँ भी हृदय की रंजकता उपस्थित होती रही। मसलन क्रोध सब मनोविकारों से कुछ फुर्तीला है। (185) इस छोटे से परिभाषा वाक्य में भी बुद्धि और हृदय का भरपूर सामंजस्य बना हुआ है। यहाँ 'क्रोध' मनोविकार का लक्षण मनोविज्ञान शैली में नहीं दिया गया है। बुद्धि और हृदय अथवा विचार और भाव में सामंजस्य बनाए रखने के लिए शुक्लजी की भाषा शैली ने बहुत बड़ी भूमिका निभाई है। बुद्धिवादी मनोवैज्ञानिक के लिए 'फुर्तीला' शब्द अकल्पनीय था। इसमें बुद्धि और हृदय, दोनों को जगह मिल गई है। आ. शुक्ल के समय एक मनः शास्त्री निबन्ध-लेखक थे गणपत जानकीराम दूबे। उन्होंने मनःक्षोभ (क्रोध) के बारे में लिखा, 'मस्तिष्क के केन्द्रों से संचालनादि क्रिया उत्पन्न करता है। उस संचालन

का अन्तर्बोध से सम्बन्ध होने से मनः क्षोभ उत्पन्न हो जाता है।' (ना.प्र.प. आठवाँ भाग, 1905, पृ. 82)। गणपत दूबे मनः क्षोभ (क्रोध) को समझाने में हृदय से तो वंचित हो ही गए थे, बुद्धि भी उलझ गई थी। उनके द्वारा प्रस्तुत मनःक्षोभ न घर का हुआ था, न घाट का। आ. शुक्ल के निबन्धों की यही विशेषता थी कि उनमें प्रयुक्त प्रत्येक शब्द, घर और घाट दोनों के लिए समान रूप से उपयोगी होता था। प्रत्येक शब्द का वातावरण बुद्धि और हृदय के संयुक्त उपकरण से तैयार होता था। शुक्लजी के समय में एक भी निबन्ध-लेखक ऐसा नहीं था जो निबन्ध में बुद्धि और हृदय के समुदागम द्वारा रस-रंजकता सृजित कर सके।

अप्रासंगिक न होगा कि दूसरे दशक के प्रतिष्ठित निबन्धकारों के लेखन से आ. शुक्ल के लेखन से तुलना करके निर्णय किया जाए कि शुक्लजी अपने समय के अप्रतिम निबन्धकार थे और केवल वे ही बुद्धि और हृदय के अपेक्षित सामंजस्यीकरण में समर्थ थे।

जिस समय रामचन्द्र शुक्ल के मनोविकारों पर लिखे निबन्ध नागरी प्रचारिणी पत्रिका में क्रमशः प्रकाशित हो रहे थे, उसी समय बालकृष्ण भट्ट का निबन्ध छपा 'शब्द की आकर्षक शक्ति'। उन्होंने लिखा 'इसकी (शब्द की) अनोखी मोहनी शक्ति कर्ण कुहर में पड़ते ही मन को मुग्ध कर देती है और मन आपे से बाहर हो जाता है।...इसकी आकर्षण शक्ति प्रकृति के सौन्दर्य-सागर की लहरी है जिसका अनुभव केवल उन्हीं को होता है जो सरस हृदय हैं।...जिसका नीरस हृदय केवल बाहरी वाक् जाल में पड़े दार्शनिकों के शुष्क वाद-विवाद में भटका हुआ है, वह इसकी मिठास का स्वाद कैसे पा सकता है वरन् इसकी रसज्ञता का पूरा परिचय केवल सहृदय के बात में आया है वे ही इसके सौन्दर्य को पहचान सकते हैं और इसकी रसज्ञता के मार्मिक भी वे ही हैं।' (सरस्वती : मार्च, 1913, पृ. 174)

रामचन्द्र शुक्ल बालकृष्ण भट्ट के प्रशंसक थे, परन्तु इस प्रकार के निबन्धों को वे अन्तः प्रयास से निकली न विचारधारा मानते थे और न ही भावधारा। ऐसे ही निबन्धों को उन्होंने तरंग शैली का निबन्ध कहा। 'शब्द की आकर्षण शक्ति' पर लिखते हुए भट्टजी न इसे वैचारिक बना सके, न भावात्मक। निबन्धों में विचार हो या भाव, शुक्लजी को उनकी उच्छृंखलता बर्दाश्त नहीं थी। उन्होंने हमेशा प्रयास किया कि उनके निबन्धों में विषय और लेखकीय व्यक्तित्व का सन्तुलन बना रहे। उनका एक भी निबन्ध व्यक्तित्व और विषय के सन्तुलन से वंचित नहीं है।

द्विवेदी युग में साहित्याचार्य पं. रामावतार शर्मा एम.ए. प्रतिष्ठित निबन्धकार माने जाते थे। उन्होंने अपने निबन्ध 'नरशास्त्र' (सरस्वती, मार्च, 1912, पृ. 132) में मनोवैज्ञानिक स्थापना करते हुए लिखा, 'मनःशास्त्र जाननेवालों ने निश्चय किया है कि मस्तिष्क के ऊपरी भाग में ज्ञान-कृति-स्मृति आदि का स्थान है। मनुष्य का छोटे से छोटा मस्तिष्क भी बड़े से बड़े बन्दरों के मस्तिष्क से ड्योढ़ा होता है। मनुष्यों के मस्तिष्क में एक अपूर्व शक्ति होती है जो और जन्तुओं में नहीं पाई जाती।'

देखा जा सकता है कि पूरे निबन्ध में हृदय के लिए कोई स्थान ही नहीं था। इसमें लेखक का व्यक्तित्व तलाश करने पर भी नहीं दिखाई पड़ता। शर्माजी तत्त्व चिन्तक की तरह सिद्धान्तों के प्रतिपादन में भूल गए थे कि वे निबन्ध लिख रहे थे। इसमें शैली तो क्या दे सकते, भाषा तक नहीं दे पाए थे। यह थी लेखकीय असमर्थता। इसमें शुक्लजी की निबन्ध-दृष्टि के तहत 'न नाना अर्थ सम्बन्धों का वैचित्र्य था और न ही गतिशील भाषा और शैली। यहाँ तक कि यह तरह-तरह की मुद्रा भी नहीं दिखा सका था। अगर निबन्ध को ताड़ और लेख को 'खजूर' माना जाए तो शर्माजी का निबन्ध ताड़ से गिरकर खजूर पर अटका रह गया था। कोई उतारनेवाला तक नहीं मिला। इसी वर्ष महामहोपाध्याय गंगानाथ झा एम.ए. डॉक्टर आव् लिटरेचर का निबन्ध प्रकाशित हुआ, 'दर्शन शास्त्र से लौकिक लाभ' (सरस्वती : अप्रैल, 1913, पृ. 195) और अध्यापक पूर्णसिंह का 'अमेरिका का मस्त योगी वाल्ट ह्विटमैन' (सरस्वती : मई, 1913, पृ. 272) पहले निबन्ध बुद्धि की बेतरतीब कवायद और दूसरा भावुकता की लम्बी उड़ान। दोनों में से किसी में भी निबन्धता न ही प्रस्थापित की जा सकी।'

स्पष्ट है कि निबन्धों की जो रचनात्मक प्रतिभा शुक्लजी में थी, वह उस युग के किसी दूसरे निबन्धकार में नहीं थी। शुक्लजी ने निबन्धों की तीन कोटियों का उल्लेख किया था—विचारात्मक, भावात्मक और वर्णनात्मक। उनके समय के प्रायः सभी दूसरे लेखक वर्णनात्मक या भावात्मक कोटि के ही थे। शुक्लजी को महावीरप्रसाद द्विवेदी तक के निबन्ध 'लेखन कला या सूक्ष्म विचार की दृष्टि से लिखे नहीं जान पड़े थे।' (हि. सा.इ., पृ. 485) माधवप्रसाद मिश्र के बारे में लिखा, 'जोश में आने पर ये बड़े शक्तिशाली लेख लिखते थे।' गोविन्दनारायण मिश्र के बारे में लिखा, 'पंडित गोविन्दनारायण मिश्र के गद्य को समास-अनुप्रास से गुँथे शब्द गुच्छों का एक अटाला समझिए। जहाँ के कुछ विचार उपस्थित करते हैं, वहाँ भी पदच्छटा ही ऊपर दिखाई पड़ती है।' (494) और बाबू श्यामसुन्दर दास के सन्दर्भ में लिखा, 'बाबू साहब ने बड़ा भारी काम लेखकों के लिए सामग्री प्रस्तुत करने का किया।' (495)

शुक्ल ने अपने समय के लेखकों में पं. चन्द्रधर शर्मा गुलेरी के निबन्ध-लेखन की प्रशंसा अवश्य की। उन्होंने लिखा, 'अनेक गूढ़ शास्त्रीय विषयों तथा कथा-प्रसंगों की ओर विनोदपूर्ण संकेत करती हुई उनकी वाणी चलती थी।' (496) शुक्लजी ने गुलेरीजी के निबन्धों की हास्य-शैली की भी तारीफ की थी। लिखा, 'शैली की जो विशिष्टता और अर्थगर्भित वक्रता गुलेरीजी में मिलती है, वह और किसी लेखक में नहीं।'

इस प्रकार यदि देखा जाए तो चन्द्रधर शर्मा गुलेरी को छोड़कर द्विवेदी-युग में कोई एक भी निबन्धकार नहीं था जिसके निबन्धों में विचारधारा की पृथुलता, आत्मव्यंजना की सहज मर्यादा, विषय-विन्यास की सघन रंजकता, अर्थगर्भ भाषा की वक्रता तथा शैली की प्रवाहपूर्ण तरलता एक साथ मिलती हो।

रामचन्द्र शुक्ल ने अपने निबन्धों में जिन अवधारणाओं की प्रस्तुतियाँ की थीं, उनमें कहीं भी अन्तर्विरोध नहीं था। ये अवधारणाएँ ही उनकी विचारधारा को जानने-समझने

की कारिकाएँ थीं। शुक्लजी की विचारधारा को समझने के लिए यह जानना जरूरी है कि उनके लिए विचारधारा का अर्थ किसी 'वाद' का अनुगमन नहीं था। आज विचारधारा का जो परिभाषिक स्वरूप है, उससे उनकी विचारधारा को नापा जाना सम्भव नहीं है। वे सिद्धान्त रूप में मार्क्सवाद के विरोधी थे क्योंकि 'धन' (अर्थ) को मनुष्य का निर्णायक उपादान मानना उन्हें स्वीकार्य नहीं था। लेकिन इसका अर्थ यह नहीं था कि वे पूँजीवादी अथवा उपनिवेशवादी समाज के पोषक थे। उन्होंने आर्थिक शोषण का खुला विरोध किया। व्यक्ति स्तर से लेकर सरकार या राष्ट्र के स्तर तक किए जानेवाले आर्थिक शोषण अथवा भयादोहन का उन्होंने विरोध किया। यद्यपि वे समतावादी समाज की संरचना के लिए हर मोर्चे पर लड़े परन्तु उनकी लड़ाई मार्क्सवादी पद्धति की न होकर भारतीय पद्धति की थी।

आ. शुक्ल की मुख्य विचारधारा 'लोकवाद' था। उन्होंने वस्तुवादी और विकासवादी धरातल पर ही अपने 'लोकवाद' की स्थापना की थी, परन्तु उनका वस्तुवाद सांस्कृतिक मूल्यों के कारक तत्त्वों से निर्मित हुआ था। लेकिन इसका अर्थ यह नहीं था कि वे संस्कृति के उन मूल्यों को बनाए रखना चाहते थे जो परोक्षवाद अथवा जगत को मिथ्या कहकर मनुष्य को व्यक्तिनिष्ठ बनाने में सहायक थे। उन्होंने ब्रह्मवादी अवधारणा को भी विकासवादी विचारधारा से जोड़ने की पहल की। उन्होंने ब्रह्मसत्ता को 'नरसत्ता' से जोड़ने को ही ज्ञान की चरम परिणति बतलाई। 'भाव या मनोविकार' शीर्षक निबन्ध में लिखा, 'जिस प्रकार ज्ञान नरसत्ता के प्रसार के लिए है, उसी प्रकार हृदय भी। रागात्मिका वृत्ति के प्रसार के बिना विश्व के साथ जीवन का प्रकृत सामंजस्य घटित नहीं हो सकता। अगर विवेचन किया जाए तो उनके 'लोकवाद' का प्रमुख उपादान था मनुष्य की रागात्मिका वृत्ति। वे 'लोकवाद' जिसे समाजवादी देशों में 'जनवाद' कहा गया की स्थापना में 'क्रान्ति' की जगह रागात्मिका वृत्ति के प्रसार की नई विचारधारा प्रस्तुत की। शुक्लजी के विचार में रागात्मिकवृत्ति के प्रसार का उपादान 'क्रान्ति' से भी अधिक सबल था।

जिस प्रकार शुक्लजी ने ज्ञान, निर्गुण ब्रह्म और अपरोक्षसत्ता के सामाजिकीकरण का सिद्धान्त निरूपित किया उसी प्रकार ऐकान्तिक भक्ति को भी लोकवाद से जोड़ा। लिखा, 'भक्ति के सामाजिक महत्त्व को, इसकी लोक हितकारिणी शक्ति को स्वीकार करने में किसी को आगा-पीछा नहीं हो सकता।' (श्रद्धा-भक्ति, पृ. 46) शुक्लजी ने 'मानव जीवन की विशद् अभिव्यक्ति के लिए' ही भावों की सत्ता स्वीकार की। मानव जीवन की विशद् अभिव्यक्ति को ही उन्होंने लोकमंगल, विश्ववाद, लोकबद्ध, लोकसामान्य भावभूमिलोक धर्म का सौन्दर्य, लोक व्यवस्था, लोकसंघ जैसे दर्जनों शब्दों द्वारा प्रतिस्थापित किया था। शुक्लजी का लोकवाद व्यक्तिवाद की प्रतिरोध शक्ति के रूप में खड़ा हुआ था। उन्होंने यूरोप में आई व्यक्तिवाद की आँधी का प्रतिरोध करते हुए लिखा था, 'इशारे पर आँख मूँदकर दौड़नेवाले बड़े-बड़े पंडितों ने पुनरुत्थान की कालधारा को मथकर व्यक्तिवाद रूपी नया रत्न निकाला।' (322) उन्होंने व्यक्तिवाद के दुष्परिणामों की ओर संकेत करते हुए

लिखा कि व्यक्तिवाद ने 'स्वच्छन्दता के आन्दोलन' (Romantic movement) के उत्तरकाल में बड़ा ही विकृत रूप धारण किया।' (323) इसलिए शुक्लजी ने 'लोकसामान्य' की भूमि से व्यक्ति विशेष को टूटने से बचाया। शुक्लजी ने व्यक्तिवाद के जिस विकृत रूप की चर्चा बीसवीं शताब्दी के तीसरे दशक में की थी, उस व्यक्तिवादी विकृति ने शताब्दी के अन्त तक महामारी का रूप धारण कर लिया है।

रामचन्द्र शुक्ल ने व्यक्तिवाद की तरह 'स्वायत्तवाद' का भी विरोध किया था क्योंकि इसमें निरपेक्षता के खतरे के साथ ही व्यक्तिवादी अधिकार कायम रखने की भावना निहित है। स्वायत्तवादी विचारधारा जनवादी विचारधारा के विरोध में खड़ा किया गया था। 'लोभ और प्रीति' नामक निबन्ध में शुक्लजी ने अवान्तर प्रसंग द्वारा स्वायत्तवाद का प्रतिवाद करते हुए लिखा, 'स्वायत्त रखने की इच्छा प्रायः अनन्य उपयोग या उपभोग की वासना से सम्बद्ध रहती है वह लोगों को खटकती है और लोग उसका विरोध करते हैं। वे अपनी कृतियों में बार-बार 'लोक-संग्रह' की प्रवृत्ति की प्रशंसा करते थे। ऐसा इसलिए कि 'लोक-संग्रहवादी' समाज में उपभाग की स्वायत्त दृष्टि नहीं विकसित हो सकती। उन्होंने 'जीवो जीवस्य जीवनम्' (51) का विरोध इसलिए किया था कि इस विचारधारा के तहत असीम उपभोक्तावाद की वृद्धि हो सकती है। शुक्लजी ने अपने पूरे लेखन द्वारा उपभोक्तावादी समाज की निन्दा की।

रामचन्द्र शुक्ल प्रत्यक्षवादी विचारधारा के लेखक थे, इसलिए उन्होंने परोक्षवादियों की सीमाएँ तो बतलाई ही, साथ ही उन लोगों को जी भरकर कोसा जो शून्य-सिद्धान्त-वाक्यों द्वारा छद्‌माचरण कर रहे थे। उन्होंने लिखा, 'शून्य-सिद्धान्त-वाक्यों में कोई आकर्षण-शक्ति या प्रवृत्तिकारिणी क्षमता नहीं होती।' थोड़ा तल्ख होते हुए उन्होंने लिखा, 'सदा सत्य बोलो, दूसरों की भलाई करो, क्षमा करना सीखो ऐसे-ऐसे सिद्धान्त वाक्य किसी को बार-बार बकते सुन वैसा ही क्रोध आता है जैसा कोई बेहूदे की बात सुनकर।' (48) देखा जा सकता है कि शुक्लजी का पूरा जीवनानुभव उभरकर सामने आ गया था।

शुक्लजी का लोकवाद झूठे आदर्शवाद का समर्थक नहीं था। वे वर्तमान के लोकहित के लिए व्याप्त-वचनों का विरोध करने से नहीं चूकते थे। उन्होंने स्पष्ट लिखा था, 'यदि किसी के झूठ बोलने से कोई निरपराध और निःसहाय व्यक्ति अनुचित दंड से बच जाए तो ऐसा झूठ बोलना बुरा नहीं बतलाया गया है क्योंकि नियमशील और सद्‌वृत्ति का साधक है, समकक्ष नहीं।' (65) जिस शुक्लजी ने कई-कई प्रसंगों में मनुस्मृति की प्रशंसा की थी उसी शुक्लजी ने अपनी वस्तुवादी विचारधारा के सिलसिले में मनुस्मृति के इस वचन का सीधा खंडन किया था, 'प्रियं च नानृतं ब्रूयात्' (4/138)।

रामचन्द्र शुक्ल मार्क्सवाद की तरह ही व्यक्ति अथवा समाज का दूसरे व्यक्ति, समुदाय, समाज अथवा राज्य द्वारा आर्थिक शोषण किए जाने के सख्त विरोधी थे। उन्होंने संचयवादियों की आलोचना करते हुए लिखा, 'धन-संचय करने में बहुतों का लक्ष्य धन ही रहता है, उससे प्राप्य सुख नहीं। वे बड़े से बड़े सुख के बदले में या कठिन से कठिन कष्ट के निवारण के लिए थोड़ा सा भी धन अलग करना नहीं चाहते।' (लोभ

और प्रीति, 97) इसी निबन्ध में शुक्लजी ने समाज में बहुत बड़े पैमाने पर धन की पैठ हो जाने को असामाजिक भाव कहा। उन्होंने पूरे समाज में ही नहीं राष्ट्रीय स्तर पर भी 'वणिक' सभ्यता के हावी हो जाने के दुष्परिणामों का जो भविष्य कथन दूसरे दशक में किया था, वह आज के उत्तर आधुनिक समाज में और अधिक भयावह हो उठा है। उन्होंने चिन्ता जताते हुए लिखा, 'व्यापार नीति, राजनीति का प्रधान अंग हो गई है। बड़े-बड़े राज्य माल की बिक्री के लिए लड़नेवाले सौदागर हो गए हैं। अब सदा एक देश दूसरे देशों का चुपचाप दबे पाँव धन-हरण करने की ताक में लगा रहता है। इसी से भिन्न-भिन्न राज्यों की परस्पर सम्बन्ध-समस्या इतनी जटिल हो गई है। कोई-कोई देश लोभवश इतना अधिक माल तैयार करते हैं कि उसे किसी देश के गले मढ़ने की फिक्र में दिन-रात भरते रहते हैं। जब तक यह व्यापारोन्माद दूर न होगा तब तक इस पृथ्वी पर सुख शान्ति न होगी।' (लोभ और प्रीति, पृ. 101)

यहाँ ऊपर के अंश को शुक्लजी की विचारधारा के प्रकाश में देखा जाना अधिक प्रासंगिक होगा। शुक्लजी ने यह कथन अन्तर्राष्ट्रीय परिप्रेक्ष्य में किया था। वे केवल भारतवर्ष की शोषित नियति के वर्णन तक सीमित नहीं थे, बल्कि दूसरी दुनिया के सभी परतन्त्र राष्ट्रों की ओर से बोल रहे थे। आश्चर्य है कि वे आज के 80 वर्ष पूर्व बड़े-बड़े देशों द्वारा आर्थिक उपनिवेशवाद कायम करने, बड़े-बड़े कल कारखानों में अधिक से अधिक माल का उत्पादन कर गरीब और परतन्त्र देशों पर मढ़ने, दबे पाँव दूसरे देशों का धन लूटने, व्यापार के उन्माद में देश-देश के बीच जटिल समस्याएँ पैदा करने और विश्व की शान्ति भंग करने के बहाने इक्कीसवीं सदी के विश्व की कुंडली लिख रहे थे। अगर शुक्ल के एक-एक वाक्य में निहित संकेतों की व्याख्या की जाए तो उस व्याख्या में सन् 2001 के आतंकवाद का चेहरा झाँकता हुआ साफ दिखलाई पड़ेगा। यह सारा आतंकवाद अमेरिका व्यापारोन्माद के परिणाम के अतिरिक्त कुछ और नहीं दिखाई पड़ेगा। विकसित देशों की शोषण-नीति के कारण विकासशील और अविकसित देशों की आपसी समस्याएँ बेहद उलझ गई हैं। यह उलझाव शोषक राष्ट्रों द्वारा उत्पादित करके शोषित राष्ट्रों के गले मढ़ दिया गया है। अज्ञात नहीं है कि बहुराष्ट्रीय कम्पनियों का गरीब देशों पर बढ़ता दबदबा थोड़े से उन्नत देशों की देन है। आज के व्यापारोन्मादी देश द्वारा भू-मंडलीकरण का सिद्धान्त गरीब देशों पर थोपा जा रहा है। इसे आर्थिक आतंकवाद ही नहीं सांस्कृतिक आतंकवाद भी कहा जा सकता है। रामचन्द्र शुक्ल को काफी पहले इस खतरे की गन्ध मिलने लगी थी। आज का सारा विश्व इस खतरे की दुर्नियति से गुजर रहा है इन खतरों से बचने के उपाय शायद ही किसी के पास हों। परन्तु आ. शुक्ल ने इनसे आँखें चुराकर निबन्धों की गुफा में छिप नहीं जाना चाहते थे। अच्छा हो कि आठ-नौ दशक पूर्व उनके द्वारा दिए गए सिद्धान्त पर आज के परिवेश में विचार किया जाए।

आर्थिक, सांस्कृतिक और व्यापारिक आतंकवाद से मुक्ति पाने की दिशा में रामचन्द्र शुक्ल ने जो सुझाव दिए थे वे शब्दार्थ की दृष्टि से उनकी पुनरुत्थानवादी

स्थापना कही जा सकती है, परन्तु अदृश्यार्थों को दृश्यार्थ बना देने पर शुक्लजी पूरी तरह प्रत्यक्षवादी चिन्तक की तरह प्रतीत होंगे। उन्होंने आशा व्यक्त करते हुए लिखा था कि यह समस्या दूर होगी परन्तु तब जब 'क्षात्र धर्म की संसार में एक बार फिर प्रतिष्ठा होगी।' (101) उनका विश्वास था कि संसार में स्थापित क्षात्र धर्म इतना शक्तिशाली होगा कि चोरी का बदला डकैती से लेने का नया माहौल तैयार होगा।' (101)

यहाँ जरूरी है कि शुक्लजी के 'क्षात्र धर्म' की समकालीन विश्व के परिप्रेक्ष्य में पुनर्व्याख्या की जाए। इसी सन्दर्भ में शुक्लजी के शक्ति-सिद्धान्त का भी परिचय मिल जाएगा। शुक्ल ने केवल 'लोभ और प्रीति' निबन्ध में ही नहीं बल्कि 'श्रद्धा और भक्ति' में भी इस सिद्धान्त की महत्ता का वर्णन किया था। मनोविकारों पर निबन्ध लिख लेने के तत्काल बाद गोरखपुर के 'स्वदेश' में उनका एक अलग लेख प्रकाशित हुआ, 'क्षात्र धर्म का सौन्दर्य' और इसी के अगल-बगल फिराक गोरखपुरी का लेख 'जय-पराजय' छपा। विजया दशमी के अवसर पर इन दोनों महान लेखकों ने अंग्रेजी राज्य के बरक्स भारत के शक्ति-संवर्धन सिद्धान्त की उपयोगिता पर अपने-अपने विचार व्यक्त किए थे।

रामचन्द्र शुक्ल ने 'क्षात्र धर्म' के पद का प्रयोग एक विशेष विचारधारा के रूप में किया था। क्षात्र धर्म के स्वरूप की पहचान कराते हुए उन्होंने लिखा, 'जनता के सम्पूर्ण जीवन को स्पर्श करनेवाला क्षात्र-धर्म है।...क्षात्र धर्म ऐकान्तिक नहीं है। उसका सम्बन्ध लोक रक्षा से है।...क्षात्र-धर्म के सौन्दर्य में जो मधुर आकर्षण है, वह अधिक व्यापक, अधिक मर्मस्पर्शी और अधिक स्पष्ट है। मनुष्य की सम्पूर्ण रागात्मक वृत्तियों को उत्कर्ष पर ले जाने और विशुद्ध करने की सामर्थ्य उसमें है।' (श्रद्धा-भक्ति, पृ. 58)

आ. शुक्ल द्वारा क्षात्र-धर्म की यह नई अवधारणा थी। वामपन्थी आलोचकों ने तमाम प्रमाणों द्वारा सिद्ध करना चाहा है कि शुक्लजी विचारधारा से वर्ण-व्यवस्थावादी थे। अज्ञात नहीं है कि हिन्दू धर्म और वर्णव्यवस्था की मान्यताओं को दक्षिण पन्थियों ने काफी संकुचित कर दिया था। इन मान्यताओं के साथ शुक्लजी का भी वैचारिक लगाव था, परन्तु उन्होंने मान्यताओं को संकुचित दायरे से निकाला और इन्हें अपनी मुख्य विचारधारा 'लोकवाद' का पूरक बनाया। गीता में क्षात्र धर्म के सन्दर्भ में लिखा गया था, 'शौर्य तेजो धृतिः दाक्ष्यं युद्धे च अपि अपलायनम्, दानं ईश्वर भावः च क्षात्र कर्म स्वभावजम्' (18/43)। गीता द्वारा क्षात्र धर्म की वर्णव्यवस्थावादी स्थापनाओं को मान्यता दी गई थी। आ. शुक्ल का यह कम साहस नहीं था कि उन्होंने गीता की मान्यता को खारिज करके अपने समय के परिप्रेक्ष्य में नई मान्यता दी। इससे शास्त्र की मर्यादा भी बच गई और समय के पृष्ठ पर वर्णव्यवस्थावादी शब्द की नई परिभाषा भी लिख दी गई।

रामचन्द्र शुक्ल की सृजनात्मक विचारधारा के सन्दर्भ में इतना कहना असंगत न होगा कि वे हिन्दू मत और वर्णव्यवस्था की सामाजिक भूमिकाओं से पूरी तरह असहमत नहीं थे, परन्तु इनमें आए अन्धविश्वास और शोषणपरक रूढ़ियों के समर्थक बिल्कुल नहीं थे। उन्होंने तमाम मतवादों को अपने लोकधर्म के परिप्रेक्ष्य में ही विश्लेषित किया।

उन्होंने मनोविकारों पर लिखे अपने पहले ही निबन्ध 'भाव या मनोविकार' में इन मतवादों का अत्यन्त सूक्ष्म विवेचन किया। धर्मशासन में नरक का भय और स्वर्ग का लोभ दिखाकर आम आदमी को मूर्ख बनाने की प्रवृत्ति की निन्दा की। लिखा कि धर्म-शासन में भी 'भय और लोभ का प्रवर्तन उचित सीमा के बाहर भी प्रायः होता रहा है। मत प्रवर्तक अपने द्वेष और संकुचित विचारों के प्रचार के लिए भी जनता को कँपाते और लपकाते आए हैं।' (6) शुक्लजी ने धर्मवाद अथवा मतवाद में प्रविष्ट हानिकारक तत्त्वों की आक्रामक खिल्ली उड़ाई और सुझाव देते हुए लिखा, 'भाव क्षेत्र अत्यन्त पवित्र क्षेत्र है। उसे इस प्रकार गन्दा करना लोक के प्रति भारी अपराध समझना चाहिए।' (6) उन्होंने चिन्ता जताई कि 'एक जाति को मूर्ति-पूजा करते देख दूसरी जाति के मत प्रवर्तक ने उसे गुनाहों में दाखिल किया है। एक सम्प्रदाय को भस्म और रुद्राक्ष धारण करते देख दूसरे सम्प्रदाय के प्रचारक ने उनके दर्शन तक में पाप लगाया है।' (6) इस प्रकार उन्होंने सभी मतवाद और सम्प्रदायवाद में आई खामियों पर प्रहार किया। उन्होंने धर्म की रसात्मक अनुभूति की कल्पना की जिसके भीतर अपने मंगल और लोक के मंगल की संगम-भावना निहित हो।

आ. शुक्ल ने धर्म को 'समष्टि स्थिति की रक्षा से सम्बन्ध रखनेवाले भावों' का केन्द्र कहा था। (श्रद्धा-भक्ति, पृ. 53) धर्म के परमार्थ भाव के बदले स्वार्थ-भाव की बढ़ती प्रवृत्ति को उन्होंने धर्म का विकृत रूप माना। उन्होंने व्यवहार-क्षेत्र को ही धर्मक्षेत्र की संज्ञा दी। उन्होंने पौराणिक अवतारवाद की रूढ़ि परम्परा को अस्वीकार करते हुए उसे अवतार कहा जो अपने जीवन द्वारा समाज में कर्म-सौन्दर्य को संघटित करने में समर्थ हो। इसी परिप्रेक्ष्य में उन्होंने राम, कृष्ण, बुद्ध आदि को अवतार-पुरुष कहा। उन्होंने बीसवीं शताब्दी में विश्व स्तर पर होनेवाले परिवर्तनों के सन्दर्भ में हिन्दू-धर्म की सार्थक व्याख्या की और लिखा, 'हिन्दू धर्म संसार के भीतर घुसकर उसके व्यवहारों के बीच सात्त्विक विभूति की ज्योति जगमगानेवालों को ही महत्त्व देता है।' (57) देखा जा सकता है कि उन्होंने हिन्दू धर्म को हिन्दुओं तक सीमित न रखकर संसार के व्यवहारवाद से जोड़ उसका लक्ष्य निर्धारित किया विश्व में चलनेवाले तद्‌युगीन सामाजिक व्यवहार को सात्त्विक बनाना। उन्होंने धर्म की परिभाषा दी, 'वह व्यवस्था या वृत्ति, जिससे लोक के मंगल का विधान होता है, 'अभ्युदय' की सिद्धि होती है, धर्म है।' (काव्य में लोकमंगल की साधनावस्था, पृ. 295) शुक्लजी द्वारा धर्म की ऐसी परिभाषा थी जिसके सामने धर्म पर लिखी बड़ी-बड़ी पोथियाँ व्यर्थ थीं। स्पष्ट है कि परिभाषा 'लोक' और लोक का अभ्युदय दो ही का महत्त्व था।

अगर शुक्लजी के सम्पूर्ण लेखन को दृष्टि में रखकर उनकी विचारधारा के बारे में कुछ कहना हो तो उसे 'लोक-मंगल' का सिद्धान्त कहना ही ज्यादा प्रासंगिक होगा। उनके सैद्धान्तिक विचारों की सारी यात्राएँ लोकमंगल में ही समाप्त होती हैं। लोकमंगल की विश्वदृष्टि ही उनकी विचारधारा का प्रथम और अन्तिम सोपान था।

रामचन्द्र शुक्ल के निबन्धों को देखने से अज्ञात नहीं रह जाता कि वे आचार्यत्व

की नई परम्परा स्थापित करने के सन्दर्भ में लिखे गए थे। संस्कृत में काव्यशास्त्र को आन्वीक्षिकी त्रयी वार्ता और दंडनीति नामक चार विद्याओं के बाद 'काव्यशास्त्र' को पाँचवीं विद्या कहा गया यानी 'पंचमी साहित्य विद्या'। रीतिकालीन आचार्यों द्वारा प्रस्तुत काव्य-विद्या अधूरी, अन्तर्विरोधी और अप्रभावी रही थी। आ. शुक्ल ने ही लिखा था, 'जिस सूक्ष्म विवेचन और पर्यालोचन शक्ति की अपेक्षा होती है, उसका विकास नहीं हुआ। काव्यांगों का विस्तृत विवेचन, तर्क द्वारा खंडन-मंडन, नए-नए सिद्धान्तों का प्रतिपादन आदि कुछ भी नहीं हुआ। इसका कारण यह भी था कि उस समय गद्य का विकास नहीं हुआ था।' (हि.सा.इ., पृ. 226) यहाँ यह कह देना असंगत न होगा कि जब हिन्दी में गद्य का विकास हो भी गया था तब भी आलोचनापरक साहित्य-शास्त्र लिखने की क्षमता हिन्दी गद्यकारों में नहीं थी, न महावीरप्रसाद द्विवेदी में और न ही बाबू श्यामसुन्दर दास में। इसलिए आ. शुक्ल को ही यह भूमिका भी निभानी पड़ी।

आ. शुक्ल ने काव्यशास्त्रीय आचार्यत्व की सिद्धि के लिए कुछ महत्त्वपूर्ण उपादान सुझाए थे, जैसे अभिनव सिद्धान्त-सृजन की प्रतिभा उपस्थापन विधि का ज्ञान तर्क द्वारा खंडन-मंडन-शक्ति, सूत्र-वृत्ति-उदाहरण के अति प्रासंगिक विन्यास-बोध, पर्यालोचन और विवेचन की वैज्ञानिक पद्धति क्षमता। अगर देखा जाए तो शुक्लजी के सभी मौलिक निबन्ध हिन्दी साहित्य में आलोचनापरक साहित्य शास्त्र के अभाव की पूर्ति के रूप में लिखे गए थे। उनके प्रथम भौतिक निबन्ध 'कविता क्या है ?' द्वारा उनके निबन्ध लेखन के उद्देश्य को आसानी से समझा जा सकता है। इस लेख में बार-बार परिवर्तन-परिवर्धन के पीछे उनका निबन्धकार नहीं बल्कि उनका आचार्यत्व काम कर रहा था। 'काव्य में लोकमंगल की साधनावस्था, साधारणीकरण और व्यक्ति वैचित्र्यवाद और रसात्मक बोध के विविध रूप शीर्षक निबन्ध उनके आचार्यत्व व्यक्तित्व के ही निदर्शक हैं। चिन्तामणि-2 के निबन्ध काव्य में रहस्यवाद, काव्य में अभिव्यंजनावाद और काव्य में प्राकृतिक दृश्य भी शुक्लजी के साहित्याचार्य व्यक्तित्व के पूरक थे। चिन्तामणि-1 में मनोविकारों पर लिखे निबन्धों में भी शुक्लजी के मनोवैज्ञानिक व्यक्तित्व की अभिव्यक्ति न होकर उनके साहित्य शास्त्रीय व्यक्तित्व की अभिव्यक्ति हुई थी। उन्होंने मनोविकारों को भाव की संज्ञा दी थी। पहले निबन्ध का शीर्षक लगाया 'भाव या मनोविकार'। स्पष्ट है कि 'भाव' पद उनका 'संकल्प' था और 'मनोविकार' उनका 'विकल्प'। उन्होंने स्पष्ट लिखा था, 'मनुष्य की प्रवृत्तियों की तह में अनेक प्रकार के भाव ही प्रेरक के रूप में पाए जाते हैं।' (पृ. 5) काव्यशास्त्र अथवा साहित्यशास्त्र के मूल आधार 'भाव' ही होते हैं। इसलिए 'कविता क्या है', 'रसात्मक बोध के विविध रूप' इत्यादि काव्यशास्त्रीय निबन्ध तब तक अधूरे थे जब तक तर्क और साक्ष्य-प्रणाली द्वारा भावों पर निबन्ध न लिखे जाते। स्पष्ट है कि शुक्लजी 'रसवादी' निबन्धकार थे इसलिए भावों को आधार बनाकर निबन्ध लिखना उनके आचार्यत्व की परिपूरक आवश्यकता थी। देखा जा सकता है कि मनोविकारों पर लिखे आधे से अधिक निबन्ध रसों के स्थायी भाव हैं। ईर्ष्या, लोभ, लज्जा, ग्लानि, श्रद्धा आदि भी संचारी भावों के अन्तर्गत गिनाए गए हैं। शुक्लजी ने इन

भावों को केवल संचारी के रूप में ही नहीं लिया था, बल्कि 20वीं शताब्दी की नई सामाजिक-संकुलता के कारण नई-नई अनुभूति-प्रक्रियाओं के क्रम में मूल भाव के रूप में भी देखा था। नई सामाजिकता और मनुष्य-मनुष्य के बीच नए अन्तर्सम्बन्धों के कारण रस-संख्या की परिमिति टूट रही थी। आ. शुक्ल मानव-मन की विविध सम्भावनाओं के क्रम में ही लज्जा और ग्लानि, श्रद्धा-भक्ति, लोभ और प्रीति तथा ईर्ष्या आदि मनोविकारों पर निबन्ध लिख रहे थे। इनमें से 'ईर्ष्या' और 'लोभ' शीर्षक मनोविकार वर्तमान से अधिक भविष्य के प्रवक्ता थे। अगर सन् 1952 के बादवाले समय को शुक्लोत्तर-काल कहा जाए तो कहना ही पड़ेगा कि शुक्लोत्तर काल में 'ईर्ष्या' और 'लोभ' जैसे मनोविकार 'रति' और 'हास' नाम के स्थायी भावों से अधिक उद्दीप्त होने लगे। शुक्लजी ने ईर्ष्या की सूत्र-प्रतीति कराते हुए लिखा था, 'ईर्ष्या एक संकर भाव है, जिसकी सम्प्राप्ति आलस्य, अभिमान और नैराश्य के योग से होती है।' (145) देखा जा सकता है कि यह शुक्लोत्तर समय का वास्तविक समाजशास्त्र है।

इस तरह यह कहने में किसी प्रकार की कोई असंगति नहीं हो सकती कि रामचन्द्र शुक्ल के सभी मौलिक निबन्ध अपने समय के वैचारिक निबन्ध होने के साथ ही उनकी काव्यशास्त्रीय समीक्षा थे, चाहे उन्हें सैद्धान्तिक समीक्षा कहा जाए, चाहे व्यावहारिक। शायद यही कारण था शुक्लजी की समकालीन तथा उत्तरवर्ती पीढ़ियों ने निबन्ध-लेखन की शुक्ल-परम्परा को आगे नहीं बढ़ाया। कहा तो यहाँ तक जा सकता है कि हिन्दी में आत्माभिव्यंजक निबन्धों की परम्परा शुक्लजी के वैचारिक निबन्धों की प्रतिक्रिया में विकसित हुई, जिस प्रकार द्विवेदीयुगीन कविताधारा की प्रतिक्रियास्वरूप छायावादी काव्य-परम्परा चल पड़ी। यहाँ यह भी विचारणीय विषय है कि शुक्ल की निबन्ध परम्परा क्यों ठप पड़ गई ? क्या यह उनके निबन्धों की सीमा थी अथवा उनके लेखकीय सामर्थ्य की पूर्णता ? ऐसा नहीं कहा जा सकता कि आचार्य हजारीप्रसाद द्विवेदी में आ. शुक्ल जैसी सर्जक वैचारिकता का अभाव था या वे शुक्लजी जैसे काव्यशास्त्रीय सिद्धान्तों को युग-सापेक्ष निबन्धात्मक स्वरूप नहीं दे सकते थे।

साहित्य में किसी परम्परा का दूर तक प्रवाहित होते चलना अथवा शीघ्र ही उसका अन्त हो जाना मुख्यतः दो सिद्धान्तों पर निर्भर होता है। पहला है 'युग की अपेक्षा का सिद्धान्त' और दूसरा 'पाठकीयता का सिद्धान्त' इस सन्दर्भ में शुक्लजी के ही विचारों का विश्लेषण करना अधिक संगत होगा। उन्होंने भारतेन्दु के सन्दर्भ में लिखा था, 'यद्यपि देश में नए-नए भावों का संचार हो गया था, पर हमारी भाषा उनसे दूर थी। यद्यपि लोगों की अभिरुचि बदल चली थी पर हमारे साहित्य पर उसका आभास नहीं पड़ा था। शिक्षित लोगों के विचारों तथा व्यापारों ने दूसरा मार्ग तो पकड़ लिया था, पर उनका साहित्य उसी पुराने मार्ग पर ही था।' (प्रेमघन की छाया स्मृति : 'हंस' जनवरी-फरवरी, 1931)

ध्यान दिया जाए तो आ. शुक्ल ने भारतेन्दु हरिश्चन्द्र के बहाने अपनी भी अवधारणाओं की वकालत की थी। सन् 1930 तक उन्होंने 'अभिभाषण : काव्य में अभिव्यंजनावाद' को छोड़कर वह सबकुछ लिख लिया था जो आज उनके नाम से

उपलब्ध है। अगर शुक्लजी के उपर्युक्त कथन पर विचार किया जाए तो मुख्यतः तीन बातें सामने आती हैं। उनकी पहली मान्यता थी, 'शिक्षित वर्ग के लिए ही साहित्य-लेखन दूसरी—देश में नवोदित भावों और विचारों के साथ भाषा और साहित्य को जोड़ना और तीसरी—पाठकीय अभिरुचि। इसमें दो राय नहीं हो सकती कि शुक्लजी ने अपने निबन्धों द्वारा पाठकों को नए ज्ञान से जोड़ने की कोशिश की। विश्व-परिप्रेक्ष्य से प्राप्त नव आविष्कृत ज्ञान-विज्ञान से उन्होंने हिन्दी साहित्य का नया नाता स्थापित किया। हालाँकि इस दायित्व का निर्वाह महावीरप्रसाद द्विवेदी भी 'सरस्वती' के माध्यम से कर रहे थे, परन्तु उसमें परिचय और विवरण देने का ही उद्देश्य निहित था। आ. शुक्ल ने 'सरस्वती' के परिचय और विवरण का दाखिला साहित्य की कक्षा में किया। 'सरस्वती' को पत्रकारिता की मर्यादा निभानी थी, आ. शुक्ल को साहित्य की मर्यादा। 'सरस्वती' केवल शिक्षित वर्ग के लिए ही नहीं प्रकाशित हो रही थी। उसका लक्ष्य अशिक्षित वर्ग को भी शिक्षित करना था। वह एक सामुदायिक स्कूल थी, परन्तु शुक्लजी का लेखन विश्वविद्यालय था। इसलिए उन्होंने अपने साहित्य-विश्वविद्यालय में केवल शिक्षित वर्ग को ही भर्ती होने का अवसर दिया। इस प्रकार रामचन्द्र शुक्ल के युग में निबन्ध-लेखन के दो प्रतिष्ठान बन गए थे, पहला था विश्वविद्यालय प्रतिष्ठान और दूसरा सामुदायिक प्रतिष्ठान। आ. शुक्ल के युग के ही अधिकांश निबन्धकार सामुदायिक प्रतिष्ठान से सम्बद्ध थे। माधवप्रसाद मिश्र, महावीरप्रसाद द्विवेदी, श्यामसुन्दर दास, मिश्र बन्धु, सरदार पूर्णसिंह, जगन्नाथ प्रसाद चतुर्वेदी, बनारसीदास चतुर्वेदी, पद्मसिंह शर्मा, गुलाबराय आदि अधिकांश निबन्ध-लेखक मुख्यतः दूसरे प्रतिष्ठान के लेखक थे। केवल चन्द्रधर शर्मा गुलेरी कभी-कभार विश्वविद्यालय प्रतिष्ठान में सम्मिलित हो जाते थे। इसीलिए शुक्लजी को लिखना पड़ा था, 'निबन्ध गद्य की कसौटी है।' यह शुक्लजी का निबन्ध-सिद्धान्त था जो 'तलवार की धार पर धावनों' की तरह कठिन था। शुक्लजी का यह निबन्ध-सिद्धान्त बीज रूप से उनमें तभी से आकार लेने लगा था जब उन्होंने New man's idea of a university के Literature शीर्षक निबन्ध का 'साहित्य' शीर्षक से अनुवाद किया। (सरस्वती : मई, 1904) इस अनुवाद से ही उन्होंने सीखा, 'विचार का नाम साहित्य है', 'साहित्य एक व्यक्ति की निज की क्रिया है', 'भाषा के बिना विचार का होना असम्भव है', 'कल्पना और विचार लेखक के अन्तःकरण के निवासी हैं', 'विशाल बुद्धि की कार्यप्रणाली भी विशाल होती है', 'विचारों और भावों को तिलांजलि देकर शब्दों पर ही टूट पड़ने का पक्ष मैं नहीं ले सकता', 'साहित्य विचारों का शब्दों में अवतीर्ण होना है' आदि सूत्रों के माध्यम से रामचन्द्र शुक्ल के निबन्ध-लेखन-सिद्धान्त को समझना आसान हो सकता। उन्होंने अपने अनूदित सूत्रों के प्रकाश में ही मनोविकारों पर निबन्ध लिखे थे और मनोविकारों पर लिखे वैचारिक निबन्धों के प्रकाश में ही 'निबन्ध गद्य की कसौटी है' सिद्धान्त का निरूपण किया था।

अब साक्ष्य-विवेचनों के बाद यह अस्पष्ट नहीं रह गया है कि शुक्लजी की निबन्ध-लेखन-धारा आगे क्यों नहीं बढ़ सकी। इस धारा के अवरुद्ध होने अथवा

परिवर्तित हो जाने का मुख्य कारण है शुक्लजी द्वारा पाठकों के वर्ग-विभाजन में 'शिक्षित-वर्ग की स्थापना।' 'हिन्दी साहित्य का इतिहास' (प्रथम संस्करण, 1929) के वक्तव्य में भी शुक्लजी ने साहित्य को शिक्षित वर्ग तक ही सीमित रखा था, लिखा था, 'शिक्षित जनता की जिन-जिन प्रवृत्तियों के अनुसार हमारे साहित्य के स्वरूप में जो-जो परिवर्तन होते आए हैं'...आदि। इस तरह शुक्लजी ने साहित्य का रिश्ता केवल शिक्षित वर्ग से कायम किया था। शुक्लजी के जीवन-काल में ही हिन्दी के निबन्धकारों ने शुक्लजी के शिक्षित-वर्ग की अवधारणा को अस्वीकार कर दिया था और उन्हें असामान्य रूप से शास्त्रीय होने से आक्रान्त माना था। उनके निबन्धों पर असहज पांडित्य प्रदर्शन का दोषारोप किया था और भावहीन दुरूह भाषा का संगठन माना था। स्वाभाविक था कि हिन्दी में निबन्ध-लेखन की दूसरी परम्परा बनती। इस दूसरी परम्परा के प्रवर्तक बने हजारीप्रसाद द्विवेदी।

शिक्षित-वर्ग का सिद्धान्त रामचन्द्र शुक्ल के निबन्धों की सीमा थी परन्तु मनोविकारों पर निबन्ध लिखते समय वस्तु चयन की अभिनवता, विषय-प्रभागों की सोपानबद्धता, चिन्तन की मौलिकता, मीमांसा की तर्कक्षमता, प्रमाणों का प्रासंगिक विनियोग, सूत्र और वृत्ति का स्वाभाविक संयोग तथा भाषा और शैली की सृजनात्मक चेतना की जो सामर्थ्य थी उसे परवर्ती निबन्धकार आगे बढ़ाने में समर्थ न हो सके। लेकिन यह नहीं कहा जा सकता कि शुक्लोत्तर काल में शुक्लजी के निबन्ध शिल्प को अस्वीकार कर दिया गया। शुक्लजी द्वारा घोषित वैचारिकता के सिद्धान्त को समकालीन निबन्ध साहित्य में पुनः स्थान मिलने लगा है। अब हजारीप्रसाद द्विवेदी, विद्यानिवास मिश्र और कुबेरनाथ राय के आत्माभिव्यंजक निबन्धों का रुख विचार और विमर्श की दिशा में मुड़ गई है।

आचार्य रामचन्द्र शुक्ल के निबन्ध कालानुभव के संचित राशि हैं। उनमें अन्वित-विन्यास के रागात्मक सम्बन्ध की मोहकता है। विचार और भाव, विषय प्रधानता और आत्मनिष्ठता, सूक्ष्म और स्थूल उपादानों की अविरोधी अर्थ-व्यंजना, तुलना और पार्थक्य की संगमधारा, भाषिक प्राणवत्ता और शैलीगत विविधता का अप्रतिम संयोग है। शुक्लजी के निबन्धों में विचार-सूत्रों द्वारा निर्मित शृंखला कहीं भी निर्बल और थकी-थकी नहीं लगती क्योंकि वे अखंडत्व शैली-सिद्धान्त के तहत लिखे गए थे। शुक्लजी ने अपने निबन्धों में विचार-बिन्दुओं का विस्तार ऋजु शैली में किया है। उनमें भाषा की वक्रता भले हो, परन्तु शैलीगत वक्रता कहीं भी नहीं है। यही कारण है कि वे (शुक्लजी) अपने निबन्धकार की सम्पूर्ण सत्ता की अभिव्यक्ति करने में सफल हुए हैं। उनके निबन्ध की धारा बुद्धिप्रधान है, परन्तु धारा के दोनों तट हृदय-प्रधान हैं। जो पाठक आचार्य शुक्ल के निबन्धों की धारा में डूबेगा उसे बुद्धि और विचार के महँगे रत्न मिलेंगे और जो तटवास तक सीमित रहेगा उसे मानव-हृदय के कौतूहल, व्यंग्य-विनोद की तरलता और मानसिक विश्राम के अपूर्व क्षणों की उपलब्धि होगी। मनोविकारों पर लिखे निबन्धों को पढ़ने के बाद शायद ही कोई पाठक रिक्ति का अनुभव करे। आ. शुक्ल के सभी निबन्ध

सार्वभौम संस्कृति के प्रतीति स्थल हैं। उन्होंने किसी भी पंक्ति में निषेधात्मक प्रवृत्ति नहीं उभरने दी। ऐसा नहीं है कि शुक्लजी में विषम-धर्म है ही नहीं, परन्तु उन्होंने बड़ी चतुराई के साथ दो विषमों को मिलाकर एक 'सम' बना दिया है। उनका कहना है, 'भीषणता में अद्भुत मनोहरता, कटुता में भी अपूर्व मनोहरता, प्रचंडता में भी गहरी आर्द्रता साथ लगी रहती है। विरुद्धों का यही सामंजस्य कर्मक्षेत्र का सौन्दर्य है जिसकी ओर आकर्षित हुए बिना मनुष्य नहीं रह सकता।' (294) अगर विश्लेषण किया जाए 'विरुद्धों का सामंजस्य सिद्धान्त' आ. शुक्ल के सांस्कृतिक व्यक्तित्व को समझने के लिए सटीक फार्मूला है।

कहने का अर्थ यह कि आचार्य रामचन्द्र शुक्ल हिन्दी निबन्ध कला के तब भी शिखर थे, अब भी शिखर हैं।

आचार्य रामचन्द्र शुक्ल की आलोचना-दृष्टि

रामचन्द्र शुक्ल ने साहित्य-आलोचना पर कोई अलग से पुस्तक नहीं लिखी, परन्तु 'हिन्दी साहित्य का इतिहास' निबन्ध और भूमिका-लेखन के माध्यम से आलोचना की जो दृष्टि विकसित की वह आज भी अनतिक्रम्य बनी हुई है। उन्होंने इतिहास गति और अपने समय तक के उपलब्ध ज्ञान-राशि के सारांश को मुख्य उपादान के रूप में स्वीकार किया। उन्होंने भारतीय समाज और हिन्दी साहित्य की समकालीन स्थितियों की तुलना की। उन्हें लगा कि विश्व-पथ समाज काफी आगे बढ़ गया था, परन्तु साहित्य पुराने रचना-प्रतिमानों के मोह में फँसा सामाजिक सन्तुलन स्थापित करने में समर्थ नहीं हो पा रहा था। आ. शुक्ल ने आलोचना को तमाम सीमाओं से मुक्त करके उसे सामाजिक स्वरूप दिया। इस तरह हिन्दी साहित्य में शुक्लजी सामाजिक आलोचना के प्रथम आचार्य बने।

हालाँकि शुक्लजी ने आलोचना का कोई गुरुकुल नहीं खोला जैसाकि संस्कृत के काव्य-शास्त्रियों ने किया था परन्तु उन्होंने युग-धर्म को ही रचना और आलोचना का गुरुकुल बनाया। इसके लिए आलोचना के तमाम औजारों में फेरबदल किए नए मानदंड तलाश किए और पुराने और नए में सहज सन्तुलन स्थापित किए। इतना ही नहीं उन्होंने दूसरी भाषाओं की साहित्य-आलोचना का गहन मन्थन किया और ग्रहण तथा त्याग बुद्धि द्वारा प्राप्त पद्धति को अपने समालोचना-समीकरण में शामिल किया।

आलोचना पर पुस्तक न लिखकर भी सम्पूर्ण आलोचक बनने के अकेले उदाहरण हैं आ. शुक्ल। इसका मुख्य कारण है कि उनकी अनुवीक्षण और विश्लेषण दृष्टि अत्यन्त प्रखर थी। उन्होंने अपनी आलोचना द्वारा रचना और पाठक के बीच की दूरी समाप्त करके, दोनों में अन्तःसम्बन्ध स्थापित करने की भूमिका निभाई। इसके लिए उन्होंने वस्तु-विधान के वर्गीकरण, उनके सामाजिक परिणामों के मूल्यांकन, सांस्कृतिक परिवेश के आकलन, भाव-कुभाव की तुलना, परम्पराओं के सार्थक अनुगमन की सामर्थ्य के साथ ही रचनाकार की अभिव्यक्ति की प्रतिभा का तर्क और साक्ष्य के साथ समीक्षा की। हिन्दी साहित्य में आलोचना की यह शैली शुक्लजी के पहले और न ही उनके समय में ही अपनाई जा सकी थी। हिन्दी आलोचना केवल गुण-दोष-दर्शन तक सीमित थी। इसके कारण रचना अथवा रचनाकार का सम्पूर्ण आकलन नहीं हो पा रहा था। आ. शुक्ल हिन्दी में आलोचना के समर्थ अधिकारी के रूप में उभरे। उन्होंने ऐसी आलोचना प्रणाली का विकास किया जो देश और काल से मेल खा सके और दूसरी भाषाओं के

साहित्यालोचन की कोटि में रखी जा सके।

रामचन्द्र शुक्ल की आलोचना की सबसे बड़ी विशेषता यह थी कि उन्होंने आलोचना को आलोचना के आग्रहों से निकालकर इतिहास, मनोविज्ञान, जातीय संस्कृति, देश-काल और सामाजिक न्याय के निकष पर कसा। कृति और कृतिकार के गुण-दोष की उद्धरणी देनेवाली आलोचना में आलोचक के पूर्वाग्रह नियामक बन जाते थे। आ. शुक्ल ने आलोचना की इस पद्धति को पूरी तरह अस्वीकार कर दिया। उन्होंने स्थायी आलोचना के लिए कृतिकार की 'विचारधारा में डूबकर उसकी अन्तःवृत्तियों की छानबीन' करने की पद्धति को युग-सापेक्ष आलोचना प्रणाली साबित किया। अन्तःवृत्तियों की छानबीन करना काफी कठिन प्रक्रिया थी। शुक्लजी ने अनुभव किया कि अन्तःवृत्तियाँ केवल व्यक्ति (रचनाकार) की ही नहीं होती है, बल्कि किसी देश या समाज की सामूहिक अन्तःवृत्तियाँ भी होती हैं। आलोचक दोनों प्रकार की अन्तःवृत्तियों के समेकित परीक्षण के बाद ही किसी कृति को आलोचना की अदालत में खड़ा करता है और एक बहुमान्य निर्णय देता है।

रामचन्द्र शुक्ल की आलोचना-यात्रा के तीन उपादान अत्यन्त महत्त्वपूर्ण थे—कृतिकार की विचारधारा का विवेचन, उसकी अन्तःवृत्तियों की छानबीन और उसके द्वारा प्रयुक्त भाषा-शैली की सार्थकता। शुक्लजी के अनुसार समालोचना चाहे निर्णयात्मक (जुडीशियल मेथड) हो, चाहे व्याख्यात्मक (इंडक्टिव क्रिटिसिज्म) दोनों में उक्त तीनों समीक्षा-उपादानों का समान महत्त्व होता है। परन्तु आ. शुक्ल ने निर्णयात्मक आलोचना-पद्धति को महत्त्व नहीं दिया। उन्होंने लिखा, 'निर्णयात्मक आलोचना किसी रचना के गुण-दोष निरूपित करके इसका मूल्य निर्धारित करती है। उसमें लेखक और कवि की कहीं प्रशंसा होती है कहीं निन्दा।...निर्णयात्मक आलोचना की चाल बहुत कुछ उठ गई है। अपनी भली-बुरी रुचि के अनुसार कवियों की श्रेणी बाँधना, उन्हें नम्बर देना, अब एक बेहूदा बात समझी जाती है।' (हि.सा.इ., पृ. 503-04) शुक्लजी ने निर्णयात्मक आलोचना को 'बेहूदा' कहने-समझने की अवधारणा जे.ई. स्पिन्गार्न (की आलोचना-पुस्तक 'द न्यू क्रिटिसिज्म-1911) पढ़ने के बाद ही बनाई हो ऐसी बात नहीं। उनके निज के आलोचक को भी आलोचना की यह पद्धति पसन्द नहीं थी। इस सन्दर्भ में उन्होंने आचार्य विश्वनाथ और पंडितराज जगन्नाथ की तुलना करते हुए दिखलाया था कि नम्बर देने और निर्णय सुनाने के क्रम में विश्वनाथ ने जिस श्लोक को अधिक नम्बर देकर 'साधु' कहा था, उसी को पंडितराज ने दुष्ट और दोषपूर्ण मानकर शून्य नम्बर दिया था। आलोचना की यह प्रणाली पाठकों को भ्रम में डाल देती है। कभी-कभी इसके 'घराने' भी बन जाते हैं। घराना प्रणाली की आलोचना कृति और कृतिकार की छीछालेदर कर देती है। अगर ऐतिहासिक क्रम में देखा जाए तो 20वीं शताब्दी के आठवें-नवें दशक से 'घराना' प्रणाली की आलोचना का इस कदर प्रचलन हुआ है कि कोई एक रचनाकार एक घराना के लिए 'देवता' तो दूसरे घराना के लिए 'दानव' बन गया है। ऐसी स्थिति में कृतिकार की रचनाशीलता को निन्दा अथवा स्तुति के फ्रेम में मढ़कर नुमाइश दिखाने

की प्रणाली चल पड़ी है जिसके कारण सर्जक के वृहत्तर उद्‌देश्य को नजरअन्दाज कर दिया जा रहा है।

अगर आज बीसवीं सदी के उत्तर चतुर्थांश और 21वीं शताब्दी के प्रथम दशक की आलोचना-पद्धति का गहन विवेचन किया जाए तो अज्ञात नहीं रहेगा कि रामचन्द्र शुक्ल ने इनमें प्रविष्ट अभावों का संकेत पिछली सदी के तीसरे दशक में ही कर दिया था। उन्होंने कवियों की श्रेणी बाँधने की निर्णयात्मक पद्धति के लिए 'बेहूदः' शब्द का प्रयोग किया था जो शुक्ल-काल के लिए अतिरेकवादी था, परन्तु 21वीं शताब्दी में यह अधिक प्रासंगिक हो उठा है। शुक्ल-काल में लिखे 'मिश्र-बन्धु विनोद' में कवियों की श्रेणी निर्धारण करने की प्रथा अवश्य चलाई गई थी, परन्तु उसे 'बेहूदः' कहना संगत निर्णय नहीं कहा जा सकता था, परन्तु समकालीन समीक्षा (2002) में श्रेणी-निर्धारण प्रणाली ज्यादा जोर पकड़ रही है। इस सन्दर्भ में आ. शुक्ल ने लिखा था, 'केवल गुण-दोष दिखानेवाले लेखों या पुस्तकों की धूम थोड़े ही दिनों रहती है। यह कम आश्चर्य की बात नहीं है कि हिन्दी में टिकाऊ आलोचना का जो मानक शुक्लजी ने निर्मित किया था, वह आज भी स्थायी बना हुआ है।

रामचन्द्र शुक्ल व्याख्यात्मक आलोचना-प्रणाली के अधिक प्रशंसक थे। उनके लिए 'व्याख्या' का अर्थ केवल विवृत्ति, टीका, भाष्य अथवा स्पष्टीकरण तक सीमित नहीं था बल्कि जातीय तथा समाजशास्त्रीय दृष्टिकोण का प्रसार करते हुए पाठकों में कृतित्व के प्रति आस्वाद भी विकसित करता था। शुक्लजी ने व्याख्यात्मक आलोचना प्रणाली के सन्दर्भ में लिखा था, 'व्याख्यात्मक आलोचना किसी ग्रन्थ में आई हुई बातों को एक व्यवस्थित रूप में सामने रखकर उनका अनेक प्रकार से स्पष्टीकरण करती है। यह मूल्य निर्धारित करने नहीं जाती। ऐसी आलोचना अपने शुद्ध रूप में काव्यवस्तु ही तक परिमित रहती है अर्थात् उसी के अंग-प्रत्यंग की विशेषताओं को ढूँढ़ निकालने और भावों की व्यवच्छेदात्मक व्याख्या करने में तत्पर रहती है। पर इस व्याख्यात्मक समालोचना के अन्तर्गत बहुत सी बाहरी बातों का भी विचार होता है, जैसे—सामाजिक, राजनीतिक, साम्प्रदायिक परिस्थिति आदि का प्रभाव। ऐसी समीक्षा को ऐतिहासिक समीक्षा कहते हैं। इसका उद्‌देश्य निर्दिष्ट करना होता है कि किसी रचना का उसी प्रकार की और रचनाओं से क्या सम्बन्ध है और उसका साहित्य की चली आती हुई परम्परा में क्या स्थान है। बाह्य पद्धति के अन्तर्गत ही कवि के जीवनक्रम और स्वभाव आदि के अध्ययन द्वारा उसकी अन्तःवृत्तियों का सूक्ष्म अनुसन्धान भी है जिसे 'मनोवैज्ञानिक आलोचना' कहते हैं।' (हि.सा.इ., पृ. 503-04)

रामचन्द्र शुक्ल ने तुलनात्मक आलोचना-प्रणाली के साथ ही प्रभाववादी, अभिव्यंजनावादी, मार्क्सवादी और फ्रायडीय आलोचना प्रणालियों की एकांगिता को भी नकार दिया था। ये विदेशी आलोचना प्रणालियाँ थीं। शुक्लजी को समालोचना के विदेशी प्रतिमानों से परहेज नहीं था लेकिन वे बाहर की भद्‌दी नकल के विरोधी थे। उनकी मान्यता थी, 'बाहर से सामग्री आए, खूब आए पर वह कूड़ा-करकट के रूप में न इकट्ठी

की जाए। उसकी कड़ी परीक्षा ले, उस पर व्यापक दृष्टि से विवेचन करे। जिससे हमारे साहित्य के स्वतन्त्र और व्यापक विकास में सहायता पहुँचे।' (वही, पृ. 550) स्वयं शुक्लजी ने 'गेले एंड कास्ट' के 'मेटाड एंड मैटीरियल्स ऑफ लिटरेरी क्रिटिसिज्म, जे.ई. स्पिन्गार्न के 'द न्यू क्रिटिसिज्म', 'साइक्लोजिकल एप्रोच टु लिटरेरी क्रिटिसिज्म' आक्सफोर्ड लेक्चर्स आन पोयट्री तथा आइ.ए. रिचर्ड्स के प्रिन्सिपुल ऑफ लिटरेरी क्रिटिसिज्म का व्यापक दृष्टि से विवेचन करने के बाद ग्रहण, त्याग और न्याय के साथ उनसे भारतीय साहित्य समाज के लिए उपयोगी समीक्षा-विधि अपनाई थी। इतना ही नहीं उन्होंने भारतीय काव्यशास्त्रीय समीक्षा का भी अन्धानुकरण नहीं किया। अलंकार रीति, ध्वनि, वक्रोक्ति और औचित्य पद्धतियों को अपर्याप्त मानते हुए रस-सिद्धान्त का निरूपण किया परन्तु इसमें भी अपने युग-प्रवृत्ति के अनुसार तमाम फेर-बदल किए।

आ. शुक्ल ने आलोचना के जिन मानकों के आधार पर हिन्दी-समालोचना का भवन निर्मित किया उसके आधार स्तम्भ उन्होंने अपने निजी दृष्टिकोण के साथ ही लोकवेद और इतिहास के सापेक्षिक तत्त्वों द्वारा निर्मित किए। वे मुख्यतः काव्यालोचक थे, परन्तु साहित्य की अन्य विधाओं की भी आलोचनाएँ कीं और प्रायः उन्हीं काव्य-समीक्षा प्रतिमानों को थोड़े हेर-फेर के साथ प्रयुक्त किया।

अज्ञात नहीं है कि शुक्लजी के पहले हिन्दी आलोचना का कोई व्यवस्थित ढाँचा नहीं तैयार हुआ था। कृति के गुण-दोष-दर्शन में दोष ढूँढ़ने का प्रचलन अधिक था। दोष-दर्शन में भाषा की त्रुटियों को अधिक महत्त्व दिया गया। प्रेमघन ने लाला श्रीनिवास दास के नाटक 'संयोगिता-स्वयंवर' में विद्यमान सामाजिक समस्याओं पर ध्यान न देकर उसके भाषिक दोषों पर कड़ा प्रहार किया था। वस्तु की आलोचना करते हुए भी नाट्यशास्त्रीय सिद्धान्तों की प्राचीन परम्परा तक ही सीमित रहे। महावीरप्रसाद द्विवेदी की आलोचना-प्रवृत्ति प्रेमघन से भी अधिक छिद्रान्वेषी थी। उन्होंने लाला सीताराम द्वारा अनूदित कालिदास के नाटकों की आलोचना के लिए एक समीक्षा-पुस्तक ही लिख दी जिसमें भाव-दोष का दिग्दर्शन कम परन्तु भाषा-दोष का अन्वेषण अधिक किया गया। मिश्र बन्धुओं की समीक्षा-पुस्तक 'हिन्दी नवरत्न' में कौन बड़ा और कौन छोटा सिद्ध करने की निजी निर्णायक दृष्टि उभरकर सामने आई। हिन्दी आलोचना के ढाँचे बनने की शुरुआत अवश्य हो गई थी परन्तु इनमें विस्तृत अध्ययन सूक्ष्म अन्वीक्षण बुद्धि और मर्मग्राहिणी प्रज्ञा की कमी थी। प्रेमघन से लेकर पद्मसिंह शर्मा तक के आलोचक रूढ़िगत सीमाओं को तोड़कर आलोचना के ऐसे मानक नहीं निर्मित कर पाए जिनमें कृति या कृतिकार के लोकोन्मुख दृष्टियों का अन्वेषण किया जा सकता। हालाँकि इन आलोचकों ने तुलनात्मक समीक्षा-पद्धति का अच्छा प्रारम्भ किया परन्तु वे परम्परा को आधुनिकता के साथ जोड़ने में समर्थ न हो सके। तुलनात्मक आलोचना में भी वे निजी रुचियों तक सीमित रहे। लोकरुचि की तलाश की कोई सम्यक् कोशिश नहीं की गई। हिन्दी-आलोचना की इन्हीं बिखरी अव्यवस्थित परिस्थितियों में रामचन्द्र शुक्ल ने आलोचना के ऐतिहासिक और समाजशास्त्रीय स्वरूप की प्रस्तुति की और 'लोक के भीतर ही कविता क्या किसी

कला का प्रयोजन और विकास होता है !' (चिन्ता-2, पृ. 122) के सिद्धान्त का निरूपण किया। स्पष्ट है कि उनके इस सिद्धान्त वाक्य में आलोचना के लिए 'विकासवादी' और 'प्रयोजनवादी' दृष्टि की ओर विशेष संकेत दिया गया।

रामचन्द्र शुक्ल ने आलोचना को व्यवस्थित रूप देने के लिए कुछ निश्चित मानदंड निरूपित किए। इन मानदंडों में प्रमुख थे--कृति में विन्यस्त वस्तु को व्यवस्थित रूप से सामने रखकर उसका विभिन्न दृष्टियों से स्पष्टीकरण प्रस्तुत करना और उसके अंग-प्रत्यंग की विशेषताओं का अन्वेषण-विवेचन करना, भावों की व्यवच्छेदात्मक व्याख्या करना, कृति में उपस्थित सामाजिक, राजनीतिक और साम्प्रदायिक परिस्थितियों के लोक-प्रभाव का मूल्यांकन करना, इतिहास के परिवर्तनशील निकष पर कृति का परीक्षण करके प्रतिफल निकालना, वस्तु-साम्य के आधार पर अन्य रचनाओं से तुलना करना, साहित्य की चली आती हुई जातीय परम्परा में कृति का स्थान निर्धारित करना और रचनाकार के सर्जक व्यक्तित्व और उसकी अन्तःवृत्तियों का अनुसन्धान करना। समीक्षा के लिए शुक्लजी द्वारा सुझाए गए उपर्युक्त सात सूत्र उनके समीक्षा-सिद्धान्त के अन्तिम सूत्र नहीं थे। उन्होंने समय-समय पर आलोचना के कई दूसरे उपादानों की भी चर्चा की, परन्तु उपर्युक्त सात सूत्रों को ही उन्होंने विशेष महत्त्व दिया। उपर्युक्त सूत्रों में भाषा-शैलीगत समीक्षा का उल्लेख अलग से नहीं किया गया था, परन्तु भाषा हो या शैली, वह रचनाकार के सर्जक व्यक्तित्व से अलग नहीं हो सकती। अभिव्यक्ति-कला किसी कृतिकार के व्यक्तित्व का अभिन्न अंग होती है। स्वयं आ. शुक्ल ने हिन्दी-आलोचना में भाषा-शैली के मूल्यांकन को बहुत अधिक महत्त्व दिया था। उन्होंने भारतेन्दु-युग के सृजन-कर्म की सामूहिक आलोचना में भाषा और शैली को बहुत अधिक महत्त्व दिया था। लिखा था, 'भारतेन्दुजी और उनके सहयोगी लेखकों की दृष्टि व्याकरण के नियमों पर अच्छी तरह जमी नहीं थी वे 'वाक्य विन्यास' की सफाई पर भी उतना ध्यान नहीं देते थे।...द्वितीय उत्थान के भीतर बहुत दिनों तक व्याकरण की शिथिलता और भाषा की रूपहानि दोनों साथ-साथ दिखाई पड़ती रही।' (हि.सा.इ, 467) शुक्लजी ने शैली के सन्दर्भ में लिखा, 'द्वितीय उत्थान में जैसे अधिक प्रकार के विषय लेखकों की विस्तृत दृष्टि के भीतर आए वैसे ही शैली की अनेकरूपता का अधिक विकास भी हुआ।...साथ ही वाक्य-विन्यास में अधिक सफाई और व्यवस्था आई। विराम-चिह्नों का आवश्यक प्रयोग होने लगा।...हिन्दी की अर्थोद्घाटिकी शक्ति की अच्छी वृद्धि और अभिव्यंजन प्रणाली का भी अच्छा प्रसार हुआ। सघन और गुम्फित-विचार-सूत्रों को व्यक्त करनेवाली तथा सूक्ष्म और गूढ़ भावों को झलकानेवाली भाषा हिन्दी-साहित्य को कुछ-कुछ प्राप्त होने लगी।' (वही, पृ. 468) शुक्लजी भाषा के साथ शैली में भी अर्थगर्भित वक्रता के पक्षधर थे। वे शैली को महज अभिव्यक्ति का प्रसार नहीं मानते थे, बल्कि उसे संकेत करके पाठ में रुचि सृजित करने का साधन भी मानते थे। शैली में प्रसंगगर्भत्व और अर्थ सामंजस्य की क्षमता को ही वे लेखक का विशिष्ट गुण स्वीकार करते थे।

अगर आ. शुक्ल के आलोचना-सूत्रों पर विस्तार से विचार किया जाए तो शुक्लजी

का प्रथम आलोचना-सिद्धान्त था वस्तु का सम्यक् निरूपण करना और इसके माध्यम से कृति को सहृदय के पास या सहृदय को कृति के पास लाने की भूमिका निभाना। किसी भी भाषा के साहित्य की आलोचना कृति, कृतिकार और पाठक को एक ही आस्वाद-मंच पर उपस्थित करती है और कृति में कृतिकार और पाठक की समान हिस्सेदारी घोषित करती है। आ. शुक्ल की व्यावहारिक आलोचना का एक बहुत बड़ा गुण यह था कि उसने अनेक तर्क प्रणाली द्वारा कृति में पाठकीय हिस्सेदारी का निर्धारण किया था। तुलसी और जायसी की ग्रन्थावलियों और भ्रमर-गीत की भूमिकाएँ लिखकर उन्होंने उनकी कृतियों को युग-धर्म, लोकमंगल, भारतीय परम्परा, सामाजिक जीवन की प्रयोजनवादी अभिव्यक्ति, व्यक्ति और समाज के अन्तः सम्बन्धों जैसे परिमापों से नापा था उनके समय में नापने की यह वैज्ञानिक पद्धति थी। शुक्लजी ने इस पद्धति का व्यापक प्रयोग किया।

शुक्लजी ने अपनी आलोचना-पद्धति में 'भावों की व्यवच्छेदात्मक व्याख्या' को अत्यधिक महत्त्व दिया था। इसका मुख्य कारण यह था कि वे रसवादी आलोचना-पद्धति को सर्वाधिक महत्त्व देते थे। उनके लिए 'भाव' किसी व्यक्ति की निरपेक्ष सत्ता नहीं होते, बल्कि भाव के कारण ही मनुष्य के कर्मक्षेत्र का विस्तार होता है। उन्होंने लिखा था, 'समस्त मानव जीवन के प्रवर्तक भाव ही होते हैं।...भाव-क्षेत्र अत्यन्त पवित्र क्षेत्र है।' (चिन्ता.-1, पृ. 5-6) रस मीमांसा में भी भाव की इसी अवधारणा की पुष्टि की थी। (पृ. 22, 23, 164 आदि) शुक्लजी 'भाव' को ही रागात्मिका वृत्ति का मूल कारण मानते थे। (चिन्ता.-1, पृ. 7) उन्होंने स्पष्ट किया था कि रागात्मिका वृत्ति के प्रसार के बिना विश्व के साथ जीवन का प्रकृत सामंजस्य घटित नहीं हो सकता। (वही) शुक्लजी की आलोचना में 'लोकधर्म, लोकमंगल, शेष सृष्टि के साथ प्रकृत सामंजस्य, लोकसामान्य भावभूमि, पूर्णधर्म, विस्तृत जनसमूह का कल्याण, आनन्द-कला, सच्चा साधारणीकरण' जैसी दर्जन-भर से अधिक उक्तियाँ भावमूलक थीं। इसीलिए उन्होंने रसदशा को लोक-हृदय में लीन होने की दशा कहा था। स्पष्ट है कि वे 'भाव' या 'रस' को प्राचीन काव्यशास्त्रियों की सीमा में कैद नहीं रहने दिया। इनका पूरे विश्व के साथ अद्वैतीकरण किया।

आ. शुक्ल ने भावों की व्यवच्छेदात्मक व्याख्या को आलोचना का सर्वश्रेष्ठ धर्म माना था। ऊपर से देखने में 'भावों का व्यवच्छेदात्मक व्याख्या सिद्धान्त' चाहे जितना भी आसान दिखाई पड़ रहा हो, परन्तु शुक्ल युग के आलोचकों के लिए यह कठिन चुनौती था। रचना में भावों का विश्लेषणपरक निर्धारण करना और उसे शेष विश्व के साथ सम्बद्ध करके अपने देश और काल की व्याख्या करना आलोचना की दुरूह प्रक्रिया थे। आ. शुक्ल ने बहुत कुछ अंश में आइ.ए. रिचर्ड्स के आलोचना-सिद्धान्त का समर्थन इसी अर्थ में किया था कि उससे भी 'काव्य जगत की सत्ता को शेष जगत से भिन्न' नहीं स्वीकार किया था। रिचर्ड्स ने काव्यानुभव की सबसे बड़ी विशेषता उसकी सर्वग्राह्यता को माना था और कहा था कि काव्य की प्रतीति-दशा में पाठक 'स्व' का

प्रसार करके उसे शेष विश्व में पर्यवसित कर देता है। रिचर्ड्स के इसी आलोचना-सिद्धान्त के क्रम में आ. शुक्ल ने भी लिखा था, 'अब हमारे यहाँ के सम्पूर्ण काव्यक्षेत्र की अन्तःवृत्तियों की छानबीन कर जाइए, उसके भीतर जीवन के अनेक पक्षों और जगत के नाना रूपों के साथ मनुष्य हृदय का गूढ़ सामंजस्य मिलेगा।' (हि.सा.इ., पृ. 544) शुक्लजी ने 'कविता क्या है ?' में इस समीक्षा-सिद्धान्त की प्रस्तुति अत्यन्त सहज ढंग से की थी। उन्होंने लिखा था, 'कविता ही मनुष्य के हृदय को स्वार्थ-सम्बन्धों के संकुचित-मंडल से ऊपर उठाकर लोक-सामान्य भावभूमि पर ले जाती है।...इस भूमि पर पहुँचे हुए मनुष्य को कुछ काल के लिए अपना पता नहीं रहता।' (चिन्ता.-1, पृ. 193) इस प्रकार शुक्लजी की आलोचना का मुख्य औजार था 'लोकसामान्य भूमि'। उन्होंने इसी आलोचना-सूत्र से साहित्य की सभी विधाओं की रचना की नाप-जोख की। यद्यपि यह शुक्लजी की काव्यालोचना का परिमापक सूत्र था, परन्तु इसमें सारी विधाओं के परिमापन की क्षमता थी। यह एक भारतीय परिमाप था जिसका प्रयोग केवल साहित्य में ही नहीं किया गया, बल्कि संस्कृति और दर्शन में भी समान रूप से अपनाया गया। शुक्लजी ने इसी समीक्षा-सिद्धान्त के सन्दर्भ में द्वितीय उत्थान के हिन्दी उपन्यासों की भी समीक्षा की। जासूसी और ऐयारी से सम्बद्ध उपन्यासों की आलोचना उन्होंने निषेधात्मक आलोचना प्रणाली में ही लिखा, 'इन उपन्यासों का लक्ष्य केवल घटना वैचित्र्य रहा, रस-विचार, भाव-विभूति या चरित्र-चित्रण नहीं।' (हि.सा.इ., पृ. 476)। देखा जा सकता है कि 'रस-संचार, भाव-विभूति और चरित्र-चित्रण' वाला आलोचना-सिद्धान्त काव्यालोचन सिद्धान्त था।

रामचन्द्र शुक्ल ने हिन्दी उपन्यासों और कहानियों पर पड़नेवाली साम्यवादी विचारधारा का समर्थन नहीं किया। उन्होंने व्यंग्य करते हुए लिखा, 'तअल्लुकेदारों के अत्याचार और भूखे किसानों की दारुण दशा के बड़े-बड़े चटकीले चित्र इनमें प्रायः पाए जाते हैं।' (वही) इसलिए सुझाव दिया, 'हमारे निपुण उपन्यासकारों को केवल राजनीतिक दलों द्वारा प्रचारित बातें लेकर ही न चलना चाहिए, वस्तुस्थिति पर अपनी व्यापक दृष्टि डालनी चाहिए।' (वही) उन्होंने उपन्यासों में भी जीवन के नित्य स्वरूप की विशेषताओं और चिरकाल से चलते चले आनेवाले मूल्यों के चित्रण की अपेक्षा जताई। वे रामचरितमानस की तरह द्वितीय उत्थान के हिन्दी उपन्यासों में शील वैचित्र्य की जरूरत बतलाई। उन्होंने प्रेमचन्द की प्रशंसा इस अर्थ में की कि उनके उपन्यासों में पात्रों की अन्तःप्रवृत्ति या शील के उत्तरोत्तर उद्घाटन का प्रयत्न किया गया था। अज्ञात नहीं है कि अन्तःप्रवृत्ति की छानबीन करने का आलोचना फार्मूला भी कविता की आलोचना से उधार लिया गया था। उन्होंने इस सन्दर्भ में इतना स्पष्ट निर्णय सुनाते हुए कहा, 'जीवन और जगत के नाना पक्षों को लेकर प्रकृत काव्य भी बराबर चलेगा और उपन्यास भी। (वही, पृ. 517)

शुक्लजी अपने समीक्षा सिद्धान्त के तहत नाटकों और उपन्यासों से काव्य तत्त्व को निर्वासित करने की हिन्दी-आलोचना की अनुकृत प्रणाली पर कठोर व्यंग्य किया।

उन्होंने अनुभव किया कि हिन्दी के उपन्यास और नाटक लेखक यूरोप का अन्धानुकरण करके अपने जातीय रचनात्मक व्यक्तित्व का विसर्जन कर रहे थे। शुक्लजी ने नाटकों की समीक्षा पूरी तरह काव्य-प्रतिमानों के आधार पर की। प्राचीन काव्यशास्त्रियों की तरह उन्होंने भी नाट्य रचना को काव्य-सृजन-कोटि में ही रखा। उन्होंने कविता की तरह नाटकों का लक्ष्य निरूपित करते हुए लिखा, 'निर्दिष्ट शील स्वभाव के पात्रों को भिन्न-भिन्न परिस्थितियों में डालकर उनके वचनों और चेष्टाओं द्वारा दर्शकों में रस-संचार कराना ही होता है।' (525)

आ. शुक्ल की आलोचना के व्यावहारिक और सैद्धान्तिक दोनों रूपों में कृति और कृतिकार की परख करने की मौलिक आचार्य-दृष्टि थी। यद्यपि 'गोस्वामी तुलसीदास' (1923), 'जायसी ग्रन्थावली की भूमिका' (1924), 'काव्य में प्राकृतिक दृश्य' (1923), 'भारतेन्दु साहित्य' (1928) और 'सूरदास' (1943) जैसी कृतियों में व्यावहारिक समीक्षा-पद्धति की प्रधानता थी, परन्तु इनमें आलोचना के सिद्धान्त-सूत्रों का बिल्कुल अभाव रहा हो ऐसी बात नहीं। उदाहरण के तौर पर 'गोस्वामी तुलसीदास' के वक्तव्य में शुक्लजी ने स्वयं लिखा था, 'पुस्तक अपने विशुद्ध आलोचनात्मक रूप में पाठकों के सामने रखी जाती है।' (द्वितीय संस्करण, 1933) स्पष्ट है कि यह पुस्तक सैद्धान्तिक आलोचना के विवेचनार्थ नहीं लिखी गई थी। परन्तु इसमें आलोचना के सैद्धान्तिक मानदंड प्रायः सभी अध्यायों में विद्यमान हैं। जैसे पहले ही अध्याय 'तुलसी की भक्ति-पद्धति' में उन्होंने लिखा, 'भक्ति रागात्मिका वृत्ति है, हृदय का एक भाव है। प्रेमभाव उसी स्वरूप और उसी गुण समूह पर टिक सकता है जो दृश्य जगत में हमें आकर्षित करता है। इसी जगत के बीच भाषित होता हुआ स्वरूप ही प्रेम या भक्ति का आलम्बन हो सकता है। इस जगत से सर्वथा असम्बद्ध किसी अव्यक्त सत्ता से प्रेम करना मनोविज्ञान के अनुसार सर्वथा असम्भव है। भक्ति केवल ज्ञाता या द्रष्टा के रूप में ही ईश्वर की भावना लेकर सन्तुष्ट नहीं हो सकती। वह ज्ञातृपक्ष और ज्ञेयपक्ष दोनों को लेकर चलती है।' (पृ. 6)

देखा जा सकता है कि पूरे अनुच्छेद में आलोचना के सैद्धान्तिक सूत्र अन्तर्ग्रथित हैं। ये कुछ ऐसे सूत्र हैं जिनको जाने बिना शुक्लजी के आलोचक व्यक्तित्व की पहचान की ही नहीं जा सकती। इसके एक-एक वाक्य में शुक्लजी का आलोचना-सिद्धान्त उभरा हुआ है। अगर इसका विश्लेषण किया जाए तो कहना पड़ेगा कि आचार्य रामचन्द्र शुक्ल की आलोचना के सिद्धान्त थे—भूतवाद (दृश्य जगत) यानी यथार्थ जगत की ही सत्यता में विश्वास, मनोवैज्ञानिक उपादानों की आधुनिकता, अध्यात्मवादी दृष्टि का विरोध और भक्ति की नई परिभाषा। शुक्लजी के ये ऐसे आलोचना-सिद्धान्त थे जो 'काव्य में रहस्यवाद' (1929), 'काव्य में अभिव्यंजनावाद' (1935) और 'रस मीमांसा' (1949) और चिन्तामणि-1 के निबन्धों में भी ज्यों के त्यों प्रयुक्त हुए। इस प्रकार यह नहीं कहा जा सकता कि कोई भी आलोचना-कृति पूरी तरह व्यावहारिक अथवा सैद्धान्तिक आलोचना कृति थी। इतना अवश्य है कि कुछ आलोचना-कृतियों में सैद्धान्तिक रूप

अधिक उभरा है और कुछ में व्यावहारिक। शुक्लजी का 'हिन्दी साहित्य का इतिहास' भी सिद्धान्तवाद और व्यवहारवाद का मिला-जुला रूप है।

इतना तो सर्वमान्य सत्य है कि रामचन्द्र शुक्ल ने हिन्दी-आलोचना को व्यवस्थित रूप देकर उसे दृष्टिकोणपरक बनाने का प्रथम प्रयास किया। उनकी आलोचना-दृष्टि में एकांगिता के स्थान पर व्यापकता का महत्त्व था क्योंकि उन्होंने आलोचना की दृष्टि के साथ लोकदृष्टि का सामंजस्य उपस्थित किया। उन्होंने आलोचना के निजत्व का त्याग तो नहीं किया, परन्तु लोकदृष्टि को अपेक्षाकृत अधिक महत्त्व दिया। उन्होंने केवल कृति के पाठक को ही लोक नहीं माना बल्कि उस विशाल जन-समूह को भी कृति का लोक माना जो कृति से अनभिज्ञ अपनी दूसरी प्रकार की सामाजिक भूमिकाओं का निर्वहन कर रहे थे। यह कम आश्चर्य की बात नहीं कि हिन्दी में आज भी केवल शुक्लजी ऐसे आलोचक हैं जिन्होंने कृति और कृतिकार को केवल पाठेच्छाओं से ही नहीं जोड़ा बल्कि कुपाठकों, आग्रही पाठकों और अपाठकों से भी जोड़ा। वे इसमें इसलिए सफल हो सके थे कि लोकदृष्टि निर्भ्रान्त थी और लोक अपने आप में उनके लिए विभाजित नहीं बल्कि समुच्चयता का अखंड स्वरूप था। यह एक कठिन प्रक्रिया थी, 20वीं सदी के आलोचक का नया दायित्व था जिसे व्यापकता का दायित्व भी कहा जा सकता है। शुक्लजी की यह दृष्टि उनके सूक्ष्म निरीक्षण और प्रभूत अनुभवों के आधार पर बनी थी। वे 'साहित्य का आलोचक' कहलाने के लिए आलोचना-कर्म में नहीं प्रविष्ट हुए थे और न ही उन्होंने अन्य विधाओं की रचना में असमर्थ भगोड़े के रूप में यह दायित्व सँभाला था, बल्कि राष्ट्र की साहित्यिक संस्कृति पर विदेशियों द्वारा गैरवाजिब रूप से कब्जा कर लेने के प्रयासों से संघर्ष करने के लिए आलोचना-कर्म स्वीकार किया था। परन्तु वे अपनी आलोचना द्वारा विदेश की सम्पूर्ण साहित्य-सत्ता से नहीं लड़ रहे थे बल्कि उनकी आलोचना की लड़ाई केवल 'कुभावों' से थी न कि भावों से। उन्होंने स्वयं विदेशी साहित्य का हिन्दी में अनुवाद किया, विदेशी कवियों और कथाकारों की प्रशंसाएँ की थी और अपने समीक्षा-सिद्धान्त के अनेक उपादान विदेशी समीक्षकों से लिया था। परन्तु साहित्य के किसी भी क्षेत्र में उन्हें अन्धानुकरण नहीं प्रिय था। इस सन्दर्भ में उन्होंने समालोचना का प्रश्न उठाते हुए कहा था, 'यूरोप के साहित्य-क्षेत्र में फैशन के रूप में प्रचलित बातों को कच्चे-पक्के ढंग से सामने लाकर कौतूहल उत्पन्न करने की चेष्टा करना अपनी मस्तिष्क शून्यता के साथ-साथ समस्त हिन्दी पाठकों पर मस्तिष्क शून्यता का आरोप करना है। काव्य और कला पर निकलनेवाले भड़कीले लेखों में आवश्यक अभिज्ञता और स्वतन्त्र विचार का अभाव देख दुःख होता है। इधर कुछ दिनों से 'सत्यं, शिवं, सुन्दरम्' की भी बड़ी धूम है, जिसे लोग शायद उपनिषद वाक्य समझकर 'अपने यहाँ भी कहा है' लिखकर उद्‌धृत किया करते हैं। यह कोमल पदावली ब्रह्म समाज के महर्षि देवेन्द्रनाथ ठाकुर की है और वास्तव में 'दद्रू, द गुड ऐंड द बिउटीफुल' का अनुवाद है।...किसी साहित्य में केवल बाहर की भद्दी नकल उसकी अपनी उन्नति या प्रगति नहीं कही जा सकती। बाहर से सामग्री आए, खूब आए, पर यह कूड़ा-करकट के रूप में न इकट्ठी

की जाए। उसकी कड़ी परीक्षा हो, उस पर व्यापक दृष्टि से विवेचन किया जाए, जिससे हमारे साहित्य के स्वतन्त्र और व्यापक विकास में सहायता पहुँचे।' (हि.सा.इ., पृ. 550)

अगर गौर किया जाए तो आ. शुक्ल की सिद्धान्तवादी आलोचना का एक नमूना उपर्युक्त सन्दर्भ भी था। इसमें उन्होंने अपने आलोचना सिद्धान्त के षट्दर्शन का स्पष्ट उल्लेख किया था। उद्धरणानुसार उनकी आलोचना के षट्दर्शन थे–1. कौतूहलवाद से साहित्य की रक्षा करना, 2. मस्तिष्क शून्यता के रोग से सर्जना-धर्म को बचाना, 3. आधुनिक ज्ञान-विज्ञान की उपलब्धियों से रचनाकारों और पाठकों को परिचित कराते हुए साहित्य में स्वतन्त्र विचारों का अंकुरण करना, 4. बाहर की भद्दी नकल के प्रति उपेक्षा-भाव पैदा करना, 5. बाहर से ग्रहीत साहित्य-सामग्री का सूक्ष्म, व्यापक और विवेचनपरक परीक्षण करने के बाद अपेक्षणीय को ग्रहण करना और, 6. रचनाशीलता के परिवेश सृजन द्वारा हिन्दी साहित्य को प्रगति पथ पर अग्रसर करना। 'काव्य में रहस्यवाद' और 'काव्य में अभिव्यंजनावाद' जैसे दीर्घकाल निबन्धों में भी शुक्लजी ने इन समीक्षा दर्शनों पर विचार किया था।

'काव्य में रहस्यवाद' निबन्ध 20वीं सदी के तीसरे दशक में चलनेवाली साहित्यिक विचारधाराओं के द्वन्द्व से उपजी प्रवृत्ति के तहत लिखा गया था। उस समय हिन्दी कविता में छायावाद और रहस्यवाद के ग्रहण करने के पक्ष-वर्ग तथा त्याग देने की आवाज उठानेवाले प्रतिपक्ष वर्ग के बीच भारी रचनात्मक द्वन्द्व था। शुक्लजी ने छायावाद रहस्यवाद प्रवृत्ति के विरोध में उक्त निबन्ध लिखा था जो मुख्यतः उनके सिद्धान्तवादी आलोचना प्रतिस्थापक निबन्ध था। इसमें शुक्लजी ने साहित्यिक, सांस्कृतिक, धार्मिक, दार्शनिक, मनोवैज्ञानिक और सामाजिक सिद्धान्तों का व्यापक निरूपण किया। उन्होंने सैद्धान्तिक धरातल पर सिद्ध करने की कोशिश की कि तत्कालीन हिन्दी काव्य में तेजी से प्रचलित होनेवाली छायावादी-रहस्यवादी कविताएँ भारतीय काव्य की सामान्य प्रवृत्ति की अवधारक नहीं थीं। उन्होंने इन रचना-प्रवृत्तियों को काव्य-शाखा के रूप में ग्रहण करने की छूट तो अवश्य दी परन्तु इन्हें हिन्दी-कविता की मूल प्रवृत्ति मानने से इनकार कर दिया। वे इनके 'वाद' स्वरूप के सम्पूर्ण विरोधी थे। उन्होंने अस्वाभाविक रहस्य-भावना का विरोध किया और इसे अंग्रेजी कवि विलियम ब्लैक का अन्धानुकरण बतलाया।

'काव्य में रहस्यवाद' शुक्लजी के व्यापक अध्ययन और सिद्धान्त-निरूपण का चुनौती-भरा निबन्ध था। इसमें उन्होंने काव्य की परिभाषाएँ दी और काव्य की व्याप्ति, प्रयोजन, लक्ष्य, पक्ष और सम्बन्ध का विस्तृत अनुशीलन प्रस्तुत किया। रस, अलंकार, रीति, वक्रोक्ति, औचित्य, अभिव्यक्ति सिद्धान्त, जीवन और साहित्य के बीच अविच्छिन्नता के सिद्धान्त, प्रबन्ध काव्य की भारतीय अवधारणा, विभिन्न काव्य तत्त्वों के स्वरूप के निरूपण, मसलन उदात्त सत्यगत्यात्मक सौन्दर्य, लोक मंगल, कल्पना, शील-निरूपण लोक मंगल की साधनावस्था, भावना की सच्चाइयों, प्रकृति-चित्रण, भाषा की व्यंजकता, संश्लिष्ट विधान, प्रतीक योजना, छन्द-विधान और भाषा-शैली की प्रकृति

को लेकर तर्क और साक्ष्य के आधार पर विस्तृत प्रकाश डाला। इस निबन्ध द्वारा उन्होंने कविता की आधुनिक कसौटी तैयार की।

'काव्य में रहस्यवाद' निबन्ध केवल साहित्यिक प्रत्ययों तक सीमित नहीं था। इसमें शुक्लजी ने कविता का परीक्षण मनोवैज्ञानिक और धार्मिक सिद्धान्तों के निकष पर भी किया। मनोवैज्ञानिक आलोचना सिद्धान्त के तहत भाव-चन्द्र के लौकिक आधार की वकालत की। चिन्तामणि में मनोविकारों पर लिखे निबन्धों में भी उन्होंने इस मनोवैज्ञानिक सूत्र की व्यवस्था की थी। उन्होंने काव्य-प्रेरक हेतुओं में इन्द्रियजन्य ज्ञान को ही महत्त्व दिया। 'गोस्वामी तुलसीदास' में प्रेम और भक्ति के लिए गोचर और लौकिक जगत की धारणा रखी थी। 'काव्य में रहस्यवाद' निबन्ध में भी कुछ शब्द-परिवर्तनों के साथ वैसी ही उपस्थापना की। अर्थात् शुक्लजी के सैद्धान्तिक आलोचना के मूल में भूतवाद के महत्त्व की स्वीकृति, मनोवैज्ञानिक प्रतीतियों का समर्थन, प्रत्यक्षवाद और विकासवाद की नियामकता के भरपूर तत्त्व निहित थे।

धार्मिक आलोचना सिद्धान्त के तहत शुक्लजी ने बहुत कुछ वैदिक परम्परा को मान्यता दी। लेकिन उनकी परम्परावादी मान्यताओं में जकड़न नहीं थी। उन्होंने कई अर्थों में भारतीय धर्म-मान्यताओं को आधुनिक जीवन के अनुकूल बनाने की चेष्टा की। 'काव्य में रहस्यवाद' में उन्होंने सगुणोपासना, भक्ति मार्ग, लोक-संग्रह-वृत्ति और मर्यादावाद का निरूपण किया। शुक्लजी ने मर्यादावाद का सिद्धान्त तुलसीदास को पढ़ते हुए निर्मित किया था। 'लोकनीति और मर्यादावाद' में उन्होंने बार-बार तुलसी की कट्टर मर्यादावाद मान्यताओं की पक्षधरता दिखलाई थी। उन्होंने लिखा था, 'गोस्वामीजी कट्टर मर्यादावादी थे। मर्यादा का भंग वे लोक के लिए मंगलकारी नहीं समझते थे।' (पृ. 28) परन्तु जब रामचन्द्र शुक्ल ने तुलसी के आधार पर हिन्दी आलोचना में मर्यादावादी सिद्धान्त का निरूपण किया तो कुछ अन्तर्विरोधों के शिकार हो गए। वे मर्यादावाद और विकासवाद के सिद्धान्तों में पूर्ण सामंजस्य नहीं बैठा पाए। शुक्लजी ने लिखा, 'उनका (तुलसी) लोकवाद वह लोकवाद नहीं है, जिसका अकांड तांडव रूप में हो रहा है।' (पृ. 30) इसी प्रकार उन्होंने लिखा, 'ऊँची श्रेणियों के कर्त्तव्य की पुष्ट व्यवस्था न होने से ही यूरोप में नीची श्रेणियों में ईर्ष्या, द्वेष और अहंकार का प्राबल्य हुआ जिससे लाभ उठाकर 'लेनिन' अपने समय में महात्मा बना रहा। समाज की ऐसी वृत्तियों पर स्थिति का स्वीकार घोर अमंगल का सूचक है। मूर्ख जनता के इस माहात्म्यवाद पर न भूलना चाहिए...।' (पृ. 27) अगर विश्लेषण किया जाए तो शुक्लजी का नीची श्रेणी की जनता का उपेक्षा-सिद्धान्त और अन्य स्थानों पर व्यापक लोकवाद सिद्धान्त एक-दूसरे के विरोधी सिद्ध होंगे।

'काव्य में अभिव्यंजनावाद' निबन्ध भी आ. शुक्ल के सिद्धान्तवादी आलोचना का अंग है। इसमें भी साहित्य की परिभाषा, उसकी व्याप्ति उसके प्रमुख तत्त्व और भिन्न-भिन्न रूपों का सिद्धान्त-निरूपक वर्णन किया गया था। इसी निबन्ध में उन्होंने 'काव्य की रमणीयता वाच्यार्थ में होती है' जैसे अत्यन्त आधुनिक सौन्दर्य-सिद्धान्त की

प्रस्तुति की। इसमें क्रोचे के अभिव्यंजना-सिद्धान्त का अनेक तर्कों के आधार पर खंडन किया और भारतीय काव्य-दृष्टि, काव्य-लक्ष्य और प्रकृत काव्य-भूमि की सैद्धान्तिक और व्यावहारिक दोनों आलोचना-पद्धतियों से समीक्षा की। क्रोचे के सन्दर्भ में आस्कर वाइल्ड और स्पिनगार्न का भी खंडन किया।

रामचन्द्र शुक्ल के आलोचना-सिद्धान्त में भारतीय रस-सिद्धान्त का मानदंड सर्वाधिक महत्त्वपूर्ण था। 'काव्य में अभिव्यंजनावाद' वाले निबन्ध में उन्होंने रस-पद्धति में 'विश्व-साहित्य-समीक्षा के मानदंड की सामर्थ्य' (पृ. 43) निहित बतलाया। उन्होंने बताया कि रस सुख-दुःखात्मक कोटि होता है परन्तु हृदय की मुक्तावस्था में वह लौकिक सुख-दुःख से भिन्न कोटि का बन जाता है। लौकिक सुख-दुःख से भिन्न कोटि का मानने का अर्थ यह नहीं था कि शुक्लजी रस-सिद्धान्त की अलौकिकता का मानदंड निरूपित कर रहे थे, 'रसात्मक बोध के विविध रूप' में उन्होंने 'लौकिक से भिन्नकोटि' की मान्यता के सन्दर्भ में कहा था, 'रसानुभूति प्रत्यक्ष या वास्तविक अनुभूति से सर्वथा पृथक कोई अन्तःवृत्ति नहीं है बल्कि उसी का एक उदात्त और अवदात्त स्वरूप है। हमारे यहाँ के आचार्यों ने स्पष्ट सूचित कर दिया है कि वासना रूप में स्थित भाव ही रस रूप में जगा करते हैं। यह वासना या संस्कार वंशानुक्रम से चली आती हुई दीर्घ भाव-परम्परा का मनुष्य जाति की अन्तःप्रकृति में निहित संचय है।' (चिन्ता.-1, पृ. 344) अगर शुक्लजी के इस सिद्धान्त की व्याख्या आज के परिप्रेक्ष्य में किया जाए तो आश्चर्य होगा कि उन्होंने विज्ञान के जैविकता-सिद्धान्त की कल्पना तब कर ली थी जब जेनेटिक-थ्योरी की कल्पना तक नहीं की गई थी। 'कविता क्या है ?' में इसी सिद्धान्त को उन्होंने 'साहचर्य सम्भूत रस' (205) कहा था।

आलोचना के रस-सिद्धान्त के अन्तर्गत शुक्लजी ने 'हृदय की मुक्तावस्था' को 'रस दशा' कहा था। (192) 'रस दशा' लौकिक सुख-दुःख से भिन्न कोटि में कैसे पहुँच जाती है, इसकी व्याख्या करते हुए शुक्लजी ने लिखा, 'रसात्मक अनुभूति की उस विशेषता का विचार करना चाहिए जो उसे प्रत्यक्ष विषयों की वास्तविक अनुभूति से पृथक् करती हुई प्रतीत हुई है। इस विशेषता का निरूपण हमारे यहाँ साधारणीकरण के अन्तर्गत किया गया है। 'साधारणीकरण और व्यक्ति वैचित्र्यवाद' (208) में शुक्लजी ने भाव के साधारणीकरण-सिद्धान्त को समझाते हुए लिखा था, 'जब तक किसी भाव का कोई विषय इस रूप में नहीं लाया जाता कि वह सामान्यतः सबके उसी भाव का आलम्बन हो सके तब तक उसमें रसोद्बोधन की पूर्ण शक्ति नहीं आती। इसी रूप में लाया जाना हमारे यहाँ साधारणीकरण कहलाता है।' साधारणीकरण के इस सिद्धान्त का प्रतिपादन उन्होंने 'रसात्मक बोध के विविध रूप' और 'रस मीमांसा' में भी किया था। शुक्लजी ने बताया कि साधारणीकरण का अभिप्राय काव्य में वर्णित आलम्बन केवल आश्रय (भाव की व्यंजना करनेवाले पात्र) का ही आलम्बन नहीं होता बल्कि पाठकों और श्रोताओं का भी आलम्बन हो जाता है। इसलिए उस आलम्बन के प्रति व्यंजित भाव में पाठकों और श्रोताओं का भी हृदय योग देता हुआ उसी भाव का रसात्मक अनुभव करता है।

साधारणीकरण के सिद्धान्त की मौलिक व्याख्या करते हुए उन्होंने कहा कि रस दशा में अपनी पृथक् सत्ता की भावना का परिहार हो जाता है। ऐसी स्थिति में पाठक या श्रोता काव्य में वर्णित विषय को अपने व्यक्तित्व तक सीमित करके नहीं ग्रहण करता, बल्कि निर्विशेष, शुद्ध और मुक्त हृदय द्वारा ग्रहण करता है। शुक्लजी ने काव्य-विषय की इस ग्रहणशील दशा की तुलना पाश्चात्य समीक्षा-पद्धति के 'अहं का विसर्जन और निःसंगता के सिद्धान्त' (Impersonality and detachment) के साथ की। उन्होंने लिखा, 'इसी को चाहे रस का लोकोत्तरतत्त्व या ब्रह्मानन्द सहोदरत्व कहिए, विमानन-व्यापार का अलौकिकत्व, अलौकिकत्व का अभिप्राय इस लोक से सम्बन्ध न रखनेवाली कोई स्वर्गीय विभूति नहीं।' (पृ. 336) देखा जा सकता है कि भारतीय रस-सिद्धान्त को लौकिकवाद और प्रत्यक्षवाद से जोड़ शुक्लजी उसे आधुनिक चेतना में ढाला। यह उनके मौलिक चिन्तनपरक बुद्धि के कमाल के साथ ही उनके गहन और विस्तृत अध्ययन का भी परिणाम था। 'रस-मीमांसा' के साथ अपने परवर्ती आलोचनात्मक निबन्धों में उन्होंने पाश्चात्य समीक्षा क्षेत्र में आए नए-नए 'वाद' का जबर्दस्त विरोध किया। उन्होंने 20वीं सदी के तमाम साहित्यिकवादों प्रतीकवाद व्यक्ति-वैचित्र्यवाद रहस्यवाद, कलावाद, कल्पनावाद, प्रकृतिवाद, अभिव्यंजनावाद, रूपवाद, प्रभाववाद, मूर्तिमत्तावाद, संवेदनावाद और मार्क्सवाद को भारतीय रचना-मानस से मेल न खानेवाला सिद्ध किया। उनका 'मत' था कि किसी 'वाद' में उलझा हुआ साहित्य संकुचित और नकली बन जाता है।

रामचन्द्र शुक्ल ने भारतीय काव्य-सिद्धान्त का न तो पुनरोदय किया और न ही पुनरुत्थान, बल्कि उनकी अपने युग के सन्दर्भ में नई व्याख्या की। उन्होंने हिन्दी में आग्रहमुक्त आलोचना-सिद्धान्त का नया युग बनाया। इस सन्दर्भ में नए-पुराने तथा पाश्चात्य और भारतीय समीक्षा-प्रणालियों का गम्भीर मन्थन-मनन और परिणाम-दोहन करके 'नए आलोचना-सिद्धान्त' की नई चेतना दी। रसवादी आलोचना-पद्धति के तहत उन्होंने कविता के लिए नरक्षेत्र, मनुष्येतर बाह्य सृष्टि क्षेत्र और समस्त चराचर क्षेत्र की कल्पना की और ज्ञान की अद्वैत भूमि की तरह कविता के 'सत्त्व-रस' की कल्पना की। इसी प्रकार सात्त्विक लोकानुभूति का भी सिद्धान्त विकसित किया। हिन्दी समीक्षा-क्षेत्र में शुक्ल ही ऐसे प्रथम आलोचक थे जिन्होंने रस-सूत्र के तहत विभाव को पहली बार महत्त्व दिया। आलम्बन-विभाव में श्रोताओं और पाठकों को भी सम्मिलित करना शुक्लजी के लोक रसवाद का नया चिन्तन था। रस की इसी नई व्याख्या के लिए उन्होंने रस की तीन कोटियों की कल्पना की—उत्तम कोटि की रसात्मकता, मध्यम कोटि की रसात्मकता तथा अधम कोटि की रसात्मकता। रस के सन्दर्भ में आचार्य शुक्ल की यह नई सोच थी जो उन्हें आधुनिक मनोविज्ञान और अपने व्यापक अनुभवों से प्राप्त हुई थी। उन्होंने पुराने रसाचार्यों में अनेक अभाव देखे और अपने रस-सिद्धान्त द्वारा उनमें संशोधन किया। उन्होंने लिखा, 'साधारणीकरण के प्रतिपादन में पुराने आचार्यों ने श्रोता (या पाठक) और आश्रय (भाव-व्यंजना करनेवाला पात्र) के तादात्म्य की अवस्था का ही विचार किया है...। पर रस की एक नीची अवस्था है जिसका हमारे यहाँ के साहित्य-ग्रन्थों

में विवेचन नहीं हुआ है—उसका भी विचार करना चाहिए। इसी सन्दर्भ में उन्होंने मध्यम कोटि की रसात्मकता का भी साक्ष्यपरक विवरण दिया है। ('साधारणीकरण और व्यक्ति वैचित्र्यवाद : चिन्ता.-1, पृ. 314-15) इसके तहत उन्होंने बतलाया कि पूर्ण तादात्म्य की स्थिति उत्तम कोटि की रसात्मकता कहलाती है। पुराने आचार्य इसी रसात्मकता को प्रथम और अन्तिम कोटि मानते हैं। शुक्लजी ने मध्यम कोटि की रसात्मकता के लिए शील-वैचित्र्य की कल्पना की। बताया कि जहाँ पूर्ण तादात्म्य सम्भव नहीं हो पाता, वहाँ श्रोता या पाठक वर्णित पात्र का मात्र शील-द्रष्टा या प्रकृति द्रष्टा के रूप में प्रभाव ग्रहण करता है जिसे मध्यम कोटि की रसात्मकता कहा जा सकता है। शुक्लजी ने लिखा कि 'ऐसी भी दशा होती है कि श्रोता या दर्शक का हृदय उसी भाव का अनुभव नहीं करता जिसकी व्यंजना पात्र अपने आलम्बन के प्रति करता है, बल्कि व्यंजना करनेवाले उस पात्र के प्रति किसी और ही भाव का अनुभव करता है। यह दशा भी एक प्रकार की रस-दशा ही है—यद्यपि इसमें आश्रय के साथ तादात्म्य और इसके आलम्बन का साधारणीकरण नहीं रहता।' इसी दशा को शुक्लजी ने मध्यम कोटि कहा।

हालाँकि रामचन्द्र शुक्ल द्वारा प्रवर्तित रसवादी आलोचना-सिद्धान्त की आलोचनाएँ कम नहीं हुईं, परन्तु आलोचना करनेवाले एक भी रसवादी आलोचक कोई नई बात कहने में समर्थ नहीं हुए। चाहे रामदरश मिश्र रहे हों अथवा श्यामसुन्दर दास सबकी अपनी सीमाएँ थीं। हर नई स्थापना का विरोध करने तक ही इनकी पहुँच थी। शुक्लजी की आलोचना पद्धति में उपपत्ति देने और अपनी बात को सिद्ध करने की अपार क्षमता थी। ऐसा नहीं था कि उनका रस-सिद्धान्त कोरे आस्वाद का सिद्धान्त था। उन्होंने 'काव्य में रहस्यवाद' वाले निबन्ध में 'जीवन और साहित्य की अविच्छिन्नता' का सिद्धान्त निरूपित किया। उन्होंने 'लौकिक आधार के सिद्धान्त' को किसी भी रूप में विचलित नहीं होने दिया। इसी अर्थ में उन्होंने भक्ति-काव्य की प्रशंसा की थी। लिखा, 'लोक के बीच नर में नारायण की दिव्य कला का सम्यक् दर्शन और उसके प्रति हृदय का पूर्ण निवेदन भारतीय भक्ति-मार्ग में ही दिखाई पड़ता है।' (काव्य में लोकमंगल साधनावस्था : चिन्ता.-1, पृ. 290) उन्होंने डंटन के निरपेक्षतावाद का खंडन किया। डंटन के इस सिद्धान्त का विरोध करते हुए उन्होंने लिखा, 'डंटन ने निरपेक्ष दृष्टि को उच्चतम शक्ति तो ठहराया, पर उन्हें संसार-भर में दो ही तीन कवि उक्त दृष्टि से सम्पन्न मिले।' (साधारणीकरण और व्यक्ति वैचित्र्यवाद', वही, पृ. 319)

आ. शुक्ल ने साहित्य में 'व्यक्तिवाद' सिद्धान्त को केवल साहित्य के लिए ही नहीं बल्कि पूरे समाज के लिए घातक बताया। इसे उन्होंने पुनरुत्थानवादी प्रवृत्ति घोषित किया। उन्होंने लिखा कि 'व्यक्तिवाद' ने स्वच्छन्दता के आन्दोलन (Romantic Movement) के उत्तर-काल से बड़ा ही विकृत रूप धारण किया। यह 'व्यक्तिवाद' यदि पूर्ण रूप से स्वीकार किया जाए तो कविता लिखना व्यर्थ ही समझिए। कविता इसलिए लिखी जाती है कि एक ही भावना सैकड़ों, हजारों क्या, लाखों दूसरे आदमी ग्रहण करें। (वही, पृ. 323) उन्होंने कहा कि व्यक्तिवाद के कारण, 'काव्यक्षेत्र नकली हृदयों का एक

कारखाना हो गया। इसीलिए व्यक्तिवाद का विरोध करते हुए 'काव्य में समष्टिवाद' के सिद्धान्त की अवधारणा विकसित की। इनका विश्वास था कि भाव या रस-सिद्धान्त समष्टिवादी दृष्टि का प्रतिपादक होता है। इसी भूमि पर काव्य योग की साधना सम्भव होती है। उन्होंने कवि कर्म को 'जगत का सच्चा प्रतिनिधि' सिद्ध किया। 'कविता क्या है ?' में लिखा, 'कविता का अन्तिम लक्ष्य जगत के मार्मिक पक्षों का प्रत्यक्षीकरण करके उनके साथ मनुष्य हृदय का सामंजस्य स्थापन है।' (पृ. 221)

रामचन्द्र शुक्ल ने पिछली शताब्दी के तीसरे दशक में ही 'व्यक्तिवादी' सिद्धान्त के खतरों की ओर जनता का ध्यान आकृष्ट किया था। उन्होंने लिखा, 'आँख मूँदकर दौड़नेवाले बड़े-बड़े पंडितों ने पुनरुत्थान की काल धारा को मथकर 'व्यक्तिवाद' रूपी नया रत्न निकाला।' उन्होंने यह भी चेतावनी दी कि काव्यक्षेत्र में 'वाद' की प्रकृति चलने के कारण हिन्दी कविता भी 'वाद' तक सीमित नहीं रह सकती है। उन्होंने लोकदृष्टि को इसलिए महत्त्वपूर्ण माना कि समाज में व्यक्ति-व्यक्ति के बीच अनेक भिन्नताएँ होने के बावजूद कुछ ऐसी अन्तर्ममियाँ होती हैं जहाँ पहुँचने पर अभिन्नता मिलती है। भारतीय रस-प्रणाली और उसमें साधारणीकरण का सिद्धान्त मानव-समुदाय की अन्तर्ममियों के अन्वेषण को ही कवि-कर्म के रूप में स्वीकार करनेवाले थे जबकि व्यक्तिवाद का सिद्धान्त कोरी नवीनता और नूतन कल्पना के आधार पर टिका होता है। शुक्लजी ने कोरे नवीनतावादियों से प्रश्न किया, 'केवल नवीनता और मौलिकता की बढ़ी-चढ़ी सनक में सच्ची कविता का ध्यान कहाँ तक रह सकता है ?' (वही, पृ. 327) उन्होंने इसी अर्थ में रहस्यवाद और छायावाद की काव्यधारा को बहुत कम महत्त्व दिया। अपने समय की व्यक्तिवादी कविताओं को देखते हुए उन्होंने स्पष्ट किया, 'कुछ लोग तो नए-नए ढंग की उच्छृंखलता, वक्रता, असम्बद्धता, अनर्गणता इत्यादि का प्रदर्शन करने लगे।' उन्होंने अपने समय की समालोचना-प्रवृत्ति की भी निन्दा की, लिखा, 'समालोचना भी अधिकतर हवाई ढंग की होने लगी।' (वही, पृ. 327)

अगर शुक्लजी की चिन्ता के परिप्रेक्ष्य में विचार किया जाए तो अस्पष्ट नहीं रहेगा कि व्यक्तिवाद ने शुक्लोत्तर काल में और भी बेनकेल चमत्कार दिखलाए। 21वीं शताब्दी का साहित्यिक लेखन भी इस आँधी की चपेट में पड़ा हुआ है। उत्तर-आधुनिकता के तहत विखंडनवादी समीक्षा-प्रणाली शुक्लजी की चिन्ता का ही नवीन रूप है। अगर शुक्ल काल से आज तक की आलोचना-यात्रा का अध्ययन करने के बाद शुक्लजी के लिए कुछ कहना पड़े तो शायद यही कहना पड़े कि वे साहित्य में 'वाद' से घबराए हुए आलोचक थे। उन्होंने जिस प्रकार 'व्यक्तिवाद' का विरोध किया उसी प्रकार 'साम्यवाद' का भी विरोध किया। हालाँकि शुक्लजी 'साम्य' वृत्ति के हिमायती थे परन्तु 'साम्य' के साथ 'वाद' जुड़ जाने से उन्हें साहित्यिक घबराहट होती थी आज के साहित्य-क्षेत्र में शुक्लजी की घबराहट अनेक की घबराहट बन गई है क्योंकि 'वाद' की धारा में बहनेवाले लगभग सभी आलोचक समीक्ष्य-कृति को 'वाद' के उस चरम पर पहुँचा देते हैं जहाँ कृति को धक्का देकर 'वाद' और उसके सिद्धान्त प्रबल हो उठते हैं। कुछ ऐसे ही खतरों की

कल्पना करके शुक्लजी 'वाद' से घबराते थे। इस सन्दर्भ में उन्होंने लिखा था, 'कुछ दिनों में लोग कविता न लिखकर 'वाद' लिखने लगते हैं।'

रामचन्द्र शुक्ल ने 'सामान्य और विशेष' आलोचना-प्रणाली को विश्लेषित करते हुए भारत की रस परम्परा के अन्तर्गत सामान्य और विशेष के महत्त्व का विश्लेषण करते हुए लिखा था, 'भारतीय काव्य-दृष्टि भिन्न-भिन्न विशेष के भीतर से सामान्य उद्घाटन की ओर बराबर रही है। किसी न किसी 'सामान्य' के प्रतिनिधि होकर ही 'विशेष' हमारे यहाँ के काव्यों में आते रहे हैं। यह यूरोपीय काव्य दृष्टि इधर बहुत दिनों से विरल विशेष के विधान की ओर रही है।...सारांश यह कि हमारी वाणी भाव क्षेत्र के बीच 'भेदों में अभेद' को ऊपर करती रही और उनकी वाणी झूठे सच्चे विलक्षण भेद खड़ा करके लोगों को चमत्कृत करने लगी।' (वही, पृ. 324)

अस्पष्ट नहीं रह गया होगा कि शुक्लजी के समीक्षा-सिद्धान्त में 'भेदों में अभेद' स्थापित करनेवाले सिद्धान्त का बहुत अधिक महत्त्व था। अवान्तर शैली में वे इसी को 'विरुद्धों का सामंजस्य' सिद्धान्त भी मानते थे। उन्होंने भारतीय चिन्तन परम्परा का अनुसरण करते हुए रचना में 'सामान्य के प्रतिनिधित्व का सिद्धान्त' की स्थापना की। यह भी 'लोक-दृष्टि' सिद्धान्त का एक अंग था। इसी लोक-दृष्टि की स्थापना के लिए शुक्लजी ने रचना में भाव-पक्ष की महत्ता का सिद्धान्त निरूपित किया। उन्होंने समीक्षा क्षेत्र में 'कल्पना' और 'व्यक्तित्व' के बढ़ते पाश्चात्य-सिद्धान्त का जोरदार खंडन किया, लिखा, " 'कल्पना' और 'व्यक्तित्व' की पाश्चात्य समीक्षा-क्षेत्रों में इतनी अधिक मुनादी हुई कि काव्य के और सब पक्षों से दृष्टि हटकर इन्हीं दो पर जा जमी।" (324) उन्होंने कल्पना के बोध पक्ष की उपादेयता तो स्वीकार की परन्तु इस बोध पक्ष के अतिरिक्त भाव पक्ष के सन्तुलन को अधिक महत्त्व दिया। उन्होंने भाव को ही कल्पना का उत्प्रेरक धर्म माना। उन्होंने तमाम उदाहरणों द्वारा बताया कि कल्पना को रूप-योजना के लिए प्रेरित करनेवाले और कल्पना में आई हुई वस्तुओं में श्रोता या पाठक को रमानेवाले रति, करुणा, क्रोध, उत्साह, आश्चर्य इत्यादि भाव या मनोविकार ही होते हैं। यही कारण था कि उन्होंने मनोविकारों पर विस्तार से समीक्षा-निबन्ध लिखे। शुक्लजी द्वारा मनोविकारों पर लिखे समीक्षा-निबन्ध मनोविज्ञान विषय के सिद्धान्त-निबन्ध नहीं थे, बल्कि साहित्य और समीक्षा के निबन्ध थे। इन निबन्धों में शुक्लजी ने कविता को और उनके उपादान-स्वरूप को समझने के लिए नई दृष्टि दी। उन्होंने इन निबन्धों द्वारा यूरोप के समीक्षा-रूपों के कारण काव्य-क्षेत्र में उपस्थित गड़बड़ी और अव्यवस्थता को दूर करने की कोशिश की।

रामचन्द्र शुक्ल रचना अथवा आलोचना में 'नवीनता' का नारा देकर अतीत के सभी अनुभव को खारिज कर देने की समीक्षा पद्धति को स्वीकार करने के विरोधी थे। शुक्लजी की इस समीक्षा-दृष्टि के कारण कई लोगों ने उन्हें 'अतीतवादी', विधेयवादी, पुनरुत्थानवादी और आधुनिक से आँख चुरानेवाले समीक्षक की उपाधि दी। परन्तु उन्होंने अपने आलोचना धर्म में 'गत्यात्मकता के सिद्धान्त' की वकालत परिवर्तनवादियों की

अपेक्षा अधिक की। उन्होंने गत्यात्मकता के सिद्धान्त के तहत 'गति' और अपने समय में उठी हुई किसी खास हवा की 'झोंक' में अन्तर माना। 'गति' का समर्थन करते हुए उन्होंने यहाँ तक लिखा, 'गति में सुन्दरता रहती है—आगे चलकर चाहे वह सफल हो, चाहे विफल। विफलता में भी एक निराला विषण्ण सौन्दर्य होता है।' (296) विफलता में 'सौन्दर्य का सिद्धान्त' निरूपित करना शुक्लजी की अद्भुत स्थापना थी। इसकी कल्पना न तों प्राचीनों ने की थी, न नवीनों ने और न ही यूरोपीय समीक्षकों ने। लेकिन शुक्लजी ने आख्यानपरक प्राचीन काव्यों के पात्रों के स्वरूप में किसी परिवर्तन को उचित नहीं माना। यह प्राचीनता के प्रति उनका अतिरिक्त मोह था। अगर गौर किया जाए तो नए रचनाकार अथवा समीक्षक को युग-परिवर्तन के सन्दर्भ में प्राचीनों की सोच में तर्कपूर्ण परिवर्तन का अधिकार मिलना ही चाहिए। आचार्य शुक्ल ने बंगभाषा के कवि नवीनचन्द्र के 'कुरुक्षेत्र' काव्य में कृष्ण के आदर्श को बदलने की नवीनता को 'नया रूप देने की झोंक में भारती के पवित्र मन्दिर में व्यर्थ गड़बड़ मचाना' कहा था। फिर भी शुक्लजी ने यह छूट दी थी कि अपने समय की परिस्थिति विशेष को लेकर उठनेवाली जन-भावना की अभिव्यक्ति के लिए नए आख्यानों और नए पात्रों की उद्भावना स्वच्छन्दतापूर्वक की जा सकती है। एक आलोचक के रूप में यह छूट देना सिद्ध करता है कि शुक्लजी अतीतवादी या विधेयवादी आलोचक नहीं थे। वे इतना अवश्य चाहते थे कि 'नूतन सृष्टि-निर्माण के अभिनय के बीच 'दूसरे जगत के पंछियों की उड़ान' न शुरू की जाए। आलोचक की दृष्टि 'वास्तव' पर होनी चाहिए। यह सर्जक या आलोचक का व्यक्तिगत वास्तव हो अथवा समाज का सामूहिक 'वास्तव', परन्तु हो 'वास्तव' ही। शुक्ल की आलोचना का यह 'वास्तववाद' 21वीं सदी की आलोचना में अवास्तविक नहीं कहा जा सकता।

शुक्ल ने 'अतीत' का अर्थ जीवन की अखंडता और व्यापकता की अनुभूति करने तक सीमित किया था। उन्होंने 'अतीत' का मनोविज्ञान समझाते हुए कहा था, 'अतीत की स्मृति में मनुष्य के लिए स्वाभाविक आकर्षण है। अर्थ-परायण लाख कहा करें कि 'गड़े मुर्दे उखाड़ने से क्या फायदा,' पर हृदय नहीं मानता, बार-बार अतीत की ओर जाया करता है; अपनी यह बुरी आदत नहीं छोड़ता। इसमें कुछ रहस्य अवश्य है।' (वही, पृ. 354) इसलिए उन्होंने अतीत के रहस्यों के भेदन-प्रक्रिया को भी आलोचना का मानदंड स्वीकार किया था। उन्होंने अतीत को न तो कवि-कर्म के रूप में, न ही आलोचना-कर्म के रूप में स्वीकार किया था। यही कारण था कि अतीत को कल्पना का लोक अथवा स्वप्नलोक बताया था। उन्होंने कहा था, 'सम्राटों की अतीत जीवन-लीला के ध्वस्त रंगमंच वैषम्य की एक विशेष भावना जगाते हैं।' यह वैषम्य उनके उत्थान और पतन की परिस्थितियों को देखने और उन्हें विवेचित करने की आलोचना-क्षमता विकसित करते हैं जिसके तहत एक दृष्टि सम्पन्न समीक्षक उत्थान और पतन के हालात की वर्तमानधर्मी तुलना करता है। शुक्लजी ने अतीत को महज समीक्षा-करण के रूप में स्वीकार किया। कोई आज का समीक्षक भी इस करण-बोध से

रिक्त होकर समीक्षा कर्म का निर्वाह ठीक-ठीक नहीं कर सकता। (वही, 354 से 359)

रामचन्द्र शुक्ल ने आलोचना में 'कल्पना के सिद्धान्त' का भी नवीनीकरण किया। उन्होंने कल्पना को कवि-कर्म के सहायक तत्त्व के रूप में स्वीकार किया। उन्होंने इन्द्रिय बोध को ही कल्पना का आधार माना। उन्होंने स्वतन्त्र और वायवीय कल्पना को आलोचक के लिए तिरस्करणीय सिद्ध किया। पाश्चात्य आलोचकों के कल्पना सिद्धान्त को वे चमत्कारवादी खेलवाड़ मानते थे। इसी सन्दर्भ में उन्होंने भाववादी आलोचक क्रोचे की आलोचना-पद्धति को पूर्णतया अनुपयोगी साबित किया। उन्होंने कल्पना को शाश्वत और निरपेक्ष-चेतना माननेवाले कालरिज का खंडन इस अर्थ में किया कि वह मनुष्य की व्यावहारिक चेतना को निरपेक्ष चेतना का ही एक अंग मानता था। शुक्लजी ने कल्पना को भावों का प्रवर्तन करनेवाली शक्ति माना। इसी क्रम में उन्होंने कल्पना के विधायक और ग्राहक रूपों का व्याख्यात्मक परिचय दिया और बताया कि कल्पना काव्य का अनिवार्य साधन तो है परन्तु वह अपने आप में साध्य नहीं हो सकती। पाश्चात्य समीक्षकों द्वारा कल्पना को कविता का साधन मान लेने की प्रवृत्ति का उन्होंने 'कविता क्या है ?' से लेकर काव्य में 'अभिव्यंजनावाद' तक के समीक्षा निबन्धों में किया।

शुक्लजी ने 'नूतन सृष्टि-निर्माणवाले यूरोपीय कल्पना-सिद्धान्त को काव्य में अनुपयोगी कारक में सिद्ध किया। उन्होंने लिखा, 'मानसिक रूप-विधान का नाम ही सम्भावना या कल्पना है।' (चिन्ता.-1, पृ. 330) कल्पना की इसी परिभाषा के तहत शुक्लजी ने मानसिक रूप-विधान करनेवाली दो शक्तियों का उल्लेख किया। पहली शक्ति को उन्होंने स्मृति शक्ति कहा जो प्रत्यक्ष देखी हुई वस्तुओं के आधार पर मूर्त होती है। दूसरी शक्ति को उन्होंने कल्पना कहा जिसके द्वारा प्रत्यक्ष देखे हुए पदार्थों के रूप, रंग, गति आदि के आधार पर खड़ा किया हुआ नया वस्तु-व्यापार-विधान किया जाता है। इसलिए उन्होंने रूप-विधान के तीन रूप बताए–1. प्रत्यक्ष रूप-विधान जिसे उन्होंने भावुकता की प्रतिष्ठा करनेवाला मूल उपादान कहा, 2. स्मृत रूप-विधान और 3. कल्पित रूप विधान। (रसात्मक बोध के विविध रूप, पृ. 330)

शुक्लजी कल्पित रूप-विधान को ही सामीक्ष्य धर्म बताया। उनके अनुसार काव्य-प्रक्रिया का सम्बन्ध कल्पित रूप या व्यापार से होता है। उन्होंने लिखा, 'कवि जिन वस्तुओं और व्यापारों का वर्णन करने बैठता है वे उस समय उसके सामने नहीं होते, कल्पना में ही होते हैं। पाठक या श्रोता भी अपनी कल्पना द्वारा ही उनका मानस साक्षात्कार करके उनके आलम्बन से अनेक प्रकार के रसानुभव करता है।' (वही, पृ. 333) इस प्रकार शुक्लजी ने रचना और आलोचना में कल्पना का सर्वाधिक महत्त्व स्थापित किया था परन्तु जब पाश्चात्य कलावादियों द्वारा कल्पना को वस्तु जगत से काटकर अलग कर दिया गया और उसके आधार पर 'काल्पनिक जगत्' की सृष्टि की गई तो उन्होंने इसका जानकर विरोध किया। शुक्लजी के अनुसार कवि की अनुभूति को पाठकों-श्रोताओं का साध्य बनाने के लिए और कविता में संवेदनीयता के प्रसार के लिए कल्पना का उपादान प्रमुख भूमिका निभाता है, परन्तु कल्पना का खिलन्दड़ापन

कवि-कर्म को वस्तु जगत से काटकर उसे अग्राह्य बना देता है। इसलिए उन्होंने कल्पना का सिद्धान्त निरूपित करते हुए लिखा, 'भावुक जब कल्पना सम्पन्न भाषा पर अधिकार रखनेवाला होता है, तभी कवि होता है।' (काव्य में रहस्यवाद, पृ. 36) शुक्लजी ने 'काव्य में अभिव्यंजनावाद' में कल्पना के स्वरूप का विश्लेषण करते हुए अपना निर्णय सुनाया और अनुभूतिहीन निरी कल्पना को रचनाकार की तमाशाई प्रवृत्ति घोषित किया, लिखा, 'अतएव काव्य-विधायनी कल्पना वही कही जा सकती है जो या तो किसी भाव द्वारा प्रेरित हो अथवा भाव का प्रवर्तन या संचार करती है। सब प्रकार की कल्पना काव्य की प्रक्रिया नहीं कही जा सकती। अन्तःकरण में अनुभूति अंगी है, मूर्त रूप अंगप्रधान है, कल्पना उसी की सहयोगिनी है।' (पृ. 33)

रामचन्द्र शुक्ल के समीक्षा-निबन्धों को पढ़ते हुए ऐसा लगता है कि उन्होंने हमारे यहाँ उक्ति को अपनी आलोचना के औजार के रूप में प्रयुक्त किया। इस उक्ति को सुखनत किया इसलिए नहीं कहा जा सकता कि इस औजार द्वारा या तो उन्होंने 'उनके यहाँ' (पाश्चात्य काव्य सिद्धान्त) को काटने का काम किया है अथवा किसी कथन की सिद्धि के लिए साक्ष्य रूप में। ऊपर से देखने में लगेगा कि 'हमारे यहाँ' का शुक्लीय समीक्षा सूत्र आत्ममोह का एक ढंग था, परन्तु गौर करने में यह औजार उनकी समीक्षा का आत्मसम्मान प्रकट करनेवाला है इस सन्दर्भ में शुक्लजी के 'हमारे यहाँ' की धार की परख की जा सकती है। उन्होंने लिखा, 'हमारे यहाँ भी व्यंजक वाक्य ही काव्य माना जाता है।' (कविता क्या है ?) 'हमारे यहाँ धर्म से अभ्युदय और निरश्रेयस दोनों की सिद्धि कही गई है' (मानस की धर्मभूमि), 'हमारे यहाँ के आचार्यों ने श्रव्य काव्य और दृश्य काव्य दोनों में रस की प्रधानता रखी है' (साधारणीकरण और व्यक्ति वैचित्र्यवाद), 'हमारे यहाँ के कवि उस सच्चे तार की झंकार सुनने में ही सन्तुष्ट रहे जो मनुष्य मात्र के हृदय के भीतर से होता हुआ गया है।' (वही) 'यह कला शब्द आजकल' 'हमारे यहाँ' की साहित्य चर्चा में बहुत जरूरी-सा हो गया है', (रसात्मकबोध के विविध रूप) 'हमारे यहाँ' के पुराने लोगों ने काव्य को 64 कलाओं में मानना ठीक नहीं समझा' (वही) जैसे तमाम कथन मिलते हैं जिन्हें शुक्लजी ने विशेषतः खंडन औजार के रूप में प्रयुक्त किया। लेकिन यहाँ यह भी जानना जरूरी है कि 'हमारे यहाँ' का समीक्षा औजार शुक्लजी के समय के नवजागरण की देन था। उनके समय का स्वतन्त्रता युद्ध इसी हथियार से लड़ा जा रहा था। शुक्लजी का 'हमारे यहाँ' सिद्धान्त भारतीय अस्मिता की पहचान था। 'हमारे यहाँ' की संस्कृति दूसरे क्षेत्रों में भले ही सीमित विचारधारा का प्रतीक था, परन्तु शुक्लजी ने समीक्षा सिद्धान्त के रूप में इसकी व्यापकता में कटौती नहीं की। आज तो यह भी सोचा जा सकता है कि अगर शुक्लजी ने 'हमारे यहाँ' सूत्र को गौरव के साथ प्रस्तुत न किया होता तो वे एक कालजयी आलोचक न बने होते।

अगर शुक्लोत्तर समीक्षा-दृष्टि पर विचार किया जाए तो डॉ. रामविलास शर्मा के बाद अधिकांश समीक्षक 'उनके यहाँ' के सिद्धान्त के अनुचारी हो गए हैं। आलोचना की ज्यादातर किताबों में 'हमारे यहाँ' को या तो छोड़ दिया गया है अथवा पुराने 'हमारे

यहाँ' की नई व्याख्या करने में असमर्थता प्रकट की गई है। ज्यादातर समीक्षा-लेखों में पाश्चात्य-समीक्षा-सिद्धान्तों की उद्धरणी दी गई है। हालाँकि यह जरूरी है कि समकालीन-समीक्षा विश्व समीक्षा से कटकर अलग नहीं हो सकती। आज की समीक्षा को विश्व मंच पर खड़ा करने की जरूरत है, परन्तु दूसरों की पोशाक पहनकर विश्व मंच पर अपनी समीक्षा की पहचान कैसे कराई जा सकती है इस पर भी विचार करना जरूरी है। इसलिए शुक्लजी के आलोचना सिद्धान्त पर विचार करते हुए उनके 'हमारे यहाँ' समीक्षा सिद्धान्त की सीमा पर विचार किया जाना चाहिए।

रामचन्द्र शुक्ल ने 'हमारे यहाँ' को समीक्षा-विधि के रूप में प्रस्तुत किया था। हमारे यहाँ में महज समकालीनता नहीं थी बल्कि इसमें भारतीय काव्यशास्त्र का पूरा इतिहास सम्मिलित था। जब उन्होंने लिखा, 'चौसठ कलाओं का उल्लेख' 'हमारे यहाँ' कामशास्त्र के भीतर हुआ है। पर काव्य की गिनती कलाओं में नहीं की गई है' तब उनकी दृष्टि केवल भक्ति काल तक सीमित नहीं थी और न ही गोस्वामी तुलसीदास अथवा सूरदास तक बल्कि कामसूत्र के प्रणेता ऋषि तक पहुँची थी। भक्तिकाल के कवियों ने भी वात्स्यायन के आधार पर ही अपनी कला-दृष्टि विकसित की थी। यही कारण है कि आचार्य शुक्ल ने कलावादियों के काव्य-सिद्धान्त और सौन्दर्यानुभूति सिद्धान्त को 'हमारे यहाँ' के अनुकूल नहीं स्वीकार किया था। उन्होंने पाश्चात्य कला समीक्षकों द्वारा काव्य में प्रत्यक्ष जगत का तिरस्कार करते हुए लिखा कि ये कलावादी 'कवि के काल्पनिक जगत' के रूप-व्यापारों की संगति प्रत्यक्ष या वास्तविक जगत के रूप-व्यापारों से मिलाने की आवश्यकता नहीं समझते। वे काव्य में व्यंजित अनुभूतियों का सामंजस्य जीवन की वास्तविक अनुभूतियों में ढूँढ़ना अनावश्यक मानते हैं। इन लोगों ने 'कविता का लक्ष्य बहुत नीचा कर दिया है' कहीं-कहीं तो वह (कविता) अमीरों के शौक़ की चीज समझी जाने लगी।' आ. शुक्ल ने क्षोभ व्यक्त करते हुए लिखा, 'यह कला शब्द आजकल हमारे यहाँ' भी साहित्य-चर्चा में बहुत ज़रूरी सा हो रहा है। इससे न जाने कब पीछा छूटेगा ?' (रसात्मक बोध के विविध रूप)

ऊपर के उद्धरण द्वारा अस्पष्ट नहीं रह गया होगा कि आ. शुक्ल ने 'हमारे यहाँ' के समीक्षा-सूत्र द्वारा एक तरफ प्राचीन काव्य-धारणाओं की आधुनिकतावादी स्थापना की तो दूसरी तरफ पाश्चात्य कलावाद की आँधी से आक्रान्त आधुनिकतावादियों की निन्दा की। उन्होंने इसी सूत्र के तहत सौन्दर्यचेतना को भी लोकमंगल, लोक के आनन्द और लोकदृष्टि से जोड़ा। उन्होंने सौन्दर्य का विवेचन 'मातंगलीला' के सिद्धान्त, 'सौन्दर्य सार समुदायनिकेतन' के परिप्रेक्ष्य में रखा। सौन्दर्यानुभूति को उपभोक्ता वृत्ति से मुक्त करके ही उसमें सामुदायिक वृत्ति का दर्शन किया जा सकता है। उन्होंने सौन्दर्यानुभूति का विवेचन करते हुए लिखा, 'किसी वस्तु के प्रत्यक्ष ज्ञान या भावना से हमारी अपनी सत्ता के बोध का जितना ही अधिक तिरोभाव और हमारे मन की उस वस्तु के रूप में जितनी ही पूर्ण परिणति होगी उतनी ही बढ़ी हुई हमारी सौन्दर्य की अनुभूति कही जाएगी।' (कविता क्या है ?) शुक्लजी ने मनुष्य द्वारा अपनी पृथक् सत्ता की प्रतीति

का विसर्जन और अन्तस्सत्ता की तदाकार परिणति के सौन्दर्य को 'दिव्य विभूति' की संज्ञा दी। इतना स्पष्ट है कि उन्होंने 'दिव्य विभूति' की अवधारणा तुलसी-काव्य के आधार पर निर्मित की थी। उन्होंने कलावादियों के सौन्दर्य-सिद्धान्त का खंडन 'गोस्वामी तुलसीदास' में 'तुलसी की काव्य पद्धति' शीर्षक के अन्तर्गत की थी।

'तुलसी की काव्य पद्धति' में यूरोपीय कलावाद का विरोध करते हुए जो मिथकीय उदाहरण दिया था उससे शुक्लजी की परम्परावादी दृष्टि का स्पष्ट संकेत मिलता है। उन्होंने लिखा था, 'कल्पना के इन विश्वामित्रों से यूरोप भी कुछ दिन परेशान रहा। कलावादी जिसे 'नूतन सृष्टि' कहते हैं वह स्वच्छ और स्थिर दृष्टिवालों के निकट वास्तविक का विकृत रूप मात्र है—ऐसा विकृत जो प्रायः कौतूहलता मात्र उत्पन्न करके रह जाता है, हृदय का मर्मस्थल स्पर्श नहीं करता, कोई सच्ची और गम्भीर अनुभूति नहीं जगाता।' (पृ. 44) अगर गौर किया जाए तो इस कथन में शुक्लजी का विरोधाभाषी स्वरूप प्रकट होता है। यह समझ में नहीं आता कि 'विश्वामित्र' की 'नूतन सृष्टि' के संकल्प और उसकी प्रत्यक्ष परिणति की खिल्ली वे क्यों उड़ा रहे थे। वशिष्ठ और विश्वामित्र के पौराणिक-सांस्कृतिक मिथकों को अगल-बगल रखकर देखने से अज्ञात नहीं रह जाता कि ये दोनों 'मिथक विशेष' और 'सामान्य' के विचारों की टकराहट थे। वशिष्ठ राज दरबार की पुरोहिती संस्कृति के और विश्वामित्र लोकाश्रित जन संस्कृति के प्रतीक थे। आ. शुक्ल ने प्रति सांस्कृतिक रचना को महत्त्व नहीं दिया। इस सन्दर्भ में उनका 'हमारे यहाँ' का सिद्धान्त सम्पूर्णतावाची नहीं प्रतीत होता। 'हमारे यहाँ' का अर्थ केवल वशिष्ठ-संस्कृति की परम्परा की स्वीकृति सही नहीं हो सकती थी। परन्तु जो कुछ भी अन्तर्विरोध क्यों न हो आजादी की जंग में 'हमारे यहाँ' का शास्त्र (शस्त्र भी) बोध अनुपादेय नहीं कहा जा सकता। 'गोस्वामी तुलसीदास' में भी 'हमारे यहाँ' समीक्षा औजार का बार-बार प्रयोग किया था, मसलन, लिखा था, '(हमारे) यहाँ काव्य जीवन-क्षेत्र से अलग खड़ा किया केवल तमाशा नहीं रहा है।' (पृ. 43) इस प्रकार कहा जा सकता है कि शुक्लजी का 'हमारे यहाँ' सिद्धान्त का दृढ़तापूर्वक प्रयोग करते रहना उनकी आलोचना-शक्ति का परिचायक था। यह उनके आलोचक का असाधारण साहस था कि उन्होंने इस छोटे उक्ति सिद्धान्त द्वारा यूरोप के तमाम शीर्ष समीक्षकों के साथ ही अन्धानुकरण करनेवाले भारतीय समीक्षकों को भी ललकारा। समीक्षा की शुक्लीय हुंकार-शक्ति ने अनेक लोगों को लुंज-पुंज बना दिया। वे सन् 1910 से 1940 तक ही नहीं बल्कि मृत्यु (1941) के उपरान्त भी हिन्दी साहित्य के अकेले समीक्षक बने रहे।

आचार्य रामचन्द्र शुक्ल सिद्धान्तवादी आलोचक बनने का लक्ष्य लेकर आलोचना के क्षेत्र में नहीं उतरे थे। व्यवहारवादी आलोचना करते हुए उन्होंने कुछ ऐसे सूत्र अवश्य दिए जो परवर्ती हिन्दी-आलोचना के सिद्धान्त बन गए। सिद्धान्तवाद को उन्होंने इसलिए स्वीकृति नहीं दी कि सिद्धान्त पूर्वपक्ष का निराकरण करते हुए उत्तर पक्ष का तर्कसंगत उपसंहार बनता है और इस प्रकार परिवर्तन की प्रक्रिया के मार्ग में अवरोध उपस्थित करता है। उन्होंने साहित्य की आलोचना को सतत प्रक्रिया माना। उनका मत था कि

सिद्धान्त का शास्त्र-पक्ष लोक पक्ष को अधिक महत्त्व नहीं दे पाता। किसी भी समीक्षा-सिद्धि का अन्त घोषित कर देना आलोचकीय क्षेत्र से बाहर की चीज थी। उन्होंने आलोचना के लिए 'गम्भीर विचार और व्यापक दृष्टि अपेक्षित' (हि.सा.इ., पृ. 535) थी। उन्होंने लिखा, 'जो चिन्तन के गूढ़ विषय हैं उनमें कल्पना की क्रीड़ा कभी उचित नहीं है।' वे विचार क्षेत्र को ही आलोचना का मूल क्षेत्र मानते थे। विचारों पर भाववाद अथवा कल्पनावाद के धावा बोलने की प्रवृत्ति की निन्दा की, परन्तु अन्त 'किसी का भी नहीं घोषित किया।' उन्होंने संस्कृत के काव्याचार्यों के सिद्धान्त में अपने समय के अनुसार परिवर्तन होते देखकर उसका जी खोलकर समर्थन किया। मसलन उन्होंने लिखा, 'हमारे यहाँ के पुराने बँधे ढाँचों के भीतर शील वैचित्र्य का वैसा विकास नहीं हो सकता था, उनका बन्धन हटाकर वैचित्र्य के लिए मार्ग खोलना ठीक है।' (वही, पृ. 525) शुक्लजी ने हमेशा अनुभव किया कि जहाँ 'सिद्धान्तवाद' बन्धन बन जाए, वहाँ उसे हटाना आलोचकीय कर्म की उपादेयता है।

शुक्लजी ने युग-धर्म के परिप्रेक्ष्य में सिद्धान्त को काटते चलना आलोचक के नमनीय और व्यापक दृष्टि का परिणाम माना। परन्तु सिद्धान्त का खंडन करके खुद का सिद्धान्त बनाना उन्हें मान्य नहीं था। इस सन्दर्भ में उन्होंने लिखा, 'जो बात हमारे यहाँ की इस व्यवस्था के भीतर स्वतः सिद्ध है वही यूरोप में इधर आकर एक आधुनिक सिद्धान्त के रूप में यों कही गई है, 'उत्कृष्ट हास्य वही है जिसमें आलम्बन के प्रति एक प्रकार का प्रेमभाव उत्पन्न हो अर्थात् वह प्रिय लगे।' यहाँ तक तो बात बहुत ठीक रही। पर यूरोप में नूतन सिद्धान्त प्रवर्तक बनने के लिए उत्सुक रहनेवाले चुप कब रह सकते थे। वे दो कदम आगे बढ़कर आधुनिक 'मनुष्यतावाद' या 'भूतदयावाद' का स्वर ऊँचा करने लगे। (वही, पृ. 523) अगर गौर किया जाए तो शुक्लजी ने प्राचीन काव्यशास्त्र में 'स्वतः सिद्ध' माननेवालों की प्रवृत्ति को अस्वीकार कर दिया। साथ ही 'सिद्धान्त' पर 'सिद्धान्त' चस्पा करने की आलोचना प्रवृत्ति का भी तिरस्कार किया।

यह प्रश्न उठाना अव्यावहारिक नहीं है कि रामचन्द्र शुक्ल की हिन्दी-आलोचना में सिद्धान्तवाद का अधिक महत्त्व है अथवा व्यवहारवाद का ? इस प्रश्न का उत्तर अस्पष्ट नहीं है। शुक्लजी को उनके अनुवाद-काल के प्रारम्भ (1904) से लेकर 'काव्य में अभिव्यंजनावाद' (1935) तक के सभी निबन्धों और कृतियों को पढ़ने के बाद साफ जाहिर होता है कि वे मूलतः व्यावहारिक समीक्षा-धर्म को ही अपनी आलोचना का मुख्य उपादान मानते रहे। उनकी आलोचना के सिद्धान्त-सूत्र व्यावहारिक आलोचना के गर्भ से प्रसूत हुए थे। यह अज्ञात नहीं है कि व्यावहारिक आलोचना सामाजिक परिवर्तन, लोकहित और इतिहास की गति को ही मुख्यतः देती है। व्यवहारवादी-आलोचना की प्रकृति परवर्तित होते समय का अन्तर्भेदन करके उसकी हर विधि द्वारा छानबीन करना होता है। व्यवहारवाद का प्रथम चरण होता है 'केन सह व्यवहारः ?' का बोध होना। जिस आलोचक का यह बोध जितना सजग, सम्पन्न और सामाजिक होता है, वह उतना ही बड़ा व्यवहारवादी आलोचक होता है। रामचन्द्र शुक्ल साहित्य के किस अंश के साथ

कैसा व्यवहार किया जाए इसके बहुत बड़े ज्ञाता थे। यही कारण था कि 'हिन्दी साहित्य का इतिहास' लिखते हुए किस कृति और कृतिकार को ग्रहण किया जाए और किसका त्याग कर दिया इसका निर्णय करने में बड़ी दृढ़ता दिखलाई। शुक्लजी ने स्वयं लिखा था, 'हिन्दी साहित्य का विवेचन करने में यह बात ध्यान में रखनी होगी कि किसी विशेष समय में लोगों में रुचि विशेष का संचार और पोषण किधर से और किस प्रकार हुआ !' (हि.सा.इ., काल-विभाग) देखा जा सकता है कि शुक्लजी ने समय, लोक और इसके प्रेरक तत्त्वों के विवेचन करने की क्षमता को ही व्यावहारिक आलोचना का मुख्य स्वरूप माना।

शुक्ल का एक लेख 'बाबू काशीनाथ खत्री' सन् 1906 में (सरस्वती : नवम्बर) प्रकाशित हुआ। यह एक परिचयात्मक लेख था, परन्तु इसमें भी उन्होंने लिखा, 'कर्त्तव्य निष्ठा, सदाचार तथा लोकहित ही का मार्ग ढूँढ़ने को इनकी लेखनी उठी।...वे पूरे समाज के संशोधक थे।...स्वदेशाभिमान भी इनमें कुछ कम न था।' (चिन्ता.-3, पृ. 61-63) सन् 1910 में इनका एक दूसरा परिचयात्मक लेख प्रकाशित हुआ, 'भारतेन्दु हरिश्चन्द्र और हिन्दी'। शुक्लजी इस लेख में अपनी व्यावहारिक आलोचना के स्वरूप का दिग्दर्शन कराते हुए लिखा, 'यद्यपि देश में नए-नए भावों का संचार हो गया था, पर हमारी भाषा उनसे दूर थी। यद्यपि लोगों की अभिरुचि बदल चुकी थी पर हमारे साहित्य पर उसका आभास नहीं पड़ा था।' (वही, पृ. 106) इस लेख द्वारा शुक्लजी ने लोक विचार, लोकरुचि, लोक व्यापार में होनेवाले त्वरित परिवर्तनों से विच्छिन्न साहित्य को जोड़ने के दायित्व को आलोचक का दायित्व निरूपित किया। इस प्रकार देखा जा सकता है कि शुक्ल के व्यवहारवादी समीक्षा का त्रिकोण था लोकवाद, इतिहास और साहित्य के बिन्दुओं को मिलाकर एक त्रिकोण बनाना जिसमें रेखाओं और कोणों के परिमाप की पूर्णता हो।

यह संयोग नहीं कहा जा सकता कि शुक्ल ने काशीनाथ खत्री और भारतेन्दु हरिश्चन्द्र दोनों को 'संशोधक' विशेषण दिया। यह संशोधक धर्म उनके व्यावहारिक आलोचनात्मक मानस का नायक था। उन्होंने इसी आलोचना-नायक को अपने समीक्षा-धर्म का आधार बनाया। स्वदेशाभिमान, स्वजाति प्रेम समाज और साहित्य में आधुनिक उद्गारों के प्रवाह को देखते हुए सुधार करना केवल भारतेन्दु अथवा काशीनाथ खत्री के लेखन का ही गुण नहीं था, बल्कि आलोचक शुक्ल का भी गुण था। उन्होंने इसी गुण-बुद्धि द्वारा अपनी आलोचना के मापक तैयार किए।

रामचन्द्र शुक्ल की आलोचना की गायत्री है, उनकी आलोचना-कृति 'गोस्वामी तुलसीदास' (1922)। उनकी आलोचना के सम्पूर्ण का निर्माण इसी कृति के अठारह अध्यायों में हुआ। शुक्लजी ने जानबूझकर 115 पृष्ठों की इस पुस्तक में 18 अध्याय रखे। उनकी दृष्टि में 'गीता' के 18 अध्याय थे। जिस प्रकार गीता उपनिषद-ग्रन्थों का निचोड़-ग्रन्थ था, उसी प्रकार शुक्लजी की यह आलोचना-कृति भारतीय और पाश्चात्य आलोचना का सार-संग्रह थी। जिस प्रकार गीता में मानव जीवन की पूर्णता के लिए सिद्धान्तों-व्यवहारों में सन्तुलन स्थापित करने का प्रयास था, उसी प्रकार 'गोस्वामी

तुलसीदास' में भी व्यावहारिक और सैद्धान्तिक आलोचना में सामंजस्य स्थापित किया गया।

शुक्लजी ने गोस्वामी तुलसीदास का विवेचन करते हुए उनकी मनुष्य की अन्तःप्रकृति की परख की पहचान करते हुए लिखा था, 'गोस्वामीजी को मनुष्य की अन्तःप्रवृत्ति की जितनी परख थी उतनी हिन्दी के और कवि को नहीं।' (तुलसी की भावुकता, पृ. 69) स्पष्ट है कि शुक्लजी की आलोचना का मुख्य व्यावहारिक मुद्दा किसी रचना और रचनाकार की अन्तःप्रकृति की परख करना बना। रचनाकारों की समीक्षा करते रामचन्द्र शुक्ल ने कवि द्वारा विषयवस्तु के मर्मस्पर्शी केन्द्रों की पहचान करने, सर्वभूत व्यापिनी भावुकता का निवेश करने, सौन्दर्य का साक्षात्कार करने, शील-सन्दर्भों का विस्तार करने, हृदय की उदात्त वृत्तियों की उद्भावना करने, समाज के भिन्न-भिन्न वर्गों के मन में भावोत्कर्ष करने, मनुष्य में स्वभावतः निहित व्यक्तिगत इच्छाओं को लोक सामान्य भावभूमि पर ले जाने, बाह्य प्रकृति के साथ अन्तःप्रवृत्ति का सामंजस्य करने, जीवन की अनन्त स्थितियों का वर्गीकरण करने की सर्जक कुशलता को अत्यधिक महत्त्व दिया। शुक्लजी का मत था रचना के वे सभी गुण केवल उसी कवि में हो सकते हैं जिसमें 'हृदय की विशालता', भाव-प्रसार की शक्ति, उद्भावक कुशलता, रागात्मक सामंजस्य की रमणीयता और शब्द शक्ति की सिद्धि होती है। शुक्लजी को तुलसीदास की रचनाओं में ये सभी गुण दिखाई पड़े थे, इसलिए उनकी समीक्षा के मानक तुलसी बने। इसी मानक के निकष पर उन्होंने केवल भक्तिकाल के ही नहीं बल्कि अन्य कालों के कवियों को भी परखा। ऐसा करते हुए शुक्लजी कभी-कभी आग्रहधर्मी तक बन गए थे। संयोग से शास्त्रवाद, मर्यादावाद, वर्ण-व्यवस्था, नारी के प्रति दृष्टि और भक्ति मार्ग, ज्ञानमार्ग के जो आग्रह तुलसीदास में थे उनसे शुक्लजी को भी परहेज नहीं था। लेकिन यहाँ यह नहीं कहा जा सकता कि शुक्लजी ने तुलसीदास के चलते अपने समय को नजरअन्दाज किया अथवा स्वयुगीन आलोचना में प्रदूषण पैदा किया। उन्होंने पूरी क्षमता के साथ हिन्दी में स्वस्थ आलोचना की नींव रखी। तुलसीदास के विराट काव्य-कर्म को देखते हुए उन्होंने उनके डिफेंस (Defence) में आलोचकीय पक्षधरता अवश्य दिखा दी थी, परन्तु इस पक्षधरता को अपनी आलोचना का कैनन (Canon) नहीं बनने दिया। उन्होंने 'स्त्रियों के प्रति तुलसीदास के भाव क्या थे' का ही उल्लेख किया था। यह शुक्लजी की भी दृष्टि थी ऐसा नहीं कहा जा सकता। शुक्लजी पर नारी-विरोधी आरोप इसलिए लगा कि उन्होंने गोस्वामीजी की सुरक्षा में अपनी ओर से भी कुछ तर्क दे दिए। उन्होंने लिखा कि गोस्वामी तुलसीदास पर 'स्त्रियों की निन्दा का महापातक लगाया जाता है, पर यह अपराध अपनी विरति की पुष्टि के लिए किया है। उसे उनका वैरागीपन समझना चाहिए। सब रूपों में स्त्रियों की निन्दा उन्होंने नहीं की है। स्त्री जाति के प्रति उन्हें कोई द्वेष नहीं था।...स्त्रियों के सम्बन्ध में गोस्वामीजी ने जो कहा है, वह सिद्धान्त वाक्य नहीं है अर्थवाद मात्र है। पर उदिष्ट प्रभाव उत्पन्न करने के लिए इस युक्ति का अवलम्बन गोस्वामीजी जैसे उदार और सरल प्रकृति के महात्मा के लिए सर्वथा उचित था, यह नहीं

कहा जा सकता, क्योंकि स्त्रियाँ भी मनुष्य हैं–निन्दा से उनका जी दुख सकता है।' (लोकनीति और मर्यादावाद, पृ. 31) शुक्लजी जैसे तुलसी भक्त द्वारा तुलसी का 'अपराध' ढूँढ़ना और उनके अनुचित स्थापना का विरोध करना कम महत्त्वपूर्ण नहीं था। यह पं. रामचन्द्र शुक्ल का नहीं आलोचक रामचन्द्र शुक्ल का साहस था। व्यवहारवादी समीक्षा के लिए ऐसे ही साहस की जरूरत होती है।

आ. शुक्ल अपनी निजी दृष्टि में 'शूद्रों को चाहे जिस रूप में ग्रहण करते रहे, परन्तु आलोचक की दृष्टि से उन्होंने तुलसी द्वारा शूद्रों की निन्दा को खुला समर्थन नहीं दिया। उन्होंने रूढ़, वर्णव्यवस्था सिद्धान्त को समाजशास्त्रीय प्रतिमानों के तहत श्रेणी-विभाजन का रूप दिया ऊँची श्रेणी और नीची श्रेणी। उन्होंने लिखा, 'शूद्र शब्द को नीची श्रेणी के मनुष्य का कुल, शील, विद्या, बुद्धि, शक्ति आदि सबमें अत्यन्त न्यून का बोधक मानना चाहिए।' तुलसी की सुरक्षा करते हुए लिखा, 'इतनी न्यूनताओं को अलग-अलग न लिखकर वर्ण विभाग के आधार पर उन सबके लिए एक शब्द (शूद्र) का व्यवहार कर दिया गया है।' (वही, पृ. 32) इस तरह शुक्लजी ने शूद्र शब्द को उन सबके लिए प्रयुक्त माना जो कुल, शील, विद्या, बुद्धि और शक्ति में न्यून थे। हालाँकि शुक्लजी का न्यूनतावाद पूरी तरह स्वीकार्य नहीं किया जा सकता, परन्तु उनके आलोचक की तर्क-शक्ति की प्रशंसा तो करनी ही पड़ेगी। यहाँ यह अवश्य कहा जाना चाहिए कि शुक्लजी उस सामन्ती वर्ग की पहचान करने में चूक गए जिसके द्वारा कुछ लोगों में कुल, शील, विद्या, बुद्धि और शक्ति की न्यूनता बलपूर्वक कर दी जाती है। शुक्लजी ने तुलसी का पक्ष उपस्थित करते हुए यह भी लिखा, 'सिद्धान्त और अर्थवाद में भेद न समझने के कारण ही गोस्वामीजी की बहुत सी उक्तियों को लेकर लोग परस्पर विरोध आदि दिखाया करते हैं। वे प्रसंग विशेष में कवि की भीतरी उद्‌देश्य की खोज न करके शब्दार्थ ग्रहण करके तर्क-नितर्क करते है।' (वही, पृ. 32) आचार्य शुक्ल ने अपने इस तर्क द्वारा व्यवहारवादी आलोचक के कुछ दायित्वों की ओर ध्यान आकृष्ट किया था। आलोचक का पहला दायित्व यह बताया कि वह किसी कवि की उक्ति को कवि-कर्म न मान ले दूसरा–वह (आलोचक) किसी प्रसंग-विशेष में कवि की भीतरी उद्‌देश्य का निर्धारण करने की प्रतिभा दिखलाए, तीसरा–वह कविता को शब्दार्थों की सीमा में न बाँधे और आखिरी यह कि आलोचक सिद्धान्तवाद और अर्थवाद में अन्तर समझे। यहाँ यह कहना असंगत न होगा कि शुक्लजी ने आलोचना के दायित्वों को गिनाते हुए अपने आलोचना-सूत्रों का भी परिचय दिया था।

आलोचना का दायित्व समझते हुए शुक्लजी ने सिद्धान्तवाद और अर्थवाद में जो भेद निरूपित किया था, वह आलोचना का ऐसा कैनन कहा जा सकता था जो उस समय तक विश्व-साहित्य की आलोचना में भी नहीं सम्मिलित हुआ था। अगर यहाँ शुक्लजी के समय को छोड़कर समकालीन आलोचना की दृष्टि से विचार किया जाए तो आलोचना का अर्थवाद और आलोचना का सिद्धान्तवाद को लेकर लम्बी बहस चलाई जा सकती है। अगर गौर किया जाए तो आज की आलोचना का मूल पाठ 'अर्थवाद' तक सीमित

हो गया है जो शुक्ल-युग में गौण था। यहाँ आलोचना के अर्थवाद और सिद्धान्तवाद को समझ लेना अप्रासंगिक नहीं कहा जा सकता। अर्थवाद के तहत रचनाकारों द्वारा प्रयुक्त शब्द तात्कालिक एकदेशीय और प्रकथन तक सीमित होते हैं। यह न्याय-दर्शन का 'पद' है, यानी चार प्रकार के वाक्यों में से एक ऐसा वाक्य जिसमें किसी विधि-विधान की उत्तेजना मात्र होती है जिसको स्तुति, निन्दा, परकृति अथवा पुराकल्प द्वारा व्यक्त किया जाता है। स्वयं गोस्वामीजी ने शब्दों की दो गतियाँ बतलाई थीं—पहली, कर्णरन्ध्र तक सीमित और दूसरी, कर्णरन्ध्र से होते हुए हृदय की सत्ता बनने में समर्थ निश्चित रूप से शब्द की पहली ग्रति को अर्थवाद और दूसरी गति को सिद्धान्तवाद भी कहा जा सकता है। आलोचना के सिद्धान्तवाद के अन्तर्गत प्रामाणिक, निर्णायक और सर्वसम्मत तथ्यों, तर्कों और साक्ष्यों के आधार पर कथन का स्थायी या चिरस्थायी उपसंहार निरूपित किया जाता है। शुक्लजी तुलसी के अभावों को अर्थवाद तक सीमित रखना चाहते थे। अगर ध्यान दिया जाए तो यह एक सच्चे आलोचक का आत्मविद्रोह था। आ. शुक्ल के आत्म विद्रोह ने ही उन्हें व्यावहारिक समीक्षा के उस शीर्ष पर बैठा दिया है जहाँ अभी तक पहुँचा ही नहीं जा सका है।

इस तथ्य को बार-बार दोहराने की जरूरत नहीं कि शुक्लजी की व्यावहारिक आलोचना के नपना थे गोस्वामी तुलसीदास। उन्होंने इसी नपने से कबीर, जायसी, सूरदास जैसे कवियों को तो नापा ही, प्रसाद, निराला और पन्त आदि पर भी इस नपने का प्रयोग किया। उन्होंने तुलसी को पढ़ते हुए व्यवहारवादी समीक्षा का एक 'सूत्र' बनाया लोकमंगल भावना को। 'लोकमंगल' आ. शुक्ल का भाव और विचार दोनों पक्ष बना। इसी 'लोकमंगल' का प्रयोग उन्होंने विभिन्न पर्याय रूपों में किया। उदाहरण के लिए लोकवाद, लोकधर्म, लोकसंग्रह आदि पद भी लोकमंगल की शृंखला में ही लिखे गए। आ. शुक्ल का 'हिन्दू धर्म' भी इसी सन्दर्भ में प्रयुक्त हुआ। परमानन्द शील का औदात्य राम रसायन जैसे शताधिक शब्दों को लोकमंगल के साथ जोड़ा। अगर आलोचना की आलोचना करते हुए कोई आलोचक आ. शुक्ल के आलोचकीय व्यक्तित्व के गन्तव्य तक पहुँचना चाहे तो उसे सबसे पहले लोकमंगल का ही रास्ता पकड़ना पड़ेगा। इस तथ्य से भी आँखें नहीं मूँदी जा सकतीं कि शुक्लजी के रसवाद और लोकमंगल के उद्देश्य में कोई मूलभूत अन्तर नहीं है। उन्होंने रस और लोकमंगल दोनों में साधना और सिद्धि का दर्शन स्थापित किया। उन्होंने लिखा, 'मंगल पक्ष में सौन्दर्य, हास-विकास, प्रफुल्लता, रक्षा और रंजन इत्यादि है अमंगल पक्ष में विरूपता 'विलाप' क्लेश और ध्वंस इत्यादि है। इन दोनों पक्षों के द्वन्द्व के बीच से ही मंगल की कला शक्ति के साथ फूटती दिखाई पड़ा करती है।' (चिन्ता.-2, पृ. 53) आ. शुक्ल का यह द्वन्द्व-सिद्धान्त 'सत्' का द्वन्द्ववाद था। मंगल-पक्ष 'सत्' जबकि अमंगल-पक्ष 'असत्' और इन दोनों के द्वन्द्व के परिणामस्वरूप जो परिवर्तन होता है, उसे 'मंगल की कला' कहते हैं जिसको शुक्लजी अत्यन्त व्यापक मानते थे। उन्होंने 'कविता क्या है ?' में लिखा था, 'जिन मनोवृत्तियों का अधिकतर बुरा रूप हम संसार में देखा करते हैं, उनका भी सुन्दर

रूप कविता ढूँढ़ निकालती है।' (पृ. 227) कविता की इसी शक्ति को उन्होंने 'मंगल की कला' कहा था। उन्होंने मंगल की कला को ही अभ्युदय की सिद्धी माना था। यह कहना असंगत न होगा कि आ. शुक्ल की व्यावहारिक समीक्षा का केन्द्रीय तत्त्व लोकमंगल की समाजवादी अवधारणा है। इस अवधारणा के अन्तर्गत उन्होंने कहा कि कर्म, ज्ञान और उपासना लोकधर्म के अवयव हैं जिनके सामंजस्य द्वारा ही लोकमंगल का विधान किया जा सकता है।

आ. शुक्ल ने लोकमंगल का विधान करने में समर्थ 'भक्ति काव्य : विशेषतः तुलसी के भक्ति काव्य' की सराहना की। उन्होंने लिखा, 'लोक की रक्षा 'सत्' का आभास है, लोक का मंगल, परमानन्द का आभास है।' उनके विचार से इस आभास को पूर्णकाव्य के रूप में परिणत करनेवाले केवल तुलसीदास थे क्योंकि उन्होंने 'रामराज्य' के रूप में सत् और आनन्द को व्यावहारिक रूप दिया था। शुक्लजी ने लिखा, 'सत् अपना प्रकाश करता है, इस बात का पूर्णविश्वास तुलसीदास ने प्रकट किया।' (गोस्वामी तुलसीदास : मंगलाशा, पृ. 23) इस तरह देखा जा सकता है कि शुक्लजी ने 'रस' को अपनी आलोचना की पद्धति के रूप में ग्रहण किया था तो 'लोकमंगल' का मूल्यांकन के मानदंड के रूप में। रस उनकी सिद्धान्तवादी आलोचना और लोकमंगल व्यवहारवादी आलोचना के मूल उपादान थे। लेकिन सबकुछ होते हुए भी शुक्ल की सिद्धान्तवादी और व्यवहारवादी आलोचनाओं में कोई स्पष्ट विभाजक रेखाएँ नहीं खींची जा सकतीं।

आ. शुक्ल की व्यावहारिक समीक्षा का एक कोण उनकी सौन्दर्य-दृष्टि का भारतीय चिन्तन भी है परन्तु सौन्दर्य के यूरोपीय स्वरूप को उन्होंने कम महत्त्व दिया। उन्होंने अपनी समीक्षा की सौन्दर्य-दृष्टि पंडितराज जगन्नाथ के 'रमणीय' सिद्धान्त की परम्परा में विकसित किया था। उन्होंने अपनी आलोचना की चरम विकसित अवस्था में 'काव्य में अभिव्यंजनावाद' शीर्षक लम्बा निबन्ध लिखा था। जिसमें स्पष्ट किया था, 'इसी से पंडितराज ने अपने काव्य-लक्षण में 'सुन्दर' शब्द का प्रयोग न करके रमणीय शब्द का प्रयोग किया है, रमणीय का अभिप्राय है जिसमें मन रमे अर्थात् जिसे मन अपने सामने कुछ देर रखना या बार-बार लाना चाहे।...सुन्दर कहने से हर समय इस प्रकार की प्रतीति का बोध नहीं होता।...अर्थ के मैदान में 'सुन्दर' शब्द की दौड़ उतनी नहीं है जितनी रमणीय शब्द की।' (पृ. 194-95) आ. शुक्लजी के शब्दों से स्पष्ट बोध होता है कि व्यावहारिक समीक्षा का लक्ष्य आलोच्य-वस्तु के अर्थ का मैदान जीतना था। उन्होंने 'सुन्दर' शब्द को बाह्यार्थ निरूपक और 'रमणीय' शब्द को हृदयार्थ निरूपक माना था। इसी अर्थ में उन्होंने लिखा था, 'सौन्दर्य बाहर की कोई वस्तु नहीं है, मन के भीतर की वस्तु है।' (कविता क्या है, पृ. 224) हालाँकि शुक्लजी ने अपनी समीक्षाओं में 'सुन्दर' या 'सौन्दर्य' शब्द का प्रयोग बार-बार किया था परन्तु उसे 'अन्तःसत्ता की तदाकार परिणति' के रूप में ही देखा था। यह पाश्चात्य सौन्दर्य-चेतना का भारतीयकरण था। इसलिए उन्होंने लिखा था, 'कविता केवल वस्तुओं के ही रूप-रंग में सौन्दर्य की छटा नहीं दिखाती प्रत्युत कर्म और मनोवृत्ति के सौन्दर्य की भी अत्यन्त मार्मिक दृश्य सामने

रखती है।...जिन मनोवृत्तियों का अधिकतर बुरा रूप हम संसार में देखा करते हैं उनका भी सुन्दर रूप कविता ढूँढ़कर दिखाती है।' (कविता क्या है, पृ. 22) शुक्लजी ने लोकमंगल भाव के विधान को ही सुन्दर कहा था। वे किसी रचना के धर्म-प्रवचन-वृत्ति अथवा उपदेशक वृत्ति को अग्राह्य मानते थे, लिखा कि कवि की दृष्टि इन सब बातों की ओर नहीं रहती। वह उधर देखता है जिधर सौन्दर्य दिखाई पड़ता है।' (वही, पृ. 228)

स्पष्ट है कि शुक्लजी की व्यावहारिक आलोचना रचनाकार द्वारा अन्वेषित का अन्वेषण और अवलोकित का अवलोकन थी। वे समीक्षा द्वारा काल-चेतना के परिप्रेक्ष्य में लोक से मेल खानेवाली नई दृष्टि बनाना चाहते थे जिसे वे सर्वेक्षण-दृष्टि मानते थे। उनकी सर्वेक्षण दृष्टि काव्य-वस्तु की अखंडता में विश्वास रखती थी। इसलिए आलोचना की विश्लेषणवादी शैली को वे एक सीमा तक ही उपयोगी मानते थे।

रामचन्द्र शुक्ल की व्यवहारवादी समीक्षा में समाज, संस्कृति और देशप्रेम के सम्मिलित मानदंड का तत्त्व अत्यधिक महत्त्वपूर्ण है। वे अपनी समीक्षा द्वारा सांस्कृतिक समाज के व्यवस्थापन का नया मूल्य बनाना चाहते थे। इसलिए उन्होंने भारतीय समाज और भारतीय संस्कृति के रूढ़िगत मूल्यों का परित्याग करके अपने समय के अनुसार नया स्वरूप देना चाहते थे। इसी स्वरूप की पूर्णता के रूप में उन्होंने गोस्वामी तुलसीदास की रचनाओं की समीक्षा की। 'गोस्वामीजी पूरे लोकदर्शी थे (7)', 'सदाचार की मूर्ति थे (11)', 'भारत भूमि में उत्पन्न होना वे गौरव की बात समझते थे,' (11) 'मर्यादा की भावना उनमें हम बराबर पाते हैं' (11) वे अपने को लोक से असम्बद्ध नहीं देखते थे' (12), 'लोक मर्यादा का उल्लंघन, समाज की व्यवस्था का तिरस्कार, अनधिकार चर्चा, भक्ति और साधुता के मिथ्या दम्भ से गोस्वामीजी की अन्तरात्मा व्यथित हुई' (15-16), जैसे उक्तियाँ गिर्डिग की पुस्तक 'द प्रिंसिपल ऑफ सोशियोलॉजी' के सन्दर्भ में समाज शास्त्रीय विचारों की प्रस्तुति। (16) आ. शुक्ल समाज-संस्कृति-देशप्रेम की भावना से मिली-जुली समीक्षा भूमि के साक्ष्य कहे जा सकते हैं। अगर शुक्लजी ने समय-सापेक्ष सांस्कृतिक मूल्यों को आधार बनाकर 'कृति और कृतिकार' की पड़ताल करने की चेतना न विकसित की होती तो शायद हिन्दी आलोचना काव्य-मूल्यों तक सीमित हो गई होती और सामाजिक जीवन के साथ उसका सामंजस्य स्थापित होना अकल्पित रह गया होता। वे समाज संस्कृति और देशप्रेम के क्रम में ही शील, शक्ति, सौन्दर्य, अद्वैत, बोध, लोकवाद, कर्मवाद, धर्मवाद और इतिहास की परिवर्तनशील गति को देखते थे। उन्होंने देशवासियों में स्वाभिमान और आत्मावलम्बन की भावना अपनी समीक्षा शैली द्वारा भी भरने की कोशिश की। उन्होंने उन लोगों की कड़ी निन्दा की जो पाश्चात्य संस्कृति के उन्माद में अपने देश के सांस्कृतिक प्रत्ययों को हीन दृष्टि से देखने लगे थे। देश-प्रेम से विच्छिन्न लोगों को भी उन्होंने फटकारा। उनके विचार से कविता देशवासियों में देश, देश की सामाजिक स्थितियों और गौरवपूर्ण संस्कृति के जीवन-मूल्यों से केवल परिचित ही नहीं कराती बल्कि उनमें इनके प्रति संकल्प प्रेरित विश्वास भी जगाती है। उन्होंने

आत्मगौरव भाव से कटे-भटके लोगों का आवाहन करते हुए लिखा, 'यदि देश-प्रेम के लिए हृदय में जगह करनी है तो देश के स्वरूप को परिचित और अभ्यस्त हो जाओ। बाहर निकलो तो आँख खोलकर देखो खेत कैसे लहलहा रहे हैं, टेसू के फूलों से वनस्थली कैसी लाल हो रही है, अमराइयों के बीच में गाँव झाँक रहे हैं।...इस प्रकार जब देश का रूप तुम्हारी आँखों में समा जाएगा तब तुम उसके अंग-प्रत्यंग से परिचित हो जाओगे।' (चिन्तामणि-1, सन् 1939, पृ. 101-02) शुक्लजी ने रचनाकारों और आलोचकों को सुझाव दिया कि वे वर्तमान के साथ ही साथ अतीत की ओर भी दृष्टि फैलाने के दायित्व का निर्वहन करें। देखा जा सकता है कि वे रचना हो या आलोचना दोनों के लिए दृष्टि-प्रसार की आवश्यकता बतलाई। उन्होंने दुःख व्यक्त किया कि देश और संस्कृति की विस्मरण-निद्रा में सोते हुए तमाम लोगों को देश, संस्कृति और अपने समाज की बहुआयामी स्थितियों से कोई लगाव नहीं रह गया था। इसलिए चिन्ता जताते हुए लिखा, 'आजकल इस प्रकार परिचय बाबुओं की लज्जा का एक विषय हो रहा है।' (वही) इस सन्दर्भ में उन्होंने अपने जीवन की एक घटना का जिक्र करते हुए लिखा, 'वसन्त का समय था। महुए चारों ओर टपक रहे थे। मेरे मुँह से निकला, 'महुओं की कैसी मीठी महक आ रही है।' इस पर लखनवी महाशय ने मुझे रोककर कहा, 'यहाँ महुए-सहुए का नाम न लीजिए लोग देहाती समझेंगे।' मैं चुप हो गया, समझ गया कि 'महुए के नाम जानने से बाबूपन में बड़ा बट्टा लगता है।' (वही)

देखा जा सकता है कि शुक्लजी की व्यवहारवादी समीक्षा देश व्यवहार और विदेशी व्यवहार में चलनेवाले तद्‌युगीन द्वन्द्व में 'देशी' के साथ ही। शुक्लजी के लिए वसन्त, महुआ, देहात, टेसू, लहलहाते खेत, चौपायों के झुंड और अमराइयों से झाँकते गाँव कविता भी थे और आलोचना भी। यह था शुक्लजी की 'परिचयात्मक आलोचना' का मानदंड। उनकी परिचयात्मक आलोचना व्यवहारवाद का 'वृहद्‌जातक' थी। वे चाहे रचना हो या आलोचना, दोनों का मूलाधार सिद्धान्तों को नहीं बल्कि व्यवहारों की विविधता को मानते थे। 'हिन्दी साहित्य का इतिहास' लिखते समय उन्होंने उन तमाम रचनाकारों के नामों का उल्लेख करना भी उचित नहीं समझा जो अपने 'देश' से स्वयं तो अपरिचित थे ही साथ ही पाठकों को परिचित कराने में असमर्थ थे। यह उनके साहित्येतिहास की दृष्टि नहीं बल्कि उनके आलोचक की दृष्टि थी। अगर गौर किया जाए तो उनका 'हिन्दी साहित्य का इतिहास' इतिहास कम था आलोचना अधिक। इसलिए उन्होंने केवल उन्हीं कृतिकारों का परिचय दिया जिनकी रचनाएँ देश और काल के परिचय तथा व्यवहार के उपादानों-उपकरणों से भरपूर लैस थी। उन्होंने आधुनिक हिन्दी आलोचना की अव्यावहारिक प्रवृत्ति पर प्रहार करते हुए लिखा था, 'इधर लेखकों की एक और प्रवृत्ति दिखाई पड़ रही है। वे योरोप के कला सम्बन्धी एक देशीय और अत्युक्त मतों को सामने लाकर हिन्दीवालों की आँखों में उसी प्रकार चकाचौंध उत्पन्न करना चाहते हैं जिस प्रकार कुछ लोग वहाँ के फैशन की तड़क-भड़क दिखाकर। जर्मनी, फ्रांस, इटली, रूस और स्वीडन इत्यादि अनेक देशों के नए-पुराने कवियों, लेखकों और समीक्षकों के नाम

गिनाकर एक प्रकार का आतंक उत्पन्न करना चाहते हैं। लेखकों के अपने किसी विचार का कहीं पता तक न चलेगा।' (हि.सा.इ., पृ. 541)

अगर शुक्लजी के उपर्युक्त कथन को गहराई के साथ देखा जाए तो स्पष्ट हो जाएगा कि वे हिन्दी आलोचना को 'आतंकवाद' से बचाना चाहते थे, आलोचना और रचना दोनों को 'एकदेशीय चिन्तन और अत्युक्त कथन' से मुक्त करना चाहते थे, 'हिन्दीवालों की आँखों में से फैशनपरस्ती, तड़क-भड़क और चकाचौंध (दृष्टि के अस्थिर होने) की अन्धवादी प्रवृत्ति निकाल फेंकने और आलोचक में निजी विचार-निवेश करने की कोशिश कर रहे थे। शुक्लजी ने बताया कि यह तभी सम्भव था जब आलोचक अपने देश, अपनी संस्कृति और अपने वृहत्तर समाज के अतीत और वर्तमान से परिचित हो। अगर शुक्लजी की आलोचना चिन्ता में समकालीन आलोचना की भी चिन्ता मिला दी जाए तो आज भी विदेश के कवियों, लेखकों और आलोचकों के नाम गिनाकर पुलकित होनेवाला आलोचना का जबर्दस्त प्रचलन हो गया है। विदेशी नाम भक्त आलोचक गोया पिछड़े हिन्दी-क्षेत्रों के पाठकों के लिए आलोचनाएँ नहीं लिख रहे हों। कुछ ऐसे भी आलोचक हैं जिन्होंने विदेश की कृतियों को न देखा है, न पढ़ा है परन्तु नाम गिनाने में काफी बरक्कत कर गए हैं। ऐसे लोग उद्धरणों के उद्धरण से काम चला रहे हैं। शुक्लजी के सामने आलोचना का 'दिल्लीवाद' नहीं था। उनके सामने भारत का सांस्कृतिक केन्द्र बनारस था, उनके सामने भारतवर्ष के हजारों वर्ष का इतिहास था और उनके सामने भारतीय वाङ्मय का स्वाधीन भंडार था जिसके माध्यम से उन्होंने अपने 'देश' से वास्तविक परिचय स्थापित किया था और जिसे अपने आलोचकीय व्यवहारों में ढाला था।

शुक्लजी की व्यवहारवादी आलोचना की एक विशेषता यह भी थी कि उससे व्यंग्य, विनोद और हास्य के अनुसृत और अनुसूचक प्रयोग किए गए थे। इन प्रयोगों के कारण उसे आलोचकीय दुरूहता से मुक्ति तो मिली ही थी साथ ही उसकी व्यंजकता में भी इजाफा हुआ था। यहाँ इस तथ्य पर विचार करना बेहद जरूरी है कि व्यावहारिक आलोचना में 'व्यंग्य-विनियोग-शैली' और 'आक्षेप-शैली' में क्या अन्तर है। ध्यान देने से ज्ञात होता है कि आलोचना में 'आक्षेप-शैली' आलोचना की परणीयता नहीं हो सकती क्योंकि इसका लक्ष्य व्यक्तिगत धरातल पर कृतिकार को आहत करना होता है, जबकि 'व्यंग्य विनियोग शैली' द्वारा आलोचक अपने अनुभवों के आधार पर साक्ष्य की श्रमापहारी प्रामाणिकता का अन्वेषण करता है। आ. शुक्ल ने 'आक्षेप-शैली' का प्रयोग बिल्कुल न किया हो, ऐसी बात नहीं। कबीर के सन्दर्भ में इस शैली का प्रयोग किया परन्तु बहुत कम। हालाँकि प्रकृति से वे गम्भीर थे, इसलिए उनकी आलोचना भी वैचारिक गम्भीरता से भरी हुई थी, परन्तु गम्भीरता पाठकों के लिए भारी न पड़े इसलिए उन्होंने 'व्यंग्य-विनियोग-शैली' का भी यथावसर और यथानुपात प्रयोग किया था। मिसाल के तौर पर उन्होंने लिखा, 'अन्त में इशारे पर आँख मूँदकर दौड़नेवाले बड़े-बड़े पंडितों ने पुनरुत्थान की कालधारा को मथकर 'व्यक्तिवाद' रूपी नया रत्न निकाला। फिर क्या

था ? शिक्षित समाज में व्यक्तिगत विशेषताएँ देखने-दिखाने की चाह बढ़ने लगी।' (चिन्ता.-1, पृ. 322) यहाँ इस बात की परख आसानी से की जा सकती है कि आलोचनात्मक निबन्धों में प्रयुक्त रामचन्द्र शुक्ल के व्यंग्य वैचारिक प्रस्तुति से संगति बनाए रखनेवाले थे, जबकि मनोविकारों में प्रयुक्त व्यंग्य ज्यादातर विनोद और हास्य की कोटि तक पहुँच गए थे। मसलन, 'लोभियो ! तुम्हारा अक्रोध, तुम्हारा इन्द्रिय-विग्रह, तुम्हारी मानापमान समता, तुम्हारा तय अनुकरणीय है, तुम्हारी निष्ठुरता, तुम्हारी निर्लज्जता, तुम्हारा अविवेक, तुम्हारा अन्याय विग्रहणीय है। तुम धन्य हो ! तुम्हें धिक्कार है !! (लोभ और प्रीति : चिन्ता.-1, पृ. 117)

आक्षेप-शैली और व्यंग्य-विनियोग-शैली के सन्दर्भ में बस इतना ही कहना पर्याप्त होगा कि ये शैलियाँ शुक्लजी के अतिशय गम्भीर व्यक्तित्व की पूरक थीं। इन शैलियों द्वारा उन्होंने हिन्दी-आलोचना को विसंगतियों और कुवृत्तियों से बचाया। उन्होंने कविता और आलोचना की अभिव्यंजनावाद-शैली पर व्यंग्य करके उसके वेग की चपेट से भारतीय आलोचना की रक्षा की। जिस समय शुक्लजी अभिव्यंजनावाद (एक्सप्रेशनिज्म) का विरोध कर रहे थे उस समय हिन्दी-साहित्य में इस धारा का प्रभाव नगण्य था लेकिन 'काव्य की स्वरूप-मीमांसा के सम्बन्ध में यूरोप में इधर सबसे अधिक जोर रहा है अभिव्यंजनावाद का जिसके प्रवर्तक हैं इटली के क्रोचे (Benedetto Crocc)। इसमें अभिव्यंजना अर्थात् किसी बात को कहने का ढंग ही सबकुछ है।' (हि.सा.इ., पृ. 545) यद्यपि हिन्दी में अभिव्यंजना की धारा नहीं फूटी थी परन्तु शुक्लजी को डर था कि हिन्दी-कविता और हिन्दी-आलोचना भी एक दिन इस धारा में डूब सकती थी। इसलिए उन्होंने इसके विरुद्ध विवेचन-शैली के साथ ही व्यंग्य-शैली के हथियार उठाए और बहुत कुछ इसको हिन्दी-साहित्य के सीमातिक्रमण से रोकने में कामयाब भी हुए। स्पष्ट है कि हास्य-शैली से यह दायित्व नहीं सम्पन्न किया जा सकता था। शुक्लजी को इसका भरपूर ज्ञान था कि किस शैली का प्रयोग कब और कहाँ किया जाना चाहिए था। वे शैली की भूमिका के पक्षधर थे न कि शैली के चमत्कार-प्रदर्शन के।

व्यावहारिक और सैद्धान्तिक दोनों प्रकार की आलोचना के लिए रामचन्द्र शुक्ल ने हिन्दी आलोचना की नई भाषा बनाने की भारी जिम्मेदारी निभाई। उनके पहले तक हिन्दी आलोचना के लिए कोई भाषा-भूमि थी ही नहीं। जो भाषा-साहित्य की दूसरी विधाओं के लिए प्रचलन में थी, उसी से आलोचना का काम भी चलाया गया। शुक्लजी के पहले तक हिन्दी के साहित्यकारों ने यह कल्पना भी नहीं की थी कि आलोचना की भाषा अन्यों से भिन्न और स्वावलम्बी होनी चाहिए। इसकी आवश्यकता पहली बार शुक्लजी ने समझी और उन्होंने इसके लिए माध्यमों की तलाश की।

अज्ञात नहीं है कि शुक्लजी ने आलोचना की भाषा की अवाप्ति के लिए— 1. विभिन्न ज्ञान-क्षेत्रों से समीक्षाधर्मी शब्दों की आहुति, 2. शब्दों का टकसालीकरण और, 3. परम्परागत प्रचलित शब्दों के नए प्रचलन किए। इस प्रकार हिन्दी साहित्य में वे पहले व्यक्ति थे जिन्होंने हिन्दी आलोचना की नई भाषा उत्पन्न की। उन्होंने आलोचना

की भाषा से रूखापन दूर किया, इसे बाह्य-निरूपक के मार्ग से हटाकर अन्तः निरूपक शक्ति दी। उन्होंने आलोचना की वृहत्तर भाषा चेतना को विकसित करने के लिए आलोचकीय शब्दों में सामाजिक प्रयोजनशीलता की प्रत्यय-योजना की। भारतेन्दु-युग अथवा द्विवेदी-युग की आलोचनाओं की भाषा में प्रयुक्त लचर शब्दों का निष्कासन किया और आलोचना-विधेयक नए शब्दों को जगह दी। 'अपनी भाषा पर विचार' (आनन्द कादम्बिनी, 1907) में उन्होंने 'जातीय स्वरूप के बोधक' शब्दों के प्रयोग की आवाज उठाई थी, परन्तु उनके समय के आलोचकों में भी संस्कृति, साहित्य और शब्दों के रिश्तों का बोध नहीं था। साहित्य की अन्य विधाओं में भाषा नई करवटें ले रही थी परन्तु आलोचना की भाषा स्तब्ध खड़ी थी। उन्होंने आलोचकीय भाषा की स्तब्धता दूर की और आलोचना की भाषा को भी व्यंजक बनाया।

शुक्लजी की व्यावहारिक धारणा थी कि भाषा की प्राणसत्ता शब्द-विस्तार और उसकी योजना की कुशलता में निहित होती है। एक आलोचक शब्दों का चयन करते समय इस पर विशेष ध्यान रखता है। आलोचना की भाषा में शब्दों की चयन-प्रक्रिया जटिल होती है। चयन के बाद विन्यास-धर्म भी सहज नहीं होता। एक जागरूक आलोचक इन कठिनाइयों को आसानी से हल कर लेता है। शुक्लजी में शब्दों के गुण, धर्म, विस्तार और उद्‌बोधन-शक्ति की प्रखर प्रतिभा थी। अपनी इसी शक्ति के बल पर साहित्येतिहास आलोचना-कर्म को एक धरातल पर स्थापित करने की भूमिका निभाई। उन्होंने आलोचना के लिए नए शब्द-प्रत्ययों की खोज की और उन्हें लोकोन्मुख बनाने का दायित्व सँभाला।

अज्ञात नहीं है कि शुक्ल-युग में आलोचना की कोई निजी भाषा थी ही नहीं। उस काल के आलोचक रूढ़, स्थूल, स्थिर, विपन्न और स्तब्ध आलोचना भाषा का प्रयोग कर रहे थे। इस सन्दर्भ में द्विवेदी-युग के कुछ आलोचकों की आलोचना-भाषा का परीक्षण-मूल्यांकन करना और शुक्लजी से उनकी तुलना करना अप्रासंगिक न होगा। भारतेन्दु युग के एक ख्यातिलब्ध आलोचक थे बालकृष्ण भट्‌ट। उन्होंने नागरी प्रचारिणी पत्रिका में 'शब्द की आकर्षण शक्ति' पर एक आलोचना लिखी जिसमें लिखा, 'गद्य काव्य में चाहे जैसी अदल-बदल की जाए पर पद्यमयी सरस्वती मन को हरनेवाली वही होगी जो पुराने धुँधले समय की है जब मनुष्यों के सरल चित्त में किसी तरह के नूतन आविष्कार ने स्थान नहीं किया था।' (सरस्वती : मार्च, 1913, पृ. 174) भट्‌टजी के आलोचना-लेख के चार वर्ष पहले शुक्ल का 'कविता क्या है ?' प्रकाशित हुआ था जिसमें उन्होंने लिखा था, 'कविता में कही गई बात द्रुतपटल पर अधिक स्थायी होती है। अतः कविता में प्रत्यक्ष और स्वभावसिद्ध व्यापार-सूचक शब्दों की संख्या अधिक रहती है।...भाव-सौन्दर्य और वाद-सौन्दर्य दोनों के संयोग से कविता की सृष्टि होती है।' (सरस्वती : अप्रैल, 1909)

अगर भट्‌टजी और शुक्लजी की आलोचनाओं की भाषाई तुलना की जाए तो यह कहने में हिचक न होगी कि भट्‌टजी की आलोचना में भाषा-दृष्टि का स्पर्श तक नहीं

था जबकि चार वर्ष पहले ही शुक्लजी ने 'प्रत्यक्ष और स्वभाव-सिद्ध व्यापार सूचक शब्दों के भाव-सौन्दर्य और नाद सौन्दर्य की बात उठाई थी।' हिन्दी-आलोचना के लिए इस प्रकार का भाषा प्रयोग अकल्पित था। अगर देखा जाए तो शुक्लजी ने हिन्दी-आलोचना की भाषा के जनकत्व का भार उठाया था जिसमें वे पूरी तरह सफल रहे।

द्विवेदीयुगीन आलोचना की भाषा के एक-दो और उदाहरण द्रष्टव्य हैं स्वयं द्विवेदीजी अश्वघोष कृत 'सौन्दर्यनन्द काव्य' की समीक्षा करते हुए लिखा, 'अश्वघोष के सौन्दरनन्द काव्य में अनेक अंश भाव-वैचित्र्य और चमत्कार से पूर्ण हैं। उसकी भाषा परिमार्जित और प्रायः प्रसादपूर्ण तथा मधुर है। मोक्ष-शिक्षा ही इसका उद्देश्य है। इससे इस काव्य में शान्त रस का आधिक्य है। इस काव्य का नायक नन्द ऐतिहासिक व्यक्ति है। सौन्दरनन्द की कविता एक नहीं अनेक स्थानों में कालिदास की कविता से मिलती है।' (सरस्वती, मई, 1913, पृ. 281)

एक दूसरा उदाहरण भी देखा जा सकता है, 'कविता का प्राचीन गुण भाव है। लालित्य भी उसका एक प्रधान गुण है। यदि उत्तम भाव और ललित भाषा में न वर्णित हो तो वह काव्य नहीं है। यदि कोई वाहियात बात ललित और मधुर भाषा में वर्णन की गई हो तो उसे कविता श्रेणी में परिगणित कर लेना मूल है।...कविता का कर्त्तव्य मनुष्य के भावों को उच्च करना है। परन्तु बहुत से तुकबन्द चरित्र को बिगाड़नेवाली बातें लिखने पर भी कवि कहलाते हैं।' (वर्तमान हिन्दी काव्य की भाषा, 'सरस्वती : फरवरी, 1913, पृ. 106, 108, बदरीनाथ भट्ट)

अगर ऊपर के उदाहरणों के सन्दर्भ में बालकृष्ण भट्ट, महावीरप्रसाद द्विवेदी और बदरीनाथ भट्ट की आलोचना-भाषा की तुलना रामचन्द्र शुक्ल की आलोचकीय भाषा से की जाए तो आसानी से समझा जा सकता है कि द्विवेदी-युग के किसी भी आलोचक में शुक्लजी की तरह भाषोत्पत्ति की क्षमता नहीं थी। उदाहरण के लिए आ. शुक्ल की आलोचना-भाषा का एक नमूना देखकर तुल्यात्मक मूल्यांकन किया जा सकता है :

'हृदय पर नित्य प्रभाव रखनेवाले रूपों और व्यापारों को भावना के सामने लाकर कविता बाह्य प्रकृति के साथ मनुष्य की अन्तः प्रकृति का सामंजस्य घटित करती हुई उसकी भावात्मक सत्ता के प्रसार का प्रयास करती है।' (चिन्ता.-1, पृ. 199) सन् 1913 में आ. द्विवेदी ने कविता की आलोचना करते हुए 'भाव-वैचित्र्य', 'चमत्कारपूर्ण' और 'परिमार्जित भाषा' जैसे पदों का प्रयोग तब किया था जब आ. शुक्ल के आलोचना निबन्ध 'कविता क्या है ?' में 'उक्ति वैचित्र्य, चमत्कारपूर्ण, भाषा का मूर्त विधान, लक्षणाशक्ति, रूप-व्यापार-सूचक शब्द अर्थ संकेत गोचर रूप काव्य भाषा, चित्र-विद्या, नाद-सौन्दर्य, प्रकरण-संगत मार्मिक अन्तर्वृत्ति, भावानुमोदित व्यंजक वाक्य, लाक्षणिक चपलता, काव्य-प्रक्रिया, सौन्दर्य की अनुभूति, तदाकार परिणति, दिव्य-विभूति, ग्राहक कल्पना, भाव-प्रवर्तन, भावयोग, अनुभूति-योग, भाव-सत्ता, पूर्ण तादात्म्य, तर्कशक्ति, बुद्धि-व्यापार, रसात्मक तथ्य, इन्द्रिय ज्ञान, लोकजीवन की धारा, समष्टि-दृष्टि, विश्वरूपी महाकाव्य, विशुद्ध अनुभूति, आत्मा की मुक्तावस्था, हृदय की मुक्तावस्था, लोकसामान्य

भूमि, कविता का नरक्षेत्र, बिम्ब-ग्रहण, संश्लिष्ट चित्रण, वासना-साहचर्य' जैसे सैकड़ों शब्दों के नए प्रयोग हो चुके थे। सही अर्थों में कहा जाए तो कहना पड़ेगा कि एक अकेला आलोचना-निबन्ध 'कविता क्या है ?' को आलोचना की भाषा का 'प्रथम दीक्षा-केन्द्र' कहा जा सकता है।

ऐसा नहीं कहा जा सकता कि रामचन्द्र शुक्ल के पहले इन शब्दों का अस्तित्व नहीं था अथवा शब्द प्रयुक्त होते ही नहीं थे। ये सभी शब्द (पद) थे और प्रचलित थे, परन्तु आलोचना के बाहर दूसरे-दूसरे शास्त्रों, विषयों और विद्याओं में थे। शुक्ल ने आलोचना की अपेक्षाएँ पहचानी, दूसरे ज्ञान-क्षेत्रों से शब्दों और पदों की आहृति की उन्हें समीक्षाधर्मी प्रकरण दिया और उन्हें आलोचना की भाषा में विन्यस्त करने की नवीन कुशलता दिखलाई—अर्थात् शब्दों के आयात करने की कुशलता तथा उन्हें गला-पिघलाकर आलोचना का भाषा-प्रतिष्ठान खोलने की भी कुशलता। उदाहरण के तौर पर 'आत्मा की मुक्तावस्था' का आहरण दर्शनशास्त्र से किया गया था परन्तु शुक्लजी ने उसे साधर्म्य-प्रकरण देकर 'रस दशा' को समझने की सहजता और गम्भीरता दोनों दी। उन्होंने अपनी आलोचना की भाषा के लिए जहाँ से भी शब्द-आहृति क्यों न की हो परन्तु उन्हें सतही प्रकरण कभी नहीं दिया। अर्थ-च्युति से शब्दों को बचाए रखने की अद्भुत क्षमता शुक्लजी में थी।

रामचन्द्र शुक्ल ने आलोचना की भाषा-सिसृक्षा के तहत केवल शास्त्र को ही नहीं बल्कि लोकभाषा को भी समान महत्त्व दिया। उन्होंने रचनाकर्मियों के सामने सुझाव प्रस्तुत किया, 'पंडितों की बाँधी प्रणाली पर चलनेवाली काव्यभाषा के साथ-साथ सामान्य अपढ़ जनता के बीच एक स्वच्छन्द और प्राकृतिक भाव धारा भी गीतों के रूप में चलती रहती है—ठीक उसी प्रकार बहुत काल से स्थिर चली आती हुई पंडित की साहित्य भाषा के साथ-साथ लोकभाषा की स्वाभाविक धारा भी बराबर चलती रहती है। जब पंडित की काव्य भाषा स्थिर होकर उत्तरोत्तर आगे बढ़ती हुई लोकभाषा से दूर पड़ जाती है और जनता के हृदय पर प्रभाव डालने की उसकी शक्ति क्षीण होने लगती है तब शिष्ट समुदाय लोकभाषा का सहारा लेकर अपनी काव्य परम्परा में नया जीवन डालता है।' (हि.सा.इ., पृ. 575) अपनी इसी मान्यता के तहत आ. शुक्ल ने संस्कृत और हिन्दी आलोचना की बँधी भाषा की मुक्ति की और उसे लोक के साथ जोड़ने का नया प्रवर्तन किया।

रामचन्द्र शुक्ल ने अंग्रेजी साहित्य की आलोचना की भाषा को भी कम महत्त्व नहीं दिया। इस सन्दर्भ में उनका कहना था, 'अब संसार के प्रायः सारे सभ्य भाग एक दूसरे के लिए खुले हुए हैं। इससे एक भूखंड में उठी हुई हवाएँ दूसरे भूखंड में शिक्षित वर्गों तक तो अवश्य ही पहुँच जाता है।' (हि.सा.इ., पृ. 616) इसीलिए उन्होंने अंग्रेजी आलोचना से उन शब्दों के हिन्दी-अनुवाद किए जो हिन्दी-रचना की परिस्थितियों से मेल खानेवाले थे और आलोचना के लिए जरूरी हो गए थे। अंग्रेजी आलोचना के शब्दों के हिन्दी-अनुवाद करते समय उन्होंने केवल रूढ़ अनुवाद ही नहीं किया बल्कि अपने

टकसालीकरण क्षमता का भी परिचय दिया। कुछ ऐसे शब्दों के उदाहरण द्वारा शुक्लजी की आनुवादिक निपुणता और उनकी क्राइनेज-कुशलता को आसानी से समझा जा सकता है। उन्होंने Renaissance का पुनरुत्थान काल Impussionism का प्रभाववाद, Symbolism का प्रतीकवाद Romenticism का स्वच्छन्दतावाद, Mysticism का छायावाद, Dicacticism का शिक्षावाद, Classicism का मर्यादावाद, Idealism का आदर्शवाद अनुवाद करके हिन्दी-आलोचना की नए-नए रचना-शिविरों से परिचित कराया। इसी प्रकार Alusiveness के लिए प्रसंग गर्भत्व, Image के लिए बिम्ब, Intuition के लिए स्वयं प्रकाशज्ञान Communication के लिए प्रेषणीयता, Poetic justice के लिए काव्य-न्याय Concept के लिए विचार Impersonality के लिए निःसंगता और Characterisation के लिए शील निरूपण जैसे शब्दों का विधान करके हिन्दी-आलोचना का शब्द-विश्वमंच बनाया। हिन्दी आलोचना की इस भाषिक आवश्यकता का अनुभव केवल शुक्लजी को ही हुआ था क्योंकि उन्होंने आलोचना-कर्म को अपनी अनिवार्य जिम्मेदारी के रूप में स्वीकार किया था। यही कारण था कि आलोचना का भाषा भंडार भरने के लिए उन्होंने सभी माध्यमों का सहारा लिया जो उनकी पहुँच और आस्था दोनों के दायरे में थे।

कुल मिलाकर रामचन्द्र शुक्ल की आलोचना के सन्दर्भ में इतना कहना पर्याप्त होगा कि उन्होंने अपने समीक्षा-कर्म द्वारा भारतीय नवजागरण का पूर्ण प्रतिनिधित्व किया। उनकी आलोचना के समन्वयवादी और सामंजस्यधर्मी प्रत्ययों ने हिन्दी में जो समीक्षा-वृत्ति सृजित की उसी के आसपास आज भी आलोचना कर्म मँडरा रहा है। उन्होंने हिन्दी साहित्य में पहली बार प्रगतिशील एवं वस्तुवादी दृष्टिकोण का फैलाव किया, समय और सृजन को एक सूत्र में बाँधा, इतिहास और आलोचना की अटूट साझेदारी का परिवेश बनाया और साहित्य को लोकसामान्य भावभूमि पर खड़ा करके भविष्य की चिन्ताओं से भी मुठभेड़ की, परन्तु उन्होंने यूरोप की तरह साहित्य में आलोचना-युग बनाने और साहित्य की अन्य विधाओं से अलग आलोचना को स्वतन्त्र विषय के रूप में सिर उठाने की अनुमति नहीं दी। उन्हें ज्ञात था कि भारतीय चिन्तन में आलोचना का सर्वतन्त्र स्वतन्त्र रूप मान्य नहीं हो सकता था।

शुक्लजी ने स्वयं लिखा था कि योग्य 'समालोचना काव्य-सिद्धान्त-निरूपण से स्वतन्त्र एक विषय ही हो गया।' (हि.सा.इ., पृ. 503) अगर वे चाहते तो यूरोप की नकल पर हिन्दी-आलोचना को स्वतन्त्र विषय के रूप में स्थापित कर सकते थे, परन्तु यह भारतीय काव्य-संस्कृति की मर्यादा के विरुद्ध पड़ता। इसलिए उन्होंने ऐसा कुछ नहीं किया। आज कुछ आलोचक आलोचना को भी सर्जना-साहित्य की एक स्वतन्त्र विधा घोषित करने की वकालत कर रहे हैं लेकिन उनके मार्ग में बार-बार शुक्लजी उपस्थित हो जाते हैं।

सच तो यह है कि रामचन्द्र शुक्ल आज भी हिन्दी-आलोचना के प्रकाश-स्तम्भ बने हुए हैं। इस 21वीं सदी में भी शुक्लान्त की कल्पना नहीं की जा सकती।

आचार्य रामचन्द्र शुक्ल की साहित्येतिहास दृष्टि

बीसवीं शताब्दी के आखिरी वर्षों में तेजी से बदलती दुनिया की साहित्यिक परिस्थितियों का दबाव इतना बढ़ गया है कि हिन्दी में मार्क्सवादी आलोचना का पुनरीक्षण और पुनर्मूल्यांकन करना जरूरी हो गया है। आलोचना की कोई भी पद्धति न शाश्वत है, न ही अपरिवर्तनीय। दिक् और काल तथा इनसे बने हुए इतिहास की गतियों से मेल खाती आलोचना ही लोक-स्वीकृति बन सकती है।

लोक-स्वीकृति ही एक ऐसी कसौटी है जिसके द्वारा सृजनात्मक तथा आलोचनात्मक दोनों प्रकार के साहित्य की सही परख की जा सकती है। रामचन्द्र शुक्ल के 'हिन्दी साहित्य का इतिहास' को भी इसी निष्कर्ष पर जाँचा-परखा जा सकता है।

अज्ञात नहीं है कि 20वीं शताब्दी के दूसरे-तीसरे दशक में प्रेमचन्द, रामचन्द्र शुक्ल और निराला इतिहास की साहित्यिक उपज थे। जिस प्रकार प्रेमचन्द ने कहानी-उपन्यास और निराला ने कविता लेखन द्वारा हिन्दी समाज में साहित्य के नए मूल्यों का प्रवर्तन किया उसी प्रकार रामचन्द्र शुक्ल ने भी आलोचना और साहित्य के इतिहास लेखन में अपने समय की आवाज सुनी और आलोचना को नई सामाजिक अपेक्षाओं से जोड़ने की कोशिश की। आज शुक्लजी को मरे पाँच दशक से अधिक का समय बीत चुका है, परन्तु अभी तक वे हिन्दी आलोचना और इतिहास लेखन के सार्वभौम नायक बने हुए हैं।

अगर गौर किया जाए तो प्रेमचन्द के परवर्ती कथाकारों ने कहानी और उपन्यास लेखन की यात्रा को काफी आगे बढ़ाया है। यशपाल से लेकर मैत्रेयी पुष्पा तक सामाजिक और राजनीतिक अन्तर्विरोधों को आधार बनाकर लिखी गई कहानियाँ-उपन्यास प्रेमचन्द की विरासत को और अधिक मूल्योत्पादक बनाने में लगे हैं। इन कथाकारों ने इतिहास की गति पहचानकर विगत सामाजिक चेतना के स्थान पर प्रगतिशील समाज का दर्शन प्रस्तुत किया है। इसी प्रकार हिन्दी कविता भी रूढ़ि-निषेधों और गतिशील समाज के रचना-बोध से विगत सात दशकों से जूझ रही है, परन्तु आलोचना और हिन्दी-साहित्य का इतिहास लेखन रामचन्द्र शुक्ल का ठीहा छोड़कर आगे नहीं बढ़ पा रहे हैं। हालाँकि हजारीप्रसाद द्विवेदी ने आलोचना और साहित्येतिहास-लेखन को प्रगतिशील मूल्यों से जोड़ने की कोशिश अवश्य की परन्तु उन्होंने न हिन्दी साहित्य का क्रमबद्ध इतिहास लिखा और न ही हिन्दी क्षेत्र के बदलते परिदृश्य का गहराई के साथ

अध्ययन करके आलोचना के सिद्धान्त विकसित किए। उन्होंने रामचन्द्र शुक्ल की रूढ़िवादी आलोचना-दृष्टि की आलोचना तो की परन्तु स्वयं पुरुषवादी और सवर्णवादी जकड़नों से पूरी तरह मुक्त नहीं हो सके। इसलिए वे बहुसंख्य साहित्य-अध्येताओं द्वारा रामचन्द्र शुक्ल की तरह मान्यताएँ नहीं प्राप्त कर सके। यह हिन्दी आलोचना और साहित्येतिहास लेखन का दुःसंयोग ही कहा जाएगा कि आ. द्विवेदी ने तर्क की जिस द्वन्द्वात्मक आलोचना पद्धति का प्रवर्तन किया था, उसे प्रकाशचन्द गुप्त, शिवदान सिंह चौहान, रामविलास शर्मा, अमृतराय और नामवर सिंह आदि मार्क्सवादी आलोचक होकर भी अपेक्षणीय स्तर तक आगे नहीं बढ़ा सके। इनमें से अधिकांश अन्तर्विरोधों के शिकार हैं और आत्ममोह में विलास करते हुए अपना पाला बदलते रहते हैं। नामवर सिंह की उत्तर पीढ़ी मौकापरस्तों की पीढ़ी बन गई है। इसलिए ले-देकर रामचन्द्र शुक्ल आज भी आलोचना और इतिहास लेखन के मानदंड बने हुए हैं। हिन्दी-साहित्य के इतिहास-लेखन में छिटपुट विरोध के बावजूद आज तक रामचन्द्र शुक्ल की प्रणाली को दोहराया जा रहा है। डॉ. रामविलास शर्मा या डॉ. नामवर सिंह भी द्वन्द्वात्मक भौतिकवाद के हिन्दी आधार को केन्द्र बनाकर साहित्य का इतिहास लिखने का साहस नहीं कर सके हैं।

ऐसा नहीं कहा जा सकता है कि रामचन्द्र शुक्ल ने जिन दृष्टिकोणों के तहत ज्ञानार्जन किया था अथवा समाज की जिस अवस्था से साक्षात्कार कर अपना 'हिन्दी साहित्य का इतिहास' लिखा था उनमें कोई परिवर्तन हुआ ही नहीं अथवा सामाजिक विकास के दृश्य नए मानव-पटल पर उभरे ही नहीं, परन्तु बावजूद तमाम बदलावों के शुक्लजी की केन्द्रीयता पूर्ववत बनी हुई है। आज 20वीं शताब्दी के आखिरी वर्ष में यह विचार करना जरूरी हो गया है कि 'ऐसा क्यों हो रहा है ? क्या The Struggle of opposits' का खामोश पड़ जाना ही सही है ? क्या हिन्दी जनता ने मार्क्सवादी आलोचना और साहित्येतिहास लेखन की विचारधारा को अस्वीकार कर दिया है ? क्या सोवियत रूस के विखंडन के बाद हिन्दी साहित्य में मार्क्सवादी आलोचना-सिद्धान्त अव्यावहारिक पड़ गया है या हिन्दी-आलोचक हतप्राण हो गए हैं ?

आज हिन्दी साहित्य के इतिहास लेखन के परिप्रेक्ष्य में मार्क्सवादी आलोचना की सही और बेबाक आलोचना बहुत जरूरी हो गई है। रामचन्द्र शुक्ल के 'हिन्दी साहित्य का इतिहास' पर मार्क्सवादी आलोचकों की स्थापनाओं की आलोचना करने से पहले आ. शुक्ल और इतिहास-ग्रन्थ पर ही विचार किया जाना वैज्ञानिक दृष्टिकोण होगा।

मार्क्सवादी साहित्य के इतिहास-लेखन का मूलकेन्द्र ऐतिहासिक भौतिकवाद को मानना लेकिन साथ ही यह भी कहना है कि किसी भी साहित्येतिहास लेखक के विचार करने और समाधान प्रस्तुत करने पर उनके युग का नियन्त्रण होता है। युग की मर्यादाओं से प्रभावित होने के कारण साहित्य का इतिहास लेखक भी अभीप्सित परिवर्तन करने में असमर्थ होता है। यदि वह रूढ़िवादी और प्रतिक्रियावादी तत्त्वों का विरोध करता है तो वर्गाश्रित रहकर भी वह प्रगतिशील होगा और उसका सीमित दृष्टिकोण भी मार्क्सवादी विचारधारा को गति देनेवाला कहा जाएगा। साहित्येतिहास लेखन के इन सिद्धान्तों के

तहत ही रामचन्द्र शुक्ल के 'हिन्दी साहित्य का इतिहास' का भी परीक्षण किया जाना अपेक्षित है।

मार्क्सवादी आलोचना और रामचन्द्र शुक्ल के सन्दर्भ में यह कहना गलत न होगा कि आ. शुक्ल को लेकर मार्क्सवादी आलोचकों में भारी मतभेद है। एक वर्ग डॉ. रामविलास शर्मा का है जिन्होंने आ. शुक्ल को नितान्त प्रगतिशील और जनवादी साबित करने के तमाम तर्क और साक्ष्य एकत्र किए हैं, कमोबेश इसी वर्ग के आलोचक हैं मैनेजर पांडेय, विश्वम्भरनाथ उपाध्याय, शिवकुमार मिश्र, रमेश कुन्तल मेघ और मलयज आदि। इसके विपरीत जो दूसरा वर्ग है वह रामचन्द्र शुक्ल को शास्त्रानुमोदित, सवर्णवादी, अतिजीवी और समाज के सनातन मूल्यों के प्रति रूढ़िवादी मानता है। ऐसे वर्ग के आलोचकों में डॉ. शिवदान सिंह चौहान, रांगेय राघव, शिवनाथ, वीर भारत तलवार और नीलकंठ आदि हैं जिन्हें आ. शुक्ल पूरी तरह प्रगति विरोधी यथास्थितिवादी और 'एकांगी समाज शास्त्रीय' प्रतीत होते हैं। इन दोनों वर्गों के अलावा मार्क्सवादी आलोचना के शिखर पुरुष डॉ. नामवर सिंह हैं जो समय और परिस्थिति के अनुसार अपने आलोचना-सिद्धान्त में परिवर्तन करते चलते हैं। जिन नामवरजी को 'दूसरी परम्परा की खोज' में आ. शुक्ल प्रगति-विरोधी और सवर्णवादी लगे थे उन्हीं नामवर सिंह को चिन्तामणि भाग-3 और मलयज की किताब 'रामचन्द्र शुक्ल' का सम्पादन करते हुए शुक्लजी प्रगतिशील लगने लगे। यहाँ यह सवाल असंगत न होगा कि आ. शुक्ल के सन्दर्भ में मार्क्सवादी आलोचना इतने अधिक अन्तर्विरोधों का शिकार क्यों है ? इसी क्रम में एक दूसरा प्रश्न भी खड़ा होता है कि क्या मार्क्सवादी आलोचना हिन्दी-परिवेश में मार्क्सवाद को समझे बिना जल्दीबाजी में निकाले गए निष्कर्षों का एकत्रीकरण तो नहीं है ?

अगर रामचन्द्र शुक्ल और मार्क्सवादी आलोचना पर गहराई के साथ विचार किया जाए तो मूलतः दो ही शिविर नजर आएँगे। पहला शिविर है—डॉ. रामविलास शर्मा का जिसमें समय-समय पर कुछ लोगों का दाखिल-खारिज होता रहता है। ये लोग प्रायः जलेसवादी कहलाते हैं। दूसरा शिविर है—डॉ. नामवर सिंह का, जो प्रलेसवादी कहलाता है, जो कभी अपना डेरा तम्बू बंजर रेगिस्तान में लगाता है और कभी हरे-भरे पुष्पोद्यान में। ये दोनों शिविर आ. शुक्ल के सन्दर्भ में तथ्यों का अतिक्रमण करते हुए, उनमें तोड़-जोड़ करते हुए, उनकी निज विधायनी व्याख्या करते हुए और एक-दूसरे पर आक्रमण-प्रति-आक्रमण करते हुए अपने वर्चस्व की स्थापना को ज्यादा महत्त्व देते हैं, यहाँ तक कि ये अतिवाद तक पहुँच जाते हैं और मार्क्सवादी आलोचना की ऐसी-तैसी कर देते हैं।

रामचन्द्र शुक्ल के सन्दर्भ में मार्क्सवादी आलोचना की रणनीतिक शुरुआत 'आलोचना' (अक्तूबर, 1952) से हुई जिसमें शिवदान सिंह चौहान, रांगेय राघव और नामवर सिंह के लेख छपे। इसी क्रम में आलोचना-9 (अक्तूबर, 1953) में 'आधुनिक आलोचना का उदय और आचार्य रामचन्द्र शुक्ल' (शिवनाथ) का लेख प्रकाशित हुआ।

(पृ. 88) रांगेय राघव ने आ. शुक्ल का नाम लिये बिना 'रस तत्त्व और मार्क्सीय कसौटी' (पृ. 62) लिखा जिसमें मार्क्सवादी आलोचना के निर्णायक कुछ विशेष तत्त्वों का विश्लेषण किया गया। हर बड़े साहित्यकार (भारतेन्दु, महावीरप्रसाद द्विवेदी, प्रेमचन्द, रामचन्द्र शुक्ल, निराला) के भक्त-आलोचक, डॉ. रामविलास शर्मा ने आलोचना-9 के एक वर्ष बाद ही अपनी लिखी पुस्तक 'आचार्य रामचन्द्र शुक्ल और हिन्दी आलोचना' (प्रथम संस्करण, 1955, जिसके चौथे संस्करण, 1987) तक वे दूसरे शिविर के मार्क्सवादी आलोचकों की खिल्ली उड़ाते हुए अपने को मार्क्सवादी आलोचना के स्वयम्भू झंडाबरदार साबित करने की कोशिश करते रहे। चौथे संस्करण में उन्होंने एक नया अध्याय जोड़ा, 'शुक्लजी का पुनर्मूल्यांकन और वामपन्थी अवसरवाद' जिसमें लिखा, '1937 के शिवदास सिंह चौहान भटके हुए मार्क्सवादी थे, 1984-85 के वीरभारत तलवार सचेत रूप से दूसरों को भटकानेवाले मार्क्सवादी हैं।' (पृ. 303) इस किताब की भूमिका (पृ. 9) में उन्होंने आक्रोश व्यक्त किया कि कुछ मार्क्सवादी आलोचक शुक्लजी के 'हिन्दी साहित्य का इतिहास' को ब्राह्मणवादी दृष्टि से लिखा हुआ मानते हैं। डॉ. शर्मा ने शुक्लजी को 'सामन्तवाद समर्थक और हर प्रगतिशील सामाजिक सांस्कृतिक आन्दोलन का विरोधी कहनेवालों को मार्क्सवाद का नासमझ आलोचक कहा।' डॉ. रामविलास शर्मा की यह किताब (प्रथम से लेकर चौथे संस्करण तक) मार्क्सवादी आलोचकों का जवाब देने की दृष्टि से लिखी गई थी। जाहिर है कि जवाबी किताब होने के कारण इसे अतिवादी छोर तक पहुँचना ही था। पहुँची भी।

रामचन्द्र शुक्ल को केन्द्र में रखकर मार्क्सवादी आलोचना के दूसरे शिविर में सबसे प्रतिभाशाली आलोचक हैं डॉ. नामवर सिंह। उन्हें सृजनात्मक और आलोचनात्मक दोनों तरह के कृतिकारों की स्थापना या उद्घाटन करने में शिखरत्व सिद्ध करने की अप्रतिम शैली हासिल है। नामवरजी में व्यावहारिक आलोचना का शक्तिपात आचार्य हजारीप्रसाद द्विवेदी द्वारा किया गया है। इसलिए जब उन्होंने 'दूसरी परम्परा की खोज' (1982) लिखी तब अपनी आलोचनात्मक दृष्टि और उन्मेष के तहत रामचन्द्र शुक्ल के इतिहास-लेखन पर भी टिप्पणियाँ लगाईं। उन्होंने आलोचना की पहली परम्परा (रामचन्द्र शुक्ल) को खारिज करते हुए, दूसरी परम्परा (हजारीप्रसाद द्विवेदी) की खोज की। स्वाभाविक था कि आ. द्विवेदी के तर्कों को दोहराते हुए वे कुछ अपनी बात भी कहते। आ. शुक्ल द्वारा कबीर के लोक विरोधी मानने का विरोध द्विवेदीजी की तरह नामवरजी ने भी किया। पहली परम्परा (आ. शुक्ल) कबीर में 'कवित्व शक्ति' दूसरी परम्परा की खोज (पृ. 43) का अभाव देखती थी और उन्हें 'झूठा महात्मा' (वही, पृ. 46) कहती थी। आ. द्विवेदीजी की तरह नामवरजी ने भी शुक्लजी की कबीर सम्बन्धी तमाम मान्यताओं को अस्वीकार किया। नामवरजी ने आ. शुक्ल को सनातनवादी और 'भारतीय संस्कृति के नाम पर नैतिकता की ध्वजा फहरानेवाले' (पृ. 93) 'साम्प्रदायिक दृष्टिवाले' और 'साम्राज्यवाद के पोषक' के रूप में प्रस्तुत किया और शुक्लजी के 'सामान्य मनुष्य' में उन्होंने मर्यादावाद की झलक देखी। (पृ. 104) उन्होंने लिखा कि शुक्लजी ने सन्त शाखा में 'संस्कृत बुद्धि,

संस्कृत हृदय और संस्कृत वाणी' का अभाव इसलिए दिखाया था क्योंकि 'चौरासी सिद्धों' में बहुत से चमार, धोबी, डोम, कहार, लकड़हारे, दरजी तथा शूद्र कहे जानेवाले लोग थे। (106)

मार्क्सवादी आलोचना की दृष्टि से 'दूसरी परम्परा की खोज' में रामचन्द्र शुक्ल के प्रति नामवरजी की स्थापनाएँ न निर्मूल थीं और न अनपेक्षित, परन्तु 'चिन्तामणि भाग-3' 1983 और मलयज की पुस्तक 'रामचन्द्र शुक्ल' (1987) के सम्पादकत्व का अवसर आते-आते शुक्लजी के प्रति डॉ. नामवर सिंह की सारी पूर्व धारणाएँ 'अनपेक्षित' हो गईं। मिसाल के तौर पर आ. शुक्ल के 'सामान्य मनुष्य' में रूढ़ मर्यादावाद की झलक देखने की पूर्वदृष्टि बदल गई। उन्होंने लिखा कि मलयज ने आ. शुक्ल के 'सामान्य मनुष्य' की जिस प्रतिभा का निर्माण किया था, वह हिन्दी आलोचना में मौलिक दृष्टि का संस्थापक था। 'सामान्य मनुष्य की प्रतिभा' के उपादानों और तत्त्वों की खोज में भी मलयज-पद्धति की तारीफ करते हुए नामवरजी ने शुक्लजी के सन्दर्भ में 'उत्तर-पक्ष' की मीमांसा चलाई। अपने उत्तर-मीमांसा में नामवरजी ने लिखा, 'भोगवाद की कविता के खिलाफ आचार्य शुक्ल ने भी संघर्ष किया—स्वाधीनता आन्दोलन के दौरान।' नामवरजी ने सामाजिक संघर्ष में रामचन्द्र शुक्ल ने 'हीरो' माना 'सामान्य मनुष्य' था जो आज की भोगवादी संस्कृति के प्रतिपक्ष में खड़ा है। (मलयज की किताब रामचन्द्र शुक्ल की भूमिका, पृ. 9)

रामचन्द्र शुक्ल के 'हिन्दी साहित्य का इतिहास', आलोचना तथा अन्य कृतियों मसलन निबन्ध एवं रस मीमांसा यहाँ तक कि कविताओं पर जो भी मार्क्सवादी आलोचनाएँ प्रस्तुत की गईं वे सभी लगभग-लगभग डॉ. रामविलास शर्मा और डॉ. नामवर सिंह को दोहराने की प्रक्रियाएँ रहीं। मिसाल के तौर पर मार्क्सवादी दृष्टि के एक आलोचक हैं डॉ. बच्चन सिंह जिन्होंने 'कल्पना' और 'आलोचना' के आलेखों द्वारा शुक्लजी की ब्राह्मणवादी इतिहास-दृष्टि को प्रगति विरोधी साबित किया था। परन्तु सन् 1985 आते-आते उनकी भी दृष्टि खंडित हो गई। 'मुकम्मल आलोचना' के शुक्ल-विशेषांक (अप्रैल-जून, 1985) में उनका लेख छपा, 'आचार्य शुक्ल का इतिहास पढ़ते हुए' (पृ. 5 से 27 तक) जिसमें उन्होंने शुक्लजी की इतिहास-दृष्टि को 'मुकम्मल' स्वीकार किया। स्वीकार किया कि 'शुक्लजी का इतिहास एक गैरमामूली चुनौती है। शुक्लजी की इतिहास-दृष्टि के साहित्यिक अभिनिवेश एवं भाषा की समझ से बहुत कुछ सीखना होगा। शुक्लजी का इतिहास लेखन एक लम्बे आत्मसंघर्ष की कहानी है।' (पृ. 5) डॉ. बच्चन सिंह ने आ. शुक्लजी द्वारा प्रयुक्त 'शिक्षित जनता' के पक्ष में भी नई उपपत्तियाँ प्रस्तुत कीं और शुक्लजी के साहित्येतिहास लेखन के 'मजबूत ढाँचा' को 'मूल्यवान विरासत' के रूप में सराहा। यहाँ यह कहना अप्रासंगिक न होगा कि 'आचार्य शुक्ल का इतिहास पढ़ते हुए' के दो महीने पहले डॉ. नामवर सिंह 'चिन्तामणि-3' का सम्पादन कर चुके थे।

शुक्लजी के इतिहास लेखन को एक लम्बे आत्मसंघर्ष की कहानी प्रमाणित करते

हुए डॉ. बच्चन सिंह आ. शुक्ल के ये कथन भूल गए कि 'एक नियत समय के भीतर ही यह इतिहास लिखकर पूरा करना पड़ा और यह पुस्तक जल्दी में तैयार करनी पड़ी।' (हिन्दी साहित्य का इतिहास—आ. शुक्ल, प्रथम संस्करण की भूमिका) अगर डॉ. बच्चन सिंह के अनुसार शुक्लजी के इतिहास लेखन का 'लम्बे आत्मसंघर्ष की कहानी' ही कहें तो यहाँ एक ऐसी 'कहानी' का भी उल्लेख जरूरी है जो अभी तक 'सरस्वती' की फाइलों में दबी अज्ञात पड़ी है।

रामचन्द्र शुक्ल के इतिहास लेखन की कहानी शुरू हुई थी महावीरप्रसाद द्विवेदी और श्यामसुन्दर दास के वैचारिक मतभेद के साथ सन् 1906 में। श्यामसुन्दर दास आ. द्विवेदी की उपेक्षा करते हुए 'द हिन्दी साइंटिफिक ग्लासरी' के सम्पादक बन बैठे थे। द्विवेदीजी ने फरवरी, 1907 में नागरी प्रचारिणी सभा से इस्तीफा दे दिया। (सरस्वती, भाग-8, सं. 4, पृ. 138) उन्होंने अपने एक सम्पादकीय लेख (सरस्वती : 10, सं.-2, पृ. 51) द्वारा श्यामसुन्दर दास को चुनौती देते हुए लिखा, 'बाबू दिनेशचन्द सेन बी.ए. बंगला के प्रसिद्ध लेखक हैं। उन्होंने बड़े परिश्रम से 'बंग भाषा'ओ साहित्य' नामक गवेषणापूर्ण एक अत्युत्तम ग्रन्थ लिखा है। आप इसका अंग्रेजी संस्करण निकालना चाहते हैं। इसमें नवीं शताब्दी से लेकर 1850 ई. तक की बंग भाषा और साहित्य का पूर्ण इतिहास रहेगा। इसमें बंगालियों के मानसिक, धार्मिक, सामाजिक, राजनीतिक और भाषा तथा कला-कौशल सम्बन्धी इतिहास का भी समावेश होगा। अर्थात् नवीं शताब्दी के आदि में पूर्वोक्त विषयों में बंगालियों की क्या दशा थी, धीरे-धीरे उन्नति या अवनति करते हुए वे वर्तमान अवस्था को कैसे प्राप्त हुए इन सब बातों का वर्णन भी ग्रन्थ में रहेगा।' इसके बाद द्विवेदीजी ने श्यामसुन्दर दास को चुनौती देते हुए सवाल उठाया, 'क्या हिन्दी भाषाभाषी संसार में भी कोई विद्वान ऐसा होगा जो हिन्दी भाषा और साहित्य का ऐसा उत्तम इतिहास लिखकर हिन्दी भाषा का आसन उन्नत करे ?' (वही)

हिन्दी साहित्य के सुसंगत इतिहास लेखन की यह पहली चुनौती थी क्योंकि महावीरप्रसाद द्विवेदी ग्रियर्सन द्वारा लिखे, 'द माडर्न वर्नाक्यूलर लिटरेचर ऑफ हिन्दुस्तान' (1988-89) को असंगत और अपर्याप्त मानते थे। महावीरप्रसाद द्विवेदी की चुनौती को प्रतिष्ठा का प्रश्न बनाते हुए श्यामसुन्दर दास ने 'मिश्र बन्धु विनोद अथवा हिन्दी साहित्य का इतिहास तथा कवि कीर्तन' लिखवाया। (1913) जिसे वस्तुस्थिति के विरुद्ध पाया गया। ('विद्यार्थी' भाग-1, अंक-7, पृ. 226) श्रीधर पाठक ने एक बयान में कहा, 'यद्यपि विषय प्रतिपादन-विधि और लेखन-शैली दोनों इस ग्रन्थ की निर्दोष नहीं, दोनों में कहने-सुनने का बहुत अवसर है तथापि इसके स्थूल निर्णयों में पुष्टता और सिद्धान्तों के नवीनता मिश्रित सहृदयता है।' (1914 हिन्दी-साहित्य-सम्मेलन के पाँचवें अधिवेशन में सभापति पद से भाषण)

'मिश्र बन्धु विनोद' (तीन खंड) आ. द्विवेदी की चुनौती का उत्तर देने में मुँह के बल गिरा। फिर तो दायित्व स्वीकार किया रामचन्द्र शुक्ल ने और बाबू दिनेशचन्द सेन के पैटर्न को दृष्टि में रखकर 'हिन्दी साहित्य का इतिहास' लिखा। इस प्रकार शुक्लजी

का इतिहास 'आत्मसंघर्ष' की कहानी से ज्यादा युग के वाद-प्रतिवाद की कहानी है जिस पर डॉ. बच्चन सिंह ने गौर नहीं किया था।

रामचन्द्र शुक्ल और मार्क्सवादी आलोचना के तमाम सन्दर्भों से गुजरते हुए स्वभावतः एक प्रश्न उठता है कि आखिर शुक्लजी के इतिहास-लेखन में ऐसे कौन से मूलभूत तत्त्व और समायोज्य उपादान हैं जिनके आधार पर वे प्रगतिशील भी प्रतीत होते हैं और प्रगतिविरोधी भी ? मार्क्सवादी आलोचना के विद्वान समीक्षक डॉ. रामविलास शर्मा की प्रज्ञप्ति है कि रामचन्द्र शुक्ल के साहित्येतिहास में 'हिन्दी प्रदेश की पददलित और अपमानित जनता के सम्मान' के रक्षा-प्रयत्न हैं। शुक्लजी ने 'जातीय सम्मान की भावना के उत्प्रेरण में 'साम्राज्य विरोधी क्रान्तिकारी' कदम उठाए थे। (रामचन्द्र शुक्ल और हिन्दी आलोचना, पृ. 178, चौथा संस्करण) उन्होंने 'जनता को संघर्ष करने की प्रेरणा दी। उनके इतिहास में रूढ़िवाद का विरोध और अन्तर्राष्ट्रीयता की भावना समानान्तर रूप से उपलब्ध है।' (वही, पृ. 179) इसके विपरीत रांगेय राघव की समझ में 'आचार्य रामचन्द्र शुक्ल ने इतिहास को शुद्ध ब्राह्मणवादी दृष्टिकोण से देखा था'। (आलोचना-4, अक्तूबर, 1952) इस अवधारणा को कुछ हिचक और थोड़ी चालाकी के साथ आगे बढ़ाते हुए शिवनाथ कहते हैं कि शुक्लजी 'मध्यमवर्गीय और यत्र-तत्र मध्यकालीन संस्कृति के हिमायती हैं। ये लोकमंगल और समाज में समता की स्थापना की बातें तो स्वयं करते हैं परन्तु अपने वर्गीय संस्कारों के कारण मध्यवर्ग और उसकी संस्कृति से ही जड़ित रखना चाहते हैं।' (आलोचना-1, अक्तूबर, 1953, पृ. 92)

रामचन्द्र शुक्ल के इतिहास-दर्शन की जो आलोचना शिवनाथ ने प्रच्छन्ना-प्रच्छन्न शैली में प्रस्तुत की थी उसे एक वर्गीय अतिवाद तक पहुँचाया नीलकान्त ने। इतिहास-लेखन में शुक्लजी द्वारा 'जनता की चित्त वृत्तियों की परम्परा' को नीलकान्त ने। 'सवर्ण हिन्दू जनता' की परम्परा साबित करने की कोशिश की। (रामचन्द्र शुक्ल, 198, पृ. 53) उन्होंने डॉ. रामविलास शर्मा को खरा-खोटा जवाब देते हुए लिखा, 'जनता के प्रति उनका (शुक्लजी का) दृष्टिकोण सामन्ती वर्ण-विभाजन की वास्तविकता से निर्धारित है, क्योंकि शुक्लजी ने जनता को शिक्षित और अशिक्षित में विभाजित कर अपना इतिहास लिखा था। (वही, पृ. 54) अपनी स्थापनाओं की पुष्टि के लिए नीलकान्त भी वे ही उदाहरण देते हैं जो हजारीप्रसाद द्विवेदी से लेकर वीर भारत तलवार तक दिए जाते रहे हैं, मसलन सन्त-सिद्ध साहित्य, कबीर छायावाद आदि में शुक्ल के कथन।

रामचन्द्र शुक्ल ने 'हिन्दी साहित्य का इतिहास' में यूरोपीय रहस्यवाद, अभिव्यंजनावाद, शुद्धकलावाद, भाव विगलित सौन्दर्यवाद और निराशावाद आदि का विरोध किया था। उन्होंने 'काल्पनिक सौन्दर्य-सृष्टि' और 'कलावाद के मधुपान' को असंगत, अव्यवहार्य और 'फालतू भावुकता जगानेवाला प्रयास' माना था। उन्होंने आलोचना का प्रश्न उठाते हुए लिखा 'प्रभावाभिव्यंजक समीक्षा कोई ठीक ठिकाने की वस्तु ही नहीं। न ज्ञान के क्षेत्र में कोई मूल्य है, न भाव के क्षेत्र में।' (वही, पृ. 539) इस प्रकार के मूल्य-प्रवर्तन करते हुए उन्होंने कभी-कभी उस 'पंडितवाद' का भी विरोध किया जिसके प्रति उनकी

जबर्दस्त आस्था थी। उन्होंने लिखा, 'जब पंडितों की काव्यधारा स्वाभाविक भावधारा से विच्छिन्न पड़कर रूढ़ हो जाती है, तब वह कृत्रिम होने लगती है और उसकी शक्ति भी क्षीण होने लगती है। (589) उन्होंने माधवप्रसाद मिश्र का सन्दर्भ उठाते हुए लिखा कि वे 'संस्कृत के और पंडितों के समान देश-दशा के अनुभव से दूर रहनेवाले व्यक्ति नहीं थे। राजनीतिक आन्दोलनों के साथ इनका हृदय बराबर रहता था।' (488) आ. शुक्ल विदेशी साहित्य के 'वादों' के सत्यांश ग्रहण करने के पक्षधर थे, परन्तु हिन्दी साहित्य को रिक्त घोषित करनेवालों से उन्हें चिढ़ थी। उन्होंने ऐसे लोगों के 'अनाड़ीपन' और 'जंगलीपन' पर अपनी नाराजगी प्रकट की। (पृ. 511) उन्होंने साहित्य में देशप्रेम का संचरण करनेवाले राजनीतिक लेखक की तो प्रशंसा की परन्तु राजनीतिक दलों द्वारा प्रचारित बातों को ही साहित्य का उपजीव्य बनाना उन्हें नापसन्द था। उन्होंने हिन्दी साहित्येतिहास की समकालीन स्थितियों का निरूपण करते हुए किसानों और छोटे जमींदारों के शोषण के खिलाफ स्पष्ट आवाज उठाई थी। साम्राज्यवादी सरकार की भूमि सम्बन्धी नीति का विरोध करने के साथ ही नगर के उन व्यापारियों की खिलाफत की जो किसानों-मजदूरों को भूखों मारने के लिए उनके श्रम का शोषण तो करते ही थे, साथ ही अपने कुत्सित लाभ के लिए भूमि की उपज का भाव घटाते-बढ़ाते रहते थे। (512)

विचारणीय है कि शुक्लजी के ये कथन वर्ग संघर्ष की व्याख्या से बहुत दूर नहीं प्रतीत होते। इनमें गत्यात्मकता का मूल अनुवर्तन ध्वनित हो रहा है। इसीलिए डॉ. रामविलास शर्मा की तरह शिवकुमार मिश्र और विजेन्द्र नारायण सिंह जैसे मार्क्सवादी आलोचकों ने भी इन उद्धरणों द्वारा आ. शुक्ल को जनवादी प्रमाणित किया है। मिश्रजी का कहना है कि 'आ. शुक्ल और प्रेमचन्द एक ही नवजागरण की देन हैं और अपनी जमीन और जनता के कष्टों से एकसमान ही व्यथित और क्षुब्ध होते हैं।' (दस्तावेज 21-22, सन् 1984, पृ. 44) विजेन्द्र नारायण सिंह ने तो शुक्लजी द्वारा निरूपित 'समन्वय के सिद्धान्त' को द्वन्द्वात्मक भौतिकवाद के नियम का प्रतिपालक माना है। (द्वन्द्वात्मक भौतिकवाद और आचार्य शुक्ल का इतिहास दर्शन, दस्तावेज, 1984, पृ. 112)

रामचन्द्र शुक्ल ने अपने 'हिन्दी साहित्य का इतिहास' में देश की बदलती हुई स्थिति और मनोवृत्ति के मेल में लानेवाले 'कवियों' की सराहना की थी (613) वे नहीं चाहते थे कि साहित्य में 'राजनीति और सामाजिक भावनाओं को व्यक्त' करनेवाली वाणी दबी रहे। उन्होंने 'संकल्प की दृढ़ता', 'न्याय के आग्रह' और 'उलटफेर की प्रबल कामना' के सन्दर्भ में रचे गए साहित्य को ही महत्त्व दिया। उन्होंने रचना में बँधी हुई प्रणालियों से बाहर निकलकर जगत और जीवन के विविध पक्षों की मार्मिकता झलकानेवाली प्रवृत्ति को रचना का उन्मेष माना। (613) (आधुनिक काल, तृतीय उत्थान) के सन्दर्भ में शुक्लजी ने 'आन्दोलनों के सक्रिय रूप धारण करने' 'गाँव-गाँव राजनीतिक और आर्थिक परतन्त्रता' के विरोध में आवाज उठाने और 'स्वतन्त्रता देवी की वेदी पर बलिदान होने' को भरपूर प्रोत्साहन दिया। उन्होंने सुझाव दिया कि स्वतन्त्रता का आन्दोलन 'सामान्य जन समुदाय' का साथ लेकर ही चलाया जाना चाहिए। वे एक 'सार्वभौमधारा' का प्रवाह

मजबूत करना चाहते थे। (615) देखा जा सकता है कि मार्क्सवादी साहित्य सिद्धान्त को अस्वीकार करते हुए भी आ. शुक्ल मानवीयता की सार्वभौम धारा को ही साहित्य का सच मानते थे।

ऐसा कहने के तमाम प्रामाणिक आधार हैं कि रामचन्द्र शुक्ल के साहित्येतिहास-दर्शन की मूल भित्ति थी 'समय की परिस्थिति की ओर ध्यान देना।' (हि.सा.इ., पृ. 69) हालाँकि यह कहना भी कम सच नहीं है कि उन्होंने समय का मूल्यांकन हिन्दूवाद और सनातन धर्म के कठोर दायरों में रहकर ही किया, परन्तु इन्हीं सीमाओं में बद्ध होकर भी वे सामाजिक गतिशीलता को सम्बल प्रदान करते रहे। उन्होंने भारतेन्दु-युग की परिवर्तनशीलता को सामाजिक विकास का स्वरूप मानते हुए लिखा, 'प्राचीन और नवीन सन्धि स्थल पर खड़े होकर भारतेन्दु हरिश्चन्द्र दोनों का जोड़ इस प्रकार मिलाना चाहते थे कि नवीन प्राचीन का प्रवर्द्धित रूप हो, न कि ऊपर से लपेटी हुई वस्तु। (हि.सा.इ., पृ. 432) वे भारतेन्दु युग को 'प्राचीन और नवीन के संघर्ष का प्रतिफल' मानते थे। उन्होंने उन लोगों की उपहासभरी कदर्थना की जो लोग गॉड फादर की पीढ़ियों की दुहाई दे रहे थे या धर्म के आडम्बर में अपने दुराचार छिपाने की कोशिश कर रहे थे। इसी क्रम में उन्होंने साम्राज्यवादी फैशन के गुलामों और पश्चिमी चाल-ढाल के अन्धानुगामियों को भी लताड़ा था।' (पृ. 434)

आ. शुक्ल ने साहित्य के इतिहास-दर्शन के तहत बार-बार सामाजिक विकास का महत्त्व प्रतिपादित किया है। उन्होंने केशव को रीतिकाल का प्रवर्तक इसलिए नहीं स्वीकार किया कि केशव ने समाज के पूर्व पक्ष के निषेध के स्थान पर उत्तर पक्ष का ही निषेध कर दिया था। शुक्लजी ने लिखा, 'साहित्य मीमांसा क्रमशः बढ़ते-बढ़ते जिस स्थिति पर पहुँच गई थी उस स्थिति से सामग्री न लेकर केशव ने पूर्व की स्थिति से सामग्री ली।' (हि.सा.इ., पृ. 225)

शुक्लजी रीतियुगीन कविकर्म से इसलिए क्षुब्ध थे क्योंकि इससे साहित्य के विकास में पड़नेवाली बाधाएँ सिर उठा रही थीं। लिखा, 'प्रकृति की अनेकरूपता जीवन के भिन्न-भिन्न चिन्त्य बातों तथा जगत के नाना रहस्यों की ओर कवियों की दृष्टि नहीं जाने पाई। वह एक प्रकार से बद्ध और परिमित-सी हो गई। उसका क्षेत्र संकुचित हो गया। वाग्धारा बँधी हुई नालियों से प्रवाहित होने लगी जिससे अनुभव के बहुत से गोचर और अगोचर विषय रससिक्त होकर सामने आने से रह गए।' (230) ये कुछ ऐसे कारण हैं कि परवर्ती मार्क्सवादी कवि और आलोचक मलयज ने आ. रामचन्द्र शुक्ल के 'हिन्दी साहित्य का इतिहास' को हिन्दी-साहित्य का एक मुकम्मल ऐसा 'झरोखा' माना जिसमें बैठकर साहित्य के इतिवृत्त को सम्भव बनानेवाले हवा-पानी मिट्टी का जायजा लिया जा सकता है। (रामचन्द्र शुक्ल 'मिथक में बदलता आदमी', पृ. 5) मार्क्सवादी आलोचना और रामचन्द्र शुक्ल को लेकर एक अहम सवाल यह उठता है कि वे कौन से कारक हैं जो दृष्टि-बोध के लिए आलोचकों को पक्ष कम्पनी और प्रतिपक्ष कम्पनी के अलग-अलग चश्मे लगाने के लिए विवश करते हैं ? इससे लगे हुए सवाल हैं कि क्या

मार्क्सवादी आलोचना की सीमा है या हिन्दी जीनेवाले मार्क्सवादी आलोचकों की समझदारी में कहीं कुछ खोट है ? या समर्थन के लिए समर्थन और विरोध के लिए विरोध करने की बेईमानियाँ हैं ? मार्क्सवादी आलोचना की जमीन दख़ल करने के लिए माफिया कोशिश करनेवाले लोग यह भूल जाते हैं कि मार्क्सवादी आलोचकों का यह विरोधाभास देखकर सनातन रूपवादी आलोचकों को हल्ला मचाने का मौका मिल जाता है। वे भारतीय परिवेश में मार्क्सवाद को पूरी तरह असंगत और अनपेक्षित कहने लगते हैं। ऐसे मौकापरस्त आलोचक हिन्दी में मार्क्सवादी आलोचना को 'जड़ मतवाद' का शिकार मानने लगते हैं। ऐसी धारणा वे लोग उस वक्त बनाते हैं जब मार्क्सवादी आलोचना के अति उत्साही समीक्षक इसे किताबी, यान्त्रिक और अवैज्ञानिक बना देते हैं। शुक्लजी के 'हिन्दी साहित्य का इतिहास' पर की गई मार्क्सवादी आलोचना के दोनों पक्षों में अवैज्ञानिक अतिउत्साह दिखाई पड़ता है।

मार्क्सवादी आलोचना और शुक्लजी पर लिखते हुए केवल मलयज आग्रहयुक्त समीक्षक का दायित्व निभाते हैं। वे कहते हैं कि 'शुक्लजी ने परम्परा के जीवित अंशों का अपने समय के सन्दर्भों में निरन्तर आविष्कार किया।' (33) परन्तु वे उनमें विद्यमान अन्तर्विरोधों को नज़रअन्दाज नहीं करते। (पृ. 34) उन्होंने लिखा, 'देश के सन्दर्भ में शुक्लजी की दृष्टि संस्कृत क्लासिक्स और हिन्दी-भक्ति-काव्य से निर्मित हुई थी। यह उनका संस्कार था। (7.12.81, पृ. 34) अपनी टिप्पणी (6.12.75) में उन्होंने शुक्लजी को 'भाववादी' आलोचक कहा, परन्तु साथ ही उनमें हृदय का विस्तार भी देखा। मलयज ने शान्तिप्रिय द्विवेदी का उल्लेख करते हुए अपनी टिप्पणी (22.7.79) में शुक्लजी के प्रति बड़ी तल्ख आलोचना की थी, परन्तु इसमें भी उनका दुराग्रह नहीं झलकता। इसके विपरीत वीरभारत तलवार और नीलकान्त अपनी मार्क्सवादी आलोचना को असरदार और उदार नहीं बना सके। वे दोनों केवल आग्रहशील अतिवाद का लेखा-जोखा लेते रहे। सम्भवतः पाल अर्न्स्ट ऐसा ही मार्क्सवादी आलोचक था जिसको एंगेल्स की झिड़कियाँ सुननी पड़ी थीं।

हालाँकि डॉ. रामविलास शर्मा अनुभवी और ज्ञानसम्पन्न मार्क्सवादी आलोचक हैं परन्तु वे शुक्लजी के इतिहास से केवल वे ही अंश-बटोरी करते हैं जो उनके प्रशस्ति-गायन में सहायक बन सकें। 'हिन्दी साहित्य का इतिहास' में ऐसे अनेक सन्दर्भ हैं जो रामचन्द्र शुक्ल को सवर्णवादी साहित्येतिहासकार सिद्ध करते हैं। उन्होंने जगह-जगह सनातन हिन्दूवाद, शाश्वतवाद, मर्यादावाद, विशुद्धतावाद और शास्त्रीय वर्गहितवाद के पक्ष में तमाम तर्क प्रस्तुत किए हैं परन्तु डॉ. रामविलास शर्मा और इन्हीं के नक्शे-कदम पर चलते हुए शिवकुमार मिश्र, रमेश कुन्तल मेघ और कुछ हेर-फेर के साथ परमानन्द श्रीवास्तव भी शुक्लजी के इन कथनों को दृष्टि-ओझल करते हुए प्रशस्ति-पथ पर आगे बढ़ना ठीक समझते हैं।

यह कहना गलत नहीं है कि रामचन्द्र शुक्ल ने हिन्दूवाद की रोशनी में ही हिन्दी साहित्य का इतिहास लिखा था। मसलन लज्जाराम मेहता की तारीफ करते हुए उन्होंने

लिखा, 'उन्होंने (मेहता) पुरानी हिन्दू मर्यादा, हिन्दू धर्म और हिन्दू पारिवारिक व्यवस्था की सुन्दरता और समीचीनता दिखाने के लिए उपन्यास भी लिखे।' ऐसी तमाम मिसालें प्राप्त हैं (478) जब शुक्लजी ने कहा, 'देश के असली सामाजिक और घरेलू जीवन को दृष्टि से ओझल करना हम ठीक नहीं समझते।' (515) तो जाहिर है कि उन्होंने सामाजिक और घरेलू जीवन-दृष्टि को शाश्वत सनातन मूल्य और मर्यादावाद के पैमाने से ही नापने की वकालत की थी। शुक्लजी का यह 'असलीवाद' मार्क्सवादी आलोचना के विरोधी ध्रुवान्त पर स्थित था। उन्होंने सामाजिक और घरेलू जीवन की दुहाई 'कॉलेज की छात्रावस्था के बीच प्रणय व्यवहार' से चिढ़कर दी थी, लेकिन उन्होंने सामाजिक जीवन में सामन्तों और उच्च वर्ग के प्रतिनिधियों द्वारा दलित स्त्रियों के साथ किए जानेवाले बलात्कार और घरेलू जीवन में विधवाओं के साथ होनेवाले यौनाचार का न कोई जिक्र किया और न इस यौन-शोषण का विरोध ही किया जबकि उसी अवधि में प्रेमचन्द और निराला इस प्रकार के सामाजिक-घरेलू जीवन के प्रगति-विरोधी कदमों को बेनकाब कर रहे थे और दलितों तथा स्त्रियों के लिए सामान्य जीवन जीने का माहौल तैयार कर रहे थे। शुक्लजी ने प्रेमचन्द की तारीफ तो की परन्तु इसी के साथ उन्हें हिन्दी और हिन्दू समाज में बद्दू बनाने की कोशिश भी की। कारण यह था कि प्रेमचन्द यूरोप का साम्यवादी सिद्धान्त ला भिड़ाने का अपराध कर रहे थे। (510) शायद इन्हीं परिप्रेक्ष्यों में मार्क्सवादी आलोचना के प्रवर्तक शिवदान सिंह चौहान को लिखना पड़ा था, 'आ. शुक्ल में तर्कहीनता, दुराग्रह, अनपेक्षित पांडित्य-प्रदर्शन का आग्रह था।' (आलोचना-4, पृ. 97) डॉ. चौहान की यह स्थापना तर्कहीन नहीं थी परन्तु शुक्लजी पर आक्रमण करने की उनकी शैली लट्ठमार अवश्य हो गई थी। हिन्दी के मार्क्सवादी आलोचना में इस प्रकार की यष्टिभंजक समीक्षा मार्क्स के सिद्धान्तों के अनुकूल नहीं है। यहीं इस बात का उल्लेख भी जरूरी है कि शुक्लजी 'क्रान्ति' शब्द से बहुत घबराते थे। इसलिए उन्होंने साहित्य और संस्कृति के क्षेत्र में क्रान्ति-बोध को नकारा और 'क्रान्ति' शब्द के प्रयोग की जमकर खिल्ली उड़ाई। हरिकृष्ण प्रेमी के नाटक 'शिवाजी की साधना' में शिवाजी का एक कथन आया, 'मेरे जीवन की साधना होगी भारत को स्वतन्त्र करना, दरिद्रता की जड़ खोदना, ऊँच-नीच की भावना और धार्मिक तथा सामाजिक असहिष्णुता का अन्त करना, राजनीतिक और सामाजिक दोनों प्रकार की क्रान्ति करना।' इसमें 'क्रान्ति' शब्द से चिढ़कर शुक्लजी ने सुझाव दिया कि 'ऐतिहासिक नाटक में आधुनिकता की व्यंजना भी उस काल (वर्ण्यकाल) की भाषा-पद्धति और विचार-पद्धति के अनुरूप की जानी चाहिए, 'क्रान्ति' ऐसे शब्दों द्वारा नहीं।' (हि.सा.इ., पृ. 528)

रामचन्द्र शुक्ल हिन्दू-शास्त्रों द्वारा एक पक्षीय तौर-तरीके से बनाए गए समाज की सनातन व्यवस्थाओं में आमूल परिवर्तन करने के प्रयासों को समाज-विरोधी कदम मानते थे। उन्होंने 'क्रान्ति' के नाम पर परिवर्तन की प्रबल कामना जो 'हमारे हिन्दी काव्य-क्षेत्र में प्रलय की पूरी पदावली के साथ व्यक्त की गई।' (हि.सा.इ., पृ. 617) को इतिहास-दर्शन से रिक्त उत्साहातिरेक माना था। 'सब बातों में परिवर्तन ही परिवर्तन की

यह कामना' (पृ. 615) उन्हें सहन नहीं थी। उन्हें ऐसा प्रतीत हुआ था कि परिवर्तन का आवाह्न करनेवाली रचनाएँ 'वर्तमान परिस्थिति के स्वतन्त्र पर्यालोचन का परिणाम' न होकर 'मार्क्सवाद की अनुकृति' थीं। ऐसी रचनाओं में जगत और जीवन की नित्य स्वरूप की पहचान ऐसी नहीं हुई जिससे ये 'दीर्घायु' हो सकें। (पृ. 616-17)

आ. शुक्ल 'विकासोन्मुखी प्रगतिवादीशक्ति' द्वारा ह्रासोन्मुखी परम्परावादी शक्ति को पूरी तरह उन्मूलित कर देना पसन्द नहीं करते थे। शुक्लजी ने जिस समन्वय सिद्धान्त (612-13) का उल्लेख किया था, वह ह्रासोन्मुखी परम्परावादी शक्ति से समझौता करने का सिद्धान्त था। मार्क्सवादी आलोचकों के शुक्ल प्रशंसक शिविर में उदाहरण के रूप में केवल उन्हीं-उन्हीं उद्धरणों को दुहराकर शुक्लजी को प्रगतिवाद-जनवादी साहित्येतिहास-लेखक साबित करने की कोशिश की। (डॉ. रामविलास शर्मा से लेकर विजेन्द्र नारायण सिंह और मलयज तक)

हिन्दी में मार्क्सवादी आलोचना के साक्ष्यों से ज्ञात होना मुश्किल नहीं है कि प्रेमचन्द और निराला के साहित्य को लेकर कहीं कोई विवाद नहीं है। इक्के-दुक्के नीलाभ निराला को कभी-कभार हिन्दूवादी साबित करना चाहते हैं, परन्तु उन्हें प्रगति-विरोधी करार करने की कूबत उनकी कलम में नहीं है। आ. शुक्लयुगीन इन दोनों साहित्यकारों (प्रेमचन्द और निराला) को लेकर पक्ष-विपक्ष की शिविरबाजी भी नहीं है। फिर आ. शुक्ल को लेकर इतनी विरोधाभासी मार्क्सवादी कलमबाजी क्यों की जा रही है, इसको समझना जरा पेचीदा हो जाता है। अगर गौर किया जाए तो शुक्लजी ने निराला द्वारा हिन्दी-कविता में क्रान्तिकारी परिवर्तन को नकारते हुए, 'प्राचीन काव्यत्व-परम्परा' को ही बनाए रखने की वकालत की थी। (612) वे यह स्वीकार करने के लिए कतई तैयार नहीं थे कि 'पीछे आविर्भूत होनेवाला रूप पहले से चले आते हुए रूप से श्रेष्ठ या समुन्नत हो सकता है।' (163) उन्हें काव्य-रचना की पुरानी केन्द्रीयता ही पसन्द थी। शुक्लजी ने इस तर्क का प्रतिपादन बार-बार किया कि परिवर्तन वे ही काम्य हो सकते हैं जिनमें शिक्षित जनता की बाह्य और अभ्यन्तर स्थिति के साथ सामंजस्य करने का भाव निहित हो। (613) यहाँ शुक्लजी द्वारा प्रयुक्त पदों 'शिक्षित' जनता और अभ्यन्तर स्थिति पर मार्क्सवादी आलोचकों को फिर से विचार करना चाहिए।

शुक्लजी के शिक्षित जनता-दर्शन के कारण हिन्दी की अस्सी प्रतिशत जनता साहित्य से वंचित हो गई थी। हालाँकि सन् 1929 तक दलित, पिछड़े और नारी-समाज में परिवर्तन की लहरें उठने लगी थीं परन्तु शुक्लजी ने इस परिवर्तन को हिन्दी साहित्य के शास्त्रीय इतिहास में दाखिला देने से इनकार कर दिया था। शायद इन्हीं परिवर्तनों को अस्वीकार कर देने के कारण शिवदान सिंह चौहान, रांगेय राघव, नीलकान्त और वीरभारत तलवार आदि ने शुक्लजी को 'एकांगी समाज का साहित्येतिहासकार' घोषित किया था। यहाँ तक कि डॉ. नामवर सिंह को भी लिखना पड़ा, 'शुक्लजी के इतिहास में सामाजिक परिस्थितियाँ तथा साहित्यकार साथ-साथ रखे जाने पर भी एक-दूसरे से अलग हैं।' (आलोचना-4, सन् 1952) डॉ. रामविलास शर्मा को ये सभी मार्क्सवादी

आलोचक भले ही 'अबोध' लगते हों, परन्तु वस्तुस्थिति यही है कि शुक्लजी ने 'हिन्दी साहित्य का इतिहास' के श्री गणेश (भूमिका, पृ. 1, प्रथम संस्करण और समाहार) (613) दोनों में केवल शिक्षित जनता को ही महत्त्व दिया। उन्होंने साहित्य और अशिक्षित जनता के बीच स्थिति वक्र सम्बन्धों पर जरा भी ध्यान नहीं दिया।

यह अज्ञात नहीं है कि शुक्लजी छायावाद-काल में हृदय से प्रशंसक केवल पन्तजी के थे, परन्तु उस लाड़ले पन्त की भी उन्होंने तब तीखी आलोचना की जब उन्होंने (पन्त) हिन्दी कविता में 'युगान्त की घोषणा कर दी। पन्त ने परिवर्तनवाद के सन्दर्भ में लिखा था, 'गर्जनकर मानव के सरि, प्रखर नखर जीवन की लालसा गड़ाकर छिन्न-भिन्न कर दे गत युग के शव को दुर्धरा।'

इस पर आ. शुक्ल पन्त से भी चिढ़े और इस कविता का उदाहरण देकर (679) 'प्रखर-नखरवाद', गत युग के शववाद और छिन्न-भिन्नवाद का उन्होंने जबर्दस्त विरोध किया टिप्पणी लगाई, 'अतीत के सारे अवशेषों को सर्वथा ध्वस्त देखने की रोषपूर्ण आकुलता का स्थान मनुष्य के स्थायी अन्तःप्रकृति के बीच नहीं मिलेगा, इसमें सन्देह है।' (676) फिर कुछ सुझाव दिए, कुछ उपदेश दिए और साथ ही उन्होंने पन्तजी को एक प्रमाणपत्र भी दे दिया, 'समाजवाद और संघवाद (कम्युनिज्म) के साथ लगा हुआ संकीर्ण भौतिकवाद उसे (पन्त) इष्ट नहीं। परमार्थित दृष्टि से वह (पन्त) परात्परवादी हैं। (676) यहीं यह जानना असंगत नहीं होगा कि 'परात्परवाद' (परमात्मवाद आ. शुक्ल हिन्दी शब्द सागर, खंड-3, पृ. 1998) अथवा 'लाक्षणिक वैलक्षव्यवाद' (हि.सा.इ., 681) का कट्टर प्रवक्ता कोई आलोचक अथवा इतिहासकार द्वन्द्वात्मक भौतिकवादी कभी नहीं हो सकता।' परन्तु मार्क्सवादी आलोचना के एक शिविर द्वारा इस असम्भव को भी सम्भव बनाने की भरपूर कोशिशें की गईं।

शुक्लजी को द्वन्द्वात्मक भौतिकवादी सिद्ध करने के लिए पक्ष-शिविर के मार्क्सवादी आलोचकों ने विश्व-प्रपंच की भूमिका को विशेष आधार बनाया जिसमें शुक्लजी ने डार्विन आदि वैज्ञानिकों को लेकर स्पेंसर-स्पिनोज आदि दार्शनिकों तक के मतों पर अनुवादात्मक टिप्पणियाँ लगाई थीं और भारतीय उपनिषदों के दर्शन और अध्यात्मवाद की भी विस्तृत चर्चा की थी। लेकिन अनुवादात्मक स्थानों से अलग जहाँ कहीं भी उन्होंने अपने निजी विचारों के उल्लेख किए हैं, वहाँ उन्होंने प्राचीन भारतीयवाद के साथ हिन्दूवाद का जोरदार समर्थन किया है। उन्होंने सवाल उठाया है, 'क्या विकासवाद जगत के समस्त व्यापारों के भूल की सम्यक् व्याख्या कर देता है ?' इस प्रश्न का स्वयं उत्तर देते हुए उन्होंने लिखा है, 'विकास के सारे निरूपण मन या आत्मा की प्रथमोत्पत्ति नहीं समझा सके हैं।' (चिन्तामणि-3, पृ. 165)

'विश्वप्रपंच' की भूमिका 'हिन्दी साहित्य का इतिहास' लिखने के एक दशक पूर्व लिखी गई थी। इस भूमिका में शुक्लजी ने 'शिक्षित वर्ग' की मोटी-मोटी एक परिभाषा भी दी थी। लिखा था, 'सब मतों और सम्प्रदायों में धर्म और ईश्वर की जो सामान्य भावना है उसी का पक्ष शिक्षित पक्ष के अन्तर्गत आ सकता है।' (चिन्तामणि-3, पृ. 181)

स्पष्ट है कि शुक्लजी के लिए शिक्षित वर्ग वह वर्ग था जो धर्म और ईश्वर का अनुपालन बिना कोई प्रश्न उठाए करता रहा। इनके शिक्षित वर्ग में वह वर्ग नहीं था जो खेतों-खलिहानों में खून-पसीना एक कर श्रम के महत्त्व का व्यावहारिक शिलालेख था। शुक्लजी के लिए विशाल जनता के दुःख-दर्द में सक्रिय साझेदारी करनेवाले सन्त और सिद्ध शिक्षितवर्ग के नहीं थे। शुक्लजी ने सामान्य से बहुत अधिक 'समुन्नत और विकसित बुद्धि के या कुछ थोड़े विशिष्ट व्यक्ति' ही को ज्ञान का अधिकारी माना था। (हि.सा.इ., पृ. 63-64) 'सामान्य अशिक्षित या अर्धशिक्षित जनता पर प्रभाव डालनेवाले वज्रयानी सिद्धों और नाथपन्थी जोगियों का वर्ग' शुक्लजी के लिए शिक्षित वर्ग नहीं था। (हि.सा.इ., 64) उन्होंने शूद्रों को न शिक्षा का अधिकारी और न ही रचना का अधिकारी माना था। ये लोग रचना के अधिकारी इसलिए नहीं थे क्योंकि इन लोगों ने 'परम्परागत साहित्य की भाषा' का निषेध कर 'सधुक्कड़ी भाषा' का सहारा लिया था। (पृ. 21)

आ. शुक्ल के 'हिन्दी साहित्य का इतिहास' द्वारा दलितों और स्त्रियों को शिक्षित करने का कोई भी प्रस्ताव नहीं प्रस्तुत किया गया। शुक्लजी सवर्णों के सामाजिक, सांस्कृतिक, धार्मिक और राजनीतिक अधिकारों का संक्रमण दलित-समाज में बिल्कुल नहीं करना चाहते थे। उन्होंने स्त्री शिक्षा का भी विरोध किया। सन् 1910 में उन्होंने बंग महिला की किताब 'कुसुम संग्रह' का सम्पादन किया और लेखिका द्वारा, 'नारी की आधुनिक शिक्षा' के पक्ष में दिए गए तर्कों का खंडन करते हुए पाद-टिप्पणी लगाई, 'जो शिक्षा नारियों को मेम बना दे, हम उसके विरोधी हैं।' उन्होंने दलित और स्त्रियों की शिक्षा का विरोध इसलिए किया कि हिन्दू धर्म के नियामक स्मृति-ग्रन्थों में शिक्षा लेने और देने के अधिकारी प्रकरण में इन दोनों वर्गों को (दलित स्त्री) निषिद्ध घोषित किया था।

शुक्लजी हिन्दू-धर्म को 'अपरिमित' मानते थे। (चिन्तामणि-3, पृ. 184) 'हिन्दी साहित्य का इतिहास' में उन्होंने इसी धर्म-रूढ़ि का उपबृंहण किया। उन्होंने पैगम्बर मत को संकीर्ण नींव पर स्थापित माना और इसके अनुयायियों में उदारता का अभाव देखा। ईसाई मत के लिए लिखा, 'ईसाई मत के द्वारा, सच पूछिए तो ज्ञान की गति में बाधा ही पड़ती है।' (विश्व प्रपंच की भूमिका, चिन्ता.-3, पृ. 184) इसी क्रम में यह भी स्थापना दी, 'आर्यों और उनके उपनिषद् ग्रन्थों द्वारा निरूपित, ब्रह्म का सिद्धान्त ही पूर्ण है।' उन्होंने हिन्दू आस्तिकता और अस्पृश्यता के सिद्धान्तों को भी सही साबित किया। लिखा, 'हिन्दुओं को दूसरी जातियों के अनाचार और अस्वच्छता (अशौच) आदि के कारण घृणा है, यह उचित ही है।' (वही)

शुक्लजी की ये स्थापनाएँ उन्हें जनवादी-मार्क्सवादी साहित्येतिहासकार नहीं साबित कर सकतीं। डॉ. रामविलास शर्मा और उनके शिविर ने रामचन्द्र शुक्ल के इन रूढ़िवादी सिद्धान्तों को नजरअन्दाज करते हुए उनके लोक-मंगल-सिद्धान्त की मनमानी व्याख्या की है। शुक्लजी ने अपने विशुद्धतावादी लोक में न दलितों को प्रवेश दिया, न स्त्रियों को ही। इसलिए उन्हें प्रगतिशील साबित करने के सभी सिद्धान्त नाकामयाब होने के

अलावा और कुछ हो ही नहीं पाते।

अगर रामचन्द्र शुक्ल के 'हिन्दी साहित्य का इतिहास' की गहराई में जाकर उनकी वास्तविक प्रयोजनमूलता पर विमर्श शुरू किया जाए तो अज्ञात नहीं रह जाएगा कि साहित्य के इस इतिहास के माध्यम से जाति, सम्प्रदाय के एक विशेष वर्ग को मुकम्मल सुरक्षा-कवच प्रदान किया गया था।

मिसाल के तौर पर हिन्दी भाषा को ले लिया जाए तो रामचन्द्र शुक्ल साहित्य-सृजन अथवा साहित्यालोचन के लिए पांडित्यपूर्ण अभिजातीय हिन्दी के पक्षधर थे। वैष्णवधर्मी भक्ति के सन्दर्भ में उन्होंने सधुक्कड़ी भाषा का उपहास किया था। टिप्पणी लगाई थी, 'इसका भाव है अनपढ़ लोगों की ऐसी भाषा जिसमें हिन्दुओं और मुसलमानों में से किसी के भी शास्त्रीय पक्ष से सम्बन्ध नहीं था। शुक्लजी ने सधुक्कड़ी भाषा और 'हिन्दुस्तानी' (हिन्दी) को एक ही सिक्के के दो पहलू कहा था। (बुद्धचरित की भूमिका सन् 1922, चिन्तामणि-3, पृ. 225) इसी भूमिका में उन्होंने साहित्य के पंडित तुलसीदास की काव्य-भाषा की प्रशंसा करते हुए जायसी को अवधी का बेचारा कवि घोषित किया। (वही, पृ. 220)

आ. शुक्ल पर भाषाई शुद्धता का मोह इस हद तक आरूढ़ था कि उन्होंने लिखा, 'न जाने किस मुँह से कहा जाता है कि हिन्दुओं और मुसलमानों के मेल से उर्दू पैदा हुई।' आचार्य शुक्ल ने उन लोगों को धिक्कारा जो पेट के कारण हिन्दू-संस्कृति और हिन्दी साहित्य से टूटकर 'उर्दू को हिन्दू-मुस्लिम कल्चर के मेल से वजूद में आई हुई एक मुश्तरक जबान बतला रहे थे।' (हिन्दी और हिन्दुस्तानी ना.प्र.पत्रिका, 1938) उन्होंने गुस्सा व्यक्त किया, 'जब तुम ऐसे कूप मंडूक...तब इस रोशनी के जमाने में चुप क्यों नहीं रहते ?' (वही, पृ. 248)

रामचन्द्र शुक्ल के लिए शुद्धतावादी हिन्दू और हिन्दू का जमाना ही रोशनी का जमाना था। उर्दू की गोद में पले हिन्दुओं पर उन्होंने लानत बरपा की। (वही, पृ. 248) उर्दू द्वारा हिन्दी को विकृत और विकलांग बनानेवालों से वे जीवन के आखिरी दिनों तक चिढ़ते रहे। (चिन्ता.-3, पृ. 272, सन् 1939) वे परम्परागत शिष्ट हिन्दी-रूप बनाए रखने के लिए हमेशा चिन्तित रहा करते थे। (वही)

आ. शुक्ल को उर्दू से विशेष चिढ़ थी। वे उर्दू की काव्य रचना को फारसी शैली का मानते थे। किशोरीलाल गोस्वामी ने लिखा, 'कुछ दिनों पीछे उन्हें उर्दू लिखने का शौक हुआ। उर्दू भी ऐसी-वैसी नहीं उर्दू-ए-मुअल्ला।' गोस्वामीजी की उर्दूमिश्रित हिन्दी का मजाक उड़ाते हुए लिखा, 'उर्दू की बेढंगी नकल के कारण गोस्वामीजी के उपन्यासों का गौरव घट गया।' (हि.सा.इ., पृ. 468)

रीतिकाल के कवि भिखारीदास ने पंडितों की शुद्धतावादी भाषा को तोड़कर उसे जनोन्मुख करने का अच्छा प्रयास किया था। उन्होंने रूढ़िगत काव्य-भाषा से एक ऐसी अन्तर्धारा विकसित की जो अतीत और वर्तमान की द्वन्द्वात्मक परिस्थितियों की देन थी। आ. शुक्ल ने 'हिन्दी साहित्य का इतिहास' में इसकी भरपूर निन्दा की। उन्हें भिखारीदास

द्वारा प्रचलित जनभाषा में व्याकरण की व्यवस्था टूटती नजर आई। ब्रज और अवधी के मिश्रित रूप से भी शुक्लजी को चिढ़ थी। उन्हें परम्परागत तुलसी की काव्यभाषा प्रिय थी। वे नहीं चाहते थे कि बोलियों की सम्मिलित भाषाई शक्ति में नया उभार हो।

भिखारीदास ने लिखा था, 'ब्रज मागधी मिलै अमर नाग यवन भाखानि, सहज पारसी हूँ मिलै षट्ट विधि कहत बखानी।' आ. शुक्ल ने लिखा, 'इस मिश्रित भाषा को विदेशी नहीं समझ सकता। शुक्लजी को यह खुशी नहीं हुई कि भाषाई मेल के द्वारा उत्तर भारत में साम्प्रदायिक मेल के लिए अच्छा वातावरण बन सकता था। उन्हें विदेशियों यानी अंग्रेजों की सुविधाओं की चिन्ता थी। उन्होंने भाषाई-क्षेत्र में काल के बदलते रूप का स्वागत न करके इतिहास गति को ही नकारने की चेष्टा की थी।

भक्तिकाल में कबीरदास दलित-समाज के लिए भाषा का नया संस्कार कर रहे थे। आ. शुक्ल ने बहुसंख्य जनता के लिए नई भाषा अन्वेषक कबीर की भाषा-नीति की आलोचना करते हुए लिखा था, 'कबीरदास ने यद्यपि पंचरंगी मिली-जुली भाषा का व्यवहार किया है जिसमें ब्रजभाषा क्या उस खड़ी बोली या पंजाबी तक का पूरा-पूरा मेल है जो पन्थवालों की सधुक्कड़ी भाषा हुई पर पूरबी भाषा की झलक उसमें अधिक है।' (बुद्धचरित की भूमिका, सन् 1922)

'हिन्दी साहित्य का इतिहास' में शुक्लजी ने उन सभी लोगों के भाषा-प्रयासों को उपेक्षणीय साबित किया जिन्होंने कबीर के प्रतिमान को आधार बनाने की कोशिश की।

आ. शुक्ल व्यंजना प्रधान भाषा के मुरीद थे। उन्होंने देव द्वारा भाषा की अभिधास्थापना करने के सिद्धान्त का सख्त विरोध किया। देव ने 'जाति विलास' में नाइन, नटिन, धोबिन, कुम्हारिन, बरइन जैसी पिछड़ी और दलित जाति की नायिकाओं को राजभवनों की नायिकाओं से श्रेष्ठतर समझा था। ये जातियाँ पढ़ी-लिखी नहीं थीं। स्वाभाविक था कि इनके लिए भाषा का अभिधा-प्रयोग ही किया जाए। परन्तु शुक्लजी ने देव को 'पहेली बुझौवल' वाला कवि कहा। (हि.सा.इ., पृ. 131) शुक्लजी को कविता में कहावतों और मुहावरों का प्रयोग भी फूहड़ और भद्दा लगा। लिखा, 'मुहावरों को अधिक प्राधान्य देने से रूढ़-समूहों में भाषा बँधी-सी रहती है। उनकी शक्तियों का नवीन विकास नहीं हो पाता।' (जायसी की भूमिका, पृ. 135)

मार्क्सवादी आलोचकों ने आ. शुक्ल की सामन्ती भाषा-अवधारणा को प्रायः नजरअन्दाज ही कर दिया है। डॉ. रामविलास शर्मा ने तो शुक्लजी द्वारा निरूपित भाषा के विशिष्टतावादी सिद्धान्त की जमकर प्रशंसा की। ऐसा लगता है कि भारतवर्ष में प्रोफेसर पदधारी मार्क्सवादी आलोचकों को इस प्रकार की छूट दी ही जानी चाहिए।

रामचन्द्र शुक्ल के 'हिन्दी साहित्य का इतिहास' में ऐसी अनेक स्थापनाएँ हैं जो मार्क्सवादी आलोचना दृष्टि के खिलाफ एक मजबूत मोर्चा खोलकर आज भी संघर्ष करने में लगी हैं। मार्क्सवादी आलोचकों को इस मोर्चे में इसलिए शामिल होना पड़ता है कि उनमें शुक्लजी की तरह 'हिन्दी साहित्य का इतिहास' लिखने की क्षमता नहीं है। शुक्लजी द्वारा विकसित आलोचना के बरक्स खड़ा होने की चुनौती शायद कोई भी मार्क्सवादी

आलोचक स्वीकार नहीं कर सकता। ले-देकर मार्क्सवादी आलोचना भी शुक्लजी को ही दोहराती रही है। आज भी आम (साधारणजन), लाम (दूर खड़े बहिष्कृत जन), वाम (नारी-समाज) के लिए साहित्य सौध में निर्बाध प्रवेश करने के मार्ग प्रशस्त नहीं किए गए हैं। आज भी साहित्य और साधारण तथा नितान्त जन अलग-थलग पड़े हुए हैं। अगर दलित-वर्ग साहित्य की दलित-उपस्थिति की आवाज बुलन्द करना चाहता है तो मार्क्सवादी आलोचक भी उनके वजूद को स्वीकार न करते हुए उस स्वागतेय आवाज का विरोध करते हैं। मार्क्सवादी आलोचक मार्क्सीय आलोचना को युग के सन्दर्भ में नए रूप से परिभाषित करने की जगह वर्चस्ववाद की खोखली लड़ाई लड़ रहे हैं। मार्क्सवादी आलोचना खोट-दर-खोट का शिकार हो रही है। मुझे तो ऐसा लगता है कि अगर तुलसीदास 'भनिति भदेस वस्तु भलि बरनी' की जगह 'भनिति भदेस' और वस्तु भी 'भदेस' का सृजन-सिद्धान्त मान गए होते तो आज के मार्क्सवादी आलोचकों से ज्यादा प्रगतिशील होते।

साहित्य स्वात्म परिवर्तनों की तमाम अपेक्षाओं के साथ 21वीं शताब्दी में प्रविष्ट हुआ है। परिवर्तन और प्रवर्तन के बीच खुला द्वन्द्व है। पुनरीक्षण और पुनर्मूल्यांकन द्वारा ही इस द्वन्द्व को सोद्देश्य परिणाम तक पहुँचाया जा सकता है। मार्क्सवादी आलोचना को अपरिवर्तनीय सिद्धान्त नहीं कहा जा सकता। लेकिन इसका अर्थ यह नहीं है कि संशोधन के नाम पर मार्क्सवादी आलोचना हताशाओं के साथ किसी दूसरे मोर्चे पर खड़ी हो जाए जैसाकि (कथाक्रम-98 लखनऊ) की गोष्ठी में सुधीश पचौरी ने बयान जारी किया, 'पूँजीवाद बुरा तो है लेकिन उसने लेखन के लिए नया अनुभव संसार भी उपस्थित किया है।' (अमर उजाला, 16 नवम्बर, 1998, पृ. 2) अगर मार्क्सवादी आलोचक इसी 'अनुभव के नए संसार' की हवाई यात्रा करने लगेंगे तो मार्क्सवादी आलोचना को दुर्गति से बचाया नहीं जा सकता। अगर मार्क्सवादी आलोचक दिल्ली-दरबार में बैठकर काजू-पनीर के साथ बासमती का पुलाव खाने में व्यस्त हो जाएँगे तो मार्क्सवादी आलोचना को तलाक देना ही पड़ेगा। पूँजीवाद के समर्थकों के लिए फूहड़ आलोचना में कोई रस नहीं मिलेगा। यही कारण है कि शुक्लजी अन्तर्विरोधों का जंजाल फैलाने, वर्ण-व्यवस्था को 'शिरसा नमामि' करने शब्द-यष्टि द्वारा शूद्रों, अन्त्यजों और नारियों का हँकवा करने, मनुस्मृति का हिन्दी रूपान्तरण करने और शब्दार्थों के सनातन दर्शन का अभियान चलाने के बावजूद आज सबसे बड़े साहित्येतिहास लेखक बने हुए हैं। युग बदला, परिस्थितियाँ बदलीं, विज्ञान और प्रौद्योगिकी के नए बाजार आए, दलितों और नारियों ने अपने स्वतन्त्र रचनात्मक वजूद की नई लड़ाइयाँ छेड़ीं, हर क्षेत्र में अस्थिरता की तुरही बजी, पुरानी कविताएँ-कहानियाँ, आलोचनाएँ मर्त्योन्मुखी हुईं, समाचार प्रौद्योगिकी-संचार माध्यम और कम्प्यूटर-क्रान्तियाँ आईं फिर भी शुक्लजी ने साहित्य के इतिहास लेखन और हिन्दी आलोचना की जो नींव रखी थी वह अब भी अडिग बनी हुई है। लगभग 70 वर्ष हो गए परन्तु हिन्दी साहित्य का इतिहास (आ. शुक्ल) अप्रासंगिक नहीं पड़ा। हजारीप्रसाद द्विवेदी, रामकुमार वर्मा, नगेन्द्र, गणपति चन्द गुप्त,

लक्ष्मीसागर वार्ष्णेय, शिवकुमार मिश्र और रामस्वरूप चतुर्वेदी के साथ दूसरे ऐरों-गैरों ने मिलकर हिन्दी-साहित्य के शताधिक इतिहास लिखे हैं। जाँच करने से नतीजा निकलता है कि द्विवेदी को छोड़कर सभी लोगों ने शुक्ल की नकल करने के अलावा राई-रत्ती क्या नहीं किया है। केवल शोधों द्वारा उपलब्ध कुछ नई सूचनाएँ जुड़ी हैं। ढाँचा ज्यों का त्यों। स्थापनाएँ यथावत्। आलोचना-पद्धति तथैव बरकरार। यहाँ तक साहस नहीं किया जा सका कि समकालीन परिप्रेक्ष्य में शुक्लजी के साहित्येतिहास के अनपेक्षित को निकालकर युग की नई आशाओं-आकांक्षाओं के साथ 'हिन्दी साहित्य का नया इतिहास' लिखा जाए।

अगर रामचन्द्र शुक्ल के इतिहास-लेखन को दृष्टि में रखकर मार्क्सवादी आलोचकों द्वारा की गई आलोचना को आम जनता के समक्ष हू-ब-हू रख दिया जाए तो वह चक्कर में पड़ जाएगी। उसके जेहन में कई सवाल उठेंगे। क्या मार्क्सवादी आलोचना बेपेंदी की बटलोई है जो किसी भी ओर ढुलक सकती है ? या मार्क्सवादी आलोचक ऐसे तकरार प्रिय पार्टी मैन हैं जा ग्रुपों में बँटे हुए सच को गलत और गलत को सच साबित करने में बुद्धि खपा रहे हैं ? या जनता जड़ीभूत है जो आ. शुक्ल की इतिहास-दृष्टि को आज भी प्रासंगिक मान रही है या शुक्लजी का 'हिन्दी साहित्य का इतिहास' ही 21वीं शताब्दी में भी हिन्दीभाषी जनता के लिए उपादेय है।

यहाँ यह कहना असंगत न होगा कि भारत जैसे निर्धन और गरीबी रेखा के नीचे जीनेवाले देशों में केवल मार्क्सवादी आलोचना ही साहित्य-परख की सही दृष्टि हो सकती है। अज्ञात नहीं है कि स्वतन्त्र भारत में शोषण की चक्की का घर्घरनाद परतन्त्र भारत से ज्यादा तीव्र और कटु हो गया है। आज उपभोक्तावादी चालाक आलोचना दृष्टि अग्राह्य ही नहीं तिरस्कार्य भी हो गई है। ऐसी स्थिति में यह जरूरी हो जाता है कि मार्क्सवादी आलोचना के सभी खेमों को एक साथ बैठकर, विचार-विमर्श कर तथा साहित्येतिहास की नई मीमांसा प्रस्तुत कर साहित्य का जनवादी इतिहास लिखा जाए। साहित्य और आम जनता को जोड़ने के प्रयास किए जाएँ क्योंकि अदालत जनता होती है, न कि आलोचना की कोई प्रणाली।

आज आत्म-विश्लेषण के लिए मार्क्सवादी आलोचना की आलोचना करते चलना चाहिए। इसी दृष्टि के तहत आत्म-निरीक्षण द्वारा नए देश और नए काल की व्याख्या प्रस्तुत की जा सकती है।

●●●